༄༅། །གངས་ཅན་གཙུག་ལག་རིན་ཆེན་ཕྲེང་བ། །དེབ་ཕྲེང་གཉིས་པ།

༄༅། །པཎ་ཆེན་ཤཱཀྱ་མཆོག་ལྡན་གྱི་རྣམ་ཐར་ཞིབ་མོ་རྣམ་འབྱེད་བཞུགས་སོ།། །

པཎ་ཆེན་ཤཱཀྱ་མཆོག་ལྡན་སོགས་ཀྱིས་མཛད།

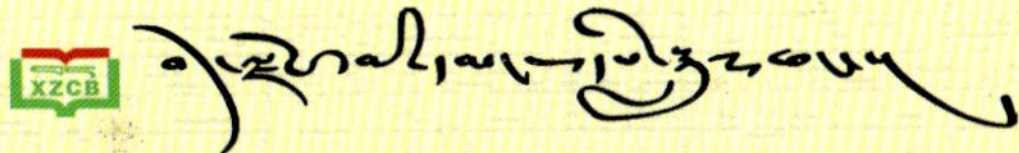

图书在版编目（CIP）数据

班禅释迦曲旦传：藏文/西藏人民出版社整理.
--拉萨：西藏人民出版社，2018.9

ISBN 978-7-223-05876-6

Ⅰ.①班…Ⅱ.①西…Ⅲ.①班禅释迦曲旦-传记
-藏语Ⅳ.①B949.92

中国版本图书馆CIP数据核字（2018）第082071号

西藏经典文化丛书(第二十二卷)

班禅释迦曲旦传

策划人：道帏·才让多杰
著　　者：班禅释迦曲旦等
主　　编：道帏•才让多杰　边　珍
责任编辑：道帏•才让多杰　次　央
封面设计：格桑罗布
出版发行：西藏人民出版社（拉萨市林廓北路20号）
印　　刷：西藏新华印刷厂
开　　本：787×960 1/16
印　　张：13.5
字　　数：168千字
印　　数：01-2,000
版　　次：2018年9月第1版
印　　次：2018年9月第1次印刷
书　　号：ISBN 978-7-223-05876-6
定　　价：36.00元

༄༅། །གངས་ཅན་གཙུག་ལག་རིན་ཆེན་ཕྲེང་བ། །
དེབ་ཉེར་གཉིས་པ།

༄༅། །པཎ་ཆེན་ཤཱཀྱ་མཆོག་ལྡན་གྱི་རྣམ་ཐར་ཞིབ་མོ་རྣམ་འབྱེད།

༄༅། །གངས་ཅན་གཙུག་ལག་རིན་ཆེན་ཕྲེང་བ། དེབ་ཕྲེང་
གི་རྩོམ་སྒྲིག་ཞུ་ཡོན་ལྷན་ཁང་།

སྤྱི་ཁྱབ་རྩོམ་སྒྲིག་པ།
ཀང་བརྩེགས།

གཙོ་སྒྲིག་པ།
རྡོ་སྦྱིས་ཚེ་རིང་རྡོ་རྗེ།

གཙོ་སྒྲིག་གཞོན་པ།
པ་སངས་དབང་ཆེན།

ཁོངས་མི།
སྤེན་སྒྲོལ། བསོད་ནམས་བསྟན་འཛིན། ཚེ་གཡང་། མིག་དམར་གཡང་འཛོམས།

སྔོན་འགྲོ།

པཎ་ཆེན་ཤཱཀྱ་མཆོག་ལྡན་ནི་རབ་བྱུང་བདུན་པའི་ས་ཕོ་སྤྲེལ་ཏེ་སྤྱི་ལོ་༡༤༢༨ལོར་དཔལ་གསང་ཕུ་ནེའུ་ཐོག་གི་བཤད་གྲྭ་ཆེན་པོའི་ཞབས་སུ་གྱུར་པ་གསང་མདའ་བང་རིམ་དུ་འཁྲུངས། ཡུམ་ནི་གསང་ཕུའི་སྤྱང་ཁ་ཆོས་སྡིངས་ཀྱི་བཙུན་མ་ཤཱཀྱ་བུ་འདྲེན་ནམ་ཤཱཀྱ་མཛེས་བྱ། དགེ་སློང་མ་ཤཱཀྱ་བཟང་མོ་ཞེས་བྱ། ཡུམ་བཙུན་མ་ལ་བསྟན་པའི་ཆེད་དུ་ཡབ་དང་རྗེས་སུ་འབྲེལ་བ་ལས་དམ་པ་འདི་ཉིད་འཁྲུངས་པ་ཡིན།

དགུང་ལོ་བརྒྱད་པར་སྐྱུར་མོ་ལུང་དུ་རོང་སྟོན་ཤཱཀྱ་རྒྱལ་མཚན་ལས་རབ་ཏུ་བྱུང་། མཚན་ལ་ཤཱཀྱ་མཆོག་ལྡན་དྲི་མེད་ལེགས་པའི་བློ་གྲོས་ཞེས་གསོལ། སྤྱི་ཕྱིར་གསང་ཕུ་དང་། ན་ལེནྡྲ། རོང་དགོན་སོགས་ཀྱི་ཆོས་གྲྭ་འགྲིམས་ནས་རོང་སྟོན་ཆེན་པོ་དང་དོར་ཆེན། བྲག་དཀར་སེམས་དཔའ། ལྷུང་ལུང་པ་གཞོན་ནུ་བློ་གྲོས། ཆོས་རྒྱལ་རྣམ་རྒྱལ་གྲགས་པ། ཉེ་གནས་བློ་ལྡན་པ་སོགས་སྟེ་སྟོད་འཛིན་པའི་བླ་མ་དུ་མ་བསྟེན་ནས་མདོ་སྔགས་གཉིས་དང་། སྒྲ་ཚད་རིག་གནས་ཀུན་ལ་སྦྱངས་པ་མཐར་ཕྱིན་མཛད་དེ་མཁས་པའི་གོ་འཕང་བསྙེགས། ལྷག་པར་དུ་རང་སྟོང་གཞན་སྟོང་གི་ལྟ་བའི་གནད་ཟབ་མོ་ལ་དམ་པ་འདི་ཉིད་གཙོགས་སུ་འཛིན། གཙང་གསེར་མདོག་ཅན་གྱི་དགོན་པ་ཕྱག་བཏབ། མངའ་རིས་སོགས་སུ་ཆོས་ཀྱི་འདུ་གནས་དུ་མའང་བཞེངས། སློབ་མས་ཚོགས་རྒྱས་པར་བསྐྱངས་ཤིང་ཆོས་ཀྱི་བདུད་རྩི་འབབ་མེད་དུ་བསྩལ་མཐར་དགུང་ལོ་བརྒྱད་ཅུར་ཕེབས་པ་རབ་བྱུང་དགུ་པའི་མེ་ཡོས་༡༥༠༧ལོར་ཞི་བར་གཤེགས། གསུང་རྩོམ་སྐོར་ལ་རྣམ་རིག་ཊཱི་ཀ་དང་ཕར་ཕྱིན་ཊཱི་ཀ ཚ་འཇུག་ཊཱི་ཀ འདུལ་བའི་ཊཱི་ཀ་སོགས་ཡོད།

པཎྜི་ཏ་ཆེན་པོ་ཤཱཀྱ་མཆོག་ལྡན་དྲི་མེད་ལེགས་པའི་བློ་གྲོས་ཀྱི་རྣམ་པར་ཐར་པ་ཞིབ་

མོ་རྣམ་པར་འབྱེད་པ་ཞེས་པའམ་པཎ་ཆེན་ཤཱཀྱ་མཆོག་ལྡན་གྱི་རྣམ་ཐར་ཞིབ་མོ་རྣམ་འབྱེད་ཅེས་པ་འདི་ནི་ཡོངས་གྲགས་སུ་དམ་པ་ཁོང་ཉིད་ཀྱིས་བརྩམས་གནང་བས་རང་རྣམ་དུ་བརྗོད་ཀྱང་། རྣམ་ཐར་དེའི་མཇུག་ཏུ་༼དེ་ལྟར་པཎ་ཆེན་རིན་པོ་ཆེའི་སྐུ་ཆེ་བའི་ཡོན་ཏན་ཞིབ་མོར་བྲིས་པའི་རབ་བྱེད་ཉེར་བདུན་པ་འདི་ཡང་མ་ཕྱིན་པའི་སངས་རྒྱས་གསུམ་པ་ཁ་ཆེ་པཎ་ཆེན་ཤཱཀྱ་ཤྲཱིའི་གདན་ས་སེང་གེའི་ཁྲི་ལ་མངོན་པར་རབ་ཏུ་མཐོ་བ། སྐྱེ་མེད་རང་གསལ་ཆོས་དབྱིངས་གདོད་མའི་མགོན་པོ་མངོན་སུམ་དུ་གཟིགས་པའི་མཁན་ཆེན་རིན་པོ་ཆེའི་ཞལ་སྔ་ནས་ཀྱིས་བཀས་བསྐུལ་བའི་དབང་ལས། སྙོམས་ལས་ཀྱི་བགྱི་བ་ཅུང་ཞིག་བསལ་ཏེ། གང་གི་བཀའ་མི་འགོག་པའི་སྐད་དུ། གྲོལ་མཆོག་གིས་ཡི་གེར་བཀོད་པ་༽ཞེས་དང་། ཡང་། ༼དེ་ལྟར་རྣམ་ཐར་སྔ་མ་གསུམ་གདན་བཀོད་དུ་བྱས་མ་ཐོས་ཤིང་། གང་མ་ཚང་བའི་ཐད་ཁོལ་དུ་ཁ་སྐོང་བགྱིས། རང་རིས་འབད་རྩོལ་དྲག་པོས་པཎ་ཆེན་ཉིད་ཀྱི་ཞབས་ལ་གཏུགས་ཤིང་། གསུང་གི་བདུད་རྩི་དངོས་སུ་བཞེས་པའི་སློབ་མའི་མཆོག་བཅུ་གཉིས། ཡང་སློབ་བརྒྱུད་པ་འཛིན་པ་བཞི་སྟེ། དགེ་བའི་བཤེས་གཉེན་བཅུ་དྲུག་གི་དྲུང་དུ་གང་ལས་བརྒྱུད་པའི་དབང་ལུང་གདམས་པའི་སྒོ། ཆོས་ཀྱི་རྒྱལ་པོའི་དཔལ་གྱི་མགུར་ལས་བཀའ་སྩལ་པ་ཕལ་ཆེར་ཐོབ་ཅིང་། དེ་སྐབས་རེ་རེ་ནས་ཀྱང་རྣམ་ཐར་གྱི་ཟུར་མི་འདྲ་བའི་ཆ་ཕྲ་བ་ཐོས་པ་ཀུན་ཀྱང་མ་བརྗེད་པར་བློ་ལ་གཟུངས་སུ་བསྟེན་པ་དག་སོ་སོར་བཀོད། དགུང་ལོ་བརྒྱད་ཅུའི་བར་ལ་ཧོར་ཀོངས་མེད་ཅིང་དབུ་ཞབས་གཏན་མ་ལོག་པ། རྒྱུ་སྐར་འཆར་བའི་གོ་རིམ་ལྟར་བྲིས་པ་འདི་ཡོངས་སུ་རྫོགས་པར་གྲུབ་པའོ།།༽ཞེས་རྣམ་ཐར་འདི་བརྩམས་པའི་རིམ་པ་གསལ་བར་བཀོད་པ་ལྟར་ཡི་གེར་འགོད་མཁན་ནི་གྲོལ་མཆོག་མཚན་ཅན་ཡིན་པ་རྟོགས་ཐུབ་པོ། །

ངེད་དཔེ་སྐྲུན་ཁང་ནས་དཔར་པའི་རྣམ་ཐར་འདི་ནི་མ་ཕྱི་སྒྲོག་པར་མ་གཞིར་བྱས་ཏེ་བསྒྲིགས་ཤིང་གཞུང་དངོས་ཀྱི་ནང་དོན་གཞིར་བཞག་གིས་རབ་བྱེད་དབྱེ་ནས་དཀར་ཆག་ཏུ་བཀོད་ཡོད། ཕྱིར་རྣམ་ཐར་འདི་ཉིད་ཀྱི་བརྗོད་པ་ཁ་དམ་ཞིང་ཡི་གེར་དག་ཆ་ལྡན་ཡང་།

ཡུལ་དུས་ཀྱི་བརྡ་སྤྲོད་ལུགས་མི་ཉུང་བ་ཞིག་མཚོན་པ་དཔེར་ན། དེང་སང་དང་ལྡེན་པར་གསུང་ལྟ་བུ། གཞན། ཡོ་ལྟ་བུ་ཚིག་སྔ་ཕྱིའི་དོན་ལ་གཞིགས་ན་ཚང་མ་དང་ཡོངས་ཀྱི་དོན་དུ་འཇུག་པ། དཀྱེས་རྫོར་ལ་དགེས་རྫོར་ཞེས་ས་སྐྱའི་ཡིག་ཚང་དུ་རྒྱུགས་ཆེ་བ་ལྟར་འབྲི། དེ་བཞིན་མངས་དང་ཆུངས། ཐུངས། སྟེངས་སོགས་ཡངས་འཇུག་སྦྱོར་བ་མང་བ། ལྷག་པར་དུ་ཤིན་ཏུ་གོ་དཀའ་ཞིང་ཚིག་སྔ་ཕྱི་འབྲེལ་དཀའ་བའི་རིགས་ནི་དོན་གྱི་བརྡར་ཤ་གཅོད་མི་ཐུབ་པས་མ་ཡིག་ལྟར་སོར་བཞག་བྱས་ཡོད་པ་དང་། ལག་བྲིས་ཡི་གེ་ང་དང་ད་གཉིས་ཁྱད་པར་འབྱེད་དཀའ་བ། པ་དང་བ་གཉིས་ངེས་མེད་དུ་འབྱུང་ཞིང་བ་སྦྱོར་བ་མང་བ་སོགས་བརྡ་སྤྲོད་ཀྱི་གཞུང་དང་མི་མཐུན་པའི་ཆ་འབྱུང་བ་དག་ལ་ངེད་ཅག་གིས་མ་ཡིག་དང་ཞིབ་ཏུ་བསྡུར་ནས་ཞུ་དག་ཡང་ཡང་བགྱིས་ཡོད། དེའང་ཞུ་དག་མ་ལོན་པའམ་ནང་དོན་གོ་ལོག་པའི་ཆའང་ངེས་པར་མཆིས་སྲིད་ན་མཁས་པ་རྣམས་ཀྱིས་དགོངས་འཆར་སྐྱོལ་རྒྱུ་མཁྱེན་ཞེས་རྡོ་སྦྲིས་ཚེ་རིང་རྡོ་རྗེ་ནས་ཞུས་པའོ། །

དཀར་ཆག

༡ སྟོན་ཕྱུང་གླིང་བསླང་གི་སྐབས་ཏེ་རབ་ཏུ་བྱེད་པ་དང་པོ། ………………… (1)

༢ འཁྲུངས་པའི་སྐབས་ཏེ་རབ་ཏུ་བྱེད་པ་གཉིས་པ། ………………………… (7)

༣ གཞོན་ནུའི་སྐབས་ཏེ་རབ་ཏུ་བྱེད་པ་གསུམ་པ། ………………………… (11)

༤ རབ་ཏུ་བྱུང་ཞིང་དགེ་ཚུལ་གྱི་ཚུལ་ཁྲིམས་རྗེས་སུ་མནོས་པའི་སྐབས་ཏེ་རབ་ཏུ་བྱེད་པ་བཞི་པ། ………………………………………… (15)

༥ སྟོན་ཕྱུང་གཞོན་ནུ་མང་ཡིན་ལས་ཆོས་ཀྱི་གྲགས་པས་རྟོག་གེའི་ཚུལ་བཙལ་བ་ལྟར་ཏེ་རབ་ཏུ་བྱེད་པ་ལྔ་པ། ……………………………… (23)

༦ མཁས་པ་མཁས་པའི་གྲངས་སུ་བགྲངས་པའི་སྐབས་ཏེ་རབ་ཏུ་བྱེད་པ་དྲུག་པ། ………………………………………… (26)

༧ རིག་པའི་གནས་ལ་སྦྱངས་ཚུལ་བསྟན་པའི་སྐབས་ཏེ་རབ་ཏུ་བྱེད་པ་བདུན་པ། ………………………………………… (30)

༨ ཐུགས་གཞུང་རྒྱ་མཚོའི་གནས་ལ་སྦྱངས་པའི་སྐབས་ཏེ་རབ་ཏུ་བྱེད་པ་བརྒྱད་པ། ………………………………………… (40)

༩ བསྙེན་པར་རྫོགས་པའི་སྐབས་ཏེ་རབ་ཏུ་བྱེད་པ་དགུ་པ། …………… (45)

༡༠ གསང་ཕུར་དགེ་ཚོགས་རྒྱ་ཆེར་སྤེལ་བའི་སྐབས་ཏེ་རབ་ཏུ་བྱེད་པ་བཅུ་པ། ………………………………………… (54)

༡༡ གདན་ས་ཆེན་པོར་གཞུང་ལུགས་རབ་འབྱམས་ཀྱི་ངག་རྗེས་སུ་སྒྲོགས་པའི་སྐབས་ཏེ་རབ་ཏུ་བྱེད་པ་བཅུ་གཅིག་པ། ………………………… (62)

༡༢ དབང་བསྒྱུར་རབ་འབྱམས་རྗེས་སུ་ནོད་པའི་སྐབས་ཏེ་རབ་ཏུ་བྱེད་པ་བཅུ་གཉིས་པ། ……………………………… (74)

༡༣ ཇོ་མཚར་གྱི་དུམ་བུ་འགའ་ཞིག་ལས་བསྒྲགས་པའི་སྐབས་ཏེ་རབ་ཏུ་བྱེད་པ་བཅུ་གསུམ་པ། ……………………………… (82)

༡༤ རྟོགས་པའི་རང་བབ་མངོན་སུམ་དུ་གྱུར་པའི་སྐབས་ཏེ་རབ་ཏུ་བྱེད་པ་བཅུ་བཞི་པ། ……………………………… (89)

༡༥ མངའ་རིས་ཀྱི་ཡུལ་འཁོར་དུ་ཆོས་སྒྲ་བསྒྲགས་པའི་སྐབས་ཏེ་རབ་ཏུ་བྱེད་པ་བཅོ་ལྔ་པ། ……………………………… (94)

༡༦ ཡི་དམ་གྱིས་རྗེས་སུ་གཟུང་བ་དང་མངོན་པར་མཁྱེན་པའི་གནས་ལས་བསྒྲགས་པའི་སྐབས་ཏེ་རབ་ཏུ་བྱེད་པ་བཅུ་དྲུག་པ། ……………………… (103)

༡༧ མཁས་པའི་མཛད་པའི་མིག་འཕྲུལ་ལས་རྗེས་སུ་བསྒྲགས་པའི་སྐབས་ཏེ་རབ་ཏུ་བྱེད་པ་བཅུ་བདུན་པ། ……………………………… (114)

༡༧ བྱམས་མགོན་དོན་ཡོད་དཔལ་བ་དབྱིངས་དགའ་ལྡན་དམ་པར་གཤེགས་པའི་སྐབས་ཏེ་རབ་ཏུ་བྱེད་པ་བཅོ་བརྒྱད་པ། ……………………… (123)

༡༩ བྱམས་པའི་སྐུའི་སྣང་བརྙན་རྗེས་སུ་བསྒྲུབས་པའི་སྐབས་ཏེ་རབ་ཏུ་བྱེད་པ་བཅུ་དགུ་པ། ……………………………… (129)

༢༠ བསྔགས་པར་འོས་པའི་ཆ་ཤས་འགའ་ཞིག་ལས་རྗེས་སུ་བསྒྲགས་པའི་སྐབས་ཏེ་རབ་ཏུ་བྱེད་པ་ཉི་ཤུ་པ། ……………………………… (142)

༢༡ མཁས་པ་དང་གྲུབ་པའི་དཔལ་འཛིན་པའི་སྐབས་ཏེ་རབ་ཏུ་བྱེད་པ་ཉི་ཤུ་རྩ་གཅིག་པ། ……………………………… (150)

༢༢ ཆོས་ཀྱི་འཁོར་ལོ་རྣད་བྱུང་བསྐོར་བའི་སྐབས་ཏེ་རབ་ཏུ་བྱེད་པ་ཉེར་གཉིས་པ། ……………………………… (156)

༢༣ ཐུན་མོང་མ་ཡིན་པའི་ཡོན་ཏན་ལས་བརྩམས་པའི་སྐབས་ཏེ་རབ་ཏུ་བྱེད་པ་ཉེར་གསུམ་པ། ………………………………… (163)

༢༤ གཟུར་གནས་ཀྱི་མཁས་པ་དགྱེས་པའི་སྐབས་ཏེ་རབ་ཏུ་བྱེད་པ་ཉེར་བཞི་པ། ………………………………… (173)

༢༥ ཡོངས་སུ་མྱ་ངན་ལས་འདས་པའི་སྐབས་ཏེ་རབ་ཏུ་བྱེད་པ་ཉེར་ལྔ་པ། ………………………………… (181)

༢༦ ཕྲིན་ལས་ཀྱི་འཁོར་ལོ་རྒྱུན་མི་ཆད་པའི་སྐབས་ཏེ་རབ་ཏུ་བྱེད་པ་ཉེར་དྲུག་པ། ………………………………… (195)

༢༧ ཡོངས་སུ་རྫོགས་པའི་སྐབས་ཏེ་རབ་ཏུ་བྱེད་པ་ཉེར་བདུན་པ། ……… (201)

༄༅། །པཎྜི་ཏ་ཆེན་པོ་ཤཱཀྱ་མཆོག་ལྡན་གྱི་རྣམ་པར་ཐར་པ་ཞིབ་མོ་རྣམ་པར་འབྱེད་པ་བཞུགས་སོ། །

སྔོན་བྱུང་སྐྱེང་བསྐྱང་གི་སྐབས་ཏེ་རབ་ཏུ་བྱེད་པ་དང་པོ།

༄༅། །ན་མོ་མཉྫུ་གྷོ་ཥཱ་ཡ། སྨྲ་བ་རྣམས་ཀྱི་མཆོག་ཐམས་ཅད་མཁྱེན་པ་ལ་ཕྱག་འཚལ་ལོ། །

ཐམས་ཅད་གཟིགས་པས་ཡང་དག་མཁྱེན། །སྔོན་དང་ཕྱི་མཐའ་ཇི་བཞིན་དགོངས། །མ་འདྲེས་འབྱེད་པའི་སྤྱན་ཡངས་པ། །རྐང་གཉིས་གཙོ་བོས་དགེ་ལེགས་སྩོལ། །

དཔལ་ལྡན་ཤཱཀྱའི་བསྟན་འཛིན་མཆོག་ཅེས་མཆོག་ཏུ་ངེས་ཚིག་གསལ་ལྡན་ཉིད། །ཉིད་གསུང་དྲི་མེད་ཚངས་དབྱངས་ལེགས་སྒྲོག་ལེགས་བཤད་མཁྱེན་པའི་བློ་གྲོས་གང་། །གང་ཡང་འཇམ་དབྱངས་དགེས་（དགྱེས）པའི་དཔལ་ཕྱོད་དཔལ་མགོན་མ་ཕམ་དགའ་བའི་བཤེས། །བཤེས་གཉེན་རབ་སྦྱངས་འབུམ་ཕྲག་གྲངས་ལྡན་བགྲང་ཡས་བློ་གསལ་གཙུག་ན་རྒྱལ། །

འདི་ན་ཡོངས་རྫོགས་བསྟན་པའི་ཁུར། །འདེགས་བྱེད་སྤྱོས་ཀྱི་གླང་པོ་ནི། །གླང་ཆེན་ཁྱུ་ལས་ས་སྲུང་བུ། །གཉིས་པ་སྲིད་པ་ཡོད་མ་ཡིན། །དེ་ཕྱིར་རང་གི་ཚོད་པན་རྩེར། །བླ་ན་རྗེ་བཞུགས་དེ་དག་ཀྱང་། །བསླབ་གནས་སྔ་མའི་གྲལ་རིམ་ལས། །ཡོན་ཏན་རྒྱན་ཕྲེང་ལྷི་མ་ལགས། །རྒྱལ་བའི་བཀའ་དང་དགོངས་འགྲེལ་རྣམས། །ཇི་བཞིན་འབྱེད

ལ་དབང་འབྱོར་པས། །གནས་དང་གནས་མ་ཡིན་འདི་ཞེས། །ཕྲ་རྒྱས་ཕྱུ་རིས་སོ་སོར་ཕྱེ། །གསེར་དང་ར་གན་འདྲེས་པ་ལྟའི། །ཚིག་དོན་ལྷིབ་པོ་ཇི་སྙེད་དག །ཡོངས་དཔྱོད་རྣམ་དཔྱོད་ནོར་བུ་ཡིས། །དམན་པ་བསལ་ནས་མཆོག་ཕྱིན་མཛད། །འཁོར་བའི་རྒྱ་མཚོ་ལས་བརྒལ་ཏེ། །ཐམས་ཅད་མཁྱེན་གྱིང་ཉམས་དགའ་བར། །བསླབ་གསུམ་གྱུ་གཟིངས་མ་བཅས་པར། །སྙིང་སྟོབས་རྒྱལ་གྱིས་ཇི་ལྟར་ཕྱིན། །འཁོར་བ་མ་རིག་མུན་སྟུག་འཐུང་། །མང་ཐོས་སྒྲོན་མེ་ལག་ཐོགས་ནས། །ངན་འགྲོའི་གཡང་ལ་རབ་བཟུར་ཏེ། །ཐར་པའི་ལམ་ལ་རྗེས་འགྲོ་ཉིད། །

གང་ཡང་དད་པའི་རྗེས་ཞུགས་ཡིད་ལ་ཚིག་འབྲུ་ཐོས་པས་ཚིམ་པ་སྟེར། །གང་དག་ཆོས་ཀྱི་རྗེས་འབྲང་བློ་ཅན་དོན་བཟང་གཏན་ཚིགས་མགུ་བསྐྱེད་དེ། །གང་ཞིག་ཡོན་ཏན་རྒྱན་ཕྲེང་ལ་དགའ་མཁས་མང་ཡིད་ཀྱི་འདོད་འཇོ་བ། །གང་གི་བློ་གྲོས་ཡི་གེར་འཕོས་འདུས་ནང་གི་དེ་ཉིད་མཚོན་པར་བྱས། །

གཏིང་མཐའ་མི་མངོན་རྣམ་ཐར་ཆུ་གཏེར་ལས། །ཉེ་བར་དྲངས་པའི་ལེགས་བཤད་དལ་འགྲོའི་རྒྱུན། །རབ་བརྗོད་སྙན་ངག་ཐ་སྙོད་གཡོ་བ་ཅན། །མདོ་རྒྱུད་ཆུ་ཀླུང་ཀུན་འདུའི་རྒྱ་མཚོ་ལ། །དམ་ཆོས་ཡིད་བཞིན་ནོར་བུའི་བང་མཛོད་ཅན། །ལུང་རིགས་རྙོག་མེད་གདེང་ཀས་མངོན་པར་མཛེས། །སྟོང་ཉིད་སྙེམས་པའི་ཕུཏ་སྨྲའི་སྨྲ་སྒྲོག་པ། །པཎ་གྲུབ་ཀླུ་དབང་དེ་ལ་སྙིང་ནས་དད། །ཁྱོད་ཐུགས་དཔལ་གྱི་བེའུ་ལས་སོན་པའི། །རང་རིག་རང་གསལ་ཆོས་དབྱིངས་གདོད་མའི་དབྱིངས། །འོད་གསལ་སྣང་བའི་སྒྲོན་མེ་ནོར་བུའི་ཏོག །ཉམས་ལེན་སྒྲུབ་པའི་རྒྱལ་མཚན་གཙུག་ན་མཐོ། །བཤད་སྒྲུབ་བརྩོན་པའི་ཕྱི་དོར་ལེགས་བསྒྲུབས་པས། །སྒྲིབ་བྲལ་ཆོས་སྐུའི་རང་འོད་འབར་བ་ཅན། །གང་ལ་གང་འདོད་ཆོས་ཀྱི་ཆར་ཆེན་གྱིས། །གདུལ་བྱའི་རེ་བ་མ་ལུས་ཡོངས་སུ་གང་། །དེ་སྐད་ནོར་བུའི་ཁྱིམ་དུ་ཆོང་པའི་བློ། །འགག་པ་མེད་པ་རབ་ཏུ་འཇུག་པའི་ཚུལ། །མཁས་བཙུན་བཟང་པོའི་རང་བཞིན་ལས་འོངས་པའི། །སྐུ་གསུང་ཐུགས་ཀྱི་ལེགས་བྱས་གཏམ་དུ་སྤེལ།། །།

གང་ཡང་བདེ་བར་གཤེགས་པའི་རིང་ལུགས་པ་ཆེན་པོ། རང་དང་གཞན་གྱི་གྲུབ་པའི་མཐའ་རྒྱ་མཚོའི་ཕ་རོལ་ཏུ་སོན་པ། ཡོངས་རྫོགས་གནས་ལྔ་མཁྱེན་པའི་པཎྜི་ཏ། ཤཱཀྱ་མཆོག་ལྡན་དྲི་མེད་ལེགས་པའི་བློ་གྲོས་ཀྱི་རྣམ་པར་ཐར་པའི་ཚུལ་ལ། གླིང་བསླང་སྟོན་བྱུང་གི་རྣམ་པར་ཐར་པའི་ངེས་གསང་མདོ་ཙམ་ཞིག་སྨོས་པ་ཡང་འདི་ལྟ་སྟེ། དཔུས་འགྱུར་ཚལ་ན་གང་ཡང་མཚན་བཞག་པ། །རྟ་དབྱངས་ཞེས་གྲགས་སྐད་ངག་མཁས་པའི་མཆོག །དབྱངས་ཅན་ཡིད་ཀྱི་མཛའ་བོ་དྲེགས་ལྡན་དེས། །རྒྱལ་བའི་མཛད་པའི་ཕྲེང་བ་རྒྱ་ཆེར་སྤེལ། །སྙིང་རྗེའི་ཉམས་བརྒྱུས་རོལ་པའི་རྒྱལ་སྲས་ཀྱིས། །འགྲོ་ལ་ཕན་ཕྱིར་རང་གི་ལུས་སྲོག་ཀྱང་། །ཕངས་པ་མེད་པར་གཞན་ལ་སྦྱིན་པའི་གཏམ། །ཐོས་ཆེ་ཡིད་ཀྱི་སྤུ་ལོང་འབབ་མེད་གཡོ། །ཐུབ་པའི་གསུང་རབ་སྟེབས་ལེགས་སྐད་ངག་གང་། །སྒྲ་མཁས་དཔའ་བོས་རྗེས་སུ་བསྒྱུལ་བ་ཉ། །ཐོས་པས་རབ་དགའ་དད་པའི་ཡིད་མགུ་བ། །ཐར་པའི་ས་བོན་སྲིད་མཐའི་བར་དུ་བསྐྲུན། །དེ་ཡང་འདི་སྐད་རྣམ་ཐར་རྟོར་རྒྱལ་མ་ལས། བཅོམ་ལྡན་འདས་ཀྱིས་འཇམ་དཔལ་རྩ་བའི་རྒྱུད་ལས་ཕ་ཁོལ་ལུང་བསྟན་པའི་སྐབས་སུ། བདག་ཉིད་ཆེན་པོ་འདི་ཉིད་ཀྱི་ཡ་མཚན་གྱི་ཆ་མཚོན་ཚུལ་དང་། ཡང་མདོ་ལས། སྟོན་པས་གདུལ་བྱ་རྟ་དབྱངས་འདུལ་བྱེད་ཨཱརྱ་དཻ་ཝ་རྣམས་ཀྱི་ངེས་གནས་གསལ་པོ་གསུངས་ཚུལ། དེ་དག་གི་ལོ་རྒྱུས་མཐའ་བཅད་རྣམས་ཀྱང་ཇི་ལྟར་བར་བྲིས་ཤིང་། ཡང་རྒྱལ་བས་ཇ་བོ་ཆེའི་མདོར། ཀུན་མཁྱེན་དོལ་བུ་ལུང་བསྟན་པའི་ཚིག་རྣམས་ཀྱང་འདིར་ཡང་སྦྱོར་ཏེ། དཀར་ཡོལ་རི་སོགས་ཕན་ཚུན་གྱི་དཀར་པོ་བྲག་གི་མིང་བཞག་དང་། ངའི་མིང་ཞེས་པས་ཤཱཀྱ་ཚེ་རིང་པོ་ཞེས་པའང་ཀུན་མཁྱེན་ཆེན་པོ་བདུན་ཅུ་ཙམ་ལས། པཎ་ཆེན་རིན་པོ་ཆེ་བརྒྱད་ཅུའི་མཐར་སོན་པ་དང་། གྲུབ་པའི་མཐའི་ཚུལ་ཟུར་ཅན་དངོས་གནས་རྣམས་མཚོན་དོན་དུ་བཀྲངས་ནས། མདོ་འདི་ཉིད་ཀྱི་ལུང་གིས་བསྟན་པའི་སྐྱེས་བུ་མཆོག་ཉིད་ཡིན་པར་འབད་དེ་བསྒྲུབ་པར་མཛད་དོ། །གཞན་སྔ་ཕྱི་རྣམ་ཐར་གསུམ་ཀ་གྲུང་མཐུན་པར། སློབ་དཔོན་པདྨའི་མ་འོངས་ལུང་བསྟན་དུ། རྟ་དབྱངས་སྐྱེ་བ་ཤཱཀྱའི་མཚན་ཅན་ལོ་བརྒྱད་ཅུ་པ་ཞིག་གིས་སངས་

རྒྱས་ཀྱི་བསྟན་པའི་ཁྲིམས་འཆའ་བར་གསུངས་པ་དང་། །པཎ་ཆེན་རིན་པོ་ཆེ་ཉིད་ཀྱིས་ཡེ་ཤེས་གཟིགས་པའི་ཡུལ་དུ། ཛོག་ལོ་ནྟ་བ་བློ་ལྡན་ཤེས་རབ་དང་། པ་ཚབ་བུ་བཞིའི་ཡ་གྱལ་རྨ་བྱང་ཆུབ་བརྩོན་འགྲུས་ཀྱི་སྐྱེ་བར་ལེགས་པར་དགོངས་པའི་བཀའ་སྩལ་དངོས་ལས་ཐོས་ཚུལ། མཁས་གྲུབ་ཀྱི་སྐྱེས་བུ་བདུན་ཙམ་རིམ་ཅན་དུ་བརྒྱུད་རྗེས། ཁམས་ཡུལ་དུ་བག་སྟོན་ཤྲཱི་འོད་ཟེར་དུ་འཁྲུངས་ཤིང་། དེ་ཉིད་ཀྱིས་རང་གི་ཡུམ་སོགས་ལ་བཀའ་བསློས་ནས། སྐུ་སྐྱེ་བ་ཕྱི་མའི་ལུང་བསྟན་ཇི་ལྟར་གནང་ཚུལ་དག་གཅིག་ལ་གཅིག་ བྲིས་བཤུས་མཛད་པ་ལྟར་ཡོད་ཅིང་། ངོ་གྲོ་རབ་འབྱམས་པ་དབང་ཕྱུག་དཔལ་བས་པཎ་ཆེན་རིན་པོ་ཆེ་ལ་བསྟོད་པ་ཕུལ་བའི་ནང་ན་བག་སྟོན་ཤྲཱི་དང་། གཙྪ་པ་རོལ་པའི་རྡོ་རྗེ་ཐུགས་རྒྱུད་གཅིག་པར་གྲགས་པས། རྒྱལ་དབང་གཙྪ་པའི་རྣམ་འཕྲུལ་དུ་མཆོན་པའི་ཚིག་སྦྱོར་བྱས་པའི་ཡི་གེ་རྒྱལ་དབང་ཆོས་གྲགས་རྒྱ་མཚོ་དང་། པཎ་ཆེན་རིན་པོ་ཆེ་གཉིས་ཀའི་གཟིགས་ལམ་དུ་འཁོར་སྐབས། ཕན་ཚུན་གཉིས་ཀ་ནས་དགོངས་པའི་དབྱིངས་སུ་མི་འཁོར་བ་མ་བྱུང་ཞེས་ཀྱང་གཏམ་དུ་གླེང་ཞིང་། ཆོས་རྗེ་གཙྪ་པ་ཆེན་པོ་ཆོས་གྲགས་རྒྱ་མཚོས། སྡེ་བདུན་རབ་འབྱམས་པ་དབང་ཕྱུག་རྒྱལ་མཚན་པ་ལ་དངོས་ཀྱི་བཀའ་ལུང་བྱོན་པ་ལ་ཡང་། ངེད་དང་ཆོས་རྗེ་ཆེན་པོ་བ་སེམས་གཅིག་ཡིན་པས་གང་གི་ཞབས་ཐེགས་ཀྱང་བསམ་པ་ཡོངས་སུ་རྫོགས་ཞེས་དགྱེས་པའི་འཛུམ་ཞལ་དང་ལྡན་པས་ལྷ་ས་པོ་ཏ་ལར་བཀའ་ལུང་ཕེབས་པ་ཡོངས་ལ་གསལ་ལོ། །རང་སྐྱོའི་ངོས་ནས་ནི། བཅོམ་ལྡན་འདས་ཐུབ་པའི་དབང་པོའི་རྒྱལ་ཚབ་བྱམས་པ་མགོན་པོ་ཉིད་བསམ་བཞིན་དུ་དབང་འགྱུར་བའི་བྱང་ཆུབ་སེམས་དཔའི་མཛད་པ་མཆོག་གི་ཚུལ་གྱིས། ཐེག་ཆེན་མདོ་སྡེ་རྒྱན་ལས་བཤད་པ་ལྟར། དེ་ནི་ཅིག་ཅར་ལ་ལར་སྒོ་མང་བརྒྱ་ནས་ཆོས་ཀྱི་འཁོར་ལོ་དང་། །སོགས་དང་། ལ་ལར་སྐྱེ་བ་མི་སྣང་ཞེས་དང་། །ལ་ལར་སྐྱེ་བའི་སྤྱོད་པ་སྣ་ཚོགས་དང་། །ཞེས་དང་། མདོར་ན། དེ་ནི་གནས་དེ་རྣམས་ལ་རྣམ་པར་གཡོ་མི་མངའ་ལ་ཐམས་ཅད་མཛད། །ཅེས་རྒྱལ་ཚབ་མ་ཕམ་པ་རང་གི་བཀའ་སྩལ་དུ་གསུངས་པའི་དོན་ཇི་ལྟར་པར། སངས་རྒྱས་ཀྱི་བསྟན་པ་རིན་པོ་ཆེ་འདི་ཉིད་འཛིན་ཞིང་སྤེལ་བའི་ཆེད་དུ།

མཐའ་ཡས་པ་མཐའ་ཡས་པའི་ཞིང་རྣམས་སུ། མཐའ་ཡས་པ་མཐའ་ཡས་པའི་སེམས་ཅན་རྣམས་ལ། མཐའ་ཡས་པ་མཐའ་ཡས་པའི་ཆོས་ཀྱི་མཛོད་པ་དཔག་པར་མི་ནུས་པ་ཞིག་སྟོན་ཏེ། དེ་ལ་རང་འདུལ་བའི་ཞིང་འདིར་ནི། གཡག་རོང་གི་མཚན་འཆང་བའི་སྟོན་རབས་ཕྱིན་པའི་སྐྱེས་ཆེན་དེ་དག་དང་། རྗེ་ཉིད་ཀྱིས་མཆོན་པའི་བསྟན་པ་འཛིན་པའི་ཁྱུ་མཆོག་གྲངས་མ་མཆིས་པར་ཡང་སྤྲུལ་ལ། སྔད་ནས་ཀྱང་བསྟན་པའི་སྲོག་རྩ་མེད་པ་གང་འཛིན་པར་ནུས་པ་དག་ཀྱང་སྟེ། ཅི་སྟེ་སངས་རྒྱས་ཀྱི་ཡེ་ཤེས་ཆེན་པོས་མ་བཟུང་བའི་ཉན་ཐོས་རང་རྒྱུད་པ་དག་གིས་རྒྱལ་བའི་བཀའ་སྒྲུབ་པར་མི་སྤོབས་པའང་། རྒྱལ་བའི་ཉན་ཐོས་པ་དག་ཇི་སྙེད་ཆོས་སྟོན་དང་། །འཆད་དང་རིགས་པ་དག་དང་ལྡན་པར་བརྗོད་པ་དང་། །མཆོག་འཕགས་བདེ་བ་བྱེད་དང་དེ་ཡི་འབྲས་ཐོབ་པ། །དེ་དག་ཀུན་ཀྱང་དེ་བཞིན་གཤེགས་པའི་སྐྱེས་བུའི་མཐུ། །ཞེས་རྒྱུ་མཚན་ངེས་པའི་གཏན་ཚིགས་དང་བཅས་ཏེ་གསུངས་པ་ལྟར་ལས་མཆོན་པར་ནུས་པའོ། །འོ་ན་ཐ་སྙད་དུ་དུས་སྔ་ཕྱི་དང་བླ་མ་དང་སློབ་མའི་རྣམ་པར་རྗེན་པ་སོགས་ཇི་སྙེད་སྟོན་པ་འདི་དག་ལ་ཇི་ལྟར་བརྗོད་ཅེ་ན། རྣམ་པ་སྣ་ཚོགས་སྟོན་པ་འདི། །སྤྲུལ་པ་ཡིན་གྱི་རང་རྒྱུད་མིན། །ཞེས་པའི་དོན་དང་མཐུན་པར་གྱུར་པ་སྟེ། དཔེར་ན། མཁན་ཆེན་གཡག་པ་དང་། བག་སྟོན་གཉིས་ཀའི་སྐུའི་སྐྱེ་བར་བདག་ཉིད་ཆེན་པོ་འདི་རྗེས་སུ་སྒྲིག་ཅིང་། དེ་གཉིས་དུས་མཚུངས་པའི་དཔོན་སློབ་དུ་གྱུར་པས་ཀྱང་མཆོན་པ་ལས་སོ། །དེས་ན་གཡག་བསྟོད་དུ། གསང་ཕུར་བྱམས་པའི་ཆོས་ལྔ་གསུངས་པའི་ཚེ། །ཅིག་ཅར་སྐུ་ལུས་བཀོད་པ་དུ་མ་བསྟན། །གདུལ་བྱ་རྣམས་ཀྱི་ཐེ་ཚོམ་གཅོད་མཛད་ཅིང་། །ངོ་མཚར་དང་བ་བསྐྱེད་ལ་ཕྱག་འཚལ་ལོ། །ཞེས་འབྱུང་བའི་ཅིག་ཅར་སྐུ་ལུས་བཀོད་པ་དུ་མ་བསྟན་པའི་དབང་ལས་གོང་གི་འགལ་བ་སྤོང་ནུས་ཤིང་། ཡང་གཡག་བསྟོད་དེ་ཉིད་དུ། སྟོན་ཚེམ་ག་རྒྱ་ཡི་གཙུག་ལག་ཏུ། །ལྷ་རིག་པཎ་ཆེན་བཙུ་ཡི་མཆོག་གྱུར་ཅིང་། །ཕྱོགས་བཞིའི་མུ་སྟེགས་སྟོན་པ་ཕམ་མཛད་ནས། །གངས་རིའི་ཁྲོད་འདིར་འཁྲུངས་ལ་ཕྱག་འཚལ་ལོ། །ཞེས་འབྱུང་བས་ན། ཉང་སྟོད་རབ་འབྱམས་པ་ལྷུན་གྲུབ་དཔལ་བཟང་པོའི་ཐུགས་

སྐྱོང་ལས། དབྱིག་གཉེན་ཆོས་གྲགས་རིན་ཆེན་འབྱུང་གནས་ཞི་བ་སྟེ་ཡོངས་སུ་གྲགས་པའི་ཤཱནྟི་པ་རྣམས་ཀྱི་སྐུའི་སྐྱེ་བར་དགོངས་ཤིང་བཀའ་སྩལ་དུ་ཐྱོན་པ་ལ་ཡང་ཟླན་ཀའི་གནས་མེད་པའོ། །ཞེས་པཎྜི་ཏ་ཆེན་པོ་ཤཱཀྱའི་མཚན་ཅན་གྱི་རྟོན་བྱུང་གི་གླེང་བསླང་མདོར་བསྡུས་པའི་ངག་སྟེ། དེ་དག་ལ་དཔགས་ནས་བློ་གྲོས་གསལ་བའི་སློབ་པོ་དག་གིས་བརྗོད་པར་གྱིས་ཤིག་ཀྱཻ།། །།

ཇི་སྙེད་སྐྱེ་བར་མངོན་པར་བྱང་ཆུབ་ཚུལ། །བགྲང་ཡས་ལྷེ་ཡིས་བརྗོད་ཀྱང་ག་ལ་ལྡང་། །རྒྱུ་སྐར་གྲངས་དང་མཁའ་དབྱིངས་འདོམ་འཇལ་ལྟར། །སློབ་པོ་དག་རང་ཉམས་བྱིས་པར་མཚོན། །ཚད་མེད་ཚད་ཀྱིས་གཞལ་བའི་ཡུལ་མིན་ཞིང་། །དངོས་མིན་དངོས་པོའི་རང་བཞིན་རྟོགས་དཀའ་བས། །བློ་ཆུང་བློ་ཡི་ཐྱོན་དུ་ཆུད་མིན་ཕྱིར། །གསང་ཆེག་གསང་བའི་རྒྱ་ལྡན་དམ་པའི་སྒྲོལ། །གང་ཡང་ཕྱོགས་བཅུའི་རྒྱལ་བ་ཀུན་དང་རྒྱལ་པའི་སྲས་པོ་ཐམས་ཅད་པ། །རྒྱལ་ཡུམ་མཐའ་ཡས་ཁྲོ་བོའི་དབང་པོ་གར་དགུའི་ཉམས་ལྡན་མ་ལུས་པ། །འདིར་ནི་གདན་གསུམ་ཞེས་བཏགས་དཀྱིལ་འཁོར་མཁའ་ཁྱབ་དབྱིངས་རྣམས་གཅིག་བསྡུས་ལ། །ཡེ་ཤེས་ལུས་ཅན་དང་པོའི་སངས་རྒྱས་མཁའ་ཁྱབ་མཁའ་ཡི་རྡོ་རྗེ་ལགས། །དེ་སྙད་སངས་རྒྱས་ཐམས་ཅད་འདུས་པའི་སྐུ། །དུས་གསུམ་རྒྱལ་བའི་མཁྱེན་བརྩེ་གཅིག་བསྡུས་པ། །རབ་འབྱམས་དཀྱིལ་འཁོར་འཁོར་ལོའི་མགོན་པོ་མཆོག །གང་ལ་དད་པས་སྙིང་ནས་སྐྱབས་སུ་མཆི། །ཨེ་མ་རྣམ་པ་མཐའ་ཡས་པའི། །སྒྱུ་འཕྲུལ་དྲ་བའི་ཟློས་གར་ཅན། །གཅིག་མིན་དུ་མ་མིན་པའི་ཚུལ། །ཡེ་ཤེས་སྒྱུ་མའི་སྣང་བ་མཚར། །ཨ་ལ་སྐྱབས་ཡུལ་མ་ལུས་པ། །ཁྱོད་ཉིད་ཁོ་ནའི་རང་བཞིན་ཉིད། །དེ་ཕྱིར་མོས་པའི་རྗེས་འབྲང་བདག །མང་པོའི་བསམ་གཏན་གཡེང་བས་ཏེ། །བ་སྤུའི་ཁུང་གཅིག་ནང་སོན་པའི། །རབ་བཀྲམ་དཀྱིལ་འཁོར་ཉེར་སྟོན་གང་། །རྡུལ་གཅིག་སྟེང་ན་རྡུལ་སྙེད་ཀྱི། །སངས་རྒྱས་ནང་གི་སྤྱོད་ཡུལ་འགྱུར། །ཞེས་པཎྜི་ཏ་ཆེན་པོ་ཤཱཀྱ་མཆོག་ལྡན་དྲི་མེད་ལེགས་པའི་བློ་གྲོས་ཀྱི་རྣམ་པར་ཐར་པ་ཞིབ་མོ་རྣམ་པར་འབྱེད་པ་ལས། རྟོན་བྱུང་གླེང་བསླང་གི་སྐབས་ལས་བརྩམས་པའི་

རབ་ཏུ་བྱེད་པ་སྟེ་དང་པོའོ།། །།

འབྱུངས་པའི་སྐབས་ཏེ་རབ་ཏུ་བྱེད་པ་གཉིས་པ།

ད་ནི་སྐུ་ཚེ་འདི་ཉིད་ཀྱི་རྣམ་པར་ཐར་པའི་ཚུལ་ཞིབ་ཏུ་བརྗོད་པར་བྱ་སྟེ། དེའང་གཞན་ངོར་བག་སྟོན་ཤཱཀྱའི་བཀའ་ཆེམས་ཇི་ལྟར་མཛད་པ་ལྟར། དཔལ་གསང་ནེའུ་ཐོག་གི་བཤད་གྲྭ་ཆེན་པོའི་ཞབས་སུ་གྱུར་པའི། གསང་མདའ་བང་རིམ་ཞེས་བྱ་བར་བལྟམས་པའི་ཚུལ་རྗེས་སུ་བསྟན་པའི་གཏམ་ཡང་འདི་ལྟར་ཐོས་ཏེ། དེ་ཡང་བདག་ཉིད་ཆེན་པོ་གང་གི་ཡུམ་དུ་གྱུར་པ་ནི། སྤང་ཁ་ཆོས་སྡིངས་ཀྱི་བཙུན་མ། མཁན་ཆེན་བློ་བཟང་ཕྱུག་པར་གྲགས་པའི་འདུལ་བ་འཛིན་པ་དེ་ལས་སངས་རྒྱས་བསྟན་པའི་སློར་བྱོན་ཞིང་། རྗེས་སོར་ཡབ་ཏུ་བྱོན་ནས། སློ་ཡབ་མཁན་པོ་སངས་རྒྱས་བཟང་པོ་བྱ་བའི་སྤྱན་སྔར་ལུགས་དེ་དག་དང་འབྲེལ་བའི་སློམ་ཆོས་མང་དུ་གསན་སྐབས་ཀྱི་གཟིགས་སྣང་ལ། རང་གི་སྐུ་ལུས་སྟོང་གསལ་དུ་ཤར་བའི་དབུ་མའི་ནང་ན། ཉིལ་གྱི་མཆོད་རྟེན་དྭངས་གསལ་འོད་ཀྱི་རང་བཞིན་དུ་ཡོད་པ་བཞུགས་པ་ཞིག་ཡང་ཡང་བྱུང་བས། ཡབ་ཕ་མཁན་ཆེན་ལ་ཞུས་པས། ཁོང་རེ་ཞིག་མཉམ་པར་བཞག་ནས། བཙུན་མ་ཁྱེད་ལ་སངས་རྒྱས་བསྟན་པ་འཛིན་སྐྱོང་སྤེལ་བར་ནུས་པའི་སྐྱེས་བུ་དམ་པ་ཞིག་འབྱུངས་པའི་ལྟས་སུ་འདུག །སྔོན་རྒྱ་གར་དུ་བྲམ་ཟེ་མ་གསལ་བའི་ཚུལ་ཁྲིམས་སུ་གྲགས་པས། བསྟན་པའི་ཆེད་དུ་རྒྱལ་རིགས་ཤིག་དང་འགྲོགས་པ་ལས་འཕགས་པ་ཐོགས་མེད་དང་། བྲམ་ཟེའི་རིགས་ཤིག་དང་རྗེས་སུ་འབྲེལ་བ་ལས། སློབ་དཔོན་དབྱིག་གཉེན་བསྐྱུན་པ་ལྟར་ཡིན་པས། ད་འདིར་མ་སྡོད་པར་རང་ཡུལ་ལ་ལོག་པ་ལེགས། ཞེས་མ་འོངས་མངོན་མཁྱེན་གྱི་བཀའ་སྩལ་བ་ལྟར། གསང་མདར་བྱོན་ཅིང་རྣམ་ཐར་རྗེ་དཔོན་མར་ཡང་བྲམ་ཟེ་མ་གསལ་བའི་ཚུལ་ཁྲིམས་ཀྱི་དཔེར་བརྗོད་གནང་བ་འདི་ལ་དགོངས་ཤིང་། ཡབ་ནི་རྣམ་ཐར་རྗོར་རྒྱལ་མར། གསང་ཕུའི་སློབ་དཔོན་དཔལ་ལྡན་

བཟང་པོར་གྲགས་པའི་མཁས་པ་ཆེན་པོ་དེ་ཡིན་པར་བྱས་ལ། རྣམ་ཐར་གཞན་གཉིས་ལས། དཔོན་དྲུང་དམག་དཔོན་པ་མཚན་དངོས་ནམ་མཁའ་དཔལ་འབར་བར་གྲགས་པ་དེར་བཞེད་ཅིང་། ཡར་རྒྱབ་ཕྱོགས་ན་ཁམས་པ་དགེ་རྒན་བསོད་ནམས་བློ་གྲོས་ཞེས་པ། ཡི་གེའི་གནས་ལ་ཐོན་མི་སམ་བྷོ་ཊའི་འདྲ་བྱེད་ལ་འགྲན་པར་བཟོད་པ། དེ་ཉིད་ཡིན་པའི་རྒྱུ་མཚན་གཏན་ཚིགས་ཀྱང་སྨྲོག་གོ །ཡུམ་གྱི་མཚན་ཡང་རྣམ་ཐར་རྫོར་རྒྱལ་མ་དང་། རྣམ་ཐར་རྗེ་དཔོན་མ་གཉིས་ན་ཤཱཀྱ་བཟང་མོ་དང་། རྣམ་ཐར་མ་ཏི་མ་ལས་ཤཱཀྱ་མཛེས་ཞེས་འབྱུང་བས། སྐྱེར་མོ་ལུང་ཚོར་ཞིབ་ཏུ་དྲིས་གཏུགས་བྱས་པས། ཡུམ་ཆོས་སྐོར་མ་ཞུགས་སྐབས་ཀྱི་མཚན་ཤཱཀྱ་བུ་འདྲེན་དང་། དགའ་ལྡན་ཕུག་པར་བསྟན་པའི་སྒོར་ཕྱིན་པའི་མཚན་ལ་ཤཱཀྱ་མཛེས་བྱ། ཕྱིས་སྒོ་ཡབ་ལུགས་ཀྱི་ཞེས་བྱེད་དགེ་སློང་མ་མཛད་དུས་ཤཱཀྱ་བཟང་མོ་སྟེ། མཁན་པོ་སངས་རྒྱས་བཟང་པོའི་མཚན་ནས་གྲས་གནང་བ་ཡིན་ཞེས་གླེང་ལ། དེ་ལྟ་བུའི་ཡུམ་དེའི་ལྷུམས་སུ་མེ་མོ་ལུག་གི་ལོ་ལ་ཕྱིན་ཞིང་། ནམ་ཞིག་མངལ་འཛིན་པའི་ཟླ་བ་རྫོགས་ནས་ས་ཕོ་སྤྲེའུའི་ལོ་ལ་བདེ་བར་བལྟམས་ཞེས་གྲགས་སོ། །ཡོན་ཏན་ཕུང་པོ་ས་འདིར་ཤོང་མིན་ཡང་། །ཟླ་བ་བཅུ་ཞིག་མངལ་དུ་འཛིན་ནུས་པ། །ཨེ་མ་སྐལ་ལྡན་ཁྱོད་ཀྱི་ཡུམ་དེས་ནི། །སངས་རྒྱས་རྣམས་ལ་བྱ་བ་བྱས་པར་ངེས། །གྲུབ་ཆེན་གཟིགས་པའི་ཡེ་ཤེས་རྒྱ་ཆེ་བས། །ཡུམ་གྱུར་ཡང་ཡང་ཤཱཀྱའི་མཚན་འཛིན་པ། །བསམ་བཞིན་སྐྱེ་བའི་གནས་ལ་དབང་འགྱུར་བའི། །ས་གནས་སེམས་དཔའི་མཛད་པ་ཡ་མཚན་གནས། །བདེན་གསུང་བརྫུན་བྲལ་ངེས་ཤེས་དག་པའི་ཚིག །རབ་བརྟན་རྗེ་ལ་ལྷགས་གཟེང་གིས་བྲིས་འདྲ། །སྔོན་གྱི་ཡུམ་གྱིས་གང་གསུང་དབྱངས་བླངས་ཚོ། །ད་ལྟའི་བུ་སློབ་ཡོངས་ཀྱི་སེམས་ཉེ་བསལ། །དམན་ངོར་གཞན་སྣང་འདྲེན་པའི་མིག་འཕྲུལ་འདི། །རྒྱལ་རྣམས་བྱིས་པའི་སྤྱོད་ཡུལ་ལྟར་ལེན་ཚུལ། །བརྩེ་ལྡན་མ་མ་ཉེ་འཕྲུང་བྱིས་པའི་བློ། །ངང་གིས་འདྲེན་པའི་དཔེ་ཡི་རྗེས་སུ་མཚོན། །དེར་ལྷུམས་ནས་ཕྱིན་པའི་སྐབས་ཉིད་ནས། ཤིན་ཏུ་གྲུ་ནོམ་པའི་དྲི་བཟང་པོའི་ངད་ཀྱིས་ནང་གི་ཁྱིམ་མ་ལུས་པ་ཁྱབ་པར་བྱས། ཡུམ་ལ་ཡང་གནོད་པའི་འཚེ་བ་གང་ཡང་

མེད་པར་རྨི་ལམ་གྱི་རོལ་མོ་ལྟར་བསྟན་ནས། སྐུའི་རྣམ་པ་ཉིད་མཐོང་བའི་དགའ་བ་རྒྱ་ཆེན་སྤེལ་ལོ། །དེར་བྱིས་པའི་ཚུལ་རྗེས་སྟོན་གྱི་སྐབས་དག་ན། ཡུམ་གྱི་ནུ་ཞོ་ཙམ་ལས་གཞན་པའི་ཟས་གང་ལའང་ཆགས་བྲལ་དུ་མཛད་ཅིང་། རྟག་ཏུ་མནལ་བའི་ཟོལ་གྱིས་ཏིང་ངེ་འཛིན་ཉིད་བདག་གིར་གནང་བས། བུ་རྫི་དག་གིས། འདི་ཅི་ཞེས་ཡང་ཡང་སད་པར་བྱེད་པ་ལ། ཡུམ་ཉིད་ཀྱིས་བཟའ་སྤྲོད་པར་མཛད་དེ། ཅི་གཉིད་ཞིག་ན་མིག་མི་འཛུམ་པར་འདུག་གམ། འདི་ནི་འོད་གསལ་བའོ། །ཞེས་གསུངས་པས། ཕོང་དག་གིས་བདེ་བླག་ཏུ་མ་མཆོན་ཞིང་མ་གོ་བར་བཙུན་མ་རང་གི་བུ་ལ་དགའ་གདུང་ཆེ་ཞེས་སྨྲོག་ཅེས་ཀྱང་ཐོས་སོ། །དེར་ལོ་ངོ་གསུམ་ཙམ་དུ་ཡུམ་དེ་ཉིད་ཀྱིས་བཀུར་སྟི་དང་བསྟི་སྟང་གི་གཙང་སྦྲ་དག་པའི་ཞབས་ཏོག་ལེགས་པར་ཕུལ་ནས། སླར་སྤྲུལ་པའི་སྐུ་ཉིད་ནར་སོན་པའི་སྣང་བས་ཡིད་ཚིམ་པ་ཐོབ་སྟེ། ཡུམ་རང་གི་གཉེན་དང་འབྲེལ་བ་འཛིན་ཞིང་། ཆོས་ཀྱི་དམ་ཚིག་གིས་འབྲེལ་བའི་སྤྱང་ཁ་ཆོས་སྡིངས་པའི་བཙུན་མ་ཨ་ནེ་བསམ་གྲུབ་འདྲེན་མ་བྱ་བ་ཞིག་ལ་ཡོངས་སུ་གཏད་དེ། ངའི་བྱིས་པ་འདི་ཉོན་མོངས་པས་བསྐྱེད་པ་མིན་ཞིང་། འདིས་སངས་རྒྱས་ཀྱི་བསྟན་པ་རིན་པོ་ཆེ་འཛིན་ཞིང་སྤེལ་བར་བྱེད་པའི་མཐུ་དང་ལྡན་པ་ཉིད་ཡིན་པས་གཙང་སྦྲས་མཐོ་བའི་གཅེས་སྤྲས་སུ་མཛོད་ཅེས་ཕྲིན་དུ་བཞག་ནས་སྤྲུལ་པ་མོ་དེ་ནི། ན་བ་སོགས་ཀྱི་སྣང་བ་ཅི་ཡང་མེད་པར་རང་གང་ནས་འོངས་པའི་ཞིང་མཁའ་ལ་སྤྱོད་པའི་ཕོ་བྲང་དེར་ཡུད་ཀྱིས་ཐེགས་སོ། །དེ་མཚམས་རྗེ་ཉིད་རང་ཡུམ་གྱི་རང་དབང་དུ་གྱུར་པའི་དངོས་པོ་ཕྲ་བ་དག་ཅིག་ཀྱང་ལྷན་དུ། སྐྱོར་མོ་ལུང་གི་ཆོས་སྡེའི་ལྷོ་ཕྱོགས་ཀྱི་སྤྱང་ཁ་ཆོས་སྡིངས་ཞེས་གྲགས་པའི་དབེན་དགོན་དེར་བྱོན་ཞིང་། ཕྱིས་པཎ་ཆེན་རིན་པོ་ཆེ་ཉིད་གཙང་ནས་ཕེབས་རེས་ཅིག སྐྱོར་མོ་ལུང་གི་འགའ་ཁང་གྲྭ་ཚང་དུ་སྤྱན་དྲངས་པའི་ཕྱག་ཕྱིར་མངའ་རིས་པའི་གྲྭ་པ་འགའ་རེས་ཀྱང་ཕྱིན་པས། གྲྭ་ཚང་གི་ཆུ་བན་ཞིག་སྤྱན་གྱིས་གཟིགས་འཕྲུལ་དགེ་སྐོས་ལ། དེ་ག་རེ་གསུངས། སྐུ་མདུན་དུ་བཞག་པ་དེ་ལ་ཕྱག་སོར་གྱིས་ཡང་ཡང་རེག་ཅིང་། འདི་ངའི་མ་དེའི་ཡིན་ཞེས་བརྩེ་གདུང་གི་རྣམ་པ་ཆེན་པོ་སྟོན་པ་གནང་ཞེས། དེ་དུས་གྲལ་

ཡོད་པའི་བྲུང་བཙུན་ཤེས་རབ་དཔལ་འབྱོར་བའི་གསུངས་ལས་དངོས་སུ་ཐོས་པ་སེམས་ལ་བཞག་ནས། ཕྱིས་སྐྱོར་མོ་ལུང་དུ་ཕྱིན་སྐབས། འགའ་ཁང་པའི་ཆེན་པོ་བ་ལ་རྩད་བཅད་པས་ཡོད་ཟེར། ཕྱོས་ཀྱི་དུད་པས་སྨྱུན་དྲངས་ནས། དད་པའི་བགོ་སྐལ་མི་དམན་པའི་དབང་ལས། བདག་ཅག་གིས་ཕྱག་བསྟབ་པ་དང་། སྤྱི་བོར་ལེན་པའི་སྐལ་བ་ཡང་མཆོག་ཏུ་ཐོབ་པོ། །དེར་སྔང་ཁ་ཆོས་སྡིངས་སུ་དགུང་ལོ་ངོ་གསུམ་དུ་གཟིགས་ཙམ་ལ་ཕེབས་ཤིང་། སྐུ་གཞོན་ནུ་ནས་དེར་བཞུགས་པས། སྐྱོར་མོ་ལུང་པ་རྣམས་ཆོས་རྗེ་ཆེན་པོ་བ་ངེད་ཀྱི་སྔང་ཁ་ཆོས་སྡིངས་སུ་བསྟམས་ཞེས་ཀྱང་སྨྲོའོ། །དེ་སྐབས་བལ་པོ་ཨ་སུའི་གདུང་རྒྱུད་དངོས་གྲུབ་སྡིངས་ཀྱི་དགོན་པ་ནས། བླ་མ་ཐུགས་འཆང་བགྲེས་པོ་མཚན་ཧ་མགྲིན་ཡང་དག་གྲུབ་པ་ཞུ་བ་ལས་ཧ་མགྲིན་གྱི་བཀའ་ལེགས་པར་ནོད་ཅིང་། མཚན་ཡང་ཧ་མགྲིན་མགོན་པོར་གསོལ་ལོ། །བཀའ་ལས་ངེད་རང་ཁྲིས་པའི་དུས་འབྲུག་སྒྲ་སེར་བ་ཆླུང་ནག་སོགས་ལ་སྡིག་འཛུབ་གཏད། ད་ལྟའི་ཧ་མགྲིན་གྱི་ཐུགས་འདི་ལས་མང་བ་ཞིག་ཀློ་ལ་འདུག་པ་དེ་བཟླས་པས་ཐུབ་པ་ཡོད་གསུང་ཞིང་། ད་ལྟའི་ཐུགས་ཞེས་པ་གསར་མའི་ཧ་མགྲིན་ཡོངས་ཁྱབ་ཡིན་ལ། ཕྱིས་དངོས་གྲུབ་སྡིངས་ཀྱི་བླ་མས་པོས་ནས་དགོན་གནས་དེར་བདག་གིས་ཕྱིན་སྐབས་དེའི་ཚུལ་རྩད་བཅད་པས། ཧ་མགྲིན་ལྐུགས་རལ་རྐྱིང་མ་ལུགས། ཐུགས་འབྲུ་ཡང་པི་ཤ་ཙི་ཤ་ཟའི་སྒྲ་ལྟར་ཡོད་པ་ཞིག་ཀྱང་འདུག་གོ །བླ་མ་འདི་ཡང་བཤེས་གཉེན་དམ་པ་བཅུ་ཕྲག་བཞིའི་ཕྱི་བྱ་དང་ཡི་གེ་གཉིས་ཀ་ལ་མི་བཞུགས་སོ། །དེ་ལྟར་སྤྲུལ་པའི་སྐུ་དེ་རབ་བཞག་ནས། །སྤྲུལ་པའི་ཡུམ་མཆོག་མཁའ་སྤྱོད་ཞིང་ལ་བཞུད། །སྤྲུལ་པས་སྤྲུལ་པའི་སྣང་བ་རྗེས་སྤྱེལ་བ། །སྒྱུ་མས་སྒྱུ་མའི་སྐྱེས་བུ་འདོར་ལེན་འདྲ། །གཙང་དག་དབེན་པའི་རི་ཁྲོད་དེར། །ཆགས་མེད་རི་དྭགས་ཕྲུ་གུ་བཞིན། །སྡིག་བྲལ་ཟས་ཀྱིས་ཉེར་འཚོ་བ། །ཁྱོད་ཀྱི་རྣམ་ཐར་རྗེས་སུ་དྲན། །དགའ་ལྡན་ལྷ་གནས་བདུད་རྩིའི་བཏུང་བ་ལ། །མི་སྲིད་དམན་གནས་ཆུ་གཙང་གིས་ངོམས་པའི། །རབ་ཞི་དྲང་སྲོང་ཁྱོད་ལ་གུས་པའི་ཡིད། །དྲངས་པ་མེད་ཀྱང་དད་པའི་ཤུགས་དེར་སོང་། །པཱུ་ལི་ཀའི་ལྷ་རྫས་གོས་མཆོག་དག །སྤྲུལ་ཤུན་བཞིན་དུ་དོར་ནས

སྐལ་མའི་གོགས། །ཁྲིལ་ཡོད་ངོ་ཚའི་ཚུལ་གྱིས་ལེགས་བགོས་ཁྱོད། །གོས་མཆོག་ཚུལ་ཁྲིམས་རྒྱན་གྱིས་ངང་གིས་མཛེས། །བྱམས་མགོན་ཆོས་ཀྱི་བླ་མའི་ཞལ་བཟང་ལས། །དངོས་སུ་གསན་པའི་ཏིང་འཛིན་སྒོ་བརྒྱ་པ། །རེ་ཞིག་གཏད་ནས་མི་གཟུགས་རྗེས་སློབ་པ། །མགོན་ཁྱོད་མཉམ་པར་མ་བཞག་ཐུགས་མེད་ནམ། །ལྷ་བུ་ཡིད་འོང་ཁྲི་མེད་དག་པའི་འཁོར། །དགའ་གནས་ཆོས་ཀྱི་གྲོགས་པོ་ཡོངས་བཏང་ནས། །ཁྲོ་གཏུམ་རྒོད་བག་སྙིགས་མའི་གདུལ་བྱ་ཡིས། །ཁྱོད་ཐུགས་སུན་དབྱུང་བགྱིས་པ་མ་ལགས་གྲང་། །དེ་ལྟ་ན་ཡང་མཉམ་ཉིད་ཐུགས། །ནམ་མཁའི་དབྱིངས་ལྟར་ཡོངས་ཁྱབ་པས། །སྲིད་དང་ཞི་བ་མཉམ་པ་ཉིད། །གཟོད་ནས་རབ་ཞིའི་དེ་ཉིད་གཟིགས། །ཞེས་པཎྜི་ཏ་ཆེན་པོ་ཤཱཀྱ་མཆོག་ལྡན་དྲི་མེད་ལེགས་པའི་བློ་གྲོས་ཀྱི་རྣམ་པར་ཐར་པ་ཞིབ་མོ་རྣམ་པར་འབྱེད་པ་ལས། འཁྲུངས་པའི་སྐབས་ལས་བརྩམས་པའི་རབ་ཏུ་བྱེད་པ་གཉིས་པའོ།། །།

གཞོན་ནུའི་སྐབས་ཏེ་རབ་ཏུ་བྱེད་པ་གསུམ་པ།

དེ་ནས་རང་གི་ཞང་པོ་དགེ་བཤེས་དོན་གྲུབ་དཔལ་བཟང་ཞེས་པ་དེ་ཉིད་ཁམས་པའི་གྲྭ་ཚང་ན་ཡོད་པའི་སྤྱིལ་བུར་བྱོན་ནས་ཀློག་ཡིག་སོགས་བསླབས་སྦྱངས་ཀྱི་སྒོ་བརྟེན་པའི་མཛད་པས་དཀའ་བ་གང་ཡང་མེད་པར་ལེགས་པར་ཐུགས་སུ་ཆུད་ཅིང་། རྗེ་ཉིད་ནི་རོང་སྟོན་ཆེན་པོའི་ཞལ་སློབ་ཏུ་འདུག་པའི་མོས་ཞེན་གྱིས་འགའ་ཁང་པའི་སློབ་དཔོན་བསོད་ནམས་ཚུལ་ཁྲིམས་པའི་དྲུང་ཉིད་དུ་ཕྱག་སྟོབ་པ་དང་། བློ་གསར་གྲྭ་སྐོར་གྱི་ཟིན་ཐུན་ཞལ་སློབས་ལེན་པ་སོགས་རྒྱུན་ལྡན་དུ་གནང་། སྤང་ཁ་ཆོས་སྡིངས་སུ་ཕེབས་པའི་སྐབས་ཙམ་ན་ཁྲིམ་པའི་ཆས་དག་མིག་རས་ཀྱི་རྩ་ལྟར་རྒྱངས་བསྲིངས་ཏེ་དུར་སྨྲིག་གོས་མཆོག་འཛིན་པར་མཛད། རང་མཉམ་ཀྱི་བྱིས་པ་མ་ལུས་པས་སློབ་མའི་རྣམ་པར་ཞབས་འབྲིང་དུ་བསྐོར་བ་ལ། ཚིག་འབྲུ་བཟང་པོས་ཆོས་ལས་བརྩམས་པའི་ངག་ཚིག་ཕུན་སུམ་ཚོགས་པ་རྒྱ་ཆེར་སྨྲོས་ཤིང་།

ནུབ་ཀྱི་ཕྱོགས་ལ་མཛུབ་མོས་བརྡའ་གཞལ་ཏེ་ངའི་གདུལ་བྱ་ཡང་དེ་ན་ཡོད་དོ་གསུང་། དེར་ནུབ་ཕྱོགས་ལ་ཕྱག་མཛུབ་གཏད་པའི་རྗེས་དཔག་ལས། རྣམ་དཔྱོད་དང་ལྡན་པ་ལ་ལ་ནི། འདི་དུས་ངེས་པར་འགྲིག ས་སྐྱའི་མཁན་ཆེན་གཡག་པ་དེ་ཉིད་སྐྱེ་བ་ཡོངས་སུ་བཟུང་བར་སྣང་ངོ་། །ཞེས་ཕྱོགས་ཀུན་ཏུ་སྒྲོག་མོད་ཀྱང་། ངའི་གདུལ་བྱ་ཞེས་པའི་ངེས་ཚིག་ནི། གསེར་མདོག་ཅན་གྱི་བཤད་གྲྭ་ཁྲིད་པར་བ་དག་མ་འོངས་པ་མངོན་སུམ་དུ་གཟིགས་པའི་དབང་ལས་ལུང་སྟོན་པར་མཛད་དོ། །ཞེས་གཏན་ཚིགས་དང་འབྲེལ་བ་ཡང་སྣང་ངོ་། །ཐོག་མ་དེར་བློ་གསལ་གྲྭ་སྐོར་ཞིག་སྐྱོར་མོ་ལུང་གི་ཆོས་གྲྭར་མཛད་པར་དགོངས་ནས། མཁན་ཆེན་ཆོས་རྒྱལ་དཔལ་བཟང་པ་ལ་རྒྱུ་མཚན་དང་བཀའ་གྲོས་ལྗིབས་(ལྡིབས་) པར་ཕུལ་བས། བཀའ་ལུང་གི་བསླབ་བྱ་མཛད་པ་ཡང་། ཁྱེད་ཞང་དཔོན་གྲྭ་ཚང་ཐ་དད་པའི་དབང་ལས། ཅུང་ཞིག་དཀའ་བའི་གནས་སུ་ལྷུང་བར་སྣང་བས། ད་རེས་བཤད་གསར་ལ་དམིགས་པའི་ཆ་རྐྱེན་རྣམས་སྐུ་རིམ་དུ་བསྒྱུར་བ་འཐད་ཅེས་གསུང་བའི་བཀའ་བཀོད་ཞིབ་རྒྱས་སྩོལ་བ་ཇི་ལྟར་བར་མཛད་དོ། །ཞེས་ཀྱང་སྒྲོག་གོ །ཞང་པོ་དགེ་བཤེས་འདི་ཉིད་ལ་དྲིན་དུ་གཟོ་བའི་ཐུགས་ལྷག་པར་གནང་ཞིང་། བཤེས་གཉེན་དམ་པ་བཅུ་ཕྲག་བཞིའི་བསྟོད་པའི་ནང་དུའང་མ་ཆུད་འདུག་ཅེས་ཐུགས་ལས་གནང་ཞིང་། བྲིས་སྐུའི་ནང་དུ་ལེགས་པར་བྲིས་ཏེ། སློབ་དཔོན་དོན་གྲུབ་དཔལ་བཟང་ཞེས་མཚན་གྱིས་མཚོན་པར་གྱུར་ཏོ། །དེར་དགུང་ལོ་བརྒྱད་དུ་ཕེབས་ཙམ། ཐ་སྙད་ལམ་གྱིས་ཁྱུར་བོར་བཏགས་པའི་སློབ་དཔོན་མཁས་པ་དཔལ་ལྡན་བཟང་པོ་སྟོན་མཁན་ཆེན་གཡག་པས་བཅོམ་ལྡན་འདས་གཏུམ་པོ་དཀར་པོ་བསྒྲུབ་པས་བར་ཆད་ཀྱི་གཡུལ་ལས་ཡོངས་སུ་རྒྱལ་ནས་ཞལ་མངོན་སུམ་དུ་གཟིགས་པའི་གནས་མི་གཡོ་བྲག་ཕུག་ན་བཞུགས་པའི་དྲུང་དུ་ཕྱིན། སྐུ་ཆོས་ཕྱེད་འདོད་ལ་ཞང་པོ་སོགས་ནི་སྐྱོར་མོ་ལུང་ཉིད་སྟོན་ནས་ད་ལྟའི་བར་གྱི་འདུལ་བ་འཛིན་པའི་སྲོལ་མ་ཉམས་པ་ཆུ་བོའི་རྒྱུན་ལྟ་བུའི་གྲྭ་ས་འདི་ཉིད་དུ་གྱིས་ཞེས་བསྐུལ་ལ། དེ་ལས་གཞན་དག་ནི་སེར་འབྲས་སོགས་གཞན་དང་གཞན་དུའང་རིགས་སོ་ཞེས་གླེང་ན་ཇི་ལྟར་བགྱི་བའི་ལེགས་

ལམ་སྟོན་པར་ཞུ་ཞེས་གསོལ་བས། མཁས་པ་ཆེན་པོ་དེས། གཞོན་ནུ་བློ་གསལ་བ་ཐེག་ཆེན་
རིགས་ཀྱི་རྒྱུ་ནུས་ཅན་དེ་ཉིད་ཡོངས་སུ་སད་པར་བྱ་བའི་ཕྱིར། གཡག་མ་ཕམ་ཆོས་ཀྱི་བླ་མ་
དང་། རོང་སྟོན་པ་ཤེས་བྱ་ཀུན་རིག་སྟེ་གཡག་རོང་རྣམ་པ་གཉིས་ཀྱི་རྣམ་པར་ཐར་པ་དག་
རྒྱ་ཆེར་སྙན་འཇེབས་ཀྱི་གསུང་གིས་སྙན་དབང་དུ་བསྒྲགས་པའི་དབང་ལས། སྟོན་གནས་
ཡོངས་སུ་དྲན་པའི་ཚོར་བ་དྲང་སྲོང་ནགས་སུ་སླེབ་པའམ། རི་དྭགས་གྲོང་ལས་ཐར་བ་ལྟར་
དགའ་བ་དང་། སྐྱོ་བའི་ཡིད་ཡོངས་སུ་སྦྲེལ་བ་དག་ཅིག་གི་ཏིང་ངེ་འཛིན་ལ་འགོད་པར་
མཛད་དེ། ལུས་སྐྱེས་ཀྱི་སྤུ་ལོང་གི་ཚོགས་དག་ནི་རབ་ཏུ་འཁྲུགས་པའི་བསམ་གཏན།
དཔལ་ལྡན་ཟླ་བ་གྲགས་པས་དབུ་མ་ལ་འཇུག་པར། རབ་ཏུ་དགའ་བ་ལས་བྱུང་མིག་ནི་མཆི་
མས་བརླན། །ལུས་ཀྱི་བ་སྤུ་ལྡང་བར་འགྱུར་བ་གང་ཡིན་པ། །དེ་ལ་རྫོགས་པའི་སངས་རྒྱས་
བློ་ཡི་ས་བོན་ཡོད། །དེ་ཉིད་ཉེ་བར་བསྟན་པའི་སྣོད་ནི་འདི་ཡིན་ཏེ། །སོགས་རིགས་སད་
ཀྱི་སྣང་བ་ཇི་ལྟར་བྱུང་ཚུལ་རྒྱལ་བའི་བཀའ་དང་དགོངས་འགྲེལ་གྱི་ལུང་ཁྱད་པར་བ་དག་
གིས་བསྒྲུབ་པར་ནུས་པའི་དབང་ལས། ཡིད་ཆེས་པའི་འབྲས་བུའི་གཏན་ཚིགས་ཡང་དག་
པས་བརྒྱན་པར་གྱུར་ཏོ། །དེར་བཅོམ་ལྡན་འདས་མི་གཡོ་དཀར་པོའི་རྗེས་སུ་གནང་བ་དང་
རྗེས་འབྲེལ། མཁན་ཆེན་གཡག་པས་མཛད་པའི་མི་གཡོ་དཀར་པོའི་སྒྲུབ་སྐོར་མི་ཟད་པའི་
གཏེར་མཛོད་ཀྱི་ལུང་ཡང་སྩལ་ཅིང་། ཡང་བཀའ་སྩལ་དུ་མཛད་པ་ནི། མདོར་ན་གང་ཁྱོད་
ཀྱི་ཆོས་སྒོ་ལེན་པའི་དགེ་བའི་བཤེས་སུ་གྱུར་པ་ནི། རོང་སྟོན་པ་ཉིད་ཡིན་པས་བློ་བརྟན་པ་
དང་། བདུད་ལས་ཀྱང་ཡོངས་སུ་བརྒྱལ་བའི་གོ་ཆ་དང་ལྡན་པར་གྱིས་ཤིག སྐྱོར་མོ་ལུང་གི་
ཆོས་གྲྭ་དེ་ཉིད། སྟོན་མཁས་པ་ཡོན་ཏན་ཁྲིམས། བཅོམ་ལྡན་འདས་མི་གཡོ་བ་རིགས་ལྔའི་
ཞལ་ལེགས་པར་གཟིགས་ཏེ། ལྟ་བ་བཀའ་རྟགས་ (བཏགས་) ཀྱི་ཕྱག་རྒྱ་བཞིའི་ཆོས་ཀྱི་སྒོ་
གསན་པའི་གནས་ཡིན་པས། སྔགས་ཀྱི་བཟླས་པ་ཡང་ནན་ཏན་དུ་གྱིས་གསུངས་ནས། ཞྭ་
སེར་ལེགས་པ་གཅིག་གི་གནང་སྦྱིན་ཡང་སྩལ་ཟེར་རོ། །དེ་ནས་སླར་ཡང་སྐྱོར་མོ་ལུང་གི་
ཆོས་གྲྭ་དེ་ཉིད་དུ་ཕྱིན་ནས་རེ་ཞིག་བཞུགས་ཤིང་མཁས་པ་ཡོན་ཏན་ཁྲིའི་གཟིམས་སྤྱིལ་

སོགས་སུ་ཡང་ཡང་ཕེབས་ནས་བཅོམ་ལྡན་འདས་གཏུམ་པོ་དཀར་པོ་ལ་རྩེ་གཅིག་ཏུ་གསོལ་བ་འདེབས་པ་མཛད་ཅིང་། རྒྱུན་དུ་ཡི་གེ་བཅུ་པའི་གསང་སྔགས་བཟླས་བརྗོད་འགྲུབ་པར་གནང་བས་དུས་དེར་དཔོན་པོ་མི་གཡོ་བར་མཚན་གསོལ་ཡང་ཟེར་རོ། །བཀའ་ལས་ཀྱང་། ངེད་རང་གི་ཚེ་འདིར་ཡི་དམ་གྱི་བསྙེན་བསྒྲུབ་ཐོག་མ་དེ་མི་གཡོ་བ་དཀར་པོ་འདི་ཡིན་ཞིང་། ངེད་ལོ་དགུ་ཙམ་འགྲོ་དུས་སྲིད་ཐོ་རངས་གཞན་རྐྱེན་ལ་མ་བལྟོས་པར་བཅོམ་ལྡན་འདས་གཏུམ་པོ་དཀར་པོའི་མངོན་རྟོགས་དང་བསྟོད་པ་མཁན་ཆེན་གཡག་པས་མཛད་པའི་སྟེང་ནས་བྱས། ཙཎྜ་མཧཱ་རོ་ཥཎའི་སྔགས་མང་དུ་བཟླས་པའི་རྗེས་ལ། འདི་ནས་བཤད་པའི་ཐོགས་འབྱིན་སྡིགས་མཛུབ་ཀྱི་སྦྱོར་བ་དེ་བྱས། རེས་དཔའ་སྤྱོའི་སེམས་ལ་གཟིངས་མཐོ་བའི་ཟིལ་ཆེན་པོ་འབབ་མེད་དུ་ཡོང་གིན་ཡོད་པ། ཕྱིར་དགོར་འདྲ་ཟོས་པས་ཡིན་ཡོང་ལོད་དུ་སོང་འདུག་གོ་ཞེས་དངོས་སུ་ཐོས་པའི་ངག་ལས་ལེགས་པར་རྟོགས་སོ། །གང་སྐུ་རབ་མཛེས་ལྷ་བུ་ཡིད་འཕྲོག་ལྷའི། །མཐིང་སྔོན་རལ་པའི་ཟུར་ཕུད་ལྷ་ན་སྡུག །མདངས་བཀྲ་འོད་ཆགས་ལྷུང་ལོའི་ཚོགས་དེ་རྣམས། །དག་བྱེད་ཆབ་ཀྱིས་བཀྲུས་ཏེ་ཕྲུ་གྲིས་སྦྲུངས། ། རབ་དྲེགས་ལང་ཚོའི་དཀྱིལ་འཁོར་མ་ཉམས་པ། །ངུར་སྨྲིག་གོས་ཀྱིས་སྒྲིབ་པས་གསལ་མིན་ཞེས། །སྲིད་ལྡན་འདོད་པའི་དགའ་སྟོན་ལ་ཆགས་དག །ཡིད་འབྱུང་སྐྱོ་བའི་སྣ་སླུ་རིང་ནས་ལེན། །དེ་ཐོས་ལང་ཚོ་རྒྱས་པའི་གཞོན་ནུ་འགའ། །མཚན་དཔེ་ལ་ཆགས་རབ་ཞི་ལ་ཁྲིས་ནས། །དགའ་གདུང་འཁོན་འཛིན་སྣང་བས་ཡིད་བྲེལ་བ། །རི་དྭགས་སྨྲིག་རྒྱུ་རྗེས་སློག་རིངས་པའི་ཚུལ། །སྐྱེ་བར་བག་ཡོད་ཁྲིམས་ཀྱི་གོས་ཅན་ཁྱོད། །ནམ་ཡང་འདོད་པའི་གཡང་ལ་འཁྱོན་མིན་ཞེས། །གཞན་འཕྲུལ་བདག་པོའི་བུ་མོ་ཁེངས་ལྡན་མ། །མེ་ཏོག་མདའ་ཅན་མ་དེ་སྐྱེངས་ཏེ་ཞུམ། །རང་བཞིན་གྱིས་གྲུབ་ཚངས་སྤྱོད་གསལ་བའི་ཚོན། ། ཐུན་མཚམས་ལི་ཁྲིའི་མདངས་འཕྲོག་སཱ་ཏི །ཕན་ཚུན་མཛེས་པའི་དཔལ་བཟང་འགྲན་པའི་ཟློལ། །སྐལ་བཟང་མིག་གི་བདུད་རྩིར་ཡོངས་ལ་བསྒྲགས། །སྟོན་གནས་རྗེས་སུ་དགོངས་པའི་རང་ཉམས་ཅན། །ཁྱེད་ཐུགས་མེ་ལོང་མ་ཕྱིས་ངང་གིས་གསལ། །མ་འོངས་

གཟུགས་བརྙན་ཤར་བའི་བློས་གར་ཚ། །བྱིས་པའི་འཁོར་ལ་མཇུབ་མའི་བརྡ་ཡིས་བསྟན། །སྟོན་པ་སངས་རྒྱས་རང་བྱུང་བསྙེན་རྫོགས་ལྟར། །ཁྱེད་ཀྱང་རབ་བྱུང་དུར་སྨྱིག་ཁ་ཀོས་མཆོག་འཛིན། །སླད་ནས་མཁན་སློབ་ཁྲིམས་ཀྱི་རྗེས་འགྲོ་བ། །དངོས་སུ་སྣང་ཆེན་ཁྲུས་འདྲ་སྟོན་མིན་གཏན། །ཞེས་པཎྜི་ཏ་ཆེན་པོ་ཤཱཀྱ་མཆོག་ལྡན་དྲི་མེད་ལེགས་པའི་བློ་གྲོས་ཀྱི་རྣམ་པར་ཐར་པ་ཞིབ་མོ་རྣམ་པར་འབྱེད་པ་ལས། གཞོན་ནུའི་སྐབས་ལས་རྗེས་སུ་བསྒྲགས་པའི་རབ་ཏུ་བྱེད་པ་གསུམ་པའོ།། །།

རབ་ཏུ་བྱུང་ཞིང་དགེ་ཚུལ་གྱི་ཚུལ་ཁྲིམས་རྗེས་སུ་མནོས་པའི་སྐབས་ཏེ་རབ་ཏུ་བྱེད་པ་བཞི་པ།

དེར་སྐྱུར་མོ་ལུང་གི་ཆོས་གྲྭ་དེ་ཉིད་དུ་བཞུགས་པའི་སྐབས། མཁན་ཆེན་ཆོས་རྒྱལ་དཔལ་བཟང་པོས། སྤྱན་གྱི་འབྲས་ལྟར་གཅེས་སྤྲས་སུ་གནང་ཞིང་། དངོས་དང་བརྒྱུད་ནས། འདི་ལ་གངས་ཅན་གྱི་ལྗོངས་ཀྱི་འདུལ་བ་འཛིན་པ་ཐམས་ཅད་ཀྱི་མཆོག་ཏུ་གྱུར་པ་ཞིག་ཡོང་ངེས་ཤིང་། རྣམ་སྲས་འཁོར་བཅས་ཀྱང་ལུས་དང་གྲིབ་མའི་ཚུལ་དུ་རྗེས་སུ་འབྲང་བར་འདུག་གོ་གསུང་ཞིང་བཀའ་ལས་ཀྱང་། ངེད་རང་བྱིས་པ་ལོ་དགུ་ལོན་པའི་སྐབས། སྐྱུར་མོ་ལུང་ཚོར་ཡུན་རིང་བསྡད། དེ་དུས་ནས་གྲེ་ལྡེ་ལྷག་པར་བདེ་བ་དང་། བརྗོད་པ་གཙང་བར་ཡོད་པས། ཁོང་ཆེ་བགྲེས་འགའ་རེ་རྣམ་སྲས་ཀྱི་དབྱངས་གྱེར་བའི་ལད་མོ་བློས་པས། དབྱངས་རྟ་ཚིག་སྦྱོར་དག་ཡུད་ཙམ་གྱིས་ཤེས་ཤིང་། རང་རེ་གཏོལ་ཅི་ཡང་མེད་པའི་བྱིས་ཆུང་ཡིན། མཁན་ཆེན་ཆོས་སྐྱབས་པས་དགོངས་པས་དཔྱད་ནས་ཕྱུག་རྫོར་འགྲོ་བཟང་མའི་དབང་དང་། རྣམ་སྲས་རིགས་བརྒྱད་ཀྱི་རྗེས་གནང་། རྡོ་རྗེ་ས་འོག་གར་མཁན་མཆོག་སོགས་ཀྱི་རྒྱུད། འགྲོ་བཟང་སྙིང་པོ་ཟངས་དཀར་ལོ་ཙཱ་བ་དང་། ཐལ་(སྤྲལ་)ཏི་དགྲ་བཅོམ་པ་སེ་བ་ཅན་པ་ཡོན་ཏན་ཚུལ་ཁྲིམས་སོགས་ཀྱི་ཡི་གེ་མང་པོའི་ལུང་ཐོབ། དེ་དུས

རྣམ་སྲས་དཀར་པོའི་རྗེས་གནང་ཞུས་ཉིན། རང་རེའི་རྨི་ལྟས་ལ་མི་དཀར་པོ་དར་དཀར་པོའི་གོས་གྱོན་པའི་ཕུ་དུང་ནང་ནས། ངེད་ལ་མགྲོན་བུ་དཀར་པོ་མང་པོ་ཐུ་བར་སྦྱིན་བྱུང་བ་བགྲངས་པས་བརྒྱད་ཅུ་ཙམ་འདུག་ཅིང་དྲུག་ཅུ་རེ་གཅིག་གཉིས་པའི་གྲངས་ཀྱི་མགྲོན་བུ་དེ་ལ་ནག་ཐིག་དཀྱིལ་ན་ཡོད་པ་བྱུང་། སང་དེ་སྔ་མོར་མཁན་རིན་པོ་ཆེ་ལ་ཞུས་པས། དེ་ཚེ་ཚད་ཡིན། དྲུག་ཅུ་སྐོར་ལ་ཨེ་དོག་ཟེར་བའི་ལུང་བསྟན་དུ་འདུག་གོ་གསུང་བ་བྱུང་གསུང་ངོ་། །དེ་ལྟར་ན་མི་མོ་ལུག་ལ་ལྷུམས་སུ་ཞུགས། ས་ཕོ་སྤྲེའུ་ལ་སྐུ་བལྟམས་ནས། ས་མོ་བྱ་ལྕགས་ཕོ་ཁྱི་རྣམས་ལ་གསང་མདའ་བང་རིམ་རང་དུ་བཞུགས། ལྕགས་མོ་ཕག་ལ་ཡུམ་གཤེགས་ཤིང་། དེ་ལོ་ནས་ཆུ་ཕོ་བྱི་བ། ཆུ་མོ་གླང་། ཤིང་ཕོ་སྟག་གི་བར་སྤྱང་ཁ་ཆོས་སྡིངས་ཁོན་དང་། ཤིང་མོ་ཡོས། མེ་ཕོ་འབྲུག་གཉིས་ལ་སྐྱིར་མོ་ལུང་གི་ཆོས་གྲྭར་འབྲི་ཀློག་གི་ཚུལ་བསྟན། དེར་མེ་མོ་སྦྲུལ་གྱི་ལོ་གསར་ལ་རོང་སྟོན་ཆེན་པོ་སྐྱིར་མོ་ལུང་དུ་ཕེབས་པ་དང་། ཐོག་མར་མཇལ་ཞིང་། དེ་ཉིད་ནས་ཕྱུག་ཕྱིར་འབྲངས་ཏེ། བདག་ཉིད་ཆེན་པོ་དགུང་ལོ་བཅུར་ཕེབས་པ་ཙམ་གྱི་དུས་དེར་ཤེལ་གྲོང་གི་གཙུག་ལག་ཁང་དུ། བསྟན་པ་རིན་པོ་ཆེའི་སྒོར་ཞུགས་པར་འཇུག་པར་མཛད་ནས་ཤཱཀྱ་མཆོག་ལྡན་ཞེས་མཚན་དུ་བཏགས་ཤིང་། བརྒྱད་པ་ནས་བརྒྱད་པར་བཅས་པས་ཞལ་གཟིགས་པའི་ལྷག་པའི་ལྷ་བཅོམ་ལྡན་འདས་མི་གཡོ་བ་དཀར་པོའི་ཤེས་རབ་བློ་འཕེལ་གྱི་རྗེས་སུ་གནང་བ་ཡང་སྩལ་ཅིང་། ཆོས་རྗེ་དོན་ཡོད་དཔལ་བས་རོང་སྟོན་ཆེན་པོས་དངོས་ཀྱིས་བཀའ་ལུང་བྱིན་པ་ལ་ཡང་། འདི་ངའི་གྲོགས་པོ་དམ་པ་པག་ཞར་གྱི་སྐྱེ་བ་འཁྲུལ་མེད་ཡིན་ཞིང་། ད་རེས་སྐྱེ་པ་སོགས་ཀྱིས་དགག་དགོས་གཅད་ཕྱིར་བར་མ་རབ་བྱུང་ཙམ་ལ་གཞག་པ་དེ་ཡིན། འདི་ལ་ཞལ་བཞི་པ་ལུས་དང་གྲིབ་མའི་ཚུལ་དུ་རྗེས་སུ་འབྲངས་པས། བར་ཆད་ཀྱི་གཡེང་བ་གང་ཡང་མེད་པར་ཐོས་བསམ་མཐར་ཕྱིན་པར་འགྱུར་ངེས་པས་སློབ་དཔོན་ཁྱེད་ཀྱིས་ཀྱང་བསླབ་སྦྱངས་ཀྱི་གྲོགས་དན་ཡང་དག་མཛོད་ཅིག་ཅེས་གསུང་ཞིང་གཉེར་གཏད་དུ་མཛད་ནས། དེའི་དབྱར་ཆོས་སྟེང་དུ་གསང་ཕུར་ཕེབས་ཞེས་གླེང་ངོ་། །དེ་ནས་གནས་སྐོར་བཞུགས་པའི་ཕྲལ་གྱི་

གནས་ཀྱི་སློབ་དཔོན་ནི་མཁན་ཆེན་ཉི་མའི་དྲུང་གིས་གནང་། རྗེ་དོན་ཡོད་དཔལ་བ་ཕྱོགས་ཀྱི་གདུལ་བྱ་ཐུན་བུ་ལ་ཕེབས་པ་སོགས་ཀྱི་སྐབས་སུ་ཡང་དཔོན་ཚང་རང་། དྲུང་རྗེ་གདན་པའི་རྩ་རང་དུ་སྡོད་ཅིག །གཞན་སྤྱོད་པ་ཚུད་ཐེས་ཡོང་གསུང་བ་ཞིག་ཡོད་ཅེས་དེ་དུས་ཀྱི་རྗེ་དོན་ཡོད་དཔལ་གྱི་གྲྭ་རྐྱན་མང་དཀར་བ་ཚུལ་ཁྲིམས་དཔལ་མཆོག་ཏུ་གྲགས་པའི་ཚད་སྟོན་གསང་ཕུ་རང་ན་བཟང་བར་བྱས་པ་དེ་ཉིད་གསུང་ཞེས། ནོ་རྗེ་སློབ་དཔོན་རབ་གསལ་ཟླ་བ་མགོན་པའི་གསུང་ལས་ཐོས་ཤིང་། གོང་མའི་ཚུལ་ཁྲིམས་དཔལ་མཆོག་ཀྱང་རྗེ་དེ་ཉིད་ཀྱི་ཁུ་བོ་ཡིན་ནོ། །དེ་དུས་བདག་ཉིད་ཆེན་པོ་དེ་ཉིད་སྐྱེ་བའི་གནས་དུ་མར་གྲུབ་སྦྱངས་ཀྱི་ལམ་མཐོན་པོའི་གོ་འཕང་མངོན་པར་མཛད་པའི་དབང་ལས། སྒྱུ་མ་ལྟ་བུའི་ཏིང་ངེ་འཛིན་ཐུགས་ལ་གསལ་བར་འཁྲུངས་ནས། རང་གི་སྐུའི་ཆ་ཤས་མ་ལུས་པ་ཕྱི་གསལ་ནང་གསལ་ཤེལ་སྡོང་དྭངས་པར་གང་ཆུ་བཀོད་པ་ལྟར་གྱུར་པས། ཕྱག་སོགས་ཀྱི་འགྱུར་བས་སྐུ་ལུས་ཟང་ཐལ་དུ་སོང་བའི་ཐུགས་སྨོང་དང་། རེས་འགའ་སྐུ་ལུས་རང་ཡང་ག་རེ་ཞེས་ཕྱག་གཡས་གཡོན་ཕན་ཚུན་གཅིག་གིས་གཅིག་བཙལ་བས་རེག་པ་མེད་པར་ཉི་ཟེར་ལ་མཛུབ་མོས་ཉུལ་བ་ཇི་ལྟ་བའི་ཚུལ་གྱིས་དངོས་བྲལ་དུ་དགོངས་པར་གྱུར་ཅིང་། དུས་དེར་འོད་གསལ་ཟླ་བ་ཤར་བའི་སྣང་བས་ཉིན་མཚན་དབྱེ་བ་མེད་པར་མཚན་དུས་ཀྱང་ཉིན་མོ་ལྟར་བསླབ་སྦྱངས་ཀྱི་དཔེ་མཐའ་དག་གཟིགས་པ་ལ་རྩོལ་བ་མཛད་པར་གྱུར་པའི་སྐབས། གྲོགས་དག་གིས་ཅི་མཚན་ལ་དཔེ་གཡེངས་ནས་ཅི་བྱེད་ཟེར་སྨྲས་པས། དེར་ང་ལ་ནི་ཉིན་མཚན་གྱི་མཐོང་ཡུལ་ལ་ཁྱད་པར་ཅུང་ཟད་མི་སྣང་བས་འདི་ནི་འདིའོ་ཞེས། ཉིན་མོ་ལྟར་ཤར་ར་ར་བསླུགས་པས་ཐམས་ཅད་ཡ་མཚན་དུ་གྱུར་ཅིང་། གྲྭ་རྐྱན་འགའ་རེས་བློས་མ་མཁྱུད་པར། འདི་འདྲ་བར་ཚད་ཡིན་པ་སྲིད། སྐུ་རིམ་དང་ཞལ་འདོན་ལ་བརྟེན་པ་བསྐྱེད་ཅེས་གྲོས་འདེབས་པའང་བྱུང་ཞེས་གྲག་གོ །དེར་ཕར་ཚད་གཉིས་ཀའི་གཞུང་གཟིགས་པ་དང་། སློབ་དཔོན་ལས་དེ་དག་སོ་སོའི་བསླབ་སྦྱངས་ཀྱི་གནས་ཇི་སྙེད་པ་བདག་གིར་གནང་ཞིང་། དེའི་སྐབས་ཕར་ཕྱིན་ནི་རོང་ཊཱི་ཀ་ཉིད་དང་། ཚད་མ་ལ་རྗེ་དོན་ཡོད་དཔལ་བའི་ངག་སྒྲོས་རང་གི་སྟེང་ནས་

གཞུང་ཆོས་ཀྱི་བར་སྐོར་གསར་བ་གཞན་གང་དག་གིས་ལོ་མང་པོའི་བསླབ་སྦྱངས་ཀྱི་གནས་དག་ཆོས་ཐོག་རེ་རེ་ལ་རྫོགས་པའི་ཚུལ་ཡང་། རྗེས་སུ་སྟོན་བཞིན་པའི་ས་པོ་ཏ་ལོའི་སྟོན་སྟེངས་དགུང་ལོ་བཅུ་གཅིག་ཏུ་ཕེབས་པའི་ཚེ། དཔོན་སློབ་ལྷན་ཅིག་ན་ལེར་ཕྱིན་ཞིང་། རང་སྟོན་སྨྲ་བའི་སེང་གེ་ཉིད་ཀྱི་སྤྱན་སྔར། རྒྱལ་ཚབ་མ་ཕམ་པའི་བཞེད་དགོངས་ཐོགས་མེད་མཆེད་ལས་བརྒྱུད། རྔོག་ལོ་ཙཱ་བ་ནས་རིམ་གྱིས་ཐམས་ཅད་མཁྱེན་པ་བུ་སྟོན་ཁ་ཆེ་ལ་ལེགས་པར་བཀའ་བབས་པ། གཡག་མ་ཕམ་ཆོས་ཀྱི་བླ་མའི་ཞལ་བུམ་ལས་དངོས་སུ་གསན་པའི་ཟབ་མོ་ཤེས་རབ་ཀྱི་ཕ་རོལ་ཏུ་ཕྱིན་པའི་སྐོར་རྣམ་གྲངས་དཔག་མེད། གཞུང་ཕྲན་མ་ལུས་པ་དང་བཅས་པའི་ཟབ་མོའི་བདུད་རྩི་དང་། རྗེ་བཙུན་འཇམ་པའི་དབྱངས་ལས་ཕྱོགས་ཀྱི་གླང་པོས་དངོས་སུ་གསན་ཞེས་སམ། དེ་ལས་གཞན་དུ་ན་ཐུབ་པས་དགྲ་བཅོམ་པ་མི་ཕཾ་ཧྥ། དགྲ་བཅོམ་པ་འཆོས་སྐྱོབ་ལས་དབྱིག་གཉེན་ཕྱོགས་ཀྱི་གླང་པོ་ཞེས། གང་ལས་འོངས་པ་ཚད་མ་མདོ་དང་དེའི་དགོངས་འགྲེལ། དཔལ་ལྡན་ཆོས་ཀྱི་གྲགས་པའི་སྡེ་བདུན། རྒྱ་གར་གྱི་མཁས་པ་དུ་མའི་ལེགས་བཤད། ཆོས་ཀྱི་རྗེ་དཔལ་ལྡན་ས་སྐྱ་པཎྜི་ཏས་ཁྱད་པར་དུ་རྩལ་དུ་བཏོན་པའི་ངག་རྒྱུན་མ་ཉམས་པའང་། གཡག་མ་ཕམ་པ་ལས་དངོས་ཀྱིས་ནོད་པའི་བཤད་རྒྱུད་དྲི་མ་མེད་པ་དག་བུམ་པ་གང་བྱོར་མནོས་ཤིང་། གཞན་ཡང་ཐལ་རང་གི་དབུ་མའི་གཞུང་ལུགས་རབ་འབྱམས་མ་ལུས་པ་ཡང་། དགོངས་འགྲེལ་མཁན་པོ་གང་དང་གང་གིས་བཀྲལ་བའི་གཞུང་ལུགས་ཟླ་མེད་པ་རྟོག་གེའི་ངན་རྟོག་དག་གིས་ཅི་དགར་མ་སྦགས་པའི་མཐའ་བྲལ་དབུ་མའི་དབྱིངས་གང་གིས་མངོན་སུམ་དུ་གཟིགས་པའི་ཡུལ་དངོས་ཉིད་འདོམས་ཤིང་དེ་ཉིད་ཇི་ལྟ་བར་ཡང་ཐུགས་སུ་ཆུད་དོ། །ཞེས་བྱ་བའི་གཏན་ཚིགས་ཡང་དག་པའི་ངེས་པ་ལས་ཀྱང་ཡིད་ཆེས་པར་དོན་གྱི་བྱིན་རླབས་འཕོ་བའི་ལམ་པ་སྟེ། ཚིག་སྦྱོར་ཙམ་བསླབ་སྦྱངས་སུ་ནོད་པ་ལ་ཐ་སྙད་དུ་སྒྲོག་པ་དག་གི་སྤྱོད་ཡུལ་དུ་མ་གྱུར་པའི་རྣམ་པར་དགོངས་པ་ལས་ཀྱང་ངོ་། །དེ་ནས་སྣང་ཐང་དུ་དེ་ལོའི་སྟོན་ཆག་ལ་ཕེབས་སྐབས། ཐེག་ཆེན་ཆོས་ཀྱི་རྒྱལ་པོའི་སྲས་ཀྱི་ཐུ་བོ་སྣང་ཐང་སྤྱན་སྔ་ཀུན་དགའ་རྒྱལ་མཚན་པའི་དྲུང་དུ

ཀུར་མགོན་ལྷ་བརྒྱད་ཀྱི་རྗེས་གནང་གསན་པའི་གཏོར་མའི་བཀའ་བསྒོ་དུས་ཆོས་སྐྱོང་དངོས་སུ་བཞུགས་དགོངས་པའི་ཞལ་ཆེན་པོ་དང་། བླ་མ་དང་ཆོས་སྐྱོང་དབྱེར་མེད་པར་གཟིགས་པའི་དད་མོས་རྒྱ་ཆེར་འཁྲུངས་ཤིང་། དེའི་ཉིན་མན་ཤཱ་ས་ནའི་སྔགས་ཐུན་རེ་ཡང་གཏན་ནས་མ་ཆགས་པར་བྱས། ཕྱིས་ས་སྐྱའི་གནས་མཇལ་ལ་ཕྱིན་དུས་དགུ་རྩམ་གྱི་བསེ་འབག་ནག་པོ་འཕུར་ཤེས་ལ་མཇལ་དུ་ཕེབས་སྐབས། དགོན་གཉེར་ན་རེ། མདངས་སྐྱི་ཡམ་དུ་མགོན་པོའི་གསུང་ལས། སང་ང་དང་སྟོན་སླང་ཐང་དུ་འཕྲད་སྦྱོང་བའི་དགེ་བའི་བཤེས་གཉེན་ཞིག་འཕྲད་དུ་ཡོང་བ་ཡོད་གསུང་པ་འདི་ལ་ལྟ་བར་སྣང་ཟེར་བས། ངེད་རང་གིས་སླང་ཐང་དུ་ཆོས་སྐྱོང་ཞུས་པའི་དུས་ཀྱི་སྣང་བ་དྲན་ཞིང་སྙིང་ནས་ཡིད་ཆེས་ཐོབ་ཅེས་དྲིན་ཅན་སྤྱུང་ལུང་པའི་གསུང་ལས་ཐོས་པའི་ངག་སྒྲོས་སོ། །དེའི་ཕྱི་ལོ་དབྱར་ཆོས་སྟེང་དུ་གསང་ཕུར་ཕར་ཚད་ཀྱི་བློ་གསར་གྲྭ་སྐོར་གནང་ཞིང་། འདི་ཐད་རྣམ་ཐར་རྗེ་དཔོན་མར་དགུང་ལོ་བཅུ་གསུམ་ལ་མཛད་པར་བྱས་ལ། རྣམ་ཐར་མ་ཧི་མ་ལས། དགུང་ལོ་བཅུ་གཉིས་ཀྱི་སྟེང་དུ་མཛད་པ་བྱས་པ་ནི། ཕྱི་མ་ལྟར་བཅུ་གཉིས་ཀྱི་སྟེང་ཕོ་ན་ཡིན་ཏེ། བཀའ་ལས་ངེད་ཀྱི་སྟོན་གསང་ཕུར་ལོ་བཅུ་གཉིས་ལ་ཕར་ཚད་གཉིས་ཀའི་རྣམ་གཞག་བྱས་ཤིང་། དེ་དུས་རོང་ཏེ་ཀ་འདི་ནི་སྟོན་ཆད་གཞན་གྱིས་མ་རྙོགས་པའོ། །ཞེས་པའི་ཚིག་རིགས་རྣམས་ཀུང་ཇི་ལྟར་བར་བཤར་བས། བཤད་གསར་གྱི་གྲལ་གྲོལ་རྗེས་སླིང་སྨད་ནས་མཁན་པོའི་དྲུང་གིས་ངེད་དཔོན་སློབ་གཉིས་ཀ་ལ་ཇ་བུར་གཟབས་རྒྱས་སྐྱལ་ནས། ངེད་ལ་དགོས (དགེས་) པའི་ཚུལ་གྱིས་ཞལ་ཀུར་དུ་ཕྱིད་ཤེས་རབ་ཡངས་ཤིང་ཁ་པོ་ཆེ་བ་རང་སྣང་ངོ། །

ད་སེམས་ཅན་དཀར་པོ་ལ་སོ་ཐེབས་པ་ཞིག་དགོས་སོ་གསུང་བ་རང་རེས་དུས་དེར་མ་གོ་བར་ནང་དུ་རྗེ་དོན་ཡོད་དཔལ་བ་ལ་རྒྱུ་མཚན་ཞུས་པས། རོང་ཊཱི་ཀ་ཚིག་རིགས་བཤར་བ་ལ་མཉེས་པར་འདུག སེམས་ཅན་དཀར་པོ་ཆོས་དུང་བུས་ནས་གསང་ཕུའི་གདན་ས་བྱེད་པ་ལ་བློ་ཐུས་གཏད་དགོས་གསུང་བར་སྣང་གསུང་ཞེས། སྟོན་གྱི་མངའ་རིས་ན་ཡོད་པ་གྲྭ་རྒན་རྣམས་ཛ་གྲལ་དུ་ཡང་ཡང་སྨྲ་བས་མཚོན་པའོ། །དེ་ལོ་རྗོག་ལོའི་གདན་ས་སངས་རྒྱས་ཆོས་

སྐྱོང་བའི་དྲུང་དུ་ཕར་ཕྱིན་རོང་ཊཱི་ཀ་སྟེང་ནས་གཞུང་ཆོས་དང་ལྷག་པར་ཚད་མ་རྣམ་པར་ངེས་པ་དཔྱིས་ཕྱིན་པའི་ཟབ་བཤད་ཞུས་ཤིང་། རྣམ་ངེས་ཀྱི་བརྒྱུད་པ་ཡང་འདི་ཉིད་ལས་འདེད་པར་མཛད། གཞན་ཡང་བརྒྱད་སྟོང་པའི་ལུང་། སྨན་བླའི་མདོ་བཞི་བརྒྱ་པ། མཁན་པོ་པོ་ཧྲི་ས་ཏྭའི་ཆོ་ག་འཁྲིད་པོ། ཤེར་ཕྱིན་བཀའ་བབས་བཞི་སོགས་ཀྱི་ལུང་གསན་ཞིང་། སྐབས་འདི་ཉིད་དུ་གསང་ཕུའི་སློབ་དཔོན་གྲགས་པ་བཀྲ་ཤིས་པ་ལ་ཡང་ཕར་ཕྱིན་རོང་ཊཱི་ཀ་གི་སྐབས་གཉིས་དང་། ཁྱད་པར་ཆ་བསྡུས་ལ་མཛུབ་ཁྲིད་གནང་ནས་དེ་ནང་གི་བརྗོད་བྱ་ཕྱིས་ཕྱོན་གྱི་རང་བློས་གཞལ་ནས་འཁྱོག་པོར་ཕྱེ་བའི་དམིགས་བསལ་ཕྱེ་སྟེ་བཅལ་བས་རང་གཞན་གྱི་གྲུབ་མཐའི་ནང་སེལ་འབྱེད་པའི་སྤོབས་པ་སྔོ་ཐོག་མ་འདི་ནས་སྐྱེས་གསུང་ཞིང་། པཎ་ཆེན་རིན་པོ་ཆེ་ཉིད་ཀྱི་དངོས་སློབ་དྲུང་བཙུན་བཟང་པོ་བརྟན་པར་གྲགས་པ་སྦྱོར་ཐུགས་མཚན་ཉིད་གཉིས་ཀྱང་གཞི་ལམ་འབྲས་གསུམ་མཚན་ཉིད་ལྷག་ས་རྫོག་གཉིས་པོ་ཡང་རྫོག་ལོ་ཆེས་ཁྱད་པར་དུ་འཕགས། ཚད་མ་ཡང་རྣམ་འགྲེལ་ངེས་གཉིས་ལས། རྣམ་ངེས་ཉིད་མཆོག་ཡིན་ཞེས་གསུང་བ་ཞིག་མངའ་རིས་ན་ཡོད་པ་དེས། བདག་རྣམ་འགྲེལ་གྱི་གཞུང་འཛིན་དུས་ཁོང་གིས་དངོས་ལས་ཐོས་པའི་ཚིག་འདི་དག་མངའ་རིས་སུ་བཤད་པ་ལས་སོ། །དེ་ནས་འཕྲུལ་རྗེ་གཡམ་སོགས་དང་། ཤོག་ཡན་གང་རྟེད་ལ་ཕྱག་ཕྲིས་ཀྱིས། བློ་བཟང་མཁྱེན་པའི་ཉི་འོད་གསལ་ན་ཡང་། །གྲགས་པའི་རྗེས་སུ་འཁྱོག་པའི་ཀྱི་སྐྱུ་མཁན། །བསྟན་པའི་པད་ཚལ་འབྱེད་པར་མངོན་བརྩོན་ཁྱེད། །དྲང་ངེས་འདབ་བརྒྱའི་གེ་སར་འབྱེད་ནུས་སམ། །གསུང་བ་འདི་ལྷ་བུས་མཆོད་པའི་གཞན་གཞུང་ལ་བྲུར་ཟ་བའི་ཚིགས་སུ་བཅད་པའི་རྩོམ་པ་ཡང་ཕྱག་དཔལ་རིས་གནང་བར་གྲགས་ཤིང་། རྣམ་ཐར་རྗོར་རྒྱལ་མར་ཡང་བྲུར་ཙམ་འདི་ཐད་བཀོད་འདུག་གོ །དེ་ཙམ་གྱི་དུས་ན་རྫོག་ལོ་ཙྪ་བའི་བཀའ་སྲུངས་སུ་གྱུར་པ། དཔལ་གསང་ནེའུ་ཐོག་གི་གཉེར་གཏད། གནོད་སྦྱིན་ཆེན་པོ་བསེའི་ཁྲབ་ཅན་དང་། ལྷ་མོ་ནམ་མཁའི་གོས་ཅན་མས་ཀྱང་སྲུང་ཞིང་སྐྱོང་བའི་དགེ་མཚན་དང་ལྡན་པ་ཞིག་སྟེ། དེ་དུས་གསང་ཕུ་སྡེ་དང་ལྷག་པར་གནས་སྒོ་གྲྭ་ཚང་དུ་ཚད་རིམས་ཀྱི་

རྣམ་པ་ཞིག་མཆེད་ནས། རྗེ་དོན་ཡོད་དཔལ་བའི་དཔོན་པོའི་ཆ་ཙམ་ཡང་ཡིན་པ། བྱང་པ་རིན་གྲུབ་ལེགས་བཟང་ཟེར་བ་དང་། སྤྱོར་བ་འཇིགས་མེད་འོད་ཟེར། བཟང་ལྡན་པ་ཤེས་རབ་དོན་ལྡན་སོགས་སློབ་གཉེར་བ་གཅེས་པ་འགའ་ཡང་གཤེགས། གྲྭ་པ་བྱིན་ལ་ཡང་བསླུང་མི་མང་བར་བྱུང་སྐབས། པཎ་ཆེན་ཉིད་སྐུ་ཤིན་ཏུ་ན་ཚོད་ཕྲ་བ་དགུང་ལོ་བཙུ་གཉིས་ཀྱི་དུས་དེ་ཡིན་ཀྱང་། སླིང་རྗེས་གཞན་དབང་གི་ནད་པ་དག་གི་ཁམས་འདྲི་དང་། སྨན་སྟེར་བའི་བདག་གཉེར་སོགས་གནང་ཡང་སྐུ་ཁམས་དུབ་པ་ཙམ་ཡང་མ་བྱུང་ཞིང་། དེར་གསང་ཕུ་བའི་མིག་མཐོང་བ་འགའ་རེའི་ལབ་བརྗོད་ལ། དཔོན་ཆུང་འདི་ལ་ཆོས་སྐྱོང་ལྷམ་སྲིང་གིས། ཉིན་རེ་ལ་སྐུ་ཁྲུས་ལན་གསུམ་གསུམ་འབུལ་བ་འདུག འགོ་ནད་སོགས་བར་ཆད་གང་གིས་ཀྱང་མི་བཟླ་ཞེས་ཀྱང་གཏམ་དུ་བཞག་ཅེས་སྤྲར་བརྗོད་པའི་ཚད་སྟོན་ཚུལ་ཁྲིམས་དཔལ་མཆོག་གིས་དེ་དུས་ཇི་བཞིན་རྟོགས་པའི་ངག་སྒྲོས་རབ་གསལ་ཟླ་མགོན་བརྒྱུད་པ་ལས་སོ། །དེ་ནས་སྟོན་གྲྭ་ཚང་ཀུན་འཕན་ཡུལ་དུ་ཐེགས་ཤིང་། རྗེ་དོན་ཡོད་དཔལ་དང་དཔོན་སློབ་དྲུང་གིས། ན་ལེནྡྲ་རོང་སྟོན་ཤེས་བྱ་ཀུན་རིག་མཇལ་བ་ལ་ཐེགས་པས། རྗེ་ཉིད་ཀྱིས་མཛད་པའི་འབུམ་ཊཱི་ཀ་གི་ལུང་རྫོགས་པའི་དེའི་ཉིན་ནས། ཞུ་བ་པོའི་གཙོ་བོ་མཁན་ཆེན་པདྨ་བཟང་པོ་དང་། དྭགས་པོ་བཀྲ་ཤིས་རྣམ་རྒྱལ། ཆོས་རྗེ་དགེ་བ་རྒྱལ་མཚན་པ་གསུམ་གཙོ་བོར་བཞུགས་པའི་དགེ་བའི་བཤེས་གཉེན་འབའ་ཞིག་པའི་ཚོགས་པ་ལ། བརྒྱུད་སྟོང་པ་སློབ་དཔོན་སེང་གེ་བཟང་པོའི་བརྒྱད་སྟོང་འགྲེལ་ཆེན་དང་སྦྱར་བའི་བཤད་པ་གནང་བའི་དུས་དང་འཛོམས་ནས་རྗེ་དོན་ཡོད་དཔལ་དང་དཔོན་སློབ་གཉིས་ཀས་གསན། དེ་རྫོགས་མཚམས་ཀ་མ་ལའི་སྒོམ་རིམ་ཐོག་མཐའ་བར་གསུམ། རྗེ་ཉིད་ཀྱི་ཊཱི་ཀ་དང་བཅས་པའི་མཐའ་བཅད་དང་། དབུ་མ་རིགས་པའི་ཚོགས་དྲུག བཤེས་སྤྲིངས། གཏམ་བྱ་རིན་ཆེན་ཕྲེང་བ། ཕར་ཕྱིན་ཁྲིད་ཡིག་སོགས་ཁྲིད་ཡིག་ཐོར་བུ་རོང་ཆེན་ཉིད་ཀྱིས་མཛད་པ་ཀུན་གྱི་ལུང་ཡང་དེ་དུས་རང་ཐོབ་གསུང་ཞེས་རྗེ་རོང་པའི་བཀའ་འབུམ་ཡོངས་རྫོགས་ཀྱི་ལུང་ཡོད་པ། ན་ལེནྡྲའི་གཟིམ་ཁང་འོག་མའི་འཆད་ཉན་སློབ་དཔོན་ཕྲིན་ལས་པ་ཞུ་བ་ལ།

བདག་གིས་རོང་པོའི་བཀའ་འབུམ་ཞུ་བའི་སྙན་ཞུས་ལ་ཕྱིན་པས། ཁོང་གི་སྤྱན་ལོང་ཞིང་དཔེ་ཡང་མ་ཐེད་པས་འདོད་དོན་མ་གྲུབ་ལ། གཏམ་དེ་དག་དེར་ཐོས་སོ། །དེ་སྐབས་རོང་སྟོང་ཉིད་ཀྱི་ཕྱག་གིས་རྗེ་འདིའི་དབུ་ལ་བྱིལ་བྱིལ་གནང་། བུ་ཁྱོད་ཀྱིས་ཕ་ངའི་རྣམ་ཐར་བཟང་པོ་ལེགས་པར་བྲུང་ཞིག(བྲུངས་ཤིག)ཅེས་མཇལ་རེས་གསུང་བའི་ཚུལ། རོང་སྟོན་གྱི་ཉེ་གནས་ནམ་མཁའ་དཔལ་ལྡན་པས་ཤེལ་རོང་ལྡོངས་པ། འཕན་ཡུལ་གྱི་ཇ་ཡུལ་གཞིས་ཀ་པ་སོགས་སྦྱིན་བདག་ཡོངས་ལ་བསྐུར་བས། སོ་སོ་ནས་དད་མོས་འཁྲུངས། རྗེ་འདི་ཉིད་ཀྱི་ཕྲིན་ལས་སྣ་འབྱེད་པའི་རྟེན་འབྲེལ་དུ་ཡང་བྱུང་ཞེས་དྲིན་ཅན་སྤྱང་ལུང་པའི་བཀའ་ལས་ཐོས་ཤིང་། བྲུར་ཙམ་རྣམ་ཐར་རྩོལ་རྒྱལ་མར་ཡང་བྲིས་སོ། །དེར་རྗེ་ཉིད་དགུང་ལོ་བཅུ་གསུམ་བཞེས་པ་ལྕགས་ཕོ་སྤྲེའུའི་ལོ་གསར་ཙམ་ལ་རྗེ་རོང་སྟོན་ཆེན་པོའི་བཀས་སྤར་སྣེ་པའི་དགག་དགོས་བལྟ་ཕྱིར་བར་དགེ་ཚམ་ལ་བཞུགས་པ་ཡིན། ད་ནི་ཚིག་སྤ་མ་དགེ་ཚུལ་གྱི་བརྟུལ་ཞུགས་ལེགས་པར་ལོང་ཞེས་གསུངས་ནས་བཀའ་དྲིན་དུ་མཛད་ཅིང་། མཚན་སྤར་གྱི་མཐར་དྲི་མེད་ལེགས་པའི་བློ་གྲོས་གནང་བ་ཡིན་ཞེས་དྲུང་ཡིག་ཆོས་རྒྱན་ལས་བརྒྱུད་པའི་ངག་སྒྲོས་སོ། །སྔོན་ནས་འདྲིས་པའི་གདུང་བའི་དད་པའི་ཤུགས། །དྲི་ལྡན་པད་མཚོར་བུང་བ་རྗེས་སློག་འདྲ། །ཆོས་དོན་སྤྲང་རྩེ་ལེན་འདོད་རྐང་དྲུག་པ། །མོས་དགེའི་འདབ་གཤོག་རབ་ཏུ་གཡོ་བ་ཉིད། །གཡག་རོང་རྣམ་ཐར་སྙན་ཚིག་དབྱར་སྐྱེས་ཇ། །ཐོས་པས་ཡིད་སྨྲོས་གྱུར་པའི་གཙུག་ཕུད་ཅན། །རབ་དགའི་སྤུ་ལོང་རྒྱ་ཆེར་གཡོས་པ་ལས། །འགྱུར་མེད་དད་པའི་བྲོ་གར་ཡང་ཡང་རྩེས། །ཆར་སྟོད་བྱེའུས་འབྲུག་སྒྲ་རྗེས་ཐོས་ལྟར། །ཤཱཀྱའི་རྒྱལ་མཚན་མཚན་ཐོས་ཡིད་མགུ་ཞིང་། །རྟག་ཏུ་དེ་ཆོས་འཕགས་ལ་ཆགས་ཡིད། །དུས་དེར་གང་གི་ཐུགས་མཆོར་གསལ་བར་འཕོས། །ཆགས་ལྡན་ཡིད་དབང་འདྲེན་པའི་ལང་ཚོ་(ཚོ)མ། །དུས་བཏབ་ངལ་བས་ཡིད་དབང་སྐྱོ་བ་ལྟར། །རོང་སྟོན་ཞལ་བཟང་ལ་སྲེད་དམ་པའི་སྤྱན། །ཡང་ཡང་འགྱུར་བར་མཛད་པ་རྗེས་འབྲེལ་ཚུལ། །མཁས་མང་རྒྱུ་སྐར་བྱེ་བས་མི་དཔོགས་པའི། །རོང་སྟོན་སྨྲ་བའི་ཟླ་བར་མངོན་ཕྱོགས་པ། །ཁྱོད་བློ་དད་པའི་ཀུ

མུད་གསར་པའི་ཚལ། །གདུང་ཤུགས་འདབ་བརྒྱའི་གེ་སར་རྒོད་པ་སླེམ། །ཞེས་པཎྜི་ཏ་ཆེན་པོ་ཤཱཀྱ་མཆོག་ལྡན་དྲི་མེད་ལེགས་པའི་བློ་གྲོས་ཀྱི་རྣམ་པར་ཐར་པ་ཞིབ་མོ་རྣམ་པར་འབྱེད་པ་ལས། རབ་ཏུ་བྱུང་ཞིང་དགེ་ཚུལ་གྱི་ཚུལ་ཁྲིམས་རྗེས་སུ་མནོས་པའི་སྐབས་ལས་བསྒྲགས་པའི་རབ་ཏུ་བྱེད་པ་བཞི་པའོ།། །།

སྨྱོན་བྱུང་གཞོན་ནུ་མང་ལེན་ལས་ཆོས་ཀྱི་གྲགས་པས་ཇོག་གེའི་ཚུལ་བཅལ་བ་ལྷར་ཏེ་རབ་ཏུ་བྱེད་པ་ལྔ་པ།

དེ་ནས་ནམ་ཟླའི་དུས་ཀྱི་སྤྲིན་བདག་སོ་སོའི་སར་གནས་སྒོ་གྲྭ་ཚང་ཆོས་དབང་གར་འདེབས་པའི་གནས་དེ་དང་དེ་དག་ཏུ་སྐུ་བསྐྱོད་བཞིན་པའི་ངང་དང་། བསླབ་སྦྱངས་ཀྱི་གནས་ལ་སྐད་ཅིག་ཙམ་ཡང་མི་གཡེལ་བའི་སྐབས་དེར་འདུལ་བ་མདོ་རྩའི་ཞོགས་འཛིན་དང་། རྗེ་དོན་ཡོད་དཔལ་བ་ལ་ཉིན་རེ་བཞིན་དེའི་གཞུང་ཤོག་རེ་རེ་ནས་རྒྱུགས་འབུལ་མ་ཆད་པ་དང་། རྗེས་འབྲེལ་བཤད་ཆོམ་ཀུང་ཞུས་ལ། དོན་འདི་ལ་དགོངས་ནས་འདུལ་བའི་དཀའ་འགྲེལ་ཉི་མའི་ཤིང་རྟ། གང་འདིས་དང་པོར་གཞུང་གི་ཚིག་ལ་སྦྱངས། །ཞེས་དང་། མཚན་དུ་རྗེ་དོན་ཡོད་དཔལ་ཞེས་འབྱུང་ཞིང་། གང་སྟོན་ནས་ལེགས་པར་སྦྱངས་པའི་སྟོབས་ཀྱིས་རྗེ་དོན་ཡོད་པ་ལ་རང་གིས་གསན་མ་ཐག་ཚིག་དོན་ཐུགས་སུ་ཆུད་ནས། དེ་མ་ཐག་གཞན་ལ་འདོམས་པ་འཇིགས་པ་མེད་པའི་སྤོབས་པ་བརྙེས་ཏེ། དགུང་ལོ་བཅུ་བཞིར་ཕེབས་པ་ལྕགས་མོ་བྱའི་ལོ་མངའ་རིས་པ་ནམ་མཁའ་སེང་གེ་ཞེས་པ་དང་། ཤར་རྒྱ་(རྒྱལ)མོ་རོང་པའི་དགེ་བའི་བཤེས་གཉེན་སྤྱན་གཅིག་པ་བགྱི་བ་གཉིས་ལ་རིགས་གཏེར་དང་མཛོད་ཀྱི་མཇུབ་ཁྲིད་ལེགས་པར་གནང་ཞིང་། དེ་སྐབས་སྐུ་ན་ཚོད་གཞོན་པས་ཆོས་ཁྲིའི་ཁར་བྲྭ་པའི་སྣལ་པ་ལས་སྤྱན་འདྲེན། མཚན་སློབ་དཔོན་བུ་ཆུང་བར་གྲགས་ཞེས། ཆོས་གྲྭ་ཆེན་པོ་རྩེས་ཐང་གི་ལས་ཆེན་ཚུལ་ཁྲིམས་གྲགས་ལས་དངོས་སུ་ཐོས་ཚུལ་རྣམ་ཐར་

རྫོར་རྒྱལ་མར་བཀོད་ཅིང༌། བཀའ་ལས་ངེད་རང་སློབ་གཉེར་གྱི་དུས་རང་ནས་སློབ་དཔོན་གྱི་དངོས་རྒྱུར་ཀུན་གྱིས་འཛིན། ཚད་མ་སོགས་ཀྱི་གཞུང་ཆོས་མ་འཁྱེར་བ་ཀུན་ཡོངས་ཀྱིས་འདྲི་བ་ཞིག་ཡོད་གསུང༌། ཞེས་གསུང་ཞིང༌། ཆུ་མོ་ཁྱི་དགུང་ལོ་བཅོ་ལྔའི་ངོ་གཟིགས་ཙམ་དེ་ཡི་སྐབས། སྡེའུ་རྫོང་ནས་ས་དགེའི་གྲུབ་མཐའི་ཞལ་འཛིན་ལ་བརྟེན་པའི་བཀའ་ལུང་འཛིར་བག་ཤིན་ཏུ་ཆེ་བ་བྱུང་བའི་གནང་བཀག་ལ་བརྟེན་ནས། སེ་ར་ཆོར་གྲུང་ཏུ་བ་རྒྱལ་མཚན་བཟང་པོ་ལས་དཔྱིད་ཆོས་ཤིག་ལ། དབུ་མ་ཚིག་གསལ་གྱི་གཞུང་ཆོས་རྒྱས་པ་གསན་ཞིང༌། ཁོང་གི་གསུང་ལས་དགག་བྱ་བཀག་ཤུལ་གྱི་འཛིན་སྟངས་སྒྲུར་བ་འདི་མཁས་གྲུབ་དགེ་ལེགས་པ་རང་གིས་རྩལ་བཤད་བྱས་པའི་ཁ་འཛིན་རི་བོ་དགེ་ལྡན་པའི་ཆར་གཏོགས་ཡོངས་ཀྱིས་སྒྲོག་པར་སྣང༌། རྗེ་རིན་པོ་ཆེ་དང༌། བླ་མ་རྗེ་བཙུན་རེད་མདའ་པ་གཉིས་དགག་བྱའི་ངོས་འཛིན་ཕྲ་ཞིབ་དཔྱོད་ཚུལ་བག་ཙམ་རྩིང་ཞིབ་ལས། མཉམ་གཞག་ལ་འཇོག་ཚུལ་འདྲ། ལར་རང་མདོ་སྟུད་པར། རྫ་དང་ཤིང་ལས་མེ་བྱུང་བས་ནི་དེ་ཉིད་སྲེག །ཅེས་ཤིང་དགྲ་མེ། མེ་དགྲ་ཤིང་ཡིན་ཞིང༌། ཤིང་སྲེག་པ་ལ་མེ་དགོས། མེ་སྦྱོར་བ་ལ་ཤིང་དགོས། ཤིང་ཟད་མཐར་མེ་འཆི། ཕན་ཚུན་མེད་ན་མི་འབྱུང་གིས། བལྟོས་ཆོས་རྟེན་འབྲེལ་ཡིན་དངོས་སུ་གསུང་ལས་ཐོས་གསུང༌། ཕྱིས་གྲུང་ཏུ་བས་མཛད་པའི་དབུ་མའི་དཔེ་ཞིག་སྤྱན་ལམ་འགྱུར་པ་ལ་ཡང་དེ་ཉིད་ཁོན་བྲིས་གནང་ངོ༌། །ཞེས་པ་ཅ་ཆེན་དངོས་ཀྱིས་སྣར་ཐང་ཀ་བཞི་པ་གྲགས་པ་ཤེས་རབ་ཚུལ་ཁྲིམས་ཕྱིས་མངའ་རིས་ཀྱི་པུ་རངས་རྒྱལ་བྱེད་ཚལ་གྱི་ཆོས་དཔོན་གནང་བ་དེ་ལ་གསུངས་པའི་ངག་རྒྱུན་དྲུང་བཙུན་བཟང་པོ་བརྟན་པ་ལས་སོ། །ཡང་ལོ་དེའི་དབྱར་ཆོས་སྟེང་དུ། ཚལ་ཆོས་འཁོར་གླིང་དུ་ཡང་སྣེ་བའི་ཐུགས་འཛིན་ཁྲིད་ཕྱོགས་ཁོ་ནའི་དབང་གིས། གསང་མདའ་ཆོས་རྒྱལ་བར་གྲགས་པ་ཆེན་པོ་ཆོས་རྗེ་རྣམ་རྒྱལ་བའི་དྲུང་དུ། རྗེ་རིན་པོ་ཆེས་མཛད་པའི་རྩ་འཇུག་གི་ཊཱི་ཀ་སོ་སོའི་གཞུང་ཆོས་སྙིང་པར་གསན་པས། སྔོན་ཆོས་ཀྱི་གྲགས་པས་ཞང་པོ་གཞོན་ནུ་མང་ལེན་ལས་ཕྱོགས་སྣང་གི་ངེས་ཚིག་དང༌། གཞན་སྡེའི་གསང་ཚིག་ཡོངས་པ་ཇི་ལྟ་བར་ཕྱིས་བྱུང༌། དེ་ཉིད་ལ་སྦྱངས་པར་རློམས་པ་དག

གི་རྣ་བའི་སྐྱིད་ཡུལ་དུ་མ་གྱུར་བའི་གསལ་བའི་ངག་རྒྱུན་མ་ལུས་ཉེ་བར་ཐུགས་སུ་ཆུད་ནས། གཞན་ལུགས་ཀྱི་དབུ་མ་ལ་ནོར་བ་བརྒྱ་དང་བརྒྱད་གྲངས་བཏབ་ཀྱི་སྐྱོན་ངོས་བཟུང་བ་ལྟ་བུ། ཕྱོགས་སྔའི་བཞེད་དོན་དགོངས་པའི་དཔེ་བཞག་དང་། དེ་དག་ལས་མཚོན་པའི་འཛམ་དབྱངས་གསར་མའི་ཞལ་ལུང་དུ་བསྒྲུབ་པའི་གནས་ཐམས་ཅད་གནས་མ་ཡིན་པར་གཏན་ལ་འབེབས་པའི་རིགས་པའི་མཚོན་ཆ་འབར་བའི་རྣམ་གསལ་དབུ་མའི་སྟོང་ཐུན་ཆེ་ཆུང་དུ་བཀོད་པ་དག་ལས་དཔོགས་པར་ནུས་པ་ཞིག་གོ །དཔྱོད་ལྡན་འདུམ་སྡེའི་དབུས་ན་སྨྲ་མཁས་ཞེས། །གཞོན་ནུ་བློ་གསལ་སྙན་གྲགས་མེ་ཏོག་ཕྲེང་། །རབ་བཀྲ་གསར་པའི་ཟུར་ཕུད་ལྡེམ་པ་ཅན། །ཡིད་འོང་ལྷ་བུ་དགྲ་བཅོམ་གོས་ཀྱིས་བླུབས། །ཆོས་སྨྲའི་མདུན་སར་ཆོས་ཀྱི་སྒོ་བརྒྱ་པ། །རང་གཞན་མ་འདྲེས་འབྱེད་པའི་གཞན་འཕྲུལ་མཁན། །རྣར་སྙན་ཀ་ལ་པིང་ཀའི་སྒྲ་དབྱངས་ནི། །ཐོས་ཚེ་མི་མགུའི་གཟུར་གནས་བློ་ལྡན་སུ། །མཁྱེན་གསལ་དྭངས་མའི་ཡིད་མཚོར་ཤེས་བྱའི་གཟུགས། །ཇི་སྙེད་འཆར་ལ་དོག་པའི་གནས་མིན་པ། །ཀུན་གསལ་མ་འདྲེས་བཀྲ་བའི་ཚོན་རིས་གང་། །མཁའ་ནང་འཇའ་འོད་འཁྱིལ་བས་དཔེ་ཟླ་ཅི། །དྲེགས་ལྡན་མདའ་ལྡེའི་བདག་པོ་ཁྲོས་པའི་ཚིག །རྒྱུབ་འགྱུར་ཚལ་གྱི་རྣམ་འགྱུར་སྟོང་བྱེད་ཕྱིར། །གཞན་གཞུང་སྦྱངས་པ་ཕུལ་ཕྱིན་མཁས་པའི་ངག །ཇི་ལྟའི་གསང་ཚིག་ཐབས་མཁས་འཕྲུལ་གྱིས་བཞེས། །ཞེས་པཎྜི་ཏ་ཆེན་པོ་ཤཱཀྱ་མཆོག་ལྡན་དྲི་མེད་ལེགས་པའི་བློ་གྲོས་ཀྱི་རྣམ་པར་ཐར་པ་ཞིབ་མོ་རྣམ་པར་འབྱེད་པ་ལས། སྟོན་འབྱུང་གཞོན་ནུ་མང་ལེན་ལས་ཆོས་ཀྱི་གྲགས་པས་རྟོག་གེའི་ཚུལ་བཙལ་བ་ལྟར་ལས་བསྒྲགས་པའི་རབ་ཏུ་བྱེད་པ་ལྔ་པའོ།། །།

མཁས་པ་མཁས་པའི་གྲངས་སུ་བགྲངས་པའི་ སྐབས་ཏེ་རབ་ཏུ་བྱེད་པ་དྲུག་པ།

དེར་མཚལ་(ཚལ) ཆོས་འཁོར་གླིང་རང་ན་བཞུགས་སྐབས་དེ་ཉིད་ལ། གླང་ཐང་ནས་ཁུ་བོ་ལྷག་པར་བསྟུང་བའི་སྤྱན་འདྲེན་གྱི་བྱ་མ་རྟ་ཞིག་གློ་བུར་འོངས་པའི་རྐྱེན་བྱས། དེ་མ་ཐག་རང་བསྐྱོད་པ་བདེ་བར་ཡེར་པའི་ལ་ལ་ཕེབས་ཤིང་མཇལ་དུས། དཔེན་ཚུང་སློབས་པ་ཡག །ངེད་ཀྱང་ཁམས་ལྷག་པར་མ་བདེ་བས། འཆི་ས་དེ་བླ་མའི་དྲུང་དུ་བསྒགས་ན་ལེནྡྲ་ཉིད་དུ་བྱེད་པས། སང་སྔ་བར་རྟ་ཞིག་གི་གྲབས་ཀྱིས་ཞེས་བཀའ་སྩལ་མཛད་པའི་ལུགས་བཞིན། ཇ་པ་དཔོན་དར་བའི་རྟ་རྐྱང་བུ་བཟང་བ་ཞིག་ལ་སྒ་བཀྱིས་པའི་སྟེང་དུ་སྤྱན་དྲངས་ནས། ཞབས་འབྲིང་བ་འགའ་དང་བཅས་ན་ལེནྡྲར་ཕེབས་པས། དེར་གླང་ཐང་བརྒྱལ་ནས་རིམ་གྱིས་ས་སྣང་ཞིག་ཏུ་ཕེབས་ཏེ། སྐུ་དུབ་པ་བསལ་ཕྱིར་ཙུང་ཞིག་ཆེབས་ཀྱི་སྟེང་ནས་ཕོག་ཏེ་སྐུ་ངལ་བསྟེན་པའི་ཞལ་གཟིགས་ཕྱོགས་ན་ལེནྡྲར་ཕྱོགས་ལ་གནང་ཡོད་པའི་དུས། རོང་སྟོན་ཆེན་པོ་དབྱར་ཆོས་གསུང་པའི་ཁྲི་སྟེང་ན་བཞུགས་པའི་མཐའ་མ་ཁོར་ཡུག་གྲྭ་པས་བསྐོར་བ་གཟིགས་པའི་དེ་མ་ཐག་དབུ་ཞྭ་ཕུད་ནས་ཡན་ལག་བདུན་པ་ཞིག་གནང་སྟེ། དཔེན་ཚུང་ཁྱེད་རང་སོང་། རྗེའི་དྲུང་དུ་རྒྱུ་མཚན་ཕུལ། ད་ངའི་སྐྱུ་ལུས་ཀྱིས་མི་བཟོད་པར་སྣང་ངོ་། །གསུང་ནས་སྐུ་བསྲུང་སྟེ་སྤྱན་ལྷ་ལྷངས་ཀྱི་ངང་ལ་བཞུགས་སོ། །པཎ་ཆེན་རིན་པོ་ཆེས་མགྱོགས་པར་བསྐྱོད་དེ་ཕེབས་ནས་ཆོས་རའི་མཐའ་ནས་ཕྱག་མཛད་པར་བརྩམས་པ་ན། རོང་སྟོན་ཆེན་པོའི་གསུང་ལྷའི་ཇ་བོ་ཆེ་ལྷ་བུས། དཔོན་ཆུང་ཁྱོད་ཀྱི་ཁུ་བོ་ནི་ངའི་སློང་གར་འཕོས་བྱུང་ངོ་། །ཞེས་བཀའ་སྩལ་དུ་གནང་ཞེས་དེ་དུས་ཆོས་ར་ན་དངོས་སུ་བཞུགས་པའི་ན་ལེནྡྲའི་སློབ་དཔོན་བརྒྱ་རྗེར་གྲགས་པ་ནམ་མཁའ་དཔལ་བཟང་

པོའི་གསུང་ལས། དྲིན་ཅན་སྤྱང་ལུང་པས་ལེགས་པར་གསན་པ་བདག་ལ་བཀའ་སྩལ་མཛད་དོ། །དེར་ནཱ་ལེནྡྲ་དང་། སྣང་ཐང་གནས་སྒོ་རྣམས་སུ་དགོངས་ཛོགས་ཀྱི་རིམ་པ་རྒྱ་ཆེར་བསྒྲུབ་པ་མཛད་རྗེས་སྐྱོར་མོ་ལུང་ཆོར་ཡང་མང་ཇ་འགྱེད་བཅས་ཀྱི་སྐུ་སྐལ་ཞུ་བ་ལ་ཞབས་གཏད་ཕེབས་ནས་འགའ་ཁང་གྲྭ་ཚང་དུ་སྟར་འབྲེལ་སྐབས་ཀྱིས་སློབ་དཔོན་ཚུལ་ཁྲིམས་པའི་དྲུང་དུ་ཐོག་མར་ཕེབས་པས། སློབ་དཔོན་པའི་གསུང་གིས། ད་རེས་ནོངས་ཀྱིས་ལེགས་ཁྲིད་གནང་མཁས་པ་ཆེན་པོ་དེ་ཞིང་བརྗེས་ཀྱང་། ཁྱེད་འདྲའི་མཁས་པའི་དངོས་རྒྱུ་འདི་འདྲ་ཚབ་ཏུ་བཞག་རྒྱུ་ཡོད། སྔ་པའི་བྱེད་པས་སེ་ར་ཕྱོགས་སུ་ཁྲིད་འཕྱུགས་ཟེར་བ་སློས་གཏན་མ་བཟོད། ད་ཡིན་པས་འདི་ནས་མཁན་རིན་པོ་ཆེ་པ་ཡུལ་གཞན་ཞིང་། སྣེའུ་པ་རང་གི་ཡང་བླ་མ་ཡིན་པས་ན་འདིར་སྒྲ་བརྗོད་མི་ཡོང་བས། ད་ལྷ་ལུང་སྟེ་བཞིའི་ལུང་ཞིག་གནང་བའི་དམིགས་ཤིག་ཡོད་པ་འདི་ཉོན། འདུལ་བ་འཛིན་པ་ཤཱ་སྦྱལ་གྱི་བཤད་སྙིང་འདི་ཡང་ཉུབ་ན་ཕངས་པ་རང་ཡིན་པས། ཞེས་རང་རེ་རོང་སྟོན་ཆེན་པོ་ངེད་དང་མཇལ་རེས་བཀའ་གནང་བ་ཡིན་པས། འདུལ་བའི་སློབ་གཉེར་མཐར་ཕྱིན་ཅིག་བྱུང་ན་ནཱ་ལེནྡྲར་ཡང་དེ་ཀས་ཐུགས་ཆེམ་པ་ཡོད་གསུང་པའི་བསླབ་བྱ་ནང་སྦྱར་གནང་ཞེས་ཀྱང་སྐྱོར་མོ་ལུང་གི་སློབ་དཔོན་འགའ་ཁང་པའི་ཞབས་ཟིན་དགེ་བའི་བཤེས་གཉེན་བགྲེས་པོ་པཎ་ཆེན་རིན་པོ་ཆེ་ལ་མི་ཕྱེད་པའི་དད་པ་ཐོབ་པ། རྗེ་དཔོན་ཤཱཀྱ་རྒྱལ་མཚན་པའི་འབྲི་ཀློག་སོགས་ཀྱི་སློབ་དཔོན་ཞིག་འདུག་པ་ལས་ཐོས་སོ། །འདི་དོན་རྣམ་ཐར་གསུམ་ག་ན་སློབ་དཔོན་འདིས་ངེད་རང་གར་འགྲོ་གཏོལ་མེད་པ་ལ་རྗེ་རོང་སྟོན་གྱི་རྗེས་སུ་འབྲང་བའི་བསླབ་སྟོན་གནང་བས་བཀའ་དྲིན་ཆེའོ་ཞེས་བྲིས་པ་ཡང་འདི་ལ་དགོངས་སོ། །དེར་སྐྱོར་མོ་ལུང་གི་ཆོས་གྲྭར་མཁན་ཆེན་ཆོས་སྐྱབས་དཔལ་བཟང་པ་ལས་ལུང་སྡེ་བཞི་སོ་ཐར་གྱི་མདོ་སོགས་གསན་ཞིང་། ལྷག་པར་སློབ་དཔོན་འགའ་ཁང་པའི་དྲུང་དུ་འདུལ་བ་མདོ་རྩ་བརླས་པ་ལན་གསུམ་གྱི་ཕྱག་ཁྲིད་མཐར་ཕྱིན་པར་བསྐྱངས་ཤིང་། དོན་འདི་ལ་དགོངས་ནས་འདུལ་བའི་དཀའ་འགྲེལ་མཛུག་ཏུ་གོང་གི་འཁྲོས་ལས། སློབ་དཔོན་གསུང་གི་བདུད་རྩི་བར་དུ་

གྱུངས། །ཞེས་དང་། དེ་ཐད་མཆན་ལ། སློབ་དཔོན་འགའ་ཁང་པ་བསོད་ནམས་ཚུལ་ཁྲིམས་ཞེས་འབྱུང་བ་ལས་ཤེས་སོ། །དེར་མཁན་ཆེན་ཆོས་སྐྱབས་པའི་དྲུང་སྐྱ་ན་ཚོད་བགྲེས་པའི་དབང་ལས་སྤྱན་ཡང་རབ་རིབ་ཏུ་གྱུར་པ་དང་། གཞིས་ཀ་སྣེའུ་པ་སྐྱིད་ཤོད་ཀྱི་ཆེ་དགུ་ཡོངས་ཀྱི་གཙུག་ཏུ་བཀུར་བ་དང་། སྐྱོར་མོ་ལུང་གི་ཆོས་གྲྭ་ཆེན་པོ་ཡང་ཕྱོགས་བཅུའི་མཆོད་ཞིང་ཉིད་དུ་དེ་དུས་འདུག་པ་ནས། ལུང་སྡེ་བཞིའི་ལུང་འཛྲ་དེ་ཡང་མ་ཆག་ཙམ་ལས། འགྲོ་ཡང་ལྷག་པར་ཆུང་བས་དེའི་ཕྱི་ལོ་དགུང་ལོ་བཅུ་དྲུག་གི་སྟེང་དུ་ཕེབས་པ་ཆུ་མོ་ཕག་ལོའི་དཔྱིད་སོས་བར་གནས་དེ་ཉིད་དུ་རྟག་པར་བཞུགས་པ་གནང་ཞིང་། དེ་ལོ་སློབ་དཔོན་འགའ་ཁང་པའི་དྲུང་དུ་དམ་པའི་ཆོས་མངོན་པ་མཛོད་ཀྱི་བཤད་པ་མཐའ་དཔྱད་ཆེ་ལོང་ཙམ་དང་། རྒྱལ་སྲས་ཐོགས་མེད་པས་མཛད་པའི་ཐེག་ཆེན་མདོ་སྡེ་རྒྱན། རྒྱུད་བླ། སྤྱོད་འཇུག་གསུམ་གྱི་རྣམ་བཤད་སོ་སོ་གཞུང་སྦྱོར་གྱི་བཤད་ལུང་རྒྱལ་སྲས་བཀའ་འབུམ་ཐོར་བུ་བ། བྱང་ཆུབ་སེམས་དཔའི་སྐྱེས་རབས་དཔའ་བོས་མཛད་པ་རྣམས་གསན། དེར་འདུལ་བ་ལུང་གི་ལུང་ཡང་ལེགས་པར་རྫོགས་རྗེས་རེ་ཙག་གི་ཇོ་མོའི་རྟེན་མཇལ་ཙམ་གནང་ནས་ཡབ་ལ་བརྒྱུད་དོ། །དེའི་དབྱར་ཆོས་རིང་ནཱ་ལེནྡྲར་བཞུགས། རོང་སྟོན་ཆེན་པོ་ཉིད་ཀྱི་ཞལ་སྔ་ནས་འདུལ་མཛོད་ཀྱི་སྤྱི་བཤད་རགས་པ་ཙམ་དང་། འདུལ་བ་མེ་ཏོག་ཕྲེང་རྒྱུད་ཉིད་ཀྱི་རྣམ་བཤད་སྟེང་ནས་ལྟེན་པ་དང་། ལྷག་པར་དེ་ལོའི་དབྱར་ཆོས་དེ་ལ་དབུ་མ་རང་རྒྱུད་ཤར་གསུམ་གྱི་ཞིབ་འགྲེལ་རྒྱས་བཤད་པ་ཚབ་ནས་ཞང་ཐང་སག་པ་ལ་བརྒྱུད་པའི་དབུ་མའི་ལྷ་ཁྲིད་དེ་ཡང་གསན་གསུང་ངོ་། །དེར་སྟོན་ཆག་ལ་གྲོ་སར་ཐེགས་ནས། སྣར་སྟོན་རྒྱ་མཚོ་རིན་ཆེན་པའི་སྤྱན་སྔར་མཛོད་ཀྱི་བཤད་པ་ཞིབ་པ་དང་། ཁྱད་པར་མདོ་རྩ་ལ་རྒྱ་ཆེར་འགྲེལ་སྦྱར་བའི་ཐུགས་བཤད་ཚར་གཉིས་སྟོན་གྱི་བྱ་འདུལ་བ་འཛིན་པ་དང་། རྒྱ་འདུལ། ཤ་མི་འདུལ་འཛིན། ཐག་མ་བ་དཔལ་ཆེན། མཁས་པ་མཚོ་སྣ་པ་སོགས་རྒྱ་བོད་ཀྱི་འདུལ་བ་འཛིན་པ་མ་ལུས་པའི་བཞེད་སྲོལ་མཐའ་དག་རྒྱ་ཆེར་བཀྲོལ་བའི་སྤྱི་བཤད་ཀླབས་པོ་ཆེ་གསན་ཞིང་། འོད་ལྡན་དང་ཀརྨ་ཤ་ཏཾ་ཡང་གསན། གངས་ཅན་གྱི་འདུལ་བའི་གནད་མ

ལུས་པ་ལེགས་པར་དགོངས་ཤིང་། སྔར་གྱི་འཕྲོས་ལས། གཞན་དུ་ལུགས་བརྒྱ་ལྡན་པའི་སྤྲུལ་ཡང་ཐོས། །ཞེས་དང་། མཚན་ལ། དེ་སྐད་སྔོན་རྒྱ་མཚོ་རིན་ཆེན་ཞེས་འབྱུང་ཞིང་། ལས་བརྒྱའི་ཊཱི་ཀ་པ་དན་དཀར་པོའི་ཧ་དབྱངས་ཀྱི་མཇུག་ན་ཡང་། ཡོངས་ཀྱི་བཤེས་གཉེན་ཤཱཀྱ་རྒྱལ་མཚན་དཔལ། །འདུལ་མངོན་རྒྱ་མཚོ་རྒྱ་མཚོ་རིན་ཆེན་ཞབས། །བསོད་ནམས་ཆུ་གཏེར་ཚུལ་ཁྲིམས་རླབས་ཕྲེང་ཅན། །དེ་སྲས་ཐུ་བོ་དོན་ཡོད་མཁྱེན་བརྩེའི་དཔལ། །ཞེས་གང་ལས་རྒྱ་ཆེན་འདུལ་བའི་ཆོས་ཚུལ་ལེགས་པར་གསན་ཚུལ་གྱི་ཁུངས་སྟོན་པར་མཛད་དེ། དེས་ན་འདུལ་བའི་བཤད་བརྒྱུད་མ་ཆད་པའི་བསླབ་སྦྱངས་ལ་ནན་བསྐྱེད་དུ་གནང་ཞིང་། དགུང་ལོ་བཅུ་བདུན་དུ་ཕེབས་པ་ཤིང་ཕོ་བྱི་བའི་ལོ་སྐར་གསང་ཕུ་ནེའུ་ཐོག་གི་བཤད་གྲྭ་ཉིད་དུ་ཕེབས་ཏེ། རྗེ་དོན་ཡོད་དཔལ་ལས། མངོན་པ་ཀུན་ལས་བཏུས་པའི་བཤད་པ་གསན་ཞིང་། དེ་སྐབས་དགོངས་རེ་བཞིན་གཞུང་ཚིག་རེ་ནས་དྲིས་ལན་གྱིས་སླན་གཅེས་པས། རྗེ་དོན་ཡོད་དཔལ་བའི་བཀའ་ལུང་ལ། ཉིད་ངེ་བ་འདི་འདྲའི་ཞིབ་དཔྱོད་སྔོན་ཆད་ནི་འདྲི་མི་མ་བྱུང་། རང་རེས་རོང་སྟོན་ཆེན་པོའི་སྤྱན་སྔར་ཡང་གཞུང་ཚིག་འབྲུ་གཉེར་བཤད་པ་དེ་ཙམ་ལས་མ་ཐོས། ད་དུང་ཨ་ཕོ་རྒན་པོས་ཆུ་བོ་རེར་བཟད་པ་བློ་རྒྱམ་པའི་རྩར་ཕྱིན་ལ་སྦྱངས་ནས་བཤད་ཀྱིས་གསུང་བ་དང་། འདུལ་བའི་དཀའ་གནད་ལ་ཐོལ་དུ་ཕྱུང་བའི་ཞིབ་བཤད་ཕུལ་བས་མཉེས་ནས། ད་དུང་ཨ་ཕོ་ཡང་འདུལ་འཛིན་ཞིག་ལ་བརྡར་ཤ་རང་གཅོད་དགོས་པར་སྣང་ངོ། །ཞེས་བདག་ཉིད་ཆེན་པོ་གང་གི་བསླབ་སྦྱངས་ཀྱིས་ཐུགས་སྤྲོགས་ཏེ། ཐོས་པས་མི་ངོམས་པའི་སྤོབས་པ་གོང་དུ་སློབ་དཔོན་མཆོག་གིས་ཀྱང་དགོངས་པར་འགྱུར་བ་བྱུང་ཞེས་དེ་དུས་ཀྱི་རྗེ་དོན་ཡོད་དཔལ་བའི་གྲྭ་རྐན་མངའ་བའི་དབུ་ལེགས་པ་ཡོན་ཏན་གྲགས་པ་གསུང་ཞེས། བདག་གི་གནས་ཀྱི་སློབ་དཔོན་དགེ་སློང་ཐུགས་རྗེ་དཔལ་མགོན་པའི་ངག་ལས་ལན་མང་དུ་ཐོས་པ་ལས་སོ། །དེར་ཡོངས་སུ་གྲགས་པའི་གཞུང་ལུགས་རབ་འབྱམས་ལ་རང་དང་གཞན་གྱི་གྲུབ་པའི་མཐའ་རྒྱ་མཚོའི་ཕ་རོལ་ཏུ་སོན་པའི་གོ་འཕང་མཆོག་བརྙེས་ཏེ། དགུང་ལོ་བཅོ་བརྒྱད་དུ་ཕེབས་པ་ཤིང་མོ་གླང་གི་ལོ་ནས

ཟུར་འཆད་ཀྱི་མིང་བཞག་གི་འཆད་ཉན་ཡར་ངོའི་ཚེས་ཀྱི་འཕེལ་བ་ལ་འགྲན་པར་བཟོད་པའི་རྣམ་དཀར་གྱི་ཕྲིན་ལས་སྤེལ་བའི་གསུང་གི་བདུད་རྩིའི་བགོ་སྐལ་ཐོབ་མར་བཞེས་པ་ཡང་། ཀུར་ན་རབ་འབྱམས་པ་ཕྱོགས་ལས་རྣམ་པར་རྒྱལ་བའི་ལྷ་ཞེས་པས་མཚོན་པ་དག་ཅིག་ལ། གང་སྔོན་ཆད་སུ་གང་དག་གི་རྣ་བའི་ཡུལ་དུ་མ་འོངས་པའི་ལེགས་པར་བཤད་པ་གསར་པ་དག་ཅིག་གིས་མགྲིན་དུ་མཛད་མཛད་པ་ན། གདུལ་བྱ་མ་ལུས་པའི་ཡིད་དབང་ལྷག་པར་གསོས་ཏེ་གསུང་གི་བདུད་རྩིའི་བཏུང་བས་རང་རང་གི་སྐལ་བ་ཇི་ལྟའི་དབང་པོ་ཚིམ་པ་ཉེ་བར་ཐོབ་ཅེས་ཕྱོགས་བཅུར་གྲགས་པའི་གཏམ་དག་གོ །ཕྱོགས་སུ་མ་ཆད་བདེ་བའི་དབུས་ཤིག་ན། །ཆོས་སྐྱའི་དགའ་ཚལ་ཕྱོགས་བཅུའི་མགོན་པོའི་ཁྱིམ། །སྔོན་མེད་ལེགས་བཤད་གསར་པའི་ཚོང་དཔོན་དེས། །གདུལ་བྱའི་བློ་ཡི་དབུལ་བ་མ་ལུས་བསལ། །དད་པའི་ཟྲོང་ཅན་བརྩོན་འགྲུས་ཁ་ལོ་པ། །ཡུད་ཀྱིས་མཁས་པའི་གྲངས་སུ་ཚུད་པར་གྱུར། །དེ་ཚེ་ཤེས་བྱའི་དཀོར་ནོར་དཔག་ཡས་ཀྱིས། །མི་ཤེས་དབུལ་བའི་མིང་ཡང་སྒྲོག་མ་གྱུར། །རིན་ཆེན་གླིང་སོན་ནོར་བུའི་བང་མཛོད་ལྟར། །བསླབ་གསུམ་རྒྱན་ཕྲེང་ནོར་བུའི་ངོ་ཤལ་ལ། །ལྟ་འདོད་བློ་གསལ་མཛངས་པའི་མགུལ་པའི་ཁར། །གང་ལ་ཅི་འདོད་ལེགས་བྱས་སྩོལ་བར་མཛད། །ཅེས་པཎྜི་ཏ་ཆེན་པོ་ཤཱཀྱ་མཆོག་ལྡན་དྲི་མེད་ལེགས་པའི་བློ་གྲོས་ཀྱི་རྣམ་པར་ཐར་པ་ཞིབ་མོ་རྣམ་པར་འབྱེད་པ་ལས། མཁས་པ་མཁས་པའི་གྲངས་སུ་བགྲངས་པའི་སྐབས་ལས་བརྩམས་པའི་རབ་ཏུ་བྱེད་པ་དྲུག་པའོ།། །།

རིག་པའི་གནས་ལ་སྦྱངས་ཚུལ་བསྟན་པའི་སྐབས་ཏེ་རབ་ཏུ་བྱེད་པ་བདུན་པ།

དེར་དགུང་ལོ་བཅོ་བརྒྱད་ཀྱི་དུས་དེ་ཉིད་དུ་བཀའ་ལས་གཡག་ཊཱི་ཀ་འདི་མཁས་པ་ཆེན་པོ་དཔལ་ལྡན་བཟང་པོ་བས་ཆེད་གཉེར་གྱི་ཕྱག་ཁྲིད་སྩལ་བ་ཡིན་པས། འདི་ལ་ད་རེས་

འཆད་ཉན་ཞིག་བྱེད་བཀའ་སྩལ་གནང་ནས། མངའ་རིས་དོལ་བུ་བ་སློབ་དཔོན་ལྷ་དབང་ལས་ཆེན་བརྩོན་རིན་གཉིས་དང་། ཁམས་པ་གཉིས་བཞི་ལ་དབུ་ཞབས་ཚང་བར་གསུངས་ཤིང་། ཕྱིས་གསེར་མདོག་ཅན་ཉིད་དུ། རབ་སྒང་ནས་ནན་གྱིས་གསོལ་བ་བཏབ་སྟེ། ཕར་ཕྱིན་ཊཱི་ཀ་འཇུག་སྒོ་གསུམ་པར་གྲགས་པ་དེའི་ཐུགས་རྩོམ་གནང་ཕྲལ། ཆོས་རྗེ་ཀུན་དགའ་རྒྱལ་མཚན་པས་ལུང་གསོལ་བ་བཏབ་ནས་ཚར་གཅིག་གནང་ཞིང་། དེར་བཀའ་སྩལ་ལ། ངེད་གསང་ཕུ་ཆོར་མགོ་མ་སློབ་གཉེར་ལ་ཡོང་ས་དུས། རིན་པོ་ཆེ་གཡག་པའི་ཊཱི་ཀ་ཆེ་ཆུང་གཉིས་ཀ་ལ་ལྷ་མི་འགའ་རེ་འདུག རང་རེས་ཀྱང་སློབ་དཔོན་དཔལ་ལྡན་བཟང་པོ་བ་ལ་གཡག་ཊཱི་ཀ་རིན་ཆེན་བསམ་འཕེལ་གྱི་ལུང་བཤད་མཇུབ་ཁྲིད་ཐོས། དེ་ནས་ངེད་ཀྱི་ཆོས་འཆད་མིང་བཞག་དེ་རང་ལོ་བཅོ་བརྒྱད་པ་ལ་བྱུས། དེ་དུས་གཡག་ཊཱི་ཀ་མིང་ཙམ་ཡང་མི་གྲག་པ་ཙམ་དུ་སོང་ཟིན་འདུག དེར་གཡག་ཊཱི་ཀ་གི་འཕེལ་རྒྱས་འདྲ་ཨེ་ཡོང་བསམ་བཤད་པས། ཐུར་སློས་པའི་མངའ་རིས་པ་གཉིས། ཁམས་པ་གཉིས་དང་བཞི་དོན་གཉེར་བྱུང་། ཕྱིས་རང་རེས་སྨྲས་སྨྲས་པས། ད་སྒྲ་ཙམ་གྱི་ཐ་སྙད་མ་ནུབ་ཙམ་ཞིག་ད་དུང་གསང་ཕུ་རང་ན་ཡོད་ཅིང་གཞན་གྲྭ་ས་གང་ན་ཡང་མི་སྣང་། ངེད་ཀྱི་གཡག་ཊཱི་ཀ་རིན་ཆེན་བང་མཛོད་གཙང་ལ་འབུལ་སྐྱིད་ལ་ཕྱིན་དུས་མུས་ཆེན་དཀོན་མཆོག་རྒྱལ་མཚན་ལ་ལུང་ཞུས་ཁོང་པ་ཙམ་ཐུགས་གཉེར་མཛད་སྐབས་བཟང་ལྡན་སོགས་ཡར་ཕྱོགས་སུ་དར་སོ་གཡག་ཊཱི་ཀ་ཆོ་ལ་ཡང་བྱུང་ཆོད་དུ་འདུག གང་ནའང་གཞུང་གསར་རེ་རྩོམ་པ་བྱུས་མ་ཁད་ཨ་གསར་འདྲ་བ་ཞིག་བྱུས། གཞུང་ལུགས་རྙིང་པ་ཀུན་གཏན་ནས་རང་ནུབ་འགྲོ་བ་སྣང་བས། ད་ལྟ་ལུང་བསླུགས་པའི་ཊཱི་ཀ་འདི་ཀུན་དེ་རིང་ནས་ཞལ་བསྡམས་ཁམས་ལ་བསྐྱུར་གཏོང་ངོ་། །དེང་སང་ས་གང་ནའང་དར་ཊཱི་ཀ་དང་ས་གསུམ་མ། རོང་ཊཱི་ཀ་དང་གསུང་རབ་རྒྱ་མཚོ་མ་སུ་འདོན་ལ་ས་དགེར་ཐ་སྙད་ཆགས་པ་ཡིན་པས་གོ་བ་གྱིས་ཤིག གསུང་ཞེས་དེ་དུས་ཞུས་པའི་གྲལ་ལ་ཡོད་པའི་མངའ་རིས་པ་མཁས་པ་དཀོན་བཟང་ཆེན་མོ་བྱ་བའི་སྨྲ་བ་ལས་ངེས་སོ། །

དེར་དགུང་ལོ་བཅོ་བརྒྱད་པའི་སྐབས་ཀྱི་སྟོན་ཆག་ལ་ཡང་གྲོ་སར་ཕེབས། སྣར་སྟོན་རྒྱ་མཚོ

རིན་ཆེན་པའི་དྲུང་དུ། སྟར་མདོ་རྩའི་ཐུགས་བཤད་ཚར་གཉིས་གསན་ཡང་དེ་རེས་ཀྱང་གླེང་གཞི་དང་སྦྱར་བའི་ཞིབ་བཤད་ལྷག་པར་རྒྱས་པ་དང་། མངོན་པ་མཛོད་རང་འགྲེལ་དང་བཅས་པའི་བཤད་སྒྲོས། ཟླུལ་བུའི་འདུལ་དཀར་ཟེར་བའི་མཁས་པ་གཅིག་གི་འགྲེལ་པའི་སྟེང་ནས་གནང་། ཕྱིས་རང་རེའི་བྱེ་བྲག་བཤད་མཚོ་རྫོམ་སྐབས་སྟར་གྱི་དཔེ་ཨེ་རྙེད་བལྟས་ཀྱང་གཏན་མ་རྙེད་ཅིང་། གཙང་ཕྱོགས་ན་མཆིམས་ནམ་མཁའ་གྲགས་དང་། མཆིམས་བློ་བཟང་པ་དང་། མཆིམས་བསམ་གཏན་བཟང་པོ་དང་། འཛམ་སྙེག་སོགས་ཀྱི་ཊཱི་ཀ་མང་བར་འདུག་གོ །ཕྱིས་ཊཱི་ཀ་ཕལ་ཆེར་ནི་གྲགས་ཊཱི་ཀ་ལ་གཞི་བླངས་པ་ཡིན་གསུང་། དེ་དུས་སྨར་སྟོན་པ་ལ་ཞུ་མི་འདྲ་འདུག་པའི་ཟླ་ལ་རྒྱལ་སྲས་ཆོས་རྫོང་བའི་སྲུང་གནས་ཚོ་གའི་ལུང་ཡང་ཐོབ་ཅིང་། དེ་དུས་གྲོ་ས་པ་འོད་ཟེར་རྒྱལ་པོ་དཔལ་བ་ལ་བཀའ་གདམས་ལམ་རིམ་དགེ་བའི་བཤེས་གཉེན་སྣེ་ཟུར་བས་མཛད་པ་དང་། དཔེ་ཆོས་རིན་སྤུངས་ཀྱང་ཞུས། སེམས་ལ་འཇགས་པོ་བྱུང་། ཕྱིས་སྤྱི་ཏོ་བའི་དཔེ་ཆོས་ཡང་ཡང་བཤད་ཀྱང་ལམ་རིམ་རང་རེས་ཐོབ་པ་དེའི་དཔེ་གཅིག་འགག་མ་རྙེད། རྒྱ་མ་སོགས་སུ་འབད་པས་བཙལ། གྲོ་ས་རང་དུ་རྩད་བཅད་ཀྱང་མ་རྙེད་པས་ཡིད་འཕྲེང་བ་རང་ཡོད་ཅེས་ཀྱང་གསུང་ཟེར་རོ། །དེའི་དཔྱིད་སོས་ཀྱང་ནྭ་ལེནྡྲ་ཉིད་དུ་རོང་སྟོན་ཆེན་པོའི་སྤྱན་སྔར་ཞི་བྱེད་ཨུཏྤལ་འདབ་དྲུག་དང་། ཛོ་བོ་ནས་བརྒྱུད་པའི་སྒྲོལ་མ་ཉེར་གཅིག་གི་རྗེས་གནང་ལས་ཚོགས། བཅོམ་རལ་གྱིས་མཛད་པའི་དེ་བཞིན་གཤེགས་པ་ཀླུ་དབང་རྒྱལ་པོའི་སྒྲུབ་ཐབས། ཀླུ་སྒྲུབ་ཀྱི་བསྟོད་ཚོགས་རྣམས་ཀྱི་ལུང་གསན་ནས། དཔྱིད་ཆོས་ལ་འཕྲང་ཕུར་ཕེབས། གནས་དེར་རྗེ་དོན་ཡོད་དཔལ་བ་ལ་འདུལ་བ་ཀཱ་རི་ཀཱ་ལྔ་བཅུ་པའི་ལུང་། སློབ་དཔོན་ཀ་མ་ལ་ཤཱི་ལའི་འགྲེལ་པ། སློབ་དཔོན་ཙནྡྲ་གོ་མིས་མཛད་པའི་སྡོམ་པ་ཉི་ཤུ་པ། ཞི་བ་འཚོའི་འགྲེལ་པ་རྣམས་འཕྲང་བུ་ཀུན་སྤང་བསོད་ནམས་བཟང་པོ་བས་ཞུས་པའི་ཁོར་ཉན་བྱས། རང་རེས་གྲྭ་པ་འགའ་ལ་བྱེ་བསྡུས་དང་། རིགས་གཏེར་སྦྲགས་ནས་ཕྱོགས་སྔ་མའི་ངོས་འཛིན་དགག་བསྒྲུབ་སྦྱི་འགྲེལ་གཞུང་གཉིས་པོ་དཔྲལ་ཐུག་སྦྲད་པའི་མཐེབ་སྐྱོར་བཤད་པས་ཡིད་མགུ་བ་བྱུང་གསུང་ཞིང་།

དེ་དུས་ཉན་པའི་གསང་ཕུ་ག་བཅུ་པ་པད་རྒྱ་མ་ཞུ་བ་ཞིག་གིས་མངའ་རིས་ཀྱི་རྣམ་རྒྱལ་ཆོས་སྡེ་སོགས་སུ། ཚད་མ་རིགས་གཏེར་གྱི། སྡེ་བདུན་རིགས་པའི་དེ་ཉིད་འདི་ཡིན་ཞེས། །རྒན་པོའི་ལུགས་ངན་དོར་ནས་ངས་འདི་བཤད། །ཟེར་བའི་འདི་ཡིན་ཚུལ་དང་། འདིར་བཤད་ཚུལ་ཤེས་མི་ད་ལྟ་མངའ་རིས་སྐོར་གསུམ་ན་ང་རང་ཙམ་དུ་འདུག་པ། གསང་ཕུའི་སློབ་དཔོན། གཞོན་ནུའི་སྐུ་ལུས་འཆད་པ་པོ། །ཡེ་ཤེས་སྤྲིན་མེས་རབ་བརྒྱན་ཅིང་། །འཇིག་རྟེན་གསུམ་གྱི་མུན་སེལ་བ། །འཇམ་པའི་དབྱངས་གཅིག་གི་བཀའ་དྲིན་ལས་ལགས་སོ། །ཟེར་བ་བྲིས་པ་ཚིག་བཅོད་ལུགས་མཚར་བ་འདྲ་བ་ཞིག་བྱུང་ནས། ཆང་ས་ཚུན་དུ་བསྒྲགས་ཤིང་། ངེད་བྱིས་པའི་སྐབས་ཀྱང་དེའི་གཏམ་མ་ཉམས་པར་འདུག་གོ །དེར་དབྱར་ཆོས་ལ་གསང་ནེའུ་ཐོག་ཉིད་དུ་ཕེབས་ཤིང་། རྗེ་ཉིད་དགུང་ལོ་བཅུ་དགུའི་སྟེང་ས་སུ་ཕེབས་པ་མེ་ཕོ་སྟག་གི་ལོ་རྗེ་དོན་ཡོད་དཔལ་པའི་གདན་ས་གནས་སྣོའི་སློབ་དཔོན་དུ་མངའ་གསོལ་ཕུལ་ནས་ཆོས་ཀྱི་ཁྲི་ལ་བཞུགས་སུ་གསོལ་ཞིང་། རྗེ་དོན་ཡོད་དཔལ་བས་དབྱར་ཆོས་གྲོལ་མ་ཁེད་རང་ཆུ་བོ་རི་དང་། ཆུ་ཤུལ་གྱི་ཕག་གདོང་གཉིས་སུ་ཕར་བྱོན་ཚུར་བྱོན་མཛད། བཟད་པ་བློ་གྲོས་རྒྱ་མཚོ་བ་ལ་མངོན་པ་ཀུན་ལས་བཏུས་དང་། མདོ་སྡེ་རྒྱན་གྱི་ཞིབ་བཤད་མཐིལ་ཕྱིན་གསན་པ་ལ་བཞུགས། པཎ་ཆེན་རིན་པོ་ཆེས་གནས་སྣོ་གྲྭ་ཚང་དང་ལྷན་ཅིག་སྟོན་ཆོས་ལ་ཤེལ་གྲོང་དུ་ཕེབས་ནས་འཁོར་ཚོགས་འདུས་པའི་དབུས་སུ་ཟླ་ན་མ་མཆིས་པའི་ཆོས་ཀྱི་བདུད་རྩི་ཡང་དག་པ། སྙན་ཞིང་ཡིད་དུ་འོང་བའི་ཚངས་པའི་དབྱངས་ཀྱིས་རྒྱ་ཆེར་སྤེལ་བས་ཐ་ན་སྐྱེ་བོ་ཕལ་བ་དག་གིས་ཀྱང་སྒྲ་ཐོས་པ་ཙམ་གྱིས་དད་པའི་སྤུ་ལོང་རང་དབང་མ་མཆིས་པར་ལང་ལོང་དུ་གྱུར་ཏེ་ཕྱག་སྟོབ་པ་ཙི་དགར་སྤྲོ་བའི་ཐར་པའི་ས་བོན་ངང་གིས་བསྐྲུན་ཞིང་། དེར་འདུས་པའི་བློ་གསལ་དོན་གཉེར་དེ་རྣམས་ཀྱང་ཆོས་ཀྱི་རྙེད་པ་མཆོག་གིས་ཡི་རངས་པར་གྱུར་ནས། སྔར་རང་རང་གིས་ཤེས་པར་རློམ་པའི་ཚིག་དོན་དེ་དག་ནི། ཟླ་ན་མཆིས་པ་གོང་ན་མཆིས་པའི་ཚུལ་དུ་གོ་ཞིང་རིག་སྟེ། རྒྱན་དབང་གིས་འཕྲོག་པར་མི་ནུས་པའི་དད་པའི་དཔལ་འཛིན་བཞིན་དུ། ངང་པའི་དེད་དཔོན་ངང་པའི་ཚོགས་ཀྱིས

ཡོངས་སུ་བསྐོར་ནས། པཎྜིའི་མཆོག་ང་ན་བ་དེར་ཡོངས་སུ་ཆས་པ་ལྟར། སྒོ་ལ་ལ་བགྲིས་ནས་ནཱ་ལེནྡྲའི་ཆོས་གྲྭར་བདག་ཉིད་ཆེན་པོ་སློབ་མའི་ཚོགས་དང་བཅས་པས་བསྐྱོད་དེ། རོང་སྟོན་ཐམས་ཅད་མཁྱེན་པའི་ཞབས་ཀྱི་པདྨོ་ཡང་དག་པར་མཆོད་ཅིང་། དེ་དུས་རོང་སྟོན་ཆེན་པོའི་དྲུང་ཡང་དེ་ལོ་ཆོས་རྗེ་དགས་པོ་བཀྲ་ཤིས་རྣམ་རྒྱལ་བ་གདན་སར་བཀའ་བསྒོ་གནང་ཚར་ཙམ་འདུག་གསུང་ཞིང་། ནཱ་ལེནྡྲའི་སྤྱི་ཆོས་སོ་སོས་རང་རེ་ལ་དཔེ་མེད་པའི་བཀའ་དྲིན་གནང་སྦྱིན་སོགས་མཛད། ཁོང་ལ་ལ་དག་གིས་བརྗོད་གླེང་ལ། ད་རེས་ནཱ་ལེནྡྲའི་གདན་ས་པ་ལས། གནས་སྒོ་སློབ་དཔོན་པ་འབབ་སྒོ་ཆེ་བ་བྱུང་སོང་ཟེར་གླས་མི་འཁྲུད་པའི་རྣམ་པ་ཡང་བྱུང་ཞེས་དྲིན་ཅན་སྲུང་ལུང་པའི་བཀའ་ལས་ཐོས་ཤིང་། དེར་རོང་སྟོན་ཆེན་པོའི་དྲུང་གིས་ཐེག་ཆེན་རྒྱུད་བླ་ཐོགས་མེད་ཀྱི་འགྲེལ་པ་དང་སྦྱར་བའི་བཤད་པ་གནས་སྐོའི་གྲྭ་ཚང་པ་ཀུན་ལ་སྩལ། རོང་སྟོན་ཉིད་ཀྱི་ཏི་ཀའི་ལུང་དང་། འབྲེད་གཉིས་དབུས་མཐའི་འགྲེལ་པ་དབྱིག་གཉེན་གྱིས་མཛད་པའི་ལུང་ཡང་དེ་དུས་གནང་། དེ་གྲོལ་མཚམས་ཡབ་ལ་ལ་བྱས་ནས་སྐྱོར་མོ་ལུང་ཆོར་ཕྱིན་པས། རྗེ་དོན་ཡོད་དཔལ་བ་ཐེབས་ནས་ཟླ་བ་གཅིག་ཙམ་སོང་འདུག་ཅིང་། བཀའ་ལས་རྗེ་དོན་ཡོད་དཔལ་ལ་བཟད་པ་བློ་རྒྱམ་པས་མཎྜལ་པ་གོང་མ་དང་། མདོ་སྡེ་རྒྱན་ལ་བཤད་པ་ཞུས་བྱུང་གནང་བས་ཐུགས་ཚིམ་ནས། འདུལ་བའི་གཞུང་ཆོས་ཤིག་ཀྱང་ཞུས་པས། ཁོང་གི་ཞལ་ནས། ཆོས་རྗེ་སློབ་དཔོན་པའི་ཐུགས་དགོངས་ལ་འདུལ་མདོན་མིང་ཟུང་འབྲེལ་གྱིས་ཤེས་དགོངས་པར་སྣང་ཡང་། འདུལ་བ་ལ་རང་རེ་ཅི་ལབ་ཙམ་མེད། ད་ཆ་ཕུ་དགོན་པར་ཕྱིན་ལ་གསན་ན་ལེགས་གསུངས། དེ་མཐུན་ལ་བློ་འདུན་བྱས་ཀྱང་ལམ་དུ་ངེད་རང་གི་སློབ་མ་ཡིན་པའི་རྒྱལ་རོང་པ་རྣམས་དང་ཕྲད་པས་སྐྱོར་མོ་ལུང་ཆོར་ལེགས་ཚུལ་དང་། སློབ་དཔོན་པ་ལ་ཕྱག་མཇལ་གྱིས་ཟེར་དར་ཡུག་དམར་པོ་གཅིག་ཀྱང་སྦྱིན་ནས། འདིར་ལམ་འཁྱོགས་པ་ཡིན་སོགས་དཔོན་སློབ་ནང་བསྟན་གྱི་གསུང་སྒྲོས་ཀྱང་ལྷུག་པར་རང་བྱུང་གསུང་ཞིང་། དེར་རྗེ་དོན་ཡོད་དཔལ་དང་གཉིས་ཀས་ཐུགས་སྟོལ་གནང་ནས་ཟླ་བ་གཉིས་ལ་གཞུང་ཆོས་རྫོགས་པར་མཛད། དེ་

སྐབས་སྐྱོར་མགོ་རང་རེས་བྱས་པ་ཡིན་གསུང་ཡང་ཟེར་རོ། །དེར་པཎ་ཆེན་རིན་པོ་ཆེ་དགུང་ལོ་ཉི་ཤུར་ཕེབས་པ་ཡོས་ལོའི་དབྱིད་ཆོས་ལ་གྲྭ་ཚང་ལ་ཕོགས་འབུལ་མི་སྐྱེ་ཐང་ཕྱོགས་སུ་བྱུང་བ་དང་བསྟུན། དེར་ཕེབས་ནས་དབྱིད་ཆོས་གནང་། དེ་གྲོལ་རྗེས་པཎ་ཆེན་རིན་པོ་ཆེས། སྐྱེ་ཐང་ཆོས་རྫོང་དུ་པཎ་ཆེན་བློ་བརྟན་བཞི་པའི་སྤྱན་སྔར་ཕེབས་ནས། སཾ་སྐྲི་ཏའི་སྐད་སྦྱོར་སྒྲ་བསྒྱུར་བམ་པོ་གཉིས་པ་དང་། ཐོན་མིའི་སུམ་རྟགས་གཉིས། སྒྲ་སྒོ། དཔང་ལོའི་སྡེབས་སྦྱོག་སོགས་དང་། སྡེབས་སྙིང་མའི་ལམ་རིམ་པ་ནི་རོ་ཙ་ནའི་བསྒོམ་ཕོག་ཏུ་གྲགས་པ། སྡོམ་གསུམ་རབ་དབྱེ་ལྷ་བཙུན་བསམ་ཡས་པའི་རྣམ་བཤད་སྙིང་ནས་བསྐྱུར་ཆོས་ཞུས་ཤིང་། དེ་གོང་རང་རེས་རྗེ་དོན་ཡོད་དཔལ་བ་ལ། སྦྱོས་ཁང་བ་འཇམ་དབྱངས་རིན་ཆེན་རྒྱལ་མཚན་པའི་ཊཱི་ཀའི་སྙིང་ནས་ཚར་གཅིག་སོང་བས་དེ་དུས་སྐྱོར་བའི་འཇུག་པ་བདེ་བ་དང་། ངེད་གསང་ཕུའི་དབྱར་ཆོས་ལ་འགྲོ་ཐུག་ཞལ་སློབ་མང་བར་གནང་བ་དག་ཆགས་ཐོགས་མེད་པར་བསྐྱུར་བས། པཎ་ཆེན་བློ་བརྟན་པ་ལྷག་པར་དགྱེས་ནས། དུས་ཕྱིས་གྲགས་པ་ཆེ་ལོང་རང་ཞིག་ཡོང་གིན་འདུག་ཀྱང་། གནས་སྔོ་སློབ་དཔོན་པ་ཁྱེད་གྲགས་པ་དོན་ལྡན་རང་དུ་འདུག་པས། གསང་ཕུའི་དབྱར་ཆོས་གྲོལ་འཕྲལ་འདི་ནས་ཆིབས་རྫོང་བས་ཅིས་ཀྱང་ཕྱིན་མཛོད། ངེད་ཀྱི་རིག་གནས་ཀྱི་ཤེས་བྱ་འདིའི་བདག་པོ་ཁྱེད་ལ་འཚོལ་བ་ཡིན། ངེད་རང་ཁ་རྒས་མིག་ཀྱང་རབ་རིབ་ཀྱིས་ཁེབས། ལག་ཀྱང་འདར་བས་ས་རིས་སོགས་འབྲི་དཀའ་བ་ཡོད་ནའང་། སྔོན་འཇམ་དབྱངས་རལ་གྲི་བའི་དྲུང་དུ་ཀ་ལཱ་པའི་ས་རིས་གཞུང་བཅས་འདི་ཁྲིས་བདས་ཀྱང་བློ་ལ་ཐོན་པ་ཙམ་འབད་པའི་ནུས་པས། ད་ལྟ་ན་ཚོད་ཀྱིས་གཏུགས་ཀྱང་གཞུང་ལ་དཔེ་ལྟ་སོགས་གཏན་ནས་དགོས་པ་མེད་ཅིང་། ས་རིས་མཇུབ་ཁྲིད་ངེད་རང་གི་རྩ་ན་ཡོད་པའི་སྒྲ་པ་འདིས་ཀྱང་བཟ་སྦྱོར་ཡོང་བ་ཡོད་པས་ཁོས་ཞབས་ཏོག་སྒྲུབ་པ་ཡིན་གསུང་བའི་བཀའ་སྩལ་བཟང་པོ་འབབ་མེད་གནང་ངོ་། །དེ་ནས་ནོར་བུ་དགེ་འཕེལ་གྱི་གྲྭ་ལ་བྱས་གསང་ཕུའི་དབྱར་ཆོས་ལ་ཕྱིན་ཅིང་། དེ་དུས་ཕར་ཚད་ཀྱི་ཐལ་ཕྲེང་ལ་ནན་སྦྱོར་ཆེ་བར་བྱུང་བས། རང་རེས་ཀྱང་དེ་ལུགས་ཀྱི་བློ་རྣ་ཁྲིད་ནས་རྣམ

འགྲེལ་གྱི་གཞན་དོན་དང་ཚད་མ་གྲུབ་པ་ཙམ་དང་། ཕར་ཕྱིན་སྐབས་ལྔ་པ་ཡན་སོང་བ་འགའ་རེས་ཡི་གེར་བཀོད་འདུག་པ་རང་རེ་རང་གི་དཔེའི་ཟླ་ལ་ཡོད། ཕྱིས་ནི་ཐལ་ངག་དབང་པོའི་རྡོ་རྗེར་མིང་བཏགས། དིང་སང་རང་རེའི་ཕར་ཕྱིན་གྱི་བརྩམས་ཆོས་ཀྱི་ནང་དུ་ཡང་བསྒྲིགས་པ་འདི་ཡིན། དེ་ནས་དབྱར་ཆོས་གྲོལ་འཕྲུལ་རང་སྐྱེ་ཐང་ཆོས་རྫོང་རང་དུ་ཡོངས་ནས། ཀ་ལྷ་པའི་ས་རིས་དང་། སྟེབ་སྒྱུར་རིན་ཆེན་འབྱུང་གནས། མངོན་བརྗོད་ཨ་མ་ར་ཀོ་ཥ། སྙན་ངག་མེ་ལོང་སོགས་རིག་གནས་སྨ་མ་ཆད་པའི་བསླབ་སྦྱངས་འཇུར་བ་རང་བྱས་པའི་ས་རིས་དང་སྙན་ངག་གི་རྒྱུགས་ལེན་ཀུན་དེ་སྲས་ལོ་ཙཱ་བ་བློ་གྲོས་དབང་ཕྱུག་པས་གནང་ཞིང་། པཎ་ཆེན་བློ་བརྟན་པའི་གསུང་ལས། དགེ་བཤེས་ཀྱི་གཟེངས་དེ་རིག་གནས་རང་གིས་ཕྱེད་པ་ཡིན། ཁོང་ལ་ལའི་ཕར་ཕྱིན་གྱི་བརྒྱུད་འདེབས་བྱས་འདུག་པའི་དཔེ་འདི་ཚོར་འཁྱེར་བྱུང་བ་ལ། གཉལ་ཞིག་པ་ལ། དམྱལ་སོགས་འགྲོ་བའི་སྡུག་བསྔལ་ཞིག་མཛད་པ། །ཟེར་བའི་ཡི་གེའི་བཟ་ཙམ་ལ་ཡང་གཞིག་པ་མ་ཆུག་པའི་རྩོམ་པ་རང་གཞན་ངོ་ཚ་བ་འདུག་གོ །དིང་སང་སྔགས་པ་ཀུན་ཡིག་བརྒྱ་འདྲེན་ཙ་ན་མར་མེ་སུཏྲ་ཟེར་བ་ལ་ཨཱུ་ལོ་ག་འདི་ལ་ཨེ་ཟེར་བ་ཡིན། མ་མེ་སུཏྲ་བདག་མ་བཏང་བྱ་བ་དོན་དུ་རྡོ་རྗེ་སེམས་དཔའ་ཞེས་ཡིན། ཡོངས་ཁྱབ་བླམ་མཁྱེན་ཟེར་བ་འདི་ཡང་། དོན་དུ་བླམ་ཤེས་ཀ་ཡིན། སརྦ་ཛྙ་བྱ་བ་ཐམས་ཅད་མཁྱེན་པ་དང་ཀུན་མཁྱེན་གང་བདེ་ཡིན་པས། སྔོན་འགྱུར་དུ་ཀུན་མཁྱེན་ཡེ་ཤེས་འབྱུང་། གསར་འགྱུར་དུ་ཐམས་ཅད་མཁྱེན་པ་ཡེ་ཤེས་བྱ་བར་བསྒྱུར། གཉིས་ཀའི་སྐད་དོད། སརྦ་ཛྙར་མཐུན་པ་ལགས། འགའ་རེ་བདེ་མཆོག་ལ་རིན་པོ་ཆེའི་རྒྱན་མི་ཕྱེད་ཟེར་བ། བདེ་མཆོག་ལ་ར་ཏྣ་ཀུ་ཊ་མི་ཟེར་བ་ཨེ་ཡིན་གསུང་། འདི་རྣམས་བདག་གི་བླམ་པཎ་ཆེན་དཔལ་ལྡན་ཚུལ་ཁྲིམས་པས་པཎ་ཆེན་རིན་པོ་ཆེ་ལ་སྒྲ་གསན་དུས་བཀའ་སྩལ་དུ་གནང་བའི་གསུང་ངག་མ་ཉམས་པ་ཡིན་ནོ། །དེ་ལོ་ཀ་ལྷ་པའི་མིང་ལེ་ཡན་དང་། རིག་གནས་ཕྲན་བུ་དེ་རྣམས་རྫོགས་པར་སོང་ཞིང་། དེ་དུས་སྐྱེ་ཐང་བདེ་བ་ཅན་པའི་སློབ་དཔོན་ཁམས་པ་གཅིག་ཀྱང་ལྷན་དུ་ངེད་དང་མཉམ་པོར་ཡོད་པས། སྙན་ངག་མེ་ལོང་གི་ངག་སློབ་

ལ། མཆུ་ནི་དམར་ཞིང་གྲུག་པ་དང་། །གཞོག་པ་ལྷང་ཞིང་ཟློར་བའི་དབྱིབས། །མགྲིན་པ་ཁ་དོག་གསུམ་གྱིས་མཚན། །ནེ་ཙོ་འདི་དག་ཚིག་འཇམ་ལྡན། །བྱ་བའི་ཚིག་དོན་རྒྱས་པར་བཤད་ནས། ད་དེ་ལ་དཔེ་བརྗོད་རེ་སང་སྨོམས་བྱོན་ཞེས་བྱུང་ནས་ལོ་ཙཱ་བའི་གསུང་བྱོན་པའི་སང་དེ་ངེད་རྣམས་ཚོགས་སྐབས། རེ་རེ་ནས་དྲིས་མལ་གནང་བའི་ཁམས་པ་སློབ་དཔོན་ཐད་ལ་ལེན་འདེབས། མཆུ་ནི་ནག་ཅིང་གྲུག་པ་དང་། །གཞོག་པའང་ནག་ཅིང་ཟློར་བ་འདྲ། །རྐང་པ་གཉིས་ཀྱང་ལྕགས་ལས་བྱས། །བྱ་རོག་འདི་དག་ཚིག་རྩུབ་སྒྲོག །ཟེར་བས་དེར་ཚོགས་པ་ཀུན་བཞད་ཆ་ཆེ་ཞིང་། པཎ་ཆེན་བློ་བརྟན་པ་ཡང་། ཡང་ཡང་དེ་རང་སྐྱོར། དེ་རིང་ཇ་གྲལ་ལ་བཀའ་སྩལ་དུ་གསུང་དེ་གཅིག་པ་འབྱོན་པ་ཞིག་བྱུང་ཞེས་བྱུང་ཡིག་ཆོས་རྒྱན་བརྒྱུད་པའི་ངག་གོ །དེ་ནས་གྲྭ་ཚང་གི་ཆོས་དབར་བཏེག་སླར་འཕན་ཡུལ་ལ་ཕྱིན། དེ་དུས་ན་ལེནྡྲ་གཟིམས་ཁང་གྲྭ་ཚང་དང་། རང་རེའི་ཁམས་པ་འགའ་རེ་འཐབ་རྩོད་བྱུང་ནས་སྤྱི་པས་བསྡུམས། ཆོས་རྗེ་གདན་ས་པར་ཇ་ཞུ་དང་། གནས་སྒོ་སློབ་དཔོན་བས་བཀའ་ཆོས་འབྲེལ་ཙམ་ཞུས་གསུང་བ་བྱུང་ནས། རང་རེས་ཆོས་འབྲེལ་ཞུས་པས་ལམ་འབྲས་ཕྱག་མཆོད་ཀྱི་ལུང་ཞིག་བྱུང་བ། ངེད་རང་ཆོས་རྗེ་དགྱེས་པའི་ཐུགས་རྗེམ་ཆེ་རེ་ཀུན་ལ་བླམ་རིན་པོ་ཆེ་ལ། རྗེ་རོང་སྟོན་དང་ལྷན་ཅིག་བསྟོད་ར་ཆེ་རེ་ཡོད་པ་དེ་ལ་ཡིད་བག་ཙམ་མཇོར་བག་ཡོད་པས། ཆོས་འབྲེལ་ལ་ས་སྐྱ་པའི་ཆོས་སྤྱོད་དང་། མཆོད་བརྗོད་ལ་དགེ་ལྡན་པའི་ཞལ་འདོན་འདི་རང་ཚ་རེག་གྲང་རེག་ཏུ་སྣང་སྨྲས་ཚར་སོང་ཞེས། མཁན་རིན་པོ་ཆེ་ཉིད་ཀྱི་བཀའ་ལས་གསན་པ་ཐུགས་ལ་བཞག་ནས། ཕྱིས་ཆོས་རྗེ་དྭགས་པའི་གསུང་རྩོམ་པར་ཚད་པར་དུ་བསྐོ་དུས་རོང་སྟོན་རྐྱང་བུ་ལས་གཞན་ཚོགས་བཅད་དག་དོར་ཅེས་གཙྭ་ཕྲིན་ལས་པ་དངོས་ལས་ཡོལ་ཐེག་ཆེན་རྗེར་ཐོས་པ་ལས་ཀྱང་ངོ་། །དེའི་ཕྱི་ལོ་པཎ་ཆེན་རིན་པོ་ཆེ་དགུང་ལོ་ཉེར་གཅིག་ཏུ་ཕེབས་པ་ས་ཕོ་འབྲུག་ལོའི་དཔྱིད་མཚམས་སུ་ཡང་སྔར་བཞིན་པཎ་ཆེན་བློ་བརྟན་བཞི་པ་ཡབ་སྲས་དྲུང་དུ་བསྙེན་ནས། སྒྲའི་ས་རིས་ཀྱི་ཞབས་དང་། པཎ་ཆེན་པ་ཉིད་ཀྱིས་དེ་ལོ་རང་མཛད་པའི། བདག་ཉིད་ཆེན་པོ་ས་སྐྱ་པཎྜི་ཏའི་མངོན་

བརྗོད་ཚོག་གཏེར་གྱི་འགྲེལ་པ་དེའི་ལུང་རང་རེས་ཐོག་མར་ཐོབ་པ་དེའི་ཞབས་ནས། སྐྱེ་བའི་ཆུ་གཏེར་སྡུག་བསྔལ་རླབས་ཕྲེང་ཅན། །ཉེས་མང་ཆུ་སྲིན་བརྒྱ་ཡིས་གང་མཐོང་ནས། །མཁས་པ་སུ་ཞིག་ཐ་སྙད་ལྷུར་ལེན་གྱིས། །རང་གི་སེམས་ནི་ཞི་ལ་སྦྱོར་མི་བྱེད། །གསུང་བ་འདི་ཐོས་དུས་རང་རེ་ལ་ངེས་པར་འབྱུང་བའི་བློ་དཔག་པར་དཀའ་བ་ཞིག་སྐྱེས་ནས། དེར་ཁམས་འདུའི་རྣམ་པ་ཞིག་བྱུང་བའི་རྒྱུ་མཚན་དྲུང་ལོ་ཙཱ་བ་ལ་བརྒྱུད་ཞུ་བས། པཎ་ཆེན་བློ་བརྟན་པ་དངོས་ཀྱི་བཀའ་ལུང་ལ་སྨྲ་པ་ཚེ་ཐུང་སྨྲ་པ་སྣོ་དབུལ་ཟེར་བར་གྲགས་ཤིང་། རང་རེ་ལ་འཇམ་རལ་གྱིས་གཤིན་རྗེ་གཤེད་འདི་གནང་། འདི་ལ་བཟླས་བརྗོད་མང་དག་སོང་བས་ཚེ་མཐར་ཕྱིན་པ་བྱུང་། ཕྱིར་བུ་སྟོན་རིན་པོ་ཆེས་མཁན་ཆེན་ཐར་པ་ལོ་ཙཱ་བའི་དྲུང་དུ་སྨྲ་གསན་དུས་ཀྱང་རྩུབ་འགྱུར་ཆེན་པོ་བྱུང་སྐད། ཁྱོད་ལ་རྡོ་རྗེ་འཇིགས་བྱེད་ཀྱི་དབང་ཞིག་བསྐུར་དགོས་ཀྱང་། འདི་རང་རེའི་ཡི་དམ་དང་ལྷག་པའི་ལྷའི་གཙོ་བོ་ཡིན་པས་ལོ་རེ་ལ་ལན་རེ་ལས་མི་བྱེད་ཡོད་པ། ད་ལོའི་དེ་བྱས་ཟིན་པས་སང་ཕོད་ཡོང་ངེས་བྱེད། ད་ལན་ཐེག་ཆེན་ཆོས་ཀྱི་རྒྱལ་པོ་ལས་དངོས་ཀྱིས་ཐོབ་པ་ཡིན་གསུང་། ཡེ་ཤེས་མགོན་པོའི་གཏོར་དབང་བར་ཆད་ཀུན་སེལ་གནང་། དེར་དབྱར་ཆོས་གྲོལ་འཕྲུལ་གྲྭ་པ་ཕྱིངས་དང་མ་བསྒྲིགས་པར་རང་རེས་སྤྱ་སྐྱུར་རང་འཕན་ཡུལ་ལ་ཕྱིན། ནུ་ལེ་ཐུར་རོང་སྟོན་ཆེན་པོའི་ཞབས་དྲུང་དུ། བདག་ད་ལོ་ཡིད་འབྱུང་བཞི་ལ་བརྟེན་པའི་ཁམས་མ་སྙོམས་པ་དང་། སྐྱི་ལྷས་ཀྱང་རྩུབ་པ་ཙམ་བྱུང་བས་ཚེ་བསྒྲུབ་ཅིག་གནང་བ་དང་། ཐུགས་དམ་གྱི་སྐབས་འོག་ཏུ་འཇུག་པ་གནང་དགོས་ཞུས་པས། དེ་ག་བྱེད་བློ་ཅབ་ཅབ་བྱེད་མི་དགོས་གསུང་། རྗེ་བཙུན་མ་སྒྲོལ་མ་རྣམ་པར་རྒྱལ་མའི་ཚེ་བསྒྲུབ་དེ་གནང་ནས། ད་ལྟའི་ཆོས་འཁོར་རྩེའི་ས་འདི་ན་སྤྱི་ཆུང་ཞིག་ཡོད་པ་དེར་སྐུ་མཚམས་བཅད་རྒྱ་མ་ཞིག་མཛད་ནས། ཐུགས་དམ་བཟླས་བརྗོད་འགྲུབ་པར་མཛད་པས་ཞག་འགའ་སོང་བ་ན། ཐོ་རངས་ཤིག་པཎ་ཆེན་རིན་པོ་ཆེ་ཉིད་ཀྱི་གཟིགས་སྣང་ལ། མདུན་གྱི་ནམ་མཁའ་ལ་སྒྲོལ་མ་གསེར་གྱི་མདོག་ཅན་ཕྱག་ཏུ་གསེར་གྱི་བུམ་པ་འཛིན་པའི་མཆུ་ལས། འཆི་མེད་ཀྱི་བདུད་རྩི་རྗེ་ཉིད་ཀྱི་ཞལ་དུ་ཐིགས་པའི་

རྣམ་པ་རེ་རེ་ནས་གནང་བའི་ཚེ། ཞལ་བདུད་རྩི་ལ་གཏད་ནས་གྲངས་ཐུགས་ཀྱི་བཏབ་པས། དྲུག་ཅུ་རེ་གཅིག་གཉིས་ལ་ཐེགས་པ་ཕྲ་བ་ཙམ་བྱུང་། བརྒྱད་ཅུའི་བར་དུ་གསོལ་བའི་ཐུགས་ཉམས་བྱུང་རྗེས། ཐར་གྱི་བར་ཆད་རང་གྲོལ་གྱུར་ཞེས། པཎ་ཆེན་ཉིད་ལས་དྲིན་ཅན་སྤྱང་ལུང་པས་སྒྲོལ་མ་འདི་ཉིད་ཀྱི་ཆོ་བསྒྲུབ་རྒྱ་མ་དགེ་སློང་མ་མཆོག་གྲུབ་མ་སོགས་ཐུགས་རྗེས་ལྷག་པར་སྐྱོང་བའི་དད་གུས་ཅན་གྱི་རྡོ་རྗེ་སྤུན་འགའ་ལ་རྒྱ་མ་བའི་སངས་རྒྱས་དཔོན་གྱིས་བྱིན་གྱིས་བརླབས་པའི་གནས་སུ་བསྐུལ་དུས། ཡིད་ཆེས་པའི་ལོ་རྒྱུས་ལ་གཅེས་ཆོས་ཀྱི་ཆེ་འཛིན་དུ་སྤྱུར་ནས་སྐུལ་ཞེས། བདག་ལ་ཡང་སྒྲོལ་མ་རྣམ་པར་རྒྱལ་མའི་ཆོ་བསྒྲུབ་འདི་བཟླས་པ་ལན་གསུམ་ཞུས་དུས། རེ་རེ་ལ་ཡང་ལོ་རྒྱུས་འདི་ཉིད་མ་ཆད་བར་བཀའ་དྲིན་དུ་མཛད་པའི་ཆ་ལས་སོ། །དེའི་སྟོན་ནུ་ལེཏྲར་བདག་པོ་མཐུ་སྟོབས་དབང་ཕྱུག་པ་བྱོན་ཞིང་། རོང་སྟོན་ཆེན་པོ་དང་མཇལ་སྐབས་གྱུར་མགོན་དངོས་སུ་གཟིགས་ཟེར་གྲགས་པ་གཡེང་ཆེ་བ་བྱུང་། རང་རེས་ཕྱག་མཇལ་ལས་དེ་དུས་བཀའ་འབྲེལ་ནི་མ་ཐོབ་གསུང་ཞེས་རྗེ་རིངས་ཀུན་སྤངས་རིན་པོ་ཆེའི་གསུང་སྒྲོས་སོ། །སྐྱེ་བར་གོམས་པས་ཤེས་བྱའི་གནས་ཀུན་ལ། །འདབ་ཆགས་མཁའ་སྤྱོད་གསེར་མིག་ཆུར་འཕྱོ་ལྟར། །ངང་གིས་དཀའ་བ་མེད་པར་བྱང་ཆུབ་ཚུལ། །རིག་གནས་མཁྱེན་པའི་རོལ་རྩེད་བྲོ་གར་རྩེ། །སྨྲ་མདོག་མེད་དུ་རིགས་གཅིག་ནི་ཙོའི་ཁྱུ། །སྨྲ་ཤེས་བརྗོད་པས་མཚོན་ཞིང་བཀུར་འོས་ལྟར། །རང་རང་ཆེ་འཛིན་བྱུང་རྒྱལ་མི་སྒྲོགས་ཀྱང་། །མཁས་པར་མཚོན་པའི་སྨྲ་མཁས་ཁྱིད་ལས་སུ། །པཎ་ཆེན་མིང་བཞག་སྨྲ་མདོ་ཀློག་མི་ཕྱེད། །ཀུན་མཁྱེན་མཚན་སྒྲོག་ཐ་སྙད་གཞུང་ལ་རྫོངས། །ཐམས་ཅད་མཁྱེན་པ་ཚིག་གིས་དབུལ་གྱུར་པའི། །གངས་རིའི་ལྗོངས་ཀྱི་དཔྱོད་ལྡན་འདི་འདྲ་མཚར། །མིང་ལ་དགའ་འཛིན་རང་ཉམས་ཐལ་པའི་སྤྲོལ། །རང་བསྟོད་ངོ་འཛོའི་ཕྱེ་འཐོར་བླུན་པོའི་གཤིས། །བློ་གསལ་བྱེ་བས་དཔོགས་པར་མ་ནུས་ཚེ། །མཁས་པ་མཁས་པའི་གྲངས་སུ་རིང་ནས་བསྟུགས། །རྒྱ་གར་ཡུལ་དབུས་དྲིགས་ལྡན་རབ་བཀྲམ་གྱིས། །གང་གི་བློ་གྲོས་གཞལ་བའི་ཡུལ་མིན་ལ། །མ་སྦྱངས་ཡུས་ཀྱིས་བརྒྱལ་བའི་བོད་ཡུལ་

འདིར། །རྒྱ་སྐར་དཔྱས་ན་ཟླ་འོད་བཞིན་དུ་གསལ། །ཞེས་པཎྜི་ཏ་ཆེན་པོ་ཤཱཀྱ་མཆོག་ལྡན་དྲི་མེད་ལེགས་པའི་བློ་གྲོས་ཀྱི་རྣམ་པར་ཐར་པ་ཞིབ་མོ་རྣམ་པར་འབྱེད་པ་ལས། རིག་པའི་གནས་ལ་སྦྱངས་ཚུལ་བསྟན་པའི་སྐབས་ལས་རྗེས་སུ་བསྒྲུབས་པའི་རབ་ཏུ་བྱེད་པ་བདུན་པའོ།། །།

ཐུགས་གཞུང་རྒྱ་མཚོའི་གནས་ལ་སྦྱངས་པའི་སྐབས་ཏེ་རབ་ཏུ་བྱེད་པ་བརྒྱད་པ།

དེའི་ཕྱི་ལོ་ཤར་བ་པཎ་ཆེན་རིན་པོ་ཆེ་ཉིད་དགུང་ལོ་ཉེར་གཉིས་སུ་ཕེབས་པས་ས་མོ་སྦྲུལ་གྱི་ལོ། ན་ཞིང་གི་ཞལ་བཞེས་སྐྱུལ་བྱེད་འཕྲང་ཕུའི་དཔྱིད་ཆོས་སྟེང་ནས་འཕྲུལ་གྱི་དགོས་ཚ་ཆིབས་ཀྱི་ཕྱུག་ཕྱི་སོགས་འཕྲང་ཕུ་ནས་བསྒྲུབས། འཕྲང་ཕུ་བའི་ཀུན་སྤངས་བསོད་ནམས་བཟང་པོ་བའི་དྲུང་དུ་ཡང་དབང་ཞུ་བ་ལ་སྔན་ཅིག་ཕེབས་ནས། དཔལ་ལྡན་བླ་མ་དམ་པ་བསོད་ནམས་རྒྱལ་མཚན་དཔལ་བཟང་པོས་བྱིན་གྱིས་བརླབས་པའི་གནས་སྐྱེ་ཐང་ཆོས་རྫོང་དུ། པཎ་ཆེན་བློ་བརྟན་བཞི་པའི་དྲུང་དུ་བསྐུགས་ནས་གསོལ་བ་བཏབ་པས་ཐུར་ཞལ་གྱིས་བཞེས་པ་ལྟར། བཅོམ་ལྡན་འདས་རྡོ་རྗེ་འཇིགས་བྱེད་རོ་ལངས་བརྒྱད་ཀྱིས་བསྐོར་བའི་བརྟེན་བྱ་རྡུལ་ཚོན་གྱི་དཀྱིལ་འཁོར་ཆེན་པོར་མངོན་པར་དབང་བསྐུར་བ་ལེགས་པར་གསན་ཞིང་། རིགས་ཀྱི་མེ་ཏོག་གཙོ་བོས་བཞེས་པའི་དབང་ལས། གསང་མཚན་ཡང་དཔལ་མི་བསྐྱོད་རྡོ་རྗེ་ཞེས་འདོགས་པར་མཛད་ཅིང་། བཀའ་ལས་ཀྱང་། རང་རེའི་སྨིན་བྱེད་ཀྱི་དབང་བསྐུར་ཐོག་མ་རང་རྡོ་རྗེ་འཇིགས་བྱེད་ར་ལུགས་འདི་ཡིན་ཞིང་། བརྒྱད་པ་འདི་ལ་རྒྱ་གར་གྱི་ལ་ལི་ཏ་བཛྲ། ཨ་མོ་གྷ་བཛྲ། པདྨ་བཛྲ། ར་ལོ་རྡོ་རྗེ་གྲགས། རྒྱ་སྟོན་ཀུན་དགའ་བརྩོན་འགྲུས། པཎ་ཆེན་འཇམ་རལ། པཎ་ཆེན་བློ་བརྟན་བཞི་པའི་བར་ཞལ་གཟིགས་རང་གི་བརྒྱུད་པར་འདུག་པས། བྱིན་རླབས་ཀྱང་གཞལ་བའི་ཡུལ་ལས་འདས་པའི་

གཟི་འོད་ཡོད་ཅེས། པཎ་ཆེན་དཔལ་ལྡན་ཚུལ་ཁྲིམས་པས་དབང་གསན་དུས་དངོས་སུ་བཀའ་ལས་དགོངས་པའོ། །དེ་མཚམས་རས་བྲིས་ལ་བརྟེན་པའི་བདེ་མཆོག་ལཱུ་ཧི་པའི་དབང་ཐེག་ཆེན་ཆོས་ཀྱི་རྒྱལ་པོ་ལས་བརྒྱུད་པ་ཡང་སྐབས་དེར་འཕྲང་ཕུ་ཀུན་སྤངས་པས་ཞུས་པའི་ཞོར་ཆོས་སུ་གསན་གསུང་ཞིང་། དེ་མཚམས་གསང་ཕུའི་དབྱར་ཆོས་ལ་ཐེགས། དབྱར་ཆོས་གྲོལ་རྗེས། ད་ལོ་ཕར་ལམ་ལྷ་ས་ལ་བྱས་ཇོ་མཇལ་ཞིག་བྱེད་པ་ཡིན་གསུང་ནས་དཔོན་སློབ་ཀུན་ལྷ་སར་ཐེབས། དེ་དང་དུས་མཉམ་དུ་ཁམས་ནས་བག་སྟོན་ཤཱཀྱའི་ཡུམ་དེས་ཕྱུགས་ཀྱི་མགྲོན་པོ་འོངས་པ་ཡོངས་ལ་ད་ལྟ་གསང་ཕུའི་མདའ་བང་རིམ་བྱ་བར། མ་ཤཱཀྱའི་མིང་ཡོད་པ་ལ་འཁྲུངས་པའི་སྐྱེས་བུ་མཚན་གྱི་ཐོག་མར་ཤཱཀྱ་ཡོད་པའི་སྤྲུལ་པའི་སྐུ་ཞིག་འབྱོན་རྒྱུ་ཡིན་པས། གཏམ་མེད་དམ་ཞེས་རྒྱུན་དུ་འདྲི་བ་ལས། རེས་ཤིག་གནས་སྐོ་བའི་ཁམས་པ་བློ་གཞུངས་པ་བདག་ཉིད་ཆེན་པོ་ཉིད་ཀྱི་གསུང་གི་པདྨ་ཅེའི་པསྒོ་སྐལ་ཐོབ་པ་དག་ཅིག་གིས་བདེན་གཏམ་དུ་བསྒྲགས་ཏེ། ཁྱེད་ཉིད་ཀྱི་རེ་བའི་འབྲས་བུར་གྱུར་པ་དེ་ནི་ཇི་སྐད་སྨྲ་བ་ལྟར་གསང་མདའ་བང་རིམ་ཉིད་དུ་ཡུམ་ཤཱཀྱ་བཟང་མོ་ཞེས་བྱ་བའི་ལྷུམས་སུ་ངོ་མཚར་བའི་བརྗོད་པ་དུ་མ་དང་བཅས་ནས་བལྟམས་ཤིང་། སྐུ་གཞོན་ནུ་ནས་རབ་ཏུ་བྱུང་། ཐོས་པའི་བྱ་བ་མཐར་ཕྱིན། ད་ལྟ་གསང་ཕུའི་བདག་ཅག་གི་གྲྭ་ཚང་གི་སློབ་དཔོན་ཡང་མཛད་ཡོད་དོ། །ཞེས་པའི་རྫུན་མེད་པའི་གཏམ་བསྒྲགས་པས། ཡུམ་དེ་ཉིད་སྙིམ་པས་བདུད་རྩིའི་བཏུང་བ་ཐོབ་པ་ལྟར་ཚིམ་པའི་མཆོག་ཉིད་ཅིང་། ད་ནི་ཞལ་གྱིས་འཆེས་པ་ལྟར་བོད་ཡུལ་ཇོ་རྗེ་གདན་ཆོས་འཁོར་ལྷ་སའི་ཇོ་བོའི་དྲུང་དུ་མཇལ་ངེས། ཞེས་སེམས་ཤིང་དོན་དེ་ཉིད་ངག་ནས་གླེང་བཞིན་དུ། སྔོན་དུས་ཀྱི་ཇ་བཟང་པོ་སིགས་བཅུ་གཉིས་ཙམ་གྱི་སྣལ་མ་དང་། ཡུམ་དེ་ཉིད་སྐུ་ན་ཆོད་བགྲེས་པས་བསྐྱོད་བདེ་བའི་ཆེད་མཛོའི་ཆིབས། དྲེལ་དང་བཅས་ལྷ་སར་གཏད་ནས་ཕྱིན་པ་ལ། གང་གི་ཐུགས་རྗེའི་མཐུ་དང་། སྔོན་གྱི་སྨོན་ལམ་གྱིས་ཉེ་ཞོའི་མིང་ཙམ་ཡང་མེད་པར། ཐོག་མར་སེ་རའི་ཆོས་གྲྭར་ཐེབས་ནས་ཇོ་མཇལ་ལ་ཕྱིན་པ་དང་བསྐོར་ལམ་དུ་འཛལ་བས། དེ་མ་ཐག་བདག་ཉིད་ཆེན་པོ་སློབ་མའི་ཚོགས། བློ་

གྲོས་ཀྱི་པདྨོ་རྒྱས་ཤིང་ངུར་སྨྲིག་གི་མདངས་གསལ་བའི་དགེ་བའི་བཤེས་གཉེན་བརྒྱ་ཕྲག་ཚམ་གྱིས་མདུན་བདར་ཏེ་ཐོན་པའི་སྐུའི་དཀྱིལ་འཁོར་མཚན་དཔེས་སྤྲས་པ་གང་གི་མིག་ལམ་དུ་གྱུར་པའི་སྐད་ཅིག་དེ་ཉིད་ལས་ཐོབ་པའི་དགའ་བ་ཚམ་གྱིས་ཡིད་ཡོངས་སུ་བརྒྱན་བཞིན་དུ་གུས་པས་ཕྱག་བགྱི་བ་དང་ལྷན་ཅིག །བདག་གི་བུ་སྐྱེས་བུ་ཆེན་པོ་འདི་ལྷ་བུའི་སྐུའི་སྐྱེ་བ་ཡོངས་སུ་བཟུང་ཡོང་སེམས་པ་ད་ནི་མངོན་སུམ་དུ་མཐོང་ངོ་ཞེས། གང་གི་ཡན་ལག་མཆོག་གིས་ཞབས་ཀྱི་པདྨོ་ལ་ཡོངས་སུ་བཏུད་དེ་འཁོད་ཅེས་དེར་འདུས་པའི་དགེ་འདུན་མ་ལུས་པ་རྗེས་སུ་སྒྲོག་གོ །དེ་ནུབ་དད་པ་ཅན་དེའི་མོས་དུངས་ཀྱི་ལྷུགས་ཀྱུས་རབ་ཏུ་ཞི་ཞིང་དུལ་བའི་ཡོངས་རྫོགས་བསྟན་པའི་ཁུར་འཆང་བའི་སླང་པོའི་མཆོག་གང་དེ་སེ་རའི་རང་འདུག་པའི་སྐྱིད་ཚལ་དེར་སྤྱན་དྲངས་ནས། ཇ་དང་དྲེལ་དང་ཛ་སོགས་ཀྱི་ཚོགས། རྒྱ་གོས་དང་དར་ཁ་དོག་སྣ་ཚོགས་སྤུངས་པའི་དངོས་པོའི་རྙེད་པ་ཡོངས་སུ་བསྟབས་ཤིང་། སྟོན་རྗེ་སྐད་བཀའ་སྩལ་བའི་ཐུགས་དམ་ཡང་ཡང་དག་པར་བསྐུལ། སྟོན་གནས་སྔོ་དུ་མས་ཐུགས་རྗེའི་རང་བཞིན་ཡང་དག་པར་གསོས་བཏབ་སྟེ། ཡུམ་དེ་ཉིད་ཕུས་བཙུགས་ཐལ་སྦྱར་བའི་ལུས་ཀྱི་སྤྱོད་ལམ་དང་ལྷན་ཅིག་ཏུ། ཡང་ཁམས་ཕྱོགས་ལ་འགྲོན་པར་གསོལ་བ་རྩེ་གཅིག་ཏུ་བཏབ་པས། དེའི་ཚེ་གང་གསོལ་བའི་ཡུས་སུ་སྨྲིང་བའི་ཡུལ་དུ་གྱུར་པའི་ཡུམ་དེ་ཉིད་ཡུལ་གཉན་ཞིང་། ལམ་གྱི་དཀའ་སྤྱད་སོགས་དུ་མས་ཁུར་ལྕི་བའི་དབང་ལས་དགོངས་ཏེ་དེའི་བསམ་པའི་དོན་ཇི་བཞིན་དུ་བསྒྲུབ་པར་ཞལ་གྱིས་བཞེས་པས་དབུགས་ཕྱུང་སྟེ། བསགས་པ་ཅན་མ་དེའི་སྣང་ནས་ཀྱང་བསོད་ནམས་ཀྱི་ཚོགས་རྒྱ་ཆེར་སྤེལ་བའི་ཆེད་དུ། གུས་པས་བསྟབས་པའི་འབུལ་བ་དག་ཀྱང་བདག་གི་བ་ཉིད་དུ་བཞེས་པས། ཡིད་མགུ་བ་བླ་ན་མེད་པའི་བཀའ་དྲིན་སྩོལ་བར་མཛད་པས་ཚིམ་པ་ཐོབ་སྟེ། དེ་མ་ཐག་ཏུ་དགའ་བའི་གཏམ་སྙན་པར་སྒྲོགས་པ་ལ་རིངས་པའི་ཚུལ་གྱིས་ཁམས་ཡུལ་ལ་བཞུད་ཅིང་། བཀའ་ལས་དེ་གོང་རང་རེ་ཁལ་མ་ཐང་བུ་རྒྱུང་དཀར་བ་དང་། བྱིན་པའི་རྟ་ལས་མེད་པའི་དབུལ་བ་བསལ་ནས། དེ་ཕྱིན་ཇ་དང་དྲེལ་ཁལ་རེ་ཁོར་མོར་བྱུང་གསུང་ཞེས་གྲག་གོ །འདི་སྐབས་

རྣམ་ཐར་རྗེ་དཔོན་མར་སེ་རར་ཞག་བདུན་ཙམ་ཞེས་དང་། རྣམ་ཐར་མ་ཧི་མར་ཞག་གསུམ་སྲིལ་ཞེས་དང་། རྣམ་ཐར་རྫོར་རྒྱལ་མར་ལྷ་སར་མཇལ་བ་ཙམ་ལས་མ་སྨོས་ལ། དོན་དུ་ཆོས་དབར་གྱི་སྐབས་ཡུན་རིང་ནི་མ་བཞུགས་པར་མངོན་ནོ། །དེར་སྟོན་ཆག་ལ་ཡང་ཞལ་གྱིས་བཞེས་པའི་དགོངས་པ་དེ་ཉིད་ལ་དགོངས་རྗེ་གཏད་ནས་ཁམས་ཕྱོགས་སུ་གཞན་ཕན་ཐུགས་གཙོ་ཆེ་ཞིང་། དེའང་ཡུམ་བཞུགས་པའི་ཕྱོགས་དེར་གཙྪ་པའི་ཆོས་བརྒྱུད་ལྷག་པར་དར་བ་ཡོད་པས། དེའི་ཆེད་དུ་མཚུར་ཕུར། མཚུར་ཕུ་འཇམ་དབྱངས་དོན་གྲུབ་འོད་ཟེར་བའི་དྲུང་དུ་གཏད་ཕེབས་པས། ཕོང་པ་ལྷ་བསྙེན་ཁག་ཆེ་བ་ཞིག་གི་སྐུ་མཚམས་སྒང་དང་ཐུག་རྩོལ་ཕུལ་བས། ཁྱེད་ལྟ་བུའི་བསྟན་འཛིན་སྐྱེས་བུ་ལ་ཆོས་འབུལ་བ་དང་སྤྲོ་ཡང་། ཀན་པོ་འཆི་ལྟས་ཤིག་གིས་གཙེས་པས་ཚེ་བསྙེན་ཞིག་ལ་ཡོད་ནའང་། ལྟས་ལེགས་པ་མ་བྱུང་བས་འགྱུམ་པ་ལ་ཕྱོགས་འདུག་པ་མཚམས་བསེངས་པའི་བཛྲོད་འདོགས་བྱེད་པས། ད་འདི་ནས་ཀྱི་བརྟའ་སྦྱོར་ཡི་གེ་འདི་དང་བཅས་གནས་ནང་དུ་སློབ་དཔོན་གྲགས་པ་འོད་ཟེར་བའི་དྲུང་དུ་ཕྱིན་ན་འཐད་ཅེས་པའི་བསླབ་སྟོན་ལྟར་ཕྱིན། དེར་ནག་རྒྱ་ཕག་གསུམ་དང་མཁའ་འགྲོ་རྒྱ་མཚོ་སོགས་གཙྪ་པའི་ལུགས་ཀྱི་དབང་ལུང་མང་བ་དང་། ནང་བརྟག་རྒྱུད་གསུམ་སོགས་བཤད་ཚོམ་ཀྱང་མང་དག་ཐོབ། གར་ཐེག་དབྱངས་སོགས་ཀྱི་ཕྱག་བཞེས་ཀྱང་ཡང་དག་པར་སྦྱལ་ནས། ཕར་ལམ་ནམ་མཁའ་ཁྱུང་རྫོང་ལ་བྱས་ཀམ་དགོན་དུ་ཕྱིན་དེར་ཐེག་ཆེན་ཆོས་རྗེའི་བུ་ཆེན་བློ་གྲོས་ཆོས་སྐྱོང་བའི་སྤྱན་སྔར་འཇིགས་བྱེད་ར་ལུགས་སྐོར་གྱི་དབང་རྒྱུད་མན་ངག གུར་བརྟག་སཾ་གསུམ་གྱི་བཤད་པ་ཐེག་ཆེན་ཆོས་རྒྱལ་ལས་བརྒྱུད་པ་དང་། ལྟུ་ནག་དྲིལ་གསུམ་གྱི་དབང་ཡང་ཐེག་ཆེན་པ་ཉིད་ལས་བརྒྱུད་པ། གཞན་ཡང་ཐེག་ཆེན་པའི་ལུགས་ཀྱི་གཤེད་དམར་སོགས་དབང་བསྐུར་མང་རབ་དང་། གུར་གར། དཔལ་ལྡན་བླ་མ་དམ་པའི་དངོས་སློབ་ཤེས་རབ་སྣང་བའི་ཕྱག་བཞེས། རྗེ་ཀམ་དགོན་པས་ཤེས་རབ་སྣང་བ་ཉིད་ལས་ཉོད་པ་ལྟར་སྦྱལ། དེར་གུར་གར་ལ་སཾ་སྐྲི་ཏའི་སྐད་མང་དུ་དགོས་པ་དང་། སྐབས་འགར་དུར་ཁྲོད་ཀྱི་གར་སོགས་ལ་པྲ་ཀྲི་ཏའི་སྐད་དགོས་པ་རྣམས་སོ་སོར་ཕྱེ་བས

དགྱེས་ནས་པཎྜི་ཏ་ཞེས་ཡང་ཡང་གསུངས་པས། ངེད་རང་ལ་པཎ་ཆེན་གྱི་གདགས་པ་ཐོག་མ་དེ་ནས་བྱུང་གསུང་ཞིང་། སླར་ནཱ་ལེནྡྲ་རིང་སྟོན་ཆེན་པོའི་ཞབས་དྲུང་དུ་ཕྱག་སྟོབ་པ་སོགས་མཛད། དེ་དུས་ཡུམ་ལ་གནང་བའི་འཕོ་བའི་ལུང་དེ་ཐོབ་ཅིང་། དེར་གསང་ཕུའི་དཀུན་ཆོས་ལ་ཕྱིན་པས། མཚུར་ཕུ་འཇམ་དབྱངས་གུ་གླིང་བའི་གཤེགས་རྫོང་གི་མང་སྐྱོལ་བ་སློབ་བྱུང་བས་སྔར་རང་རེ་ལ་གནང་བའི་ཕྱག་དམ་དེ་བསྟན་པས། དེར་འདུས་ཀུན་གྱིས་མངོན་མཁྱེན་ཡོད་པར་གོ་བ་བྱུང་ཞེས་དྲུང་ཆེན་སངས་རྒྱས་སེང་གེ་བ་ལས་བརྒྱུད་པའི་གསུང་སྒྲོས་ལས་སོ། །དཀུན་ཆོས་གྲོལ་རྗེས་གསང་ཕུ་བྲག་ནག་ཏུ་བྲག་ནག་པ་རིན་ཆེན་རྒྱལ་མཚན་པར་གྲགས་པ། བྲག་ནག་པ་ཆོས་རྗེ་ངག་གི་དབང་ཕྱུག་པའི་ཕྱག་ཚར་ངོར་ཆེན་ཀུན་དགའ་བཟང་པོ་བ་དབུས་སྒང་མས་གདན་དྲངས་དུས། ཐོག་མར་ཕྱག་ལེན་གྱི་དབང་པོར་ཕྱིན་པ་ལ་ཕྱིས་དད་པ་ཐོབ་ནས་ཡོ་གའི་དབང་མང་དུ་ཞུས། ལམ་འབྲས་ཀྱང་གསན། འཆག་མེད་ཀྱི་རྒྱུན་ཡང་མ་ཆག་པར་གནང་བ་དེའི་དྲུང་དུ་ཕྱིན། དཔལ་མཆོག་རྩེ་མོ། ཁམས་གསུམ་རྣམ་རྒྱལ་རྣམས་ཀྱི་དབང་དང་། ཁྱད་པར་དཔལ་ལྡན་བླ་མའི་ཕྱག་བཞེས་ལྟར་གྱི་རྡོར་དབྱིངས་ཀྱི་བྲིས་ཐིག་གར་དབྱངས་སོགས་ལ་ཉིན་མཚན་གོར་མ་ཆག་པར་སྦྱངས། དེ་དུས་སུམ་པ་ལོ་ཙཱ་བའི་བོད་སྐོར་མར་གྲགས་པའི་དབྱངས་ཀྱི་ཨོཾ་ཞེས་པའི་ངང་ལ་བྲག་ནག་གི་གཙུག་ལག་ཁང་ལ་སྐོར་བ་ལན་རེ་ཐོངས་པ་བྱུང་ཞིང་། དེའི་ཕྱི་ལོ་ལོ་ཆེན་བསོད་ནམས་རྒྱ་མཚོའི་སྙེས་ཀྱང་བྲག་ནག་ཏུ་ཡོ་གའི་ཕྱག་ལེན་བཞེས་པ་ལ་ཕེབས། དབྱངས་སྐབས་ལོ་ཆེན་དྲུང་གིས་མགུར་ལ་གསལ་ཇོམ་གནང་བས། བྲག་ནག་པ་རིན་ཆེན་རྒྱལ་མཚན་པའི་གསུང་གིས། དྲུང་ནས་ཀྱི་མགུར་དབྱངས་སྣ་འདྲེན་པའི་བཞུན་པོ་ནི་ཡིན། གཞན་ན་ཨེང་གནས་སྒོ་སློབ་དཔོན་པའི་ཆར་ཡང་མི་བསྐྲུན་གསུང་ཞིང་། རྗེ་ལོ་ཆེན་བསོད་ནམས་རྒྱ་མཚོའི་དཔོན་པོ་གངས་ཁྲིད་པ་བྱ་བའི་ངག་ལས་ཡར་རྒྱབ་ཏུ་གསལ་བར་ཐོས་པ་ལས་སོ། །དེར་གསང་ཕུ་བྲག་ནག་པ་ལ་རྡོ་རྗེ་འབྱུང་བའི་ལུང་བཤད་དང་། ཁྱད་པར་ཁམས་སུ་དགོས་པ་ཉིད་ལ་བརྟར་བཞག་པའི་ཀུན་རིག་གཞན་ཕན་འོད་ཟེར་ཆེན་མོའི་ཕྱག་

རྒྱ་དབྱངས་སོགས་ཕྱག་བཞེས་ཞིབ་དཔྱོད་ཕོལ་དུ་གནང་། ཕྱིས་མངའ་རིས་སུ་ཕེབས་སྐབས། མངའ་རིས་ཀུན་རིག་དར་བས། དེར་བཀའ་ལས། རྗོར་སེམས་མའི་དབྱངས་དེ་འདི་འདྲ་ཞིག་ཡོང་གསུང་སྐུལ་བའི་རྒྱུན་ད་ལྟ་ཡང་མ་ཉམས་པར་སྣང་ངོ་། །འཇམ་དབྱངས་རབ་ཞི་འཁྲུངས་པའི་དུས་དེར་ཕྱོད། །ལེགས་བྱས་མེ་ཏོག་གསར་པའི་ཟུར་ཕུད་ལྡེམ། །མཐིང་སྔོན་རལ་པའི་མུཉྫ་ཅོད་པན་ཅན། །གསུང་རབ་ཡོངས་ཀྱི་གླེགས་བམ་འཛིན་པ་བསྟན། །གསེར་མདོག་དྭང་སྨིག་དུལ་བའི་རྒྱན་ཕྲེང་ནི། །མ་བྱིན་པར་ཡང་རང་གིས་རབ་བཞེས་ནས། །མཚན་དཔེའི་གཟི་ལྡན་མཛེས་ཡངས་རལ་གྲི་ཡིས། །མི་ཤེས་གཡུལ་ལས་ངང་གིས་རྒྱལ་བར་མཛད། །དེ་ལྟའི་རྒྱུ་ཡིས་འཇམ་མགོན་གཞོན་ནུ་གང་། །རབ་ཁྲོས་འཇམ་དཔལ་འཇིགས་མཛད་ཧེ་རུ་ཀ །རང་བཞིན་དབྱིངས་ནས་མ་གཡོས་ཐུགས་རྗེའི་གར། །འབད་མེད་བསྒྱུར་བའི་དཔའ་བོ་སྲིད་འདིར་སྤྲུལ། །ཚངས་དབྱངས་ང་རོ་སྲིད་རྩེའི་མཐར་སོན་ཞིང་། །མཚམས་གར་བསྐྱོད་པའི་ལྡེམ་བག་ཡིད་འཕྲོག་པ། །དེ་ལྟའི་རྡོ་རྗེ་སློབ་དཔོན་གངས་ཅན་འདིར། །འཇིགས་མེད་འབྱུང་གནས་དལ་གྱིས་བྱོན་མིན་ནམ། །ཞེས་པཎྜི་ཏ་ཆེན་པོ་ཤཱཀྱ་མཆོག་ལྡན་དྲི་མེད་ལེགས་པའི་བློ་གྲོས་ཀྱི་རྣམ་པར་ཐར་པ་ཞིབ་མོ་རྣམ་པར་འབྱེད་པ་ལས། སྟུགས་གཞུང་རྒྱ་མཚོའི་གནས་ལ་སྦྱངས་པའི་སྐབས་ལས་བརྩམས་པའི་རབ་ཏུ་བྱེད་པ་བརྒྱད་པའོ།། །།

བརྩོན་པར་རྫོགས་པའི་སྐབས་ཏེ་
རབ་ཏུ་བྱེད་པ་དགུ་པ།

དེ་ནས་དགུང་ལོ་ཉེར་གསུམ་གྱི་སྟེང་དུ་ཕེབས་པ་ལྕགས་པོ་རྟའི་ལོའི་དབྱིད་མཚམས་ལ་ཡང་ཀམ་དགོན་ཉིད་དུ་བྱོན་ནས། རྗེ་བློ་གྲོས་ཚོས་སྐྱོང་སྤྱན་སྔར་གཏུགས་ཏེ། གུར་སོ་གཉིས། ཀྱི་རྡོར་བཀའ་བབས་བཞི། འདུས་པ་འཇམ་རྡོར། སྒྲོལ་མ་བླ་མེད། གཤེད་

དམར་བཅུ་གསུམ་མ། དགྲ་གདོང་འཁོར་ཆེན་དུས་འཁོར་ས་བཟང་ལུགས་སོགས་ཐེག་ཆེན་ཆོས་ཀྱི་རྒྱལ་པོ་འབབ་ཞིག་ལས་བརྒྱུད་པའི་རྣལ་འབྱོར་བླ་མེད་ཀྱི་ཟུར་བཀའ་ཉི་ཤུ་ཙམ་དང་། ཀུན་རིག་གཞན་ཕན་སྙིང་པོའི་དབང་། སྤྱི་ཕྱིར་འཇིགས་བྱེད་རྭ་ལུགས་ཀྱི་དབང་། མན་ངག རྒྱུད་བཤད་བཟླས་པ་ལན་དྲུག་གསན་གསུང་། དེའི་དབྱར་ཆོས་ལ་ནཱ་ལེནྡྲར་ཐེབས། རོང་སྟོན་ཆེན་པོ་ལ་སྦྱི་ཆོས་བྱང་ཆུབ་སེམས་འགྲེལ་གྱི་བཤད་པ་དང་། ཕར་ཚད་དབུ་མ་འདུལ་མངོན་མཐའ་དག་གི་གཏོང་ཆོས་ལ་ལའི་མགོ། ལ་ལའི་སྐེད། ལ་ལའི་མཇུག མདོར་ན་གཞུང་ལེན་སོ་སོའི་འགྲོ་གང་གནང་ཀུན་མ་ལུས་པར་གསན་ཞིང་། དེའི་དབྱར་ཆོས་གྲོལ་རྗེས་གྲྭ་ཚང་ཆོས་འཁོར་སྡེར། སྲེའུ་ལ་སློབ་དཔོན་བཞུགས་ས་དང་། ཁྲིམས་ལ་གྲྭ་པའི་ཤག་སོ་སོ་ཡོལ་སྐོར་མཛད་ནས་བཞུགས་སྐབས། ཆོས་སྡིངས་ནས་སྤྱང་ལུང་རིན་པོ་ཆེས་གྲྭ་ཚང་ལ་ཟླ་ཕོགས་གཅིག་གནང་ནས་སྤྱང་ལུང་དུ་ཐེབས། དེ་དུས་སྤྱང་ལུང་རིན་པོ་ཆེས་དགུང་ལོ་བདུན་ཅུ་དོན་ལྔ་བཞེས་པའི་སྟེང་དུ་མཇལ། འདི་པཎ་ཆེན་རིན་པོ་ཆེ་དང་མཇལ་བའི་སྔ་མ་ཡིན། དེ་དུས་རིན་པོ་ཆེ་བ་ཟུར་བཞུགས་གནང་། སྤྱང་ལུང་ཕོ་བྲང་གི་གདན་སར་ཆོས་རྗེ་གཞོན་ནུ་དཀོན་མཆོག་པ་བཞུགས་པ་ལ་ཡང་བསྙེན་ཕྱག་མཛད། ཕྱིས་གསེར་མདོག་ཅན་དུ་ཐེབས། གཞིས་ཀ་རིན་སྤུངས་སོགས་ཀྱི་བླ་མར་གྱུར་ནས་ཀྱང་སྤྱང་ལུང་དུ་ཡང་ཡང་ཐེབས་སྐབས་ཀྱང་། བླ་མ་བཀའ་དྲིན་ཅན་དེའི་གདན་ས་ཡིན་གསུང་ཕྱག་གི་བཀུར་སྟི་མ་ཉམས་པ་གནང་སྐད་དོ། །དེ་དུས་སྤྱང་ལུང་རིན་པོ་ཆེ་ལ་བཀའ་ཆོས་ཀྱི་ཐོག་མ་རང་། རྒྱལ་བ་ཚེ་དཔག་མེད་ལྷ་དགུའི་དབང་བསྐུར་ཅིག་གསན་ཞིང་། བཀའ་ལས། རང་རེ་ཚེ་མཐར་ཕྱིན་པ་འདི། སྤྱང་ལུང་རིན་པོ་ཆེ་བ་ལ་བཀའ་འབྲེལ་ཐོག་མ་ཚེ་དཔག་མེད་ཀྱི་དབང་ཐོབ་པའི་རྟེན་འབྲེལ་ཡིན་ཞེས་དང་། ངེད་ཀྱི་ཚེ་དཔག་མེད་འདི་རྗེ་བཙུན་གོང་མ་ལྔ་པོ་ནས་བླ་མ་བདག་ཉིད་ཆེན་པོ། ཆོས་རྗེ་བླ་མ་དམ་པ་ཐེག་ཆེན་ཆོས་ཀྱི་རྒྱལ་པོ། དེ་ལ་སྤྱང་ལུང་རིན་པོ་ཆེ་བས་གསན། མི་བར་ཁྲི་མ་ཞུགས་པའི་བརྒྱུད་པ་ཡིན་གསུང་པ་དང་། བླ་མ་བདག་ཉིད་ཆེན་པོ་བཟང་པོ་དཔལ་བས་དགུང་ལོ་བཅུ་དགུ་བཞེས་པའི་སྟེངས་

སྐུ། འགྲོ་མགོན་ཆོས་རྒྱལ་འཕགས་པ་ལ་ཚེ་དབང་ཀྱི་རྗེར། མགོན་པོ་ལྷམ་དྲལ་གསན་ཟེར་བ་འདུག་གོ་ཞེས་ཀྱང་ཡང་ཡང་དུ་གསུང་ངོ་། །དེར་བྱང་སེམས་བདེ་མོ་ཐང་པས་ཞུ་བ་པོ་མཛད་ནས་བློ་སྦྱོང་རིགས་མི་འདྲ་བ་དྲུག་ཅུ་ཙམ་དང་། ཁྲི་ཕུ་བའི་ཆོས་སྐོར་རྒྱས་པ། སྙིང་པོ་དོན་གསུམ། རེད་མདའ་བའི་དབུ་མ་ལྷ་ཁྲིད་རྣམས་ཐོབ། བློ་སྦྱོང་རྣམས་སྤྱང་ལུང་རིན་པོ་ཆེས་བྱང་སེམས་རྭ་སྒྲེང་བར་གྲགས་པ། མཚན་དངོས་ཤཱཀྱ་བསོད་ནམས་ཟེར་བ་རྒྱལ་སྲས་ཆོས་རྫོང་པའི་དངོས་སློབ་དེ་ལ་གསན་པར་འདུག བརྒྱུད་ཐག་ཤིན་ཏུ་ཉེ། རྒྱལ་སྲས་བཀའ་འབུམ་ནང་ན་ཡོད་པའི་བཀའ་ཤོག་གནང་བའི་ཤཱཀྱ་བསོད་ནམས་དེ་ཀ་ཡིན་ཞེས། བདག་གི་བླ་མ་རྗེ་བཙུན་ཀུན་དགའ་མཆོག་གྲུབ་པས་བློ་སྦྱོང་མ་ལུས་པ་གསན་དུས་པཎ་ཆེན་རིན་པོ་ཆེས་བཀའ་ལུང་སྩོན་པའི་གསུང་སྒྲོས་མ་ཉམས་པ་ཡིན། དེ་མཚམས་མཁར་རྩེ་བས་ཀྱང་ཟླ་ཤོགས་བཟང་བ་ཞིག་ཕུལ་རེད་ལ། ཕྱིས་གླིང་སྨད་གདན་ས་པར་གྲགས་པའི་ཆོས་རྗེ་ཤེས་རབ་དཔལ་ལྡན་པས་ཞུ་བ་པོ་མཛད་ནས། དུས་ཀྱི་འཁོར་ལོའི་མཆོག་དབང་སྟོན་དུ་འགྲོ་བའི་སྦྱོར་བ་ཡན་ལག་དྲུག་པའི་ཁྲིད་གནང་བའི་སྟོན་འགྲོའི་སྐབས། བསྡུས་རྒྱུད་བཟུང་ཞིང་ས་རིས་ཀྱང་དུས་དེར་སྤྱང་ལུང་རིན་པོ་ཆེ་ཉིད་ཀྱིས་བསྩལ། དེ་དུས་ཞབས་སྔན་བརྒྱད། ཡེ་ཤེས་སྤྱན་བསྐྱེད། སྦས་པ་མིག་འབྱེད། ཤ་ཝ་རའི་རྡོ་རྗེའི་གཞུང་ཆུང་། གྲུབ་ཆེན་ཡུ་མོའི་གསལ་སྒྲོན་རྣམ་བཞི། རྡོ་རྗེ་གཞུང་ཆུང་གི་འགྲེལ་པ་ཐོག་མཐའ་བར་དགེ་རྣམས་ཀུན་སྤང་ཀུན་ཏུ་བཟང་པོས་མཛད་པ་དང་། བུ་སྟོན་ཆོས་རྗེ་བླ་མ་རྗེ་ནང་ཕྱོགས་ལས་རྣམ་རྒྱལ་བ་རྣམས་ཀྱི་ཁྲིད་ཡིག་སོ་སོ་ངོ་སྤྲོད་རྣམས་དང་བཅས་པ་ཐོབ་ཅིང་། དེར་རང་ལ་སློས་སུ་ཤ་ཝ་རས་སྨར་སྟོན་ཤཱཀྱ་ལ་དངོས་སུ་གནང་བ། དེས་གྲུབ་ཆེན་བསོད་ནམས་སེང་གེ་པ་ལ། དེས་སྤྱང་ལུང་རིན་པོ་ཆེ་ཉིད་ལ་གནང་བའི་དུས་ཞབས་སྔན་བརྒྱད་ཀྱི། རང་ཀྱིས་(རབ་ཀྱིས་) དང་པོར་རྒྱུད་ལས་རྟོགས། ཞེས་པའི་དོན། ཟབ་ཁྲིད་ཉེ་བརྒྱུད་ཀྱི་གདམས་པ་ཡང་གཅིག་བརྒྱུད་དུ་སྩལ་ཞེས་དྲིན་ཅན་སྤྱང་ལུང་པ་རིན་པོ་ཆེས་པཎ་ཆེན་ཉིད་ལ་སྦྱོར་དྲུག་གསན་དུས་བཀའ་གནང་བའོ། །དེ་མཚམས་ནཱ་ལེནྡྲར་ཐེབས། རོང་སྟོན་ཆེན་

པོའི་དྲུང་དུ་གྲུབ་པའི་རྒྱལ་མོའི་ཚེ་སྒྲུབ་ཞག་བདུན་མའི་ཁྲིད་གསན། འདི་ནི་རོང་སྟོན་ཆེན་པོ་ལ་ཆོས་གསན་པའི་རྗེས་མཐའ་ཡིན་གསུང་ཞིང་། དེ་སྐབས་དངོས་ཀྱི་བཀའ་ལུང་ལ། ང་ནི་ཁམས་པ་ཕོབ་ཕོབ་འདི་འདྲ་བྱས་སྡོད་མི་ཕོམ། བྱམས་མགོན་དྲུང་དུ་ལྷ་བུ་དཀར་སེང་ངེ་བ་ཞིག་བྱེད་པ་ཡིན་གསུང་ཞེས་ཀྱང་དྲུང་ཡིག་ཆོས་རྒྱན་ལས་བརྒྱུད་པའི་ངག་སྒྲོས་སྨན་ཁབ་མཁན་ཆེན་ལས་ཐོས་སོ། །དེར་དཀུན་སྟོད་ཀམ་དགོན་དུ་ཆོས་རྗེ་བློ་གྲོས་ཆོས་སྐྱོང་བ་ལས་སྒྲོང་རྒྱུད། གཞན་ཕན་སྐོར་གསུམ་གྱི་བཤད་པ་གསན་ནས་གྲོལ་མཚམས་བླ་བ་བཅུ་གཉིས་པའི་ཡར་ངོའི་གྲལ་ཆོས་བཅུ་བཞིའི་ཕོ་རངས་རོང་སྟོན་ཆེན་པོ་དགའ་ལྡན་ལ་ཐེགས། སྤྱི་འགྲོར་ཞག་འགའ་གསངས་ཀྱང་པཎ་ཆེན་རིན་པོ་ཆེ་ལ་བཅོ་ལྔའི་ཉི་ཤར་ལ་བང་ཆེན་བྱུང་ནས། ན་ལེནྡྲར་ཐེབས། དེར་ཆོས་རྗེ་དོན་ཡོད་དཔལ་ཡང་དེ་ག་ན་བཞུགས་འདུག་ཅིང་། ངེད་གཙང་ཕྱོགས་ལ་འགྲོ་བའི་རྒྱུ་མཚན་ཞུལ་བས། བླ་འབྲོ་འདི་ཁར་སྡོད་མང་ཇ་ཞུར་ཆེལ་བ་ཡོང་གསུང་ནས་བསྟོད་པ་འདི་ལ་དགོངས་པར་སྣང་གསུང་། དེར་པཎ་ཆེན་རིན་པོ་ཆེ་ཉིད་དགུང་ལོ་ཉི་ཤུ་རྩ་བཞིར་ཐེབས་པ་གནས་སུ་ལྷགས་ཡོས་ཆུ་མོ་ལུག་གི་ལོ་ཤར་བ་ཀུན་མཁྱེན་རོང་སྟོན་ཆེན་པོའི་དགུང་ཞག་རྣམས་རྫོགས་རྗེས་རང་། རྗེས་དོན་ཡོད་དཔལ་བ་དཔོན་སློབ་རགས་བསྡུས་ཤིག་གཙང་ལ་ངོར་ཚོར་བཀའ་ཆོས་གསན་པ་ལ་ཐེགས། དེར་གང་གི་སྒོ་ནས་ཀྱང་ཡིད་སྐྱོ་བ་རང་གི་བཤད་ཉན་གྱི་སྣང་བ་ཡང་ནུབ་པ་འདྲའི་སྐབས་དེར། སླང་ཐང་ནས་སྤྱན་སྔ་ཡོན་ཏན་རྒྱལ་མཚན་པའི་བཀའ་ལུང་ལས། ངེད་ཆོས་སྡིངས་རིན་པོ་ཆེ་པ་ལ་ལམ་འབྲས་ཤིག་ཞུར་འགྲོ་བ་ཡིན། སྐུ་ཆས་སོགས་གང་དགོས་ཕྱག་ཕྱི་བསྒྲུབ་ཅིང་། ད་རེས་ཅིས་ཀྱང་ཕྱིན་གསུང་བའི་སྐུལ་འདེབས་གནང་བས་ཡིད་དྲངས་ནས་ཕྱིན། དེའི་དཔྱིད་ནས་སྟོན་བར་ཆོས་སྡིངས་རང་དུ་བསྡད། ཐེག་ཆེན་ཆོས་ཀྱི་རྒྱལ་པོ་ནས་བརྒྱུད་པའི་ལམ་འབྲས་ཆ་ལག་ཡོངས་རྫོགས་མ་ལུས་པར་ཐོབ། གཞུང་བཤད་མན་ངག་གི་གཏེར་མཛོད་ཀྱི་དཔེ་རྒྱུགས་སྦྱང་ལུང་རིན་པོ་ཆེ་ཉིད་ལ་འཕྲུག་གཏོན་ཞུལ་རྗེས། གནས་སྒོ་ནས་དགེ་རྒན་སེང་གེ་རྒྱལ་མཚན་སོགས་ཀྱིས་གྲོས་དོན་བྱས། གཙང་ཕྱོགས་ལ་དུས་མཆོད་

འབུལ་བསྟུད་ལ་ཕྱིན་པས། ཡར་ལམ་རྗེ་དོན་ཡོད་དཔལ་བ། དཔལ་ནམ་སྣ་གདོང་ན།ཀུན་མཁྱེན་ཆོས་སྐྱབས་དཔལ་བཟང་པའི་དྲུང་ན་ཕོང་རང་གིས་མཛད་པའི་སྡོམ་གསུམ་ཊཱི་ཀ་ཆེ་ཆུང་གི་བཤད་པ་རྫོགས་པའི་ཆོས་རྗེ་གཞོན་ནུ་སེང་གེ་བའི་ཊཱི་ཀ་དེའི་ལུང་གི་དབུ་ཚུགས་ཙམ་ལ་སླེབས། དེར་ངལ་སོ་དང་རྗེ་དོན་ཡོད་དཔལ་བའི་དྲུང་དུ་བཀའ་གྲོས་ཞུ་ཆེད་སོགས་ལ་བསྡད། ཕོང་དཔོན་སློབ་རྣམས་དང་ལྷན་ཅིག་ངེད་ཤར་ནས་ཡོངས་པ་རྣམས་ཀྱིས་ལུང་འགྲོ་རྫོགས་པར་ཞུས་ཤིང་། འཇམ་དབྱངས་རིན་རྒྱལ་བ་ནས་བརྒྱུད་པའི་འཇམ་དཔལ་སྨྲ་སེང་རྗེ་བཙུན་དམ་པ་རྒྱ་གར་བའི་ཁྱད་ཆོས་དེའི་རྗེས་གནང་སྒྲུབ་སྐོར་ཡང་ཞུས། དེར་རྗེའི་བསླབ་སྟོན་ཡང་ཞུ་ཡིག་དང་བཅས་ངོར་དགོན་གསར་དུ་ཕྱིན། ཆོས་རྗེ་རྡོ་རྗེ་འཆང་ཆེན་པོ་མཇལ། དེ་དུས་རྡོ་རྗེ་འཆང་དགུང་ལོ་བདུན་ཅུ་པའི་སྟེང་དུ་ཡིན་ཞིང་། དུས་ཆོས་ཀྱི་ལམ་འབྲས་ལ་བཞུགས། གཞན་ཟུར་བཀའ་གསང་འདུས་མི་བསྐྱོད་པ། བདག་མེད་ལྷ་མོ་བཅོ་ལྔ། བདེ་མཆོག་ལཱུ་ཧི་པ་རྣམས་ཀྱི་དབང་། ས་སྐྱ་པའི་མཆོག་སྒྲུབ་པའི་དམར་མོ་སྐོར་གསུམ། ཐུན་མོང་སྒྲུབ་པའི་དམར་པོ་སྐོར་གསུམ། ལམ་ཟབ་བིར་སྲུང་སོགས་ལམ་འབྲས་ཀྱི་ཆ་ལག་ཐོར་ཙམ་ཐོབ་རྗེས་ལོ་གསར་པ། པཎ་ཆེན་རིན་པོ་ཆེ་ཉིད་དགུང་ལོ་ཉེར་ལྔ་ཐེབས་པ་ཆུ་ཕོ་སྤྲེའུའི་ལོ། མཁན་པོ་ངོར་ཆེན་ཀུན་དགའ་བཟང་པོ་དང་། ལས་ཀྱི་སློབ་དཔོན་ཁྱུ་ཆར་བྱང་ཆུབ་སེམས་དཔའ་བསོད་ནམས་རྒྱལ་མཚན་པ་དང་། གསང་སྟེ་སྟོན་པའི་སློབ་དཔོན་མུས་ཆེན་དཀོན་མཆོག་རྒྱལ་མཚན་པ་དང་། དུས་སྒོ་བ་འཛམ་པའི་དབྱངས་ཤེས་རབ་རྒྱ་མཚོ་གྲགས་པ་དཔལ་དང་། གྲོགས་དན་རྒྱལ་ཚབ་དམ་པ་ཀུན་དགའ་དབང་ཕྱུག་པ་དང་། ཁ་སྐོང་གི་དགེ་འདུན་སེམས་དཔའ་ཆེན་པོ་ལེགས་པའི་ཤེས་རབ། མངའ་རིས་པ་དཀོན་མཆོག་འོད་ཟེར། བླ་མ་ནམ་མཁའ་དཔལ་བཟང་པ། དོལ་བུ་རྒྱལ་བ་འཕེལ་རྣམས་ཀྱིས་མཛད་ནས། ངོར་དགོན་གསར་བླ་མའི་གདན་ས་དེ་ཉིད་དུ་བསྙེན་པར་རྫོགས་ཤིང་། དེ་དུས་བསྒྲུབ་བྱ་རིགས་གཉིས་འདུག་པ་དགེ་བསྙེན་དགེ་ཚུལ་ནས་སྐྱོར་གྱིན་སྣང་། ངེད་ཀྱི་རྗེ་རང་སྟོན་དྲུང་དུ་སེམས་ཆོམ་པར་ཐོབ་པས་མ་བསྐྱུར་བར་

བསྟོད་པས། ཆོས་རྗེ་ཀུན་དགའ་དབང་ཕྱུག་པས་རྗེའི་དགོངས་པ་བླངས་པའི་འདིའི་ཕྱག་ལེན་ཡང་ཡིན་ཞིང་། བསྐྱར་བ་འཐད་གསུང་བའི་བཀའ་ལུང་བྱུང་བ་ལ། རང་རེས་རབ་བྱུང་དགེ་ཚུལ་རྗེ་རོང་སྟོན་དྲུང་དུ་ཐོབ། ཐོབ་ས་བཟང་པོ་ཡིན་པའི་ཡུས་ཡོད་པས་མི་སྐྱར་ཞུས་རྗེས། ཆོས་རྗེ་ཀུན་དགའ་བའི་དྲུང་གིས། དེ་དུས་སྐུ་ན་ཕྲ་བ་ཚུན་ངེས་འབྱུང་གི་བསམ་པ་སོགས་གསལ་མ་ཐེབས་པ་ཡང་སྲིད་པས་ཅིས་ཀྱང་ད་རེས་སྐྱར་བ་ལེགས་ཞེས་བཀའ་ནན་བྱུང་ཡང་། ངེས་འབྱུང་གི་བསམ་པ་སོགས་ཚད་མ་རྒྱུད་ལ་སྐྱེས་པའི་ངེས་ཤེས་བརྟན་པོའི་ཡིད་ཆེས་ཡོད་པས་གཏན་མི་སྐྱར་བྱས་ནས་མགོ་ཁྲིགས་པོ་བྱས། དེར་བསྙེན་རྫོགས་ལས་མ་བསྒྲུབས་ཤེས་དང་། ཕྱིས་བཀའ་ལས། རང་རེས་ཚིག་སྟེ་མ་འདི་རྣམས་རོང་ཆེན་ཐམས་ཅད་མཁྱེན་པའི་ཞལ་སྔར་ཐོབ་པ་ཡིན་པས་གསུང་དཔའ་བོའི་ག་སྒོགས་ག་སྒོགས་མཛད་ཅིང་། ཡང་བཀའ་ལས་ད་ལྟ་འདི་ན་རོང་སྟོན་ཆེན་པོ་ནས་བརྒྱུད་པའི་དགེ་ཚུལ་དང་རྩད་གཅོད་མི་རང་མི་འདུག་ཀྱང་། ཁམས་ཆོན་རྗེ་རོང་ཆེན་པའི་ཞལ་སློབ་བགྲེས་པོ་འགའ་རེ་བཞུགས་པ་ཁོང་གིས་གསན་ན་དགྱེས་ཡོང་བ་ཡིན་ཡང་། གསུང་ངོ་ཞེས་ཡོངས་སུ་གྲགས་སོ། །སྐབས་འདིར་རྣམ་ཐར་རྟོར་རྒྱལ་མར་དགུང་ལོ་ཉི་ཤུ་རྩ་ལྔའི་སྟེང་དུ། ཆོས་ལུང་ཚོགས་པའི་མཁན་བརྒྱུད་ལས་བསྙེན་པར་རྫོགས་ཞེས་འབྱུང་བ་ནི་རྣམ་པར་མ་བརྟགས་པ་ཡིན་ཏེ། འདིར་ཁ་ཆེ་པཎ་ཆེན་ནས་རྡོ་རྗེ་དཔལ། འོད་ཟེར་དཔལ། བསོད་ནམས་དཔལ། བཀྲ་ཤིས་ཚུལ་ཁྲིམས་ཞེས་ཚོགས་བྱེ་རྫིང་པའི་མཁན་རིམས་སྨོས་ནས། བཀྲས་ཚུལ་བ་ལ་ཤར་པ་ཡེ་ཤེས་རྒྱལ་མཚན་པ། དེས་རྗེ་ངོར་བ། དེའི་དྲུང་དུ་བསྙེན་པར་རྫོགས་པས་སོ། །ཡང་སྤྱི་མོའི་གསུང་སྒྲོས་འགའ་རེར་ངེད་རང་བསྙེན་པར་རྫོགས་པ་དེ་ལོ་ཉེར་དྲུག་ཡིན་ཀྱང་། འདིར་ཚིག་གི་སྡེབ་སྦྱོར་ངོར་ཉེར་ལྔ་ཞེས་སྨོས་གསུང་བར་གྲགས་ཀྱང་དོན་ལ་མི་གནས་ཏེ། པཎ་ཆེན་རིན་པོ་ཆེ་ཉིད་དགུང་ལོ་ཉེར་དྲུག་གི་སྐབས། ཆུ་མོ་བྱའི་ལོ་བསྙེན་རྫོགས་ཞུ་བའི་ཡུལ་མཁན་པོར་གྱུར་པ་ཆོས་རྗེ་རྡོ་རྗེ་འཆང་ཆེན་པོ་དང་། གྲིབ་ཚོད་པ་རྗེ་ཀུན་དབང་པ་གཉིས་སློ་པོ་བྲག་དཀར་ན་བཞུགས། དུས་སྐོ་བ་འཇམ་དབྱངས་ཤེས་རབ་རྒྱ་མཚོ་སློ་པོ་རྣམ་

རྒྱལ་ཆོས་སྡེའི་མཁན་པོ་དང་། ལས་སློབ་ཁྲ་ཆར་བྱང་ཆུབ་སེམས་དཔའ་མངའ་རིས་གྲུང་ཐང་གི་ནམ་གླིང་གི་མཁན་པོ་གནང་། ལས་ཀྱི་ཁ་སྐོང་སེམས་དཔའ་ཆེན་པོ་ལེགས་པའི་ཤེས་རབ་པ་པུ་རངས་རྒྱལ་བྱེད་ཚལ་གྱི་ཆོས་དཔོན་དུ་བསྐོས། མངའ་རིས་པ་དཀོན་མཆོག་འོད་ཟེར་བ་དང་། བླ་མ་རྒྱལ་བ་འཕེལ། ནམ་མཁའ་དཔལ་བཟང་བ་གསུམ་ག་ཡང་རང་རང་གི་མངའ་རིས་ཀྱི་ཡུལ་སོ་སོར་བྱོན། ངོར་དགོན་པར་གསང་སྟོན་རྡོ་རྗེ་སྨུས་ཆེན་གཅིག་པོ་ལས་མི་བཞུགས་པ་དང་། དགུང་ལོ་ཉེར་དྲུག་ལ་དབུས་ཉིད་ལས་གཙང་ཕྱོགས་ལ་གཏན་མ་ཕེབས་པས་མཚོན་པར་བྱས་ཤིག ཡང་རྣམ་ཐར་རྗེ་དཔོན་མར་དེ་རེས་དགུང་ལོ་ཉེར་ལྔའི་དུས་འདིར་བསྙེན་རྫོགས་མ་བཞེས་པས། སླད་ནས་ལོ་གསུམ་སོང་བའི་དུས་སླར་བསྙེན་རྫོགས་ཞུ་བ་ལ་བྱོན་ཞེས་པ་བྲིས་ཡོད་ཀྱང་། འདི་ནི་ཕྱི་མ་ས་སྐྱར་གྲྭ་སྐོར་མཛད་པའི་དུས་ཡིན་ཅིང་། དེ་ལྟ་ན་དགུང་ལོ་ཉེར་བརྒྱད་སྟེང་དུ་བསྙེན་རྫོགས་བཞེས་པ་སོགས་ཐལ་ཆེས་སོ། །དེར་བསྙེན་པར་རྫོགས་པའི་རྗེས་ཐོགས་ཉིད་དུ་ལམ་འབྲས་ཀྱང་གྲོལ་ཞིང་། སླར་ཉུང་བསྡུས་ཀྱི་གདུལ་བྱ་འོས་སུ་གྱུར་པ་དག་ལ་རྡོ་རྗེ་རྣལ་འབྱོར་མའི་རྩ་དབུ་མའི་ཁྲིད་གསུང་བ་ཡང་གསན། འདི་སྐབས་རང་རེའི་མཚན་ཉིད་པ་འདི་ཆོས་རྒྱུས་ཆུང་བས་ངེད་ལ་ཟླ་པོ་རྣམ་པས། ད་འབུལ་སྤྱུད་འཕྱིས། དབུ་མ་རྩ་བའི་གཞུང་ནི་ཤེས། ཁྲིད་ཀྱིས་ཅི་བྱ་ཟེར། གདགས་པ་མ་ཆགས་པའི་སྐྱོར་ཟློས། དྲུང་བཙུན་ཤེས་རབ་དཔལ་འབྱོར་བས་རྩ་དབུ་མའི་ཁྲིད་གསན་དུས་གསན་པའི་སྤྲོས་སོ། །འདི་སྐབས་སློབ་དཔོན་ཁྲ་ཆར་བྱང་ཆུབ་སེམས་དཔའ་ལ་སྦྱོང་དཀྱིལ་བཅུ་གཉིས། གུར་སཾ། ཀྱེ་རྡོར་བཀའ་བབས་ཕྱི་མ། རྡོ་རྗེ་འཇིགས་བྱེད་རྭ་ལུགས་རོ་ལངས་བརྒྱད་སྐོར་གྱི་དབང་ཁྲིད། རྒྱུད་བཤད། རྭ་པོད་ཡོངས་སུ་རྫོགས་པའི་ལུང་། ལྷག་པར་ས་དགེ་སོ་སོའི་འཇིགས་བྱེད་ཀྱི་དགག་སྒྲུབ་མཐའ་གཅོད་ཞིབ་མོ་རང་དང་། སྒྲོལ་མ་བླ་མེད། འཁོར་ཆེན། གསང་འདུས་མི་བསྐྱོད་པའི་དབང་བཀའ་རྙིང་མ། འཇམ་རྡོར་ལོ་ཆེན་རིན་བཟང་ནས་བརྒྱུད་པའི་སྟོད་ལུགས་ཀྱི་དབང་རྣམས་ཞུས། གསང་སྟོན་སྨུས་ཆེན་དྲུང་དུ་གཤེད་དམར་ལྷ་ལྔའི་དབང་། སྤྲོས་མེད་ཁྲིད་སྐོར། དྲིལ་བུ་ལུས

དཀྱིལ། དྲིལ་བུ་རིམ་ལྔ། བདེ་མཆོག་དཀར་པོའི་བྱིན་རླབས་ཁྲིད་བཅས། དེ་དག་སོ་སོའི་ཡིག་ལུང་། འགོས་ཀྱི་གསང་འདུས་སྟོང་ཐུན། རང་རིས་ཆེད་གཉེར་གསོལ་བ་བཏབ་ནས་གཡག་ཊཱི་ཀ་རིན་ཆེན་བང་མཛོད་ཀྱི་ལུང་ཡང་ཐོབ་གསུང་། དེར་བཀའ་ཆོས་དེ་རྣམས་གྲོལ་རྗེས། རྗེ་རྡོ་རྗེ་འཆང་གིས་སྲིད། སེང་གེ་རྩེ། དཔལ་ལྡན་ས་སྐྱའི་བར་དུ། བླ་མ་སྡེ་དཔོན་སོ་སོ་ལ་འབྲུལ་སྣུད་ཀྱི་བཀའ་ཤོག་འཕེམས་པ་སྩལ་ཅིང་། ད་དུང་ནས་སློབ་དཔོན་པ་རྣམས་སྔོན་ལ་ཕྱོན། ངེད་ཀྱང་གློ་བོ་ནས་འཕོད་མི་འདུག་པས། རྗེས་ལ་སླེབ་ཡོང་བས་ངེད་གང་འདུག་ཏུ་ཕྱོན་མཛོད། ཅེས་པའི་བཀའ་ལུང་བཞིན་སྔོན་ལ་ཕྱིན། དེ་རྗེས་ཕྱག་དམ་ལ་རྟེན་འབྲུལ་སྣུད་ཀྱང་དཔེ་ཐལ་བྱུང་ཞིང་། ཟླ་གཅིག་ཙམ་སོང་དུས་ཆུ་འདུས་ཆོར། རྗེ་དཔོན་སློབ་རྣམས་ཕེབས་ཟེར་པ་ཐོས་ནས། ཞབས་དྲུང་དུ་བསྐྱགས། དེར་ཟླ་བ་ཕྱེད་ཙམ་གདན་ཆགས་ཤིང་། དེ་རིང་ཚོགས་ལ་ཞེན་པ་བཞི་ཐལ་གྱི་ཁྲིད་གསུང་བ། ངེད་ཤར་ཕྱོགས་ནས་ཡོང་པའི་དཔོན་སློབ་ཀུན་གྱིས་ཞུས་ཤིང་། དེར་རྗེའི་ཕྱག་ཕྱིར་ཕྱོན་འདུག་པས། ཁྭ་ཆར་བྱང་ཆུབ་སེམས་དཔའི་དྲུང་དུ། གཟུངས་ཆེན་གྲྭ་ལྔ་དང་། གཙུག་ཏོར་གདུགས་དཀར་ཅན། ལྷ་མངས་གཉིས་ཀའི་དབང་དང་། ལྷ་མོ་འོད་ཟེར་ཅན་ལྷ་ལྔའི་དབང་། འཇམ་དབྱངས་ཤེས་རབ་རྒྱ་མཚོའི་དྲུང་དུ་སེང་གེ་སྒྲ་རྗེ་བཙུན་བསོད་ནམས་རྩེ་མོའི་ཡིག་ཆའི་སྟེང་ནས་རྗེས་གནང་། གདོན་དགྲོལ་དཀར་ཤཱཀྱ། དམར་ཆོས་རྒྱལ། གདུང་བརྒྱུད་རིན་རྒྱལ་རྣམས་ཀྱིས་མཛད་པའི་ལུང་ཡང་། ཆུ་འདུས་པའི་སྡེ་པ་ཞལ་ངོའི་ཟླ་ལ་རྡོ་རྗེ་འཆང་ཆེན་པོས་བཀའ་སྩལ་གནང་ནས་ཐོབ། དེར་རྡོ་རྗེ་འཆང་གིས་འབྲུལ་སྣུད་ལ་ཕན་པའི་དངོས་པོའི་གནང་སྦྱིན་བསམ་གྱིས་མི་ཁྱབ་པ་དག་དང་། ཁྭ་ཆར་བྱང་ཆུབ་སེམས་དཔའ། འཇམ་དབྱངས་ཤེས་རབ་རྒྱ་མཚོ་བ་གཉིས་ཀྱིས་ཀྱང་རྗེ་རིང་ཆེན་པའི་དགོངས་རྫོགས་ལ་དམིགས་པའི་དེར་འབུལ་བ་བྱུང་བ་ཀུན་སྩལ། སེམས་དཔའ་ཆེན་པོ་ལེགས་པའི་ཤེས་རབ་དྲུང་ལ། དེ་དུས་གནང་རྒྱུ་ཆེར་མི་སྣང་ཡང་། མངའ་རིས་ཕྱོགས་ནས་དགེ་བསྐུལ་དང་བཅས་བགྱིད་ཅེས་བཅོ་བའི་ཐུགས་དུངས་ཡང་དག་སྣང་། དེ་རྗེས་དཔོན་སློབ་ཡོངས་ཀྱིས་ཐུགས་བཅོ་བ་

ལྷུང་བ་དེའི་མཐུས། སྤྱིར་སྔེ་བ་ཆུ་འདུས་པས་གནང་སྦྱིན་དཔག་མེད་དང་། ལྷག་པར་ཆུ་འདུས་མཁན་བཙུན་པའི་དྲུང་གིས་སྣམ་བེམ་སྐྱེར་ཁ་སྣམ་བུ་གང་ཞིག་ལ་དེ་བས་ལེགས་པ་རང་རེས་གྱོན་མ་མྱོང་གསུང་བའི་ན་བཟའ་དཔེ་བྲལ། དེས་གཙོས་པའི་འབུལ་བ་གནང་སྦྱིན་ཡང་དག་སྩལ་ཅིང་། དེ་ལྟའི་ན་བཟའ་དེ་ནི་ཕྱིས་གསེར་མདོག་ཅན་གྱི་ཆོས་འཁོར་ཆེན་མོ་མཛད་དུས་ཀྱང་སྐུ་ལ་གསོལ་ཞིང་། དེ་རྗེས་གློ་བོ་ཆོས་རྗེ་བློ་གྲོས་རྒྱལ་མཚན་པ་ལ་མངའ་རིས་ལ་ཕེབས་དུས་སྩལ་ནས། དེང་སང་བདག་པའི་མཆོད་ཞིང་དུ་མངའ་རིས་ན་བཞུགས་སོ། །དེར་རྡོ་རྗེ་འཆང་གི་བཀའ་ལུང་ལ། ད་རེས་གསང་ཕུའི་དུས་མཆོད་གཏོང་བ་སོགས་ལ་བྱོན། གློ་བོ་ནས་ཀྱང་དུས་མཆོད་རང་གི་སྟེང་དུ་མི་འགྱུར་པ་འདུག་ཀྱང་། དགུན་ཆོས་སྟེང་དུ་མང་ཇ་འགྱེད་བཅས་ཀྱི་སྐུལ་འདེབས་བྱེད། ངེད་མངའ་རིས་སུ་ལོ་ངོ་གསུམ་ཙམ་ལས་མི་ཐོགས་པས་སླར་ངོར་ཚོར་སླེབ་པ་གསན་སྐབས་བྱོན། ཆོས་འཁྲི་སོགས་ཡོང་བ་བགྱིད་སོགས་ཀྱི་བསླབ་སྟོན་དང་། མར་ཕྱོགས་ཀྱི་སྔེ་པ་སོ་སོར་ཡང་འབུལ་སྡུད་ལ་ཕན་པའི་བཀའ་ཤོག་ལམ་ཡིག་སྩལ་ཞེས། འདི་དག་ཆུ་འདུས་པ་དབང་ཕྱུག་གི་ངག་ལས་དངོས་ཀྱིས་ཐོས་སོ། །གསང་སྔགས་རབ་འབྱམས་སློབ་མཁས་གོང་མའི་མདུན། །ཇི་བཞིན་མཁས་པར་བསླབས་ཁྱོད་ཁེངས་མེད་ལ། །རང་བློ་ཡིད་ངོར་དྲངས་པའི་མཁས་འདོད་ཅན། །སྨྲ་བརྗོད་མཁན་དེ་གླུ་མཁན་གཞོགས་འཕྱའི་ཚུལ། །རོང་སྟོན་བསྟན་པའི་ཉི་མ་ནུབ་ཀྱི་ཕྱིར། །མཛད་པའི་རྗེས་མཐར་ཡོངས་སུ་ནུབ་ནས་སླར། །ཁྱོད་སྐུ་དགེ་མཚན་བྱེ་བའི་འོད་དཀྱིལ་ཅན། །ལེགས་སྨོན་ཤར་གྱི་རི་རྩེར་ལྷང་ངེར་གསལ། །རིག་འཛིན་འཆི་མེད་མཆོག་བརྙེས་གྲུབ་པའི་རྗེ། །དྲང་སྲོང་བགྲེས་པོའི་སྤྱན་སྔར་རྒན་པོའི་ངག །ཕྱིས་འབྱུང་བྱིས་པའི་བླ་བརྗོད་མ་འདྲེས་པའི། །སྟོན་རབས་ཆོས་ཀྱི་རོ་བཅུད་ཚིམ་པར་བཞེས། །ཚུལ་གནས་དྲི་བསུང་འཕྲོ་བའི་མཁན་པོ་མཆོག །ཞི་དུལ་སྦྱངས་པའི་གནས་བརྟན་དམ་པའི་དྲུང་། །ཇི་སྐད་བཤད་པའི་ལས་གྲྭ་དཔེ་བྲལ་ལས། །གང་ཁྱོད་བསྙེན་པར་རྫོགས་ཞེས་གཏམ་དུ་སྙན། །འདུལ་བ་རྒྱ་མཚོའི་ཕ་རོལ་མཐར་ཕྱིན་ཞིང་། །གནང་བཀག་ཁྲིམས་བརྒྱའི་ངེས་

གནས་ནོར་བུའི་མཛོད། །འདུལ་འཛིན་འབུམ་སྡེའི་དེད་དཔོན་ བློ་བྲལ་ཕྱོད། །གསོལ་བཞིའི་ལས་ཀྱི་སྒྲུ་ཐབས་ལེན་འདི་མཚར། །རང་བཞིན་ཁྲིམས་ཀྱི་ལུས་གཙང་དྲི་མ་མེད། །བག་ཡོད་ཤེས་བཞིན་གོས་མཆོག་འཛིན་པ་ཅན། །མཁན་སློབ་ལས་ཀྱི་ཚོ་གའི་མིག་འཕྲུལ་ལ། །ཅི་ནས་བརྟེན་འདི་དམ་ཆོས་སྒྲུ་མའི་གར། །ཞེས་པ་རྡོ་ཏ་ཆེན་པོ་ཤཱཀྱ་མཆོག་ལྡན་དྲི་མེད་ལེགས་པའི་བློ་གྲོས་ཀྱི་རྣམ་པར་ཐར་པ་ཞིབ་མོ་རྣམ་པར་འབྱེད་པ་ལས། བསྟེན་པར་རྫོགས་པའི་སྐབས་ལས་བརྩམས་པའི་རབ་ཏུ་བྱེད་པ་དགུ་པའོ།། །།

གསང་ཕུར་དགེ་ཚོགས་རྒྱ་ཆེར་སྤེལ་བའི་སྐབས་ཏེ་རབ་ཏུ་བྱེད་པ་བཅུ་པ།

དེར་འབུལ་སྣུད་ཀྱི་དངོས་གནས་རྣམས་ཞུ་ཕྱིར་མར་ལམ་རྗེ་དོན་ཡོད་དཔལ་བ་དཔོན་སློབ་རྣམས། ཐུབ་ཁྱུང་ཚང་ན་བཞུགས་པའི་དྲུང་དུ་ཕྱིན་པས་དགྱེས་དགྱེས་དཔག་མེད་དང་། ན་ནིང་སྐྱོར་མོ་ལུང་ཆོར་བསྡད་དུས་སློབ་དཔོན་འགའ་ཁང་པའི་གསུང་གིས། མཁན་ཆེན་ཆོས་སྐྱབས་པས་རྣམ་སྲས་ལུས་དང་གྲིབ་མ་བཞིན་དུ་འབྲང་གསུང་། གནས་སྒོ་སློབ་དཔོན་པ་ལ་ཐུགས་མཐོང་ཆེ་ཟེར་དུས། འཆམས་སྐུ་གོག་པོ་དཀོན་གཉེར་གྱིས་དྲུང་པའི་ཉམས་ཤིག་ལས་མ་བྱུང་། ད་འ་ཇི་ཇི་བ་འདུག་གོ །ངེད་ཀྱིས་ཀུན་མཁྱེན་སྨ་གདོང་པ་ལ་ཆོ་དབང་དང་། བཀྲ་ཤིས་ཚེ་རིང་མའི་དབང་གསོལ་བ་བཏབ་ནས་ཞལ་གྱིས་བཞེས་ཡོད་པས་མིང་དེའི་དོན་ཁྱེད་ལ་ལྡན་དགོས་པ་ཨ་ཕོ་རྒན་པོ་དང་ལྷན་ཅིག་ཞུ་བ་ལགས་སོ་གསུང་། ངེད་ལ་སྐྱེལ་ཐུང་གི་ཚུལ་དུ་རིན་ཆེན་གླིང་བར་ཕེབས། རྗེའི་དྲུང་དང་མཆོད་ཡོན་ཐུགས་སྣང་དག་པར་འདུག་ཅིང་། དད་མོས་ལྷག་པར་ཆེ་བ་གནང་བས། ངེད་དཔོན་སློབ་གསར་རྙིང་ཡོངས། ནང་པའི་ནང་དེར་གནས་ཚང་བྱས། དེའི་ཡ་ཚད་ཀྱི་ཇོ་མོ་དགོན་ཆུང་ཆུང་དེར། ཀུན་མཁྱེན་སྨ་གདོང་པ་བཞུགས་པ་གནང་བའི་སར་ངེད་དཔོན་སློབ་དང་། རིན་

ཆེན་གླིང་ནང་པ་རྣམ་པས་ཕྱིན། མ་ཕམ་གཡག་པ་ལས་ཆོས་རྗེ་གཞོན་ནུ་སེང་གེ་བས་གསན། དེ་ལ་ཀུན་མཁྱེན་སྣ་གདོང་པ་རང་གིས་གསན་པའི་ཚེ་དཔག་མེད་གྲུབ་པའི་རྒྱལ་མོའི་ཚེ་དབང་དང་། བཀྲ་ཤིས་ཚེ་རིང་མཆེད་ལྔའི་རྗེས་གནང་བྱུང་ཞིང་། དེའི་སྐབས་ནམ་ཟླ་དཔྱིད་སོས་ཀྱང་གངས་ཐུལ་ཙམ་བབས་པས་ཀུན་མཁྱེན་སྣ་གདོང་པའི་གསུང་གིས། ཁྱེད་དཔོན་སློབ་ལ་ཚེ་རིང་མ་འགོ་བར་སྣང་གསུང་ཞིང་། དེ་དུས་ཀུན་མཁྱེན་སྣ་གདོང་པ་སྐུ་ཆས་རྗེ་གདན་ཆོས་ལུང་པའི་ལུགས་ཀྱི་ཕྲག་དབྱུང་མ། དེའི་ཕྱི་ལ་སྣམ་སྦྱོང་ངུར་ཁ་དར་ལྡང་གིས་མཐའ་ཆག་བྱས་པ་ཞིག་དང་། དབུ་ཞྭ་པཎ་ཞྭ་དམར་པོ་སྣེ་རིངས་ཤིག་གསོལ་འདུག་པས། ངེད་དེར་འདུས་ཀྱི་སློབ་དཔོན་ཡོ་འགའ་རེ་སྐུ་ཆས་ཀྱི་རྣམ་པའི་ཆ་འགའ་རེ་གཏོར་མ་ཚེ་རིང་མའི་གདན་གཏོར་ཡིན་ཟེར་བའི་རི་འདྲ་བ་ལ་མར་གྱིས་བྱིལ་བྱིལ་བྱས་པ་འདུག་པ་ལ། འགའ་རེ་རོལ་མོའི་ཆས་རྟུང་བའི་རྣམ་འགྱུར་སོགས་རྒྱུ་མཚན་མ་ངེས་པ་སོ་སོ་ནས་རྐྱད་ཆ་ཆེ་བ་རེ་བྱུང་བ་ཅིའི་རྟེན་འབྲེལ་ཡིན་ནི་མ་ངེས་གསུང་ཞེས་རྣལ་འབྱོར་དབུ་ལེགས་གྲུབ་ཆེན་པའི་གསུང་སྒྲོས་ལ་སོགས་བརྒྱུད་པའོ། །དེར་གསང་ཕུ་ཆོས་འདི་ལ་རང་མོས་འབྲེལ་ཆེ་ཞེས། བུ་སྟོན་ཐམས་ཅད་མཁྱེན་པའི་ཐུགས་དམ་ཟབ་ཁྱད་རྗོག་ལོ་ཙྪ་བ་བློ་ལྡན་ཤེས་རབ་ནས་བརྒྱུད་པའི་འཇམ་དབྱངས་གང་བློ་མའི་བསྟོད་བསྒྲུབ་འོད་ཟེར་དགུ་ཕྲུགས་མ་དེ་ཡང་། ངེད་ཤར་ནས་འོངས་པའི་དཔོན་སློབ་རྣམས་ལ་སྩལ། དེ་ནས་མར་ལམ་གཞིས་ཀ་རིན་སྤུངས་ནས། ངུར་སྨྲིག་གི་རྗེ་བཙུན་སྒྲོལ་མ་དང་མཇལ། དཔལ་སྣེ་ལ་བྱུས་ནས་མར་ལམ་ཉེས་སྐྱོན་གཏན་མེད་པར་གསང་ཕུར་ཕྱིན་ཞིང་། དབྱར་ཆོས་ཀྱི་དུས་མཆོད་སྟེང་དུ་ཛ་ཐོགས། སྐམ་འགྲེད་སོགས་སྟོན་མེད་ཀྱི་སྲོལ་རྒྱ་ཆེར་གཏོད་པའི་དུས་མཆོད་བཟང་དཔེ་ལ་འཁྱེར་བ་རང་རེའི་བསམ་པ་སྙིང་ནས་ཚིམ་པ་བྱུང་ཞིང་། སྤྱིར་གསང་ཕུའི་སློབ་དཔོན་ཚོ་ལ་དུས་མཆོད་མ་ཐོངས་བར་ཕྲིན་ལས་ཆེར་མི་ཡོང་ཞིང་། དུས་མཆོད་ལེགས་པ་རེ་ཐོངས་རྗེས་འབད་མེད་ལྷུན་གྲུབ་ཡོང་བ་ཞིག་ཡོད་པ་ལྟར། རང་རེ་ལ་ཡང་དུས་མཆོད་དེ་ཐོངས་ཕྱིན། གྲྭ་པ་རྣམས་ལའང་ན་ཚ་ཤི་ཆད་དཀོན་པ་དང་། ཁ་བཏོན་སློབ་གཉེར་འཕེལ་ངེས་བྱུང་

བས། འཕྲང་པོ་ཉི་མ་ཕུག སྐྱོར་མོ་ལུང་། གུང་ཐང་། མཁར་རྩེ། ནཱ་ལེནྡྲ། སླང་ཐང་། ཆོས་སྡིངས། རྒྱ་མ་སོགས་ངེས་མེད་དུ་འཕོ་སྐྱུས་ལ་བརྟེན་པའི་འཆད་ཉན་སྐྱོང་དོན་པ་རང་བྱུང་ཞེས་འཕྲོས་སོ། །དེར་དུས་མཆོད་དེ་ཕོངས་རྗེས་ནཱ་ལེནྡྲར་ཕེབས་པས་དེ་དུས་རྗེ་རོང་ཆེན་གྱི་ནང་རྟེན་ཐུབ་དབང་དང་། དངུལ་གདུང་གི་རབ་གནས་ལ་བདག་པོ་མཐུ་སྟོབས་དབང་ཕྱུག་ཞྭ་ལུ་བ་བསོད་ནམས་རྒྱལ་བ་སྤྱན་དྲངས་འདུག་པའི་རབ་གནས་གྲོལ་རྗེས་ངེད་ཆོས་སླེབ། དེར་ཁོང་དག་གི་སྐྱོར་བློས་ལ་མར་ལམ་རྫོང་དཀར་དུ་ཀུན་མཁྱེན་སངས་རྒྱས་འཕེལ་བས་སྤྱན་དྲངས། དེར་རོང་ཕྱོགས་ན་བྲག་ཁྱུང་མགོ་སྡིག་པ་འདྲ་བ། སྐྱིད་ཚལ་གྱི་ཆོས་གྲྭ་ལ་ས་དགྲ་ཆེ་བ་ཞིག་ཡོད་པ་ལ། གཏོར་མ་གཏད་ནས་འཕངས་པའི་དེ་མ་ཐག་བྲག་རལ་ནས་བྱུང་ཟེར་བ་དང་། ཞག་ལྔ་དྲུག་ཙམ་གྱི་གོང་ཙམ་དུ་ནཱ་ལེནྡྲ་རང་དུ་ཐོག་བྱུང་བ་སྡིགས་མཛུབ་ཀྱིས་བསྐོར། ཤིང་སྡོང་གདགས་གཞི་ཅན་ཞིག་ཡོད་པ་ལ་བརྒྱབ་པ་དངོས་གསལ་དུ་ཕེབས་པས་དད་མོས་ཀྱིས་སེམས་དྲངས་ནས་ཀྱི་རྫོར་རྒྱུ་དབང་། གུར་ལྷ་བརྒྱད། ཁྱད་པར་ཞལ་བཞི་པའི་བསྙེན་བསྒྲུབ་ལས་གསུམ། སྔགས་ཆོག་བྲམ་ཟེའི་རིག་གཏད་དང་ལྷའི་རྗེས་གནང་བསྒྲུབ་སྐོར་རྣམས་ཞུས་ཤིང་། དེའི་དགུན་ཟླ་གོང་ཕྱོགས་སུ་དེའི་རྒྱལ་པོས་གནོད་འཚེ་ཆེར་བྱུང་བ། ནཱ་ལེནྡྲ་ནས་ཆོས་རྗེ་དྭགས་པོ་པའི་སྐུ་ཆོས་ཀྱིས་བཅིངས་པ་ལ་སྔ་གྲི་བསྣུན་པས། ཤིང་སྡོང་ལ་ཁྲག་ཤོར་ཞིང་། དམ་ལ་དངོས་སུ་ཐོགས། དེའི་སྐབས་པས་དབུས་གོང་མའི་ཕྱོགས་ལ་རྒྱ་འདྲའི་ཚང་བཅས་ལོ་མང་པོ་སོང་། དབུས་ཕྱོགས་ཀྱི་བླ་མ་ཉུས་ཆེ་ཆེ་མོ་མང་པོས་བཏུལ་ཀྱང་གཏན་སླགས་མ་ཕྱི་བ་ལ། ཆོས་རྗེ་པ་ནཱ་ལེནྡྲ་ནས་སྤྱན་དྲངས་ཞག་བཅུར་བསྙེན། དེ་དང་ཆོས་འབེལ་གཏམ་གནང་སྐད་ཅིང་། མཐར་ཁོ་ཉིད་རྒྱ་གར་དུ་པཎྜི་ཏ་བུདྡྷ་ཛ་དྲ་བྱ་བར་སྐྱེ་བ་བཟུང་རྐོལ་བ་སོགས་གསལ་པོར་ཞུས། ཞབས་སྤྱི་བོར་ནོད་ནས་ཕྱིར་ཐོན། གོང་མ་ཆེན་མོ་སྐུ་ཁམས་སོར་ཆུད་རྗེས་འབུལ་བ་ཞབས་འདེགས་བསམ་གྱིས་མི་ཁྱབ་པ་དང་བཅས་ཕྱོན་པའི་ཚུར་ལམ། ངེད་གསང་ཕུའི་དགུན་ཆོས་ལ་འགྲོ་བ་དང་ར་མ་སྒང་དུ་མཇལ་བས་ཡིད་སྨྲོ་བ་བྱུང་ནས། རྗེ་རང་གི་ཐུགས་དམ་ཕྱག་ན་རྡོ་རྗེ་འབྱུང་པོ་

ཀུན་འདུལ་གྱི་རྗེས་གནང་ཞིག་ཞུ་ཞེས་ཞུ་བ་གནང་བས། ཆོས་རྗེ་དྭགས་པོའི་གསུང་གིས། དེ་ཀ་བྱེད་བྱིན་རླབས་ཀྱི་རྒྱུན་བརྟན་པར་ཡོད་གསུང་དགྱེས་བཞིན་དུ་སྩལ། དེ་ཕྱིན་ཆད་བསྒོམ་བཟླས་མ་ཆག་པར་བྱས་ཤིང་། ཧཱུྃ་བཛྲ་ཕཊ་འདིས་ཚེ་ཕྱི་བ་ཞིག་ཡིན་གསུང་ནས། དྲིན་ཅན་སྐྱུང་ལུང་པའི་བཀའ་འབྲེལ་གསན་པའི་ཐོག་མ་རང་ཡིན་པས་དེ་ལྟར་གསུང་ཞེས་བདག་ཅག་ལ་བཀའ་སྩལ་ཏོ། །དེའི་ལོ་དགུན་ཆོས་སྟེང་དུ་མངའ་རིས་གློ་བོ་ནས། ནང་ཆེན་དཔལ་འབྱུང་བཙན་ཞེས་པས་མགོ་བྱས་པའི་གསང་ཕུར་མང་ཇ་བསྐོལ་བ་ལ་གནང་བ་ཀུན་གྱིས་ལམ་བདེ་བ་ཁོ་ནས་ལེགས་པར་རྫོལ་ཏེ། དེར་མང་ཇ་ཞག་གྲིལ་མང་པོ་དང་། ཛོ་ཏི། རས་སྔོ་དམར་སོ་བ་འགའ་བྱི་སོགས་སྣོད་རྫས་ཀྱིས་ཚོགས་ལ་སྤྱི་འགྱེད་བཟང་པོ། མཁན་སློབ་རྣམས་ལ་དགོངས་ཇ་བུ་རམ་སྟེངས་སུ་ཤེལ་ཀ་ར། རྒྱལ་མོ་ཀ་ར། བྱེ་མ་ཀ་ར། རྒུན་འབྲུམ་སོགས་ཤིང་འབྲས་རྣམ་གྲངས་མང་པོ། རྒྱ་གར་ནས་འོངས་པའི་དགེ་སློང་གིས་སུ་བསྙེན་ཙུང་ཁ་ན་མ་ཐོ་བ་མེད་པའི་བསྙེན་བཀུར་བློ་འདས། ཟངས། གསེར། བྱི་རུ་སྤྱོས་ཤེལ། མུ་ཏིག་སོགས་ཀྱི་འབུལ་བ་གྱ་ནོམ་པ་སྟོན་ཆད་མཐོང་ཐོས་ཀྱི་ཡུལ་དུ་མ་གྱུར་པའི་ཟབ་རྒྱས་དཔག་མེད་བྱུང་། དེར་ལོ་རྒྱུས་མཁན་པོ་འདུས་པའི་དབུས་སུ་པཎ་ཆེན་རིན་པོ་ཆེ་ཉིད་ཀྱིས་གནང་ནས། རྒྱལ་བའི་བསྟན་པ་སྤྱི་དང་ཁྱད་པར་དག་ལས་བརྩམས་ཏེ། སྙན་ངག་གི་ཚིགས་སུ་བཅད་པ་སྤེལ་ལེགས་ངང་པའི་སྒྲ་དང་། བུང་བའི་དབྱངས་ལྟར་རྗེས་སུ་སྒྲོག་པར་མཛད་པས་དེར་འདུས་པ་ཀུན་དང་། ཁྱད་པར་མངའ་རིས་པའི་མོས་དགེ་ཅན་དེ་དག་གིས། སྟོན་ཆད་རྣ་བའི་རྒྱུན་ཆར་མ་བླངས་པའི་ལེགས་བཤད་ཨུཏྤལའི་ཕྲེང་བ་གསར་པ་དག་གིས་ཡིད་དབང་ལྷག་པར་ཕྲོགས། སྙིང་ནས་དད་པའི་བ་སྤུ་ལང་ལོང་དུ་རྒྱ་ཆེར་གཡོས་པར་གྱུར་ཏེ་རང་རང་གི་རྒྱུན་དུ་བཏགས་པའི་སྤྱོས་ཤེལ་གྱི་ཞགས་པ་ཡིད་དུ་འོང་ཞིང་རིན་གཞལ་དཀའ་བ་དག་ཀྱང་རྫོས་ཕངས་པ་མེད་པར་ཚམ་ཚོམ་དུ་བརྫུངས་ནས་སྤྱོས་དུད་སྦྲུངས་ཏེ་དད་པའི་མིག་ཆུའི་ཡོན་ཆབ་ཀྱིས་བཞིན་རས་ཀྱི་མེ་ཏོག་བརྒྱན་པར་བྱས་ནས་འདུས་པའི་ཚོགས་དེ་དག་ལ་གྲུས་པར་བསྟབས་སོ། །དེར་ཡོངས་པའི་དགེ་བའི་ལས་ཅན་དེ་

དག་སྣར་རང་ཡུལ་དུ་ལམ་གྱི་འཛེགས་པ་གང་གིས་ཀྱང་མ་རེག་པར་སོན་པར་གྱུར་ཏོ། དངོས་གནས་ཀྱི་ཚུལ་དེ་དག་རྒྱ་ཆེར་སྤྲོག་ཅིང་། ལྷག་པར་སྐད་ངག་གི་ཚིག་འབྲུ་གསར་པའི་ཡི་གེ་དག སློ་བོ་སྡེ་པ་ཚངས་ཆེན་བཀྲ་ཤིས་མགོན་པོའི་སྤྱན་ལམ་དུ་ཕེབས་པས་དགྱེས་པ་རབ་དང་མཆོག་གི་རྩེར་ཕྱིན་ཞེས་གྲགས་ཤིང་། དེ་དུས་ཀྱི་སྐད་ངག་གི་ཚིག་སྦེབས་ལེགས་སུ་བསྒྲིགས་པའི་ཆ་ཙམ་ཞིག་བརྗོད་ན། འཛམ་བུའི་སྒྲ་ཡིས་མཚོན་པ་ཡི། །ཞིང་འདི་མཛེས་པའི་རྒྱན་དྲུག་དང་། །སྤྱོད་པའི་བརྟུལ་ཞུགས་གྲུབ་པ་ཡིས། །འཕགས་ཡུལ་བདུད་རྩིའི་ལམ་ཆེན་གཏོད། །ཅེས་རྒྱ་གར་དུ་དམ་པའི་ཆོས་རྒྱས་ཤིང་དར་ཚུལ། རྗོངས་པའི་ཁང་བུར་ཡུན་རིང་དུ། །མི་ཤེས་ནད་ཀྱིས་གཟིར་བ་ཡི། །གངས་ཁྲོད་མུན་པའི་སྨག་རུམ་འདིར། །ལོ་པཎ་ཆོས་ཀྱི་ཉི་མས་བསྐྲུངས། །ཞེས་བོད་ཡུལ་དུ་སངས་རྒྱས་ཀྱི་བསྟན་པ་རིན་པོ་ཆེ་འཕེལ་ཚུལ། སྨོན་ལམ་གྲུབ་པའི་རྒྱལ་སྲས་ནི། །པཎྜི་ཅན་དང་འཇམ་དབྱངས་དང་། །ཀུན་གྱི་ཡབ་གྱུར་ཀུན་བཟང་གིས། །འགྲོ་འདིའི་བདེ་སྐྱིད་ཡུན་རིངས་བཟུང་། །ཞེས་ཆོས་རྒྱལ་མེས་དབོན་རྣམ་གསུམ་གྱི་སྐུ་རིང་ལ་བསྟན་པ་སྔ་དར་གྱི་བྱུང་ཚུལ། མདའ་ལྷུ་ལྡན་པའི་སྙིང་སྟོབས་ཀྱིས། །འབྱུང་པོའི་དཔུང་ཚོགས་ཀུན་བསྡུས་ནས། །དུས་མཐར་རྒྱལ་ངན་གླང་ཆེན་གྱིས། །རྗོངས་པའི་དུག་གིས་ཉེར་གཙེས་མོད། །ཅེས་གླང་དར་གྱིས་བསྟན་པ་བསྣུབས་ཚུལ། དེ་ཚེ་དེར་ཡང་དགེ་བློ་ཅན། །སེམས་དཔའ་སྙིང་སྟོབས་ཆེན་པོས་ནི། །མཐུ་སྟོབས་ཡེ་ཤེས་སྣང་བ་ཡིས། །མུན་པའི་ཀློང་ཆེན་སྐད་ཅིག་བསལ། །ཞེས་ལྷ་ལུང་དཔལ་གྱི་རྡོ་རྗེས་གླང་དར་བསྒྲལ་ཚུལ། ཐུབ་པའི་བླ་མ་མཛམ་པའི་དབྱངས། །སྙིགས་མ་ལྷུ་ལ་བརྩེར་དགོངས་ནས། །ཉི་མའི་གཉེན་གྱི་གདུང་འཛིན་པའི། །ཡེ་ཤེས་འོད་ཅེས་བྱ་བ་འཁྲུངས། །ལྟ་ངན་བོན་གྱི་གཞུང་ལུགས་དང་། །སྦྱོར་སྒྲོལ་ཆོས་སུ་སྒྲོག་པའི་ངག །སྐལ་དམན་མུ་སྟེགས་གཞོགས་འཕྱ་བའི། །སྤྱོད་པའི་ལམ་ངན་དེངས་པར་མཛད། །ཅེས་བསྟན་པ་ཕྱི་དར་གྱི་དབུ་བརྩམས་ཚུལ། དེ་ནས་མངའ་རིས་ཀུན་དའི་གཉེན། །ལོ་ཆེན་སྒྲིབ་བྲལ་ཟླ་བ་དང་། །བྱང་ཕྱོགས་པད་ཚལ་འབྱེད་པའི་ལྷ། །བློ་ལྡན་སྒྲ་བའི་ཉི་མ་བརྙམས། །ཞེས་

ལོ་ཆེན་རིན་བཟང་དང་། རྔོག་བློ་ལྡན་ཤེས་རབ་ཕྱིན་ཚུལ། དུས་དེར་འཆད་རྩོད་རྩོམ་པ་དང་། །ཐུབ་བསྟན་རིན་ཆེན་འཛིན་པའི་ཕྱུལ། །འཛིག་རྟེན་མིག་གྱུར་ལོ་ཙྪ་བས། །ཁ་བ་ཅན་ལྗོངས་ཡོངས་སུ་ཁྱབ། །ཅེས་འབྲོག འགོས། མར་པ་ལོ་ཙྪ་སོགས་བསྟན་འཛིན་གྱི་སྐྱེས་བུ་དཔག་མེད་ཕྱིན་ཚུལ། དུས་འདིར་ངེས་པར་མིའི་དབང་པོ། །ཚངས་པ་བཞིན་དུ་དགེ་བ་དང་། །དཔལ་དང་འབྱོར་པ་ཕུན་སུམ་ཚོགས། །བཀྲ་ཤིས་དཔལ་གྱི་མགོན་པོ་དེས། །ཞེས་སྦྱིན་བདག་གི་ངེས་གནས་ཀྱི་ཚུལ། ས་སྐྱོངས་འདི་ན་འགྲན་མེད་ཅིང་། །སྐྱེ་རེངས་བུ་ལྟར་གྲགས་པའི་ཏོག །སྲིད་རྩེའི་བར་དུ་བསྒྲེང་མཁས་པའི། །བསྟན་པའི་རིང་ལུགས་ཉེ་བར་བཟུང་། །ཞེས་ས་སྐྱ་པའི་བསྟན་པའི་སྦྱིན་གནས་མཆོག་ཏུ་བཞུགས་ཚུལ། དཔལ་ལྡན་ས་སྐྱའི་རིག་འཛིན་དབང་། །ཀུན་དགའི་ཆོས་ཀྱི་འཁོར་ལོ་བསྐྱུར། །བླ་ན་མེད་པའི་དོན་སྟོལ་བ། །འདོད་དགུའི་དཔག་བསམ་བཟང་པོ་རྙེད། །ཅེས་ཁྱད་པར་དེ་དུས་རྗེ་རྗེ་འཆང་སྤྱན་དྲངས་པའི་སྐབས་མཚོན་ཚུལ་རྣམས་ཚིག་ཉུང་ཞིང་དོན་མང་བ། སྤེལས་ལེགས་པའི་ལེགས་པར་བཤད་པས་ཐུགས་མཆོག་ཏུ་དགྱེས་ཏེ། ད་ནི་འདི་ལྟ་བུའི་བསྟན་འཛིན་གྱི་སྐྱེས་བུ་དམ་པ་འདི། ས་འདིར་སྤྱན་ཅི་ནས་འདྲོངས་པར་བྱས་ནས་སངས་རྒྱས་ཀྱི་བསྟན་པ་ཡོངས་སུ་རྫོགས་པའི་རྒྱུན། རྒྱ་ཆེན་པོ་དར་ཞིང་རྒྱས་པའི་བྱ་བ་བསྒྲུབ་པ་ཉིད་ལ་ནན་ཏན་དུ་བགྱིད་དོ། །ཞེས་ཐུགས་ཀྱི་ཡུལ་དུ་དགོངས་ནས་ཡང་ནས་ཡང་དུ་གསུང་ཕྱིན་པ་ཡིན། ཞེས་དེ་དུས་ཀྱི་ཞབས་འབྲིང་དག་ཅིག་གི་ངག་ནས་གླེང་ངོ་། །དེར་གསང་ཕུའི་དཀྱུན་ཆོས་གྲོལ་ནས། འཕྲང་ཕུའི་དབྱིད་ཆོས་མ་ཚུགས་བར་དུ་གྲྭ་ཐང་དུ་ཕེབས་ནས། ཆོས་རྗེ་དགེ་བ་རྒྱལ་མཚན་པའི་དྲུང་དུ་ཚད་མ་རིགས་པའི་གཏེར་རང་འགྲེལ་དང་བཅས་པ་ཞུ་ཡུག་པའི་རིགས་མཛོད་དང་སྦྱར་བའི་ཟབ་བཤད་ཉིད་ལེགས་པར་གསན་ཞིང་། དེར་ཆོས་རྗེ་ཤེས་རབ་བླ་བ་སོགས་ཀྱིས་ཞུས་པའི་བླ་ལ། རྡོ་རྗེ་འཇིགས་བྱེད་ཀྱི་དབང་། རྣལ་འབྱོར་བཞིའི་ཁྲིད་ཀྱང་གསན་ནོ། །དེ་མཚམས་འཕྲང་ཕུར་དབྱིད་ཆོས་ལ་ཕེབས། དེ་གྲོལ་རྗེས་འཕྲང་ཕུ་ན་ཐ་སྙད་ཀྱིས་པཎ་ཆེན་རིན་པོ་ཆེ་ཉིད་ཀྱི་ཨ་ནེར་མཆོན་པའི་འཕྲང་ཕུ་བའི་

ཡུམ་བགྲེས་མོ་ཞིག་བཞུགས་པ་དེས་བསླབ་བྱ་མཛད་པ་ནི། དྲུང་ནས་ཁྱེད་ལ་སྐུ་ཚེ་རིང་བ་གཅིག་ཕྱུས་ཆོག་པར་སྣང་བས། ཚེ་བསྒྲུབ་རང་ལ་འབུངས་མཛོད་ཅིག སྐུ་ཚེ་རིང་ན་དེ་བར་ལ་ད་ལྟའི་འགྲན་ཚོལ་རང་མཉམ་ཡོ་རྫོགས་ནས། འགྲན་ཟླ་ཀུན་བྲལ་གྱི་བསྟན་པའི་བྱ་བ་རླབས་ཅན་རང་འབད་མེད་དུ་མཛད་རྒྱུ་ཡོད་པས། རང་རེ་བོད་འདྲ་བའི་གདམས་ངག་འདི་ཀུན་ལ་ཟུངས་ཤིག་རང་མི་སྣང་། ན་ནིང་ཤེད་འདི་ན་མར་ལ། པཎྜི་ཏ་ཤྲཱི་ཕུ་ཧོ་བྱ་བ་དགུང་ལོ་བརྒྱ་ཙམ་ལོན་ངེས་ཡིན་ཟེར། འཕྲུལ་ནི་དགུང་ལོ་ལྔ་བཅུ་ང་བགྲང་ཙམ་འགྲོ་བའི་ཚོད་ཅིག་འདུག ཁོང་ཀུན་ལ་འཆི་མེད་གྲུབ་པ་བྱ་བའི་གདམས་པ་བཞུགས་ཟེར་ནའང་། དེ་ཀུན་ནི་ཁམས་ལ་བྱུས་རྒྱ་ནག་རྒྱལ་པོས་སྤྱན་དྲངས་སོང་ཟེར། ད་ལྟ་ཡང་བསམ་ཡས་ན་རྒྱ་གར་གྱི་པཎྜི་ཏ་ནགས་ཀྱི་རིན་ཆེན་ཟེར་བའི་མཁས་པ་ལས་ཀྱང་གྲུབ་པ་གཙོ་ཆེ་བ་ཞིག་བཞུགས་ཡོད་པར་འདུག་ཅིང་། པཎྜི་ཏ་དེ་རང་རེའི་ཀུན་མཁྱེན་རོང་པོས་ངའི་ལོ་བདུན་གྱི་གོང་དེ་ལ། དྲང་སྲོང་སྲིན་པོ་རིའི་བདེ་མཆོག་ཕོ་བྲང་དུ། མི་གཡོ་བླ་མེད་སོགས་ཀྱི་དབང་གནང་པའི་བླ་མ་ཡང་ཡིན་པས། པཎྜིཏ་དེའི་དྲུང་དུ་ཕྱིན་ལ། ཁོང་ལ་རྒྱ་གར་གྱི་སློབ་དཔོན་ངག་གི་དབང་ཕྱུག་དངོས་ཀྱིས་གནང་བའི་སྒྲོལ་དཀར་གྱི་ཚེ་སྒྲུབ་བཞུགས་ཟེར་བས་དེ་ཞུས་མཛོད། རྒྱ་གར་བ་བྱ་བ་རྟེན་འབྲེལ་བརྟག་དཔྱད་ཆེ་ཞིང་། གསེར་ལ་ག་སོགས་སུ་ཆེ་བས་འདི་དག་ཕུལ་ཟེར་སྟོན་གྱི་བཀྲ་ཤིས་ཁ་ཐགས་སྒོ་ཚད་མ་གསར་པ་དྲི་མ་མེད་པ་ཞིག་དང་། གསེར་ཞོ་གསུམ་བྱིན། ལམ་གྱི་རྟ་དང་ཆས་སོགས་ཀྱང་བསྐུར་ནས། ཆུ་བྱུང་ལ་བྱུས་ཕྱིན་པས། པཎ་ཆེན་ནགས་རིན་བསམ་ཡས་ཀྱི་བྱང་ཆུབ་ཆེན་པོའི་དྲུང་ན་བཞུགས་པ་དང་མཇལ། དེར་ལོ་ཙྪ་བ་མངའ་རིས་པ་ཡིན་ཟེར་བའི་མཆུ་བ་ཟེར་བ་ཞིག་འདུག་པ་ལ་ཞུ་བ་བསྐུར་བས། མཇལ་ཁ་དེ་འཕྲུལ་རང་ལ་བྱུང་། ཁོང་གིས་བསྐུར་བའི་བཀྲ་ཤིས་ཁ་ཐགས་བཟང་པོ་དེ་ཕྱག་མཇལ་ལ་ཕུལ་བས། འཛུམ་མཛད་ནས་མདྷུ་ཙོན་གྱི་པ་ཏོ་ལ་གསུང་ཕྱག་ཏུ་བཞེས་སོ། །དེ་ལོ་ཙྪ་བ་དེས་རྒྱ་ནག་གི་དར་དཀར་པོ་ཡིན་གསུང་ཟེར་བསྒྱུར་བྱུང་། དེ་འཕྲུལ་ཆོས་འབྲེལ་ཐོག་མ་གྱིས་གསུང་རྣམ་འཛོམས་དང་མཚན་བརྗོད་རྒྱ་སྐད་དུ་ལུང་

སྐུལ། དེའི་སང་ཉི་ཤར་ལ་བྱང་ཆུབ་ཆེན་པོའི་དྲུང་དུ། སྨྲ་ཚོལ་བའི་སྐུ་ངོ་རྣམས་བསྙེན་ནས་ཞུ་བ་ལ་ཕྱིན་གསུང་། ཕོང་དག་ལ་བསྙེན་གནས་ཀྱི་བསླབ་སྟོན་སྐུལ་རྗེས། ངེད་ལ་ལོ་ཙྪ་བ་དེ་བརྒྱུད་ནས་ཁྱེད་རྟེན་གང་ཡིན་གསུང་། དགེ་སློང་ཡིན་ཞུས་པས། འོ་ནང་པར་གཞན་པ་སྟེར་དགོས། ང་ཡང་སྡེ་པ་ཐམས་ཅད་ཡོད་སྨྲ་ཀ་ཡིན་གསུང་། བརྒྱུད་པ་གསུངས་པའི་ཀླུ་སྒྲུབ་ཡན་ཡོངས་གྲགས་འདི་ཀར་འདུག དེར་སཾ་སྐྲྀ་ཏའི་སྐད་དུ་ལུང་སྐུལ། དེར་ལོ་ཙྪ་བ་མཉྫུ་བ་ལ། རང་གི་འདོད་ཀྱི་སྒྲོལ་དཀར་ཆེ་བསྒྲུབ་དེ་ཞུས་པས། ཕོ་ན་རེ། པཎྜི་ཏ་ངག་གི་དབང་ཕྱུག་དང་དུས་ཀྱང་མི་མཚུངས། དངོས་སུ་གསན་པའི་རྒྱུ་མེད། སྔར་ནི་མ་ཚོར་ཞུས་པས་ཚིག་ཟེར་ཞུས་བྱུང་བས། ཞལ་འཛུམ་མཛད་ངེད་རང་ལ་བོད་དུ་འདི་དགོས་ཟེར་བ་ཕོ་གཅིག་པུ་ལས་མ་བྱུང་ནའང་། བར་དུ་ལོ་ཙྪ་ནི་བྱེད་དུ་མི་བཏུབ། ཕོས་ནི་ངའི་སྐད་མི་གོའམ་གསུང་ཕེབས་པའི་བཀའ་ལུང་བྱུང་བས། དེར་ངེད་ཀྱིས་ཁ་རྫང་གནང་བའི་རྒྱ་སྐད་རྣམས་ལེགས་པར་གོ སཾ་སྐྲྀ་ཏའི་སྐད་ཙུང་ཟད་ཤེས་ཞུས་པས། པཎ་ཆེན་ནགས་རིན་དགྱེས་ནས་དྲུང་དུ་བོས། རྒྱ་གར་གྱི་སྐད་དུ་འདྲི་མལ་གནང་བའི་ལན་འདེབས་རིམ་པར་ཕུལ་བས། སད་ཏ་སད་ཏ་གསུང་ཞིང་། དེར་གསེར་ཞོ་གསུམ་པོ་ཕུལ་ནས་ཚེ་བསྒྲུབ་ཁྱད་པར་ཅན་དེ་ཡང་ཞུས། དགྱེས་པའི་སྒོ་ནས་སྐུལ་ཞིང་། ཕྱག་དཔེ་ཀ་ལཱ་པའི་སྒྲ་མདོའི་པོ་ཏི་ཞིག་ཀྱང་གནང་བ་ཡང་ད་ལྟའི་བར་ཡང་ལག་ན་ཡོད་དོ། ཕྱིས་གོས་སྐུ་གཡེད་ཅན་འགྲུབ་པ་དང་། ཚེ་ལ་བར་ཆད་མེད་པ་པཎྜི་ཏ་དེ་ལ་བཀྲ་ཤིས་ཁ་ཐགས་ཕུལ་བ་དང་། ཚེ་བསྒྲུབ་ངོ་མཚར་ཅན་ཐོབ་པའི་རྟེན་འབྲེལ་དུ་འདུག་གསུང་ཞེས་ལེགས་པར་རྟོགས་སོ། །

འདི་ཐད་ཟུར་ཙམ་རྣམ་ཐར་ངོར་རྒྱལ་མ་ན་བྲིས་སྣང་ངོ་། །མཁྱེན་ཡང་བློ་གྲོས་རབ་རྒྱས་ཕྲིན་གྱི་ཟ། །སྙན་པར་བསྒྲགས་པས་རྨ་བྱ་གཞོན་ནུའི་ཡིད། །དགའ་བའི་མདོངས་མཐའ་རྒྱས་པ་ངོམས་བྱེད་ཅིང་། །ཡི་རངས་གར་གྱི་ཉམས་གར་ཅི་ཡང་བསྒྱུར། །དབྱོད་ལྡན་ཡོངས་ཀྱི་ཚད་མའི་དཔང་གྱུར་ཏེ། །འཛིགས་མེད་སྨྲ་བའི་དབང་པོར་མཚན་གསོལ་བ། །གང་ལ་རྩད་ཅིང་དྲིས་པའི་དོན་འདི་རྣམས། །ཡིད་ལ་རེ་བའི་འབྲས་སྟོལ་ཨ་ཤྭ་ཐ། །ཚུལ་གནས་

མང་ཐོས་ཞི་དུལ་བག་ཡོད་ཚུལ། །མཐོང་བས་རབ་མགུ་གུས་པའི་སྤུ་ལོང་དག །འབད་མེད་གཡོ་བའི་རང་བཞིན་ལས་འོངས་པའི། །ཟང་ཟིང་ཡོན་གྱི་སྦྱིན་གནས་མཆོག་ཏུ་བཀུར། །དཀོན་ནོར་དཔག་ཡས་འདུས་པའི་དགེ་འདུན་ལ། །དང་བའི་ཤུགས་ཀྱིས་བསྐྱབས་ནས་དགེ་ཚོགས་དག །མཐའ་ཡས་འགྲོ་ལ་སྦྱིན་མཛད་ཁྱོད་ཀྱི་ཐུགས། །རབ་ཏུ་དགྱེས་པས་ཚོམ་སྟེ་དལ་བར་བཞུགས། །ཆོས་སྦྱིན་བསམ་ཡས་ལྷར་བཅས་འགྲོ་བའི་ཡིད། །ཡོངས་དྭངས་ཟང་ཟིང་མི་འཛིགས་བྱམས་པས་བསྐྱངས། །ཕན་དང་བདེ་བའི་དཔལ་ལ་འགོད་པའི་གཉེན། །ལུས་ཅན་ཡོངས་ཀྱི་མ་འདྲིས་མཛའ་བཤེས་མཆོག །ཅེས་པཎྜི་ཏ་ཆེན་པོ་ཤཱཀྱ་མཆོག་ལྡན་དྲི་མེད་ལེགས་པའི་བློ་གྲོས་ཀྱི་རྣམ་པར་ཐར་པ་ཞིབ་མོ་རྣམ་པར་འབྱེད་པ་ལས། གསང་ཕུར་དགེ་ཚོགས་རྒྱ་ཆེར་སྤེལ་བའི་སྐབས་ལས་བསྒྲགས་པའི་རབ་ཏུ་བྱེད་པ་བཅུ་པའོ།། །།

གདན་ས་ཆེན་པོར་གཞུང་ལུགས་རབ་འབྱམས་ཀྱི་ངག་རྗེས་སུ་སྒྲོགས་པའི་སྐབས་ཏེ་རབ་ཏུ་བྱེད་པ་བཅུ་གཅིག་པ།

དེར་པཎ་ཆེན་རིན་པོ་ཆེ་དགུང་ལོ་རྩ་བདུན་དུ་ཕེབས་པ་ཤིང་ཕོ་ཁྱི་ལོའི་དབྱར་ཆོས་སྟེང་དུ་ཐུགས་རྩོམ་ཆེ་བ་རྣམས་ཀྱི་ཐོག་མར་ཤེས་རབ་ཀྱི་ཕ་རོལ་ཏུ་ཕྱིན་པའི་དཀའ་འགྲེལ་བཞེད་ཚུལ་རྒྱ་མཚོའི་རླབས་ཀྱི་ཕྲེང་བའི་ཐུགས་རྩོམ་ཡང་གནང་ཞིང་། དེ་གོང་དུ་ཡང་ལུས་དང་ཡན་ལག་རྒྱས་པར་བཤད་པ་ལུང་དོན་རྒྱ་མཚོ། སྦྱོར་ཊཱི་ཀ་གནད་ཀྱི་སྒྲོན་མེ་སོགས་རྩོང་ཊཱི་ཀ་ཉིད་ཀྱི་དགོངས་ལེན་ཇི་ལྟ་བའི་བསྟན་བཅོས་ཕྲན་བུ་བ་དག་གིས་ཀྱང་གདུལ་བྱའི་ཞེ་འདོད་ཀྱི་རེ་བ་ཡོངས་སུ་རྫོགས་པར་མཛད་ལ། གཞན་ཡང་མཆོད་བྱེད་དཔེའི་དགེ་འདུན་གྱི་ཟུར་འདེབས་ངག་གི་དབང་པོའི་མཛེས་རྒྱན། བསམ་གཟུགས་ཀྱི་ཟུར་འདེབས་ངག་གི་དབང་པོའི་དོ་ཤལ། རྟེན་འབྲེལ་གྱི་ཟུར་འདེབས་སྲིད་ཞིའི་གནས་ཚུལ་འཆར་བྱེད་རྣམས

ཀྱང་རྣམ་བཤད་ཚིག་དོན་རབ་གསལ་ཉིད་དང་རྗེས་འབྲེལ་ཡིན་ནོ། །དགུང་ལོ་ཉེར་བདུན་གྱི་སྐབས་ཀྱི་སྟོན་ཆག་ལ་ཡང་གྲྭ་ཚང་ཚོས་སྡིངས་སུ་ཟླ་བ་ཉིས་སྤེལ་ཙམ་གྱི་ཕྱོགས་འདུལ་མི་བྱུང་ནས་ཕེབས། དེ་དུས་སྨྱུང་ལུང་རིན་པོ་ཆེའི་དྲུང་ན་བྱང་སེམས་བདེ་མོ་ཐང་པ་དཔོན་སློབ་འགའ་ལ་ཐུགས་རྗེ་ཆེན་པོའི་དམར་ཁྲིད་གྲུབ་ཐོབ་ཚེམ་བུ་བ་ནས་བརྒྱུད་པ་དེ་གནང་བའི་དབུ་ཚུགས་ཙམ་ལ་སླེབས་ནས་ངེད་གྲྭ་ཚང་པ་ཀུན་གྱིས་ཞུས། དེ་གྲོལ་རྗེས་རི་པོ་དགེ་ལྡན་པའི་དགེ་བཤེས། ཁྲིམས་བཀའ་བརྒྱུད་དུ་ཕྱོགས་པ་ཤ་ར་རབ་འབྱམས་པ་སངས་རྒྱས་སེང་གེ་བས་ཞུ་བའི་གཙོ་བྱས་ནས། འབྲི་སྟག འབྲུག་པ་སྟོད་སྨད། ཀརྨ་ཞྭ་དམར་ནག་གཉིས་ཀའི་བརྒྱུད་པ་ཚང་བའི་ནཱ་རོ་ཆོས་དྲུག་དང་། ཕྱག་རྒྱ་ཆེན་པོ་སྤྱན་སྔ་བསོད་ནམས་རྒྱལ་མཚན་པས་མཛད་པའི་ཁྲིད་ཡིག་མ་རིག་མུན་སེལ་དུ་གྲགས་པ་དེའི་སྟེང་ནས་ལྷན་ཅིག་སྐྱེས་སྦྱོར། ཡང་དགོན་པའི་རི་ཆོས་སྐོར་གསུམ་གྱི་ལུང་སོགས་དང་། ཡང་དེ་གྲོལ་རྗེས་རང་ཆོས་རྗེ་ཤེར་འབྱུང་བློ་གྲོས་སྦས་པ་ཞུ་བའི་རི་པོ་དགེ་ལྡན་པའི་གྲུབ་ཐོབ་ཆེན་པོ་རང་དུ་གྲགས་པ་དེས་ཞུས་ནས། ནི་གུའི་ཁྲིད་ཚར་གཅིག་ཀྱང་ཐོབ་ཅིང་། སྔ་ཕྱིར་ནི་གུའི་ལན་བཞི་ཞུས་ཞེས་པ་པཎ་ཆེན་རིན་པོ་ཆེ་ཉིད་ཀྱི་སློབ་མ་མངའ་རིས་སུ་བྱོན་པའི་བསླུབ་པའི་བརྒྱུད་འཛིན་གཅིག་པུ་བ། ཕོག་ལུང་རབ་འབྱམས་པ་ནམ་མཁའ་རབ་གསལ་བའི་ཞལ་ནས་བརྒྱུད་པའི་གསུང་སྒྲོས་སོ། །དེར་སྨྱུང་ལུང་རིན་པོ་ཆེའི་དྲུང་དུ་བཀའ་ཆོས་གསན་རྗེས། སྣང་ཐང་སྤྱན་སྤ་ཀུན་རྫོར་བ་སྐུ་མཆེད་ཀྱིས་སྤྱན་འདྲེན་ཞང་བཙུགས་བྱུང་ནས། སྣང་རི་འོད་ལྡན་དུ་ཕེབས་པས་བཀའ་ལུང་ལ་གཙང་ཕྱོགས་ནས་མགྲོན་པོ་ཡོང་བའི་སྐད་ཆ་ལ། ཆོས་རྗེ་རྡོ་རྗེ་འཆང་ཆེན་པོ་མངའ་རིས་གློ་བོ་འཁོར་ནས་ངོར་ཚོར་ཕེབས་ཡོད་འདུག་པས་སྟོན་ཞལ་བཞེས་བཟང་པོ་ཡོད་པའི་དོན་ལ་ཞང་གཏད་གཙང་ཕྱོགས་ལ་འགྲོན་པར་རིགས་གསུང་། དེར་རྗེ་རྡོ་རྗེ་འཆང་ཆེན་པོའི་དྲུང་དུ་ཞུ་ཡིག ཧེན་པོས་པེམ་ལུ་ཧཱུཾ་རི་མོ་མེ་ཏོག་ཀླུམ་འཛངས་མ་ཞིག་དང་། གནང་སྦྱིན་ཆོས་ཞུ་བའི་ཆས་ལ་ཕན་པའི་ཇ་གོས་དར་དཔག་མེད་སྐྱལ་ནས། དགུན་གྲང་བའི་སྐབས་རང་ཡིན་ནའང་བློས་ལོངས་པ་བྱས། ཚལ་པ་

རིན་རྒྱལ་བ་དང་ཁྲ་ཕུ་བ་སངས་རྒྱས་བཟང་པོས་གཙོ་མཛད་པའི་གྲྭ་པ་སློབ་གཉེར་བ་མཐར་ཕྱིན་ལུང་རིགས་བརྡ་སྦྱངས་པ་རང་དྲག་བསྡུས་དང་བཅས་གཙང་ཕྱོགས་སུ་ཕེབས་ཤིང་། དེ་ཡང་ཐོག་མར་རྗེ་དོན་ཡོད་དཔལ་བ་དཔོན་སློབ་རྣམས་པན་ཁྲུང་ཚང་ན་བཞུགས་པའི་དྲུང་དུ་ཐེགས། དེར་ཡབ་སྲས་ཞལ་མཇལ་མ་ཐག་དགྱེས་དགྱེས་མཐའ་ཡས་རང་གནང་ཞིང་། ཞག་འགའ་རེའི་གོང་དུ་ངོར་ཆོར་ཕེབས། རྡོ་རྗེ་འཆང་དང་འཇལ་བའི་གསུང་སྒྲོས་དང་། ད་རྡོ་རྗེ་འཆང་ཡང་སྤྱན་ཀྱང་རབ་རིབ་ཏུ་སོང་། སྐུ་ན་ཚོད་མཐར་ཕྱིན་པའི་སྟབས་བཀའ་ཆོས་ཞུ་བའི་སྐབས་རང་ན་འདུག ཉི་མ་གངས་ཐོག་ཏུ་ཕེབས་ཟེར་བའི་དཔེར་གདའོ་གསུང་། དེར་པཎ་ཆེན་རིན་པོ་ཆེའི་ཐུགས་དགོངས་ལ་རྗེ་རྡོ་རྗེ་འཆང་དགུང་ལོ་བདུན་ཅུ་དོན་བཞིར་ཕེབས་པ་ཡིན་ཀྱང་། སྤྱང་ལུང་རིན་པོ་ཆེ་དགུང་ལོ་བརྒྱད་ཅུ་གྱ་བཞི་བཞེས་པ་ཡང་། སྤྱན་གསལ། སྙན་གསང་། ཞལ་ཚིགས་བདེ། སྐུ་ལུས་བསྐྱོད་པ་ཡང་། བཀའ་ཆོས་ཉིན་རངས་སྩོལ་ཡང་དུབ་པ་མི་མངའ་བ་འདུག་པ་སྙམ་པ་བྱུང་ཡང་དེའི་ཕྱི་ལོ་རང་རྗེ་རྡོ་རྗེ་འཆང་ཞིང་ཁམས་བརྗེ་བ་གནང་སོང་ཞིང་། རང་རེའི་རྗེ་དོན་ཡོད་དཔལ་བའི་བཀའ་ལུང་འདི་ཀུན་མ་འོངས་མངོན་མཁྱེན་རང་དུ་ཡོད། ཅེས་པཎ་ཆེན་དངོས་ལ་ཆོས་རྗེ་ཀུན་དགའ་རྒྱལ་མཚན་པས་གསན་པའི་གསུང་སྒྲོས་སོ། །དེར་དགུན་ཆོས་ཀྱི་བརྗོད་འཐག་སོགས་ལ་ཞག་འགའ་ཆགས་པས། ངོར་ཆོར་སླེབ་དུས་སྔང་གསུམ་གྱི་དག་པའི་སྣང་བ་དེ་ནོན་ཙམ་བྱུང་ཞིང་། དེར་སེམས་བསྐྱེད་སྔགས་ལམ་མན་དང་། སྔར་མ་ཐོབ་པའི་ལས་འབྲས་ཀྱི་ཆ་ལག་རྣམས་དང་། སྒྲུབ་ཐབས་བརྒྱ་རྩ་རྣམས་བྱུང་། དེར་རང་རེའི་གྲོགས་རྣམས་པས་གྲོས་འདེབས་ད་རེས་གཙང་ལ་ཕེབས་པ་ལ་དཔལ་ལྡན་ས་སྐྱར་གྲྭ་སྐོར་ཅིག་གནང་བ་ལེགས་ཟེར་བྱུང་བ་ལ། རང་རེས་དེ་འདྲའི་ཤེས་འདོད་ཀྱང་མེད། གསང་ཕུའི་ལས་འཛིན་འདིའི་སྟབས་དང་། ད་རེས་ཆོས་ཞུ་བ་ལ་རང་རྐང་གཏད་བའི་གཡེང་བར་འགྱུར་བས་མི་བྱེད་བྱས་ཐག་བཅད་པས། ཕོང་ཆོས་རྗེ་རྡོ་རྗེ་འཆང་ཆེན་པོའི་དྲུང་དུ་ཚུལ་ཕུལ་ནས། དེར་བཀའ་ལུང་ལ། སྤྱིར་ས་སྐྱ་པའི་དགེ་བཤེས་སུ་འཛོག་པ་ལ་གདན་ས་ཆེན་པོར་བསྟན་པའི་རྣམ་

བཞུག་རེ་ངེས་པར་གནང་བ་སྩོལ་དུ་འདུག་ཅིང་། ཁྱེད་ལྷ་བུའི་མཁྱེན་རབ་ཡོད་པས་གྲྭ་སྐོར་ཅིག་གནང་ན་མ་འོངས་པའི་མིག་ལྟོས་ལ་ཡང་ཕན་པས་ཅིས་ཀྱང་མཛོད། ཅེས་བཀས་བསྐུལ་ཚུལ་རྣམ་ཐར་རྗེ་དཔོན་མ་ཏི་མ་ལས་འབྱུང་ཞིང་། འདི་སྐབས་དེ་གཉིས་ཀ་དང་གཞན་དག་གི་སྙན་ན་མི་བཞུགས་པའི་ཁྱད་པར་བའི་བརྗོད་པ་དག་ཅིག་རྣམ་ཐར་རྣོར་རྒྱལ་མར་བྲིས་པ་ནི། གོང་གི་བཀའ་དང་རྗེས་འབྲེལ། སྔོན་དེར་གྲྭ་སྐོར་ཅིག་གི་བཞེད་པ་ཡོད་ཀྱང་། རྟགས་ཕྱོགས་ལ་འདུན་པས་མདོའི་སློབ་གཉེར་ཙམ་མ་གྲུབ་པས་མ་བྱུང་། ད་དེའི་ཚབ་ཏུ་དམིགས་ནས་ཁྱོད་ཀྱིས་མཛོད་ཅེས། རྗེ་རྡོ་རྗེ་འཆང་ཉིད་ཀྱི་ན་བཟའ་ཏུར་སྨྲིག་ཆོན་ལྷན་གྱི་དབུ་ཞྭ་ནས་ཞབས་ལྷམ་ཡན་གྱི་གནང་སྦྱིན་གནང་བས་དེར་པཎ་ཆེན་རིན་པོ་ཆེས། བཀའ་བཞིན་གྲྭ་སྐོར་བསྒྲུབ་པར་ཞུ། བླ་མའི་ན་བཟའ་འ་རེས་གར་ལོངས་སྤྱོད་སྤོབས་ཞེས་བཞུགས་སར་བླ་རེ་གནང་བ་གསན་ནས། ཡང་སྔར་ལྷ་བུའི་ཏུར་སྨྲིག་ཆོན་ལྷན་གསར་པ་ཆ་གཅིག་གནང་ནས། སྔར་དེ་ངེད་ཀྱིས་གྱོན་པས་ཁྱེད་མི་བསྔོམས་ན་འདི་བཞེས་མཛོད་ཅེས་བཀའ་ལུང་གནང་ཞེས་འབྱུང་ངོ་། །དེར་བཀའ་ལུང་ལ། གྲྭ་པ་རྣམས་པན་རང་དུ་སློབ་དཔོན་པའི་རྩར་བཏང་ན་ཕོང་རང་རྣམ་པ་ཡང་དཔེ་ཆ་འདྲ་གཏོང་པའི་ཁྱད་འདྲ་ཡང་ཡོང་བས་དེ་ལུགས་དང་། འདི་ནས་རང་ཡང་དེ་རིང་སྐུ་མཚམས་ཀྱི་ནུ་ནས་ཕྱག་དཔེ་གཟིགས་པ་ལ་ནན་ཏན་མཛོད། ཕྱག་དཔེ་གང་དགོས་དགེ་སློང་བའི་ལག་ནས་བཞེས་པས་ཁྱབ་གསུང་པ་ལ། གྲྭ་པ་རྣམས་བཀའ་བཞིན་པན་ཁྱུང་ཚང་རང་དུ་རྫོང་ཞིང་། དཔེ་ཆ་ལྷ་མི་དགོས་པ་ཡོད་ལགས་ཤིང་། ད་རེས་ཆོས་ཞུ་རང་ལ་བསླགས་པ་ཡིན་པས། བཀའ་ཆོས་གང་རྒྱས་རང་གི་སྐུ་དྲིན་དགོས་ཞུ་བ་གནང་ཡང་། རྡོ་རྗེ་འཆང་གི་བཀའ་ལུང་ལ་ས་སྐྱའི་གྲྭ་སྐོར་འདི་བླ་མ་གོང་མའི་བྱིན་རླབས་ཀྱི་ཟིལ་དང་བྱས་དཀའ་བ་རང་ཞིག་ཡོད་པས། ཕྱག་དཔེ་གཟིགས་པའི་སྐུ་མཚམས་དམ་པ་རང་མཛོད། གསུང་ཆོས་མ་གསན་པ་འདྲ་ཡོད་ན་བརྡ་འབུལ་གསུང་། དེར་དཔེ་ནི་ལྷ་དགོས་པ་མེད་པས་དཔེན་པོ་བྱུང་བ་ནས་ཡི་དམ་གྱི་ལྷ་ཞིག་གི་གྲངས་བསྙེན་ཞིག་བྱས་ཞེས་རྣམ་ཐར་རྗེ་དཔོན་མར་འབྱུང་ངོ་། །དེར་གྲྭ་སྐོར་ལ་འགྲོན་

པའི་དུས་སུ་བར་ནས། རྗེ་རྡོ་རྗེ་འཆང་གི་གདན་སའི་ལས་ཆེན་ཡོན་ཏན་རྒྱ་མཚོ་བས་གཙོ་མཛད་ལ། གསང་ཕུ་ནས་ཕྱིན་པའི་སློབ་དཔོན་པ་དཔོན་སློབ་འདི་དག་ངེད་ཀྱི་སྐུལ་མ་བྱས། བསྟན་པའི་རྒྱུན་ལ་བསམས་ནས་བརྫངས་པ་ཡིན་པས་ཁོང་པ་ལ་གྲངས་ཆེན་རྣམས་ཀྱི་སྟེང་དུ་ཡང་། ཁོང་རང་གི་ཐུགས་བཞེད་ལྟར་གྱི་མདོ་སྔགས་རིག་གནས་ཀྱིས་བརྒྱན་པའི་བོད་གྲངས་ལྔ་བཅུ་ལ་གྲྭ་སྐོར་བྱས་མཆོག་པ་སོགས་ཕུལ་དུ་གང་ཆེའི་བཀུར་སྟི་ཡང་དག་རང་དགོས་ཞེས་པའི་བཀའ་ཤོག་ནན་ཏན་རང་གནང་ནས་ཕེབས། དེར་པཎ་ཆེན་རིན་པོ་ཆེ་ཉིད་དགུང་ལོ་ཉེར་བརྒྱད་ཀྱི་སྟེང་དུ་སོན་པ་ཤིང་མོ་ཕག་ལོའི་ཟླ་བ་ལྔ་པའི་ངོ་དཀར་ཙམ་ཡིན་གསུང་ཞིང་། སྔར་ངོར་དུ་གྲྭ་པ་ཁམས་པའི་དགེ་རྒན་ཞིག་གིས་མཁན་ཆེན་གཡག་པས་མཛད་པའི་རྟགས་རིགས་ཤིག་གི་ཕྱེད་ཕུལ་པའི་ནུབ་མནལ་ལམ་ན། པུ་ཏྲ་ཡིན་སྙམ་པའི་ཨ་ཙ་ར་དུང་ཡོང་ཅན་ཞིག་ན་རེ། འདི་གཡག་པའི་ཕྱག་དཔེ་ཕྱག་རིས་མ་དངོས་ཡིན། འདིའི་ཕྱེད་པོ་ཡང་ཁྱེད་ལ་གཏོང་ངོ་ཟེར་བ་ཞིག་བྱུང་བའི་མནལ་ལམ་དེའི་ཆེད་དུ་སང་གནས་འཇལ་ལ་དགའ་ལྡན་བླ་བྲང་དུ་ཕེབས་དགོངས་པའི་ནུབ། བླ་བྲང་དེའི་དཀོན་གཉེར་གྱི་རྨི་ལམ་དུ། མཁན་ཆེན་གཡག་པ་ཡིན་ཟེར་བའི་དགེ་བཤེས་བོངས་རིང་ཞིག་བྱུང་ནས་ང་རང་གི་དཔེ་ཆ་ལྷ་བ་ལ་ཡོང་གསུང་པའི་སྐད་ལ་གཉིད་སད། དེའི་སང་པཎ་ཆེན་རིན་པོ་ཆེ་དཔོན་སློབ་རྣམ་པས་ཕེབས་པས། དཀོན་གཉེར་དེས་མདང་གི་རྨི་ལམ་ཞུས་ཤིང་། ཁྱེད་རང་མཁན་ཆེན་གཡག་པ་དངོས་སུ་གདའ་བས་ཕྱག་དཔེ་གང་དགོས་སྣོམས་མཛོད། ཅེས་དད་པའི་མཆི་མ་ཕྱུང་སྟེ་ཞབས་ལ་ཕྱག་བྱས། དེར་པཎ་ཆེན་རིན་པོ་ཆེས་ཕྲ་ཕུ་བ་ལ། ཕྱག་དཔེ་པོ་ཏི་གཅིག་ལ་ཕྱག་མཇུབ་གཏད་ནས་དེ་ཡོང་གསུངས་པའི་དབུ་རང་ནས་སྔར་གྱི་རྟགས་རིགས་ཀྱི་ཕྱེད་ཁ་དེ་འདུག་པས། དཔོན་སློབ་དེར་ཚོགས་པ་ཀུན་ཐུགས་ཡ་མཚན་དུ་གྱུར་ཅིང་། དེར་མཁན་ཆེན་གཡག་པའི་སྐུའི་སྐྱེ་བར་གདན་སའི་ཆེ་བཙུན་ཡོངས་ཀྱིས་དགོངས་ནས། ཞབས་ཏོག་དང་གསོལ་བྱ་ཞུ་བ་རང་གིས་ཉིན་མཚན་འདའ་བར་གྱུར་ཏོ། །

འདི་སྐབས་རྣམ་ཐར་རྫོར་རྒྱལ་མར། དེར་གྲྭ་སྐོར་དུས་ཐུག་ཅིང་། ཕྱག་དཔེ་གཟིགས་

སྐབས་གཏན་ནས་མ་བྱུང་བས། ཕྲ་ཕུ་བའི་དྲུང་གིས་ཡང་ཡང་བསྐུལ་རྗེས་ཁོང་ཡིད་མ་ཆེས་པར། ཉིན་གཅིག་ཞོགས་པས་བཞེངས་ནས་ཕྱག་དཔེ་ཞལ་བཞེས་གནང་བའི་གཞུང་མ་ལུས་པའི་གཞུང་སྐྱུར་དབུ་ཞབས་བར་གསུམ་ནས་ཕུལ་བས། གང་ལ་ཡང་བཤད་པ་འཕྲོས་དོན་ཐགས་ཐོགས་མེད་པར་དེ་རིང་བཟུང་བ་འདྲ་བ་རེ་གནང་བས། ཁྱེད་ངེད་ཚོའི་རྩར་དཔེ་ལྟ་བ་སྐད་དེ་རྫུན་ཐབས་རེད། ཡི་ནས་རང་བྱུང་གི་ཐམས་ཅད་མཁྱེན་པར་འདུག་པས་ཅི་དགའ་དགའ་མཛོད། ཅེས་ཞུ་ཞིང་སེམས་རྣལ་དུ་འཁོད་ཅེས་འབྱུང་ངོ་། །དེར་བཞི་ཐོག་པ་བདག་ཆེན་ཀུན་དགའ་དབང་ཕྱུག་ལེགས་པའི་འབྱུང་གནས་པའི་དྲུང་དུ། བཀའ་འབྲེལ་འཇམ་དབྱངས་ཨ་ར་པ་ཙ་ན་དཀར་པོ་ལྷ་ལྷའི་དབང་སྒྱིད་པའི་རྒྱུད་ལས་ཇི་ལྟར་བཤད་པའི་ཕྱག་བཞེས་ཀྱིས་བརྒྱན་པ། ལྷ་དེ་ཉིད་དང་རྗེས་འབྲེལ་དཔའ་བོ་ཆོག་གྲུབ་ཀྱི་རྒྱུད། ས་སྐྱ་པ་རང་བཞེད་དུ་བཀྲལ་བའི་རྒྱུད་ཀྱི་བཤད་ལུང་ཡང་འཛེམས་པ་རང་ཞིག་གསན་པས། ཕྱིས་བྱམས་ཆེན་དང་ལམ་འབྲས་བརྒྱུད་པའི་རྟེན་རྫོངས་སྐབས། གདོང་སྦྱིན་འཁོར་ལོའི་ནང་བཞུགས་ལ། དྲུང་ཡིག་ཆོས་རྒྱན་པ་དང་། ཆོས་རྗེ་བྲག་དམར་བ་ཀུན་དགའ་ཚེ་འཕེལ་དྲུང་ཞལ་མ་འཆམ་པར། བུ་སྟོན། ས་བཟང་མ་ཏི། ཤར་བ་སོགས་ཐ་དད་ཀྱི་ཡིག་ཆ་མང་པོ་དང་། ཇོ་ནང་མཁན་པོ་བྱང་ཆུབ་སེང་གེ་བས་ཆོས་རྗེ་དཔལ་ལྡན་བླ་མའི་བཀའ་བགོད་ཀྱི་དཔེ་རིས་སོགས་མང་པོ་བསགས་སྐབས། པཎ་ཆེན་རིན་པོ་ཆེའི་བཀའ་སྩལ་ལ། འདི་དག་ངེད་རང་ལོ་ཉེར་བརྒྱད་དུས། ས་སྐྱ་གྲྭ་སྐོར་གྱི་རྣམ་གཞག་བྱེད་དུས། བདག་ཆེན་གཞི་ཐོག་པའི་དྲུང་དུ་ཕྱག་ཁྲིད་ཞུས་པས་འདི་ལྟར་གསུང་ཞེས་ཐག་ཆོད་གནང་བ་དང་། རྗེ་རྗེ་རྗེ་འཆང་གི་ཕྱག་ལེན་ཟིན་བྲིས་སུ་བཀོད་པ་དག་ཞུས་དག་བྱས་པ་ལྟར་འདུག་ཅེས་དེ་དུས་རྟེན་རྫོངས་ཀྱི་ཕྱག་གཡོག་བགྱིད་པ་པོ། ངོལ་བུ་ནམ་སྟོང་པ་བླ་མ་བཀྲ་ཤིས་ཀྱི་ངག་ལས་དྲུང་པ་བ་ལུང་བས་གསན་པའི་འཕྲོས་སོ། །དེ་དུས་རྒྱན་གྱི་ཕྱག་སྲོལ་དབྱར་ཉི་ཤོག་འཕྲུལ་དུས་སྦྱོར་གཟའ་སྐར་དགེ་བ་ལ་གྲྭ་སྐོར་གྱི་མཛད་པ་བསྟན་པའི་མིག་རྐྱེན་ལ་ཕན་པ་སྩལ་ཅིང་། ས་སྐྱ་རང་དུ་གྲགས་པའི་ཕར་ཚད། འདུལ་མཛོད། སྡོམ་རིགས། མངོན་པ་

མཛོད། ཚད་མ་མདོ། ཚད་མ་རྣམ་ངེས། རྩ་འཇུག་བཞི་གསུམ། བྱམས་ཆོས་ཕྱི་མ་བཞི། སྤྱོད་འཇུག སོ་སོར་ཐར་པའི་མདོ་རྣམས་ཀྱི་སྟེང་དུ་ཡུམ་རྒྱས་འབྲིང་བསྡུས་གསུམ། ཐེག་བསྡུས། དབྱིག་གཉེན་གྱི་སུམ་ཅུ་པ། ཉི་ཤུ་པ། ཕུང་པོ་ལྔའི་རབ་བྱེད། ས་སྐྱ་པའི་ཕྱོགས་ཞེན་ལས་ངོར་ནས་ཆེད་ཀྱིས་བཀའ་སྩལ་པའི་ཐུབ་པ་དགོངས་གསལ། མཁས་པ་འཇུག་པའི་སྒོ། སྒྲ་ཉེར་མཁོ་བསྡུས་པ། གསོ་བ་རིག་པའི་བསྟན་བཅོས། སྙེལ་སྦྱོར་མེ་ཏོག་གི་ཚུན་པོ། མངོན་བརྗོད་ཚིག་གཏེར། སྙན་ངག་མཁས་པའི་ཁ་རྒྱན། ཟློས་གར་རབ་དགའི་འཇུག་པ། ལེགས་བཤད་རིན་པོ་ཆེའི་གཏེར་རྣམས་ས་སྐྱ་པཎྜི་ཏས་མཛད་པ་ལ་ཆེད་དུ་བརྗོད་པའི་ཚུལ་དུ་གཞུང་དབུ་ཞབས་ཚང་མ་བཤད་པ་དང་། དེའི་རྒྱབ་འགྲེལ་མཚོན་པར། སྒྲ་མདོ་ཀ་ལཱ་པ། སྙན་ངག་མེ་ལོང་། སྙེལ་སྦྱོར་རིན་ཆེན་འབྱུང་གནས། མངོན་བརྗོད་ཨ་མ་ར་ཀོ་ཥ། ཟླ་ཀུན་ཏུ་དགའ་བའི་ཟློས་གར། སྨན་དཔྱད་ཡན་ལག་བརྒྱད་པ། ཐོན་མི་སམྦྷོ་ཊའི་སུམ་རྟགས། སྨྲི་ཏི་ཛྙཱ་ནའི་སྒྲ་སྒོ། རྗེ་བཙུན་རྩེ་མོའི་བྱིས་འཇུག་རྣམས་དང་། སྐུའི་ཕྱག་ཚང་དུས་འཁོར་དང་སྡོམ་འབྱུང་ནས་བསྟན་ཚུལ། ནང་རིག་གི་མཚོན་བྱེད་རྒྱུད་ལ་འཇུག་པའི་སྒོ་སྟེ། རྒྱུད་སྡེ་སྤྱི་རྣམ་དང་། ཆོས་ལ་འཇུག་པའི་སྒོས་མཐའ་བརྟེན་ནས་ཚོགས་སུ་ཆོས་ཁྲི་ཁར་མཐའ་དཔྱད་རྒྱས་ཤིང་སློབ་པ་སྤྱི་འགྲོར་སྩལ་ཅིང་། སྔར་གཞི་ཐོད་ཉིད་དུ་ས་སྐྱའི་ཆེ་དགུ་འབབ་ཞིག་གི་ནང་ཆེན་གྲལ་དབུས་སུ་ཀྱེ་རྡོར་རྒྱུད་གསུམ། སེམས་འགྲེལ་སྐོར་གསུམ། འཇམ་དཔལ་མཚན་བརྗོད་དང་། འཇམ་དཔལ་ཞལ་ལུང་། སྒྲུབ་ཐབས་མདོ་བྱས། མདོ་སྡེ་རྣམ་གཞག་རིམ་པ། སྤྱོད་བསྡུས་སྒྲོན་མེ་སོགས་ཀྱི་ཕྱགས་གཞུང་། དེ་དག་གི་བཤད་ཆོམ་དང་། མཐར་རབ་ཏུ་གནས་པའི་རྒྱུད་ཀྱི་བཤད་པ་རྒྱས་པའི་བར་གནང་ཞིང་། དེར་དཔལ་ལྡན་ས་སྐྱའི་གནས་དང་། གོང་མ་ལྔ་ལ་མཚན་སྙེལ་པའི་མཆོད་བརྗོད་གནང་ནས་སྒོ་གོང་དུ་སྦྱར་བས་འདི་ལྟ་བུའི་སྙན་ངག་སུ་ཞིག་གིས་བྲིས་ཞེས་གླེང་བ་ན། དེའི་ཕྱི་ཉིན། དེ་སྐད་སྨྲ་བ་ང་ཡིན་སོགས་ང་བརྒྱད་མ་སྦྱར་བྱང་དུ་བཀོད་དོ། །ཕྱགས་ཕྱི་ཚལ་པའི་རིན་རྒྱལ་ཕྲ་ཕུ་བ་སངས་རྒྱས་བཟང་པོ་ལ་སོགས་པ་རྣམས་ཀྱིས་སྤྱི་འགྲོའི་གྲྭ་སྐོར་

ཡང་དག་དང་། ཁྱད་པར་རིགས་པའི་སྒོ་ནས་གྲགས་པས་ས་སྟེངས་མ་ལུས་པ་ཁྱབ་པར་བྱས་སོ། །ཚུལ་འདི་དག་རྣམ་ཐར་གསུམ་གར་དུ་མི་འབྱུང་མོད་ཀྱང་། དེའི་དུས་ཀྱི་གཞུང་ལས་པར་གྱུར་པ་ས་སྐྱ་པ་ལ་ས་ཆེན་ཡོན་ཏན་རྒྱ་མཚོ་བ་དངོས་ལས། གཏིང་སྐྱེས་རབ་འབྱམས་པ་སྡེ་བདུན་དབང་ཕྱུག་རྒྱལ་མཚན་པས་གསན་པའི་ངག་རྒྱུན་འཕེལ་བ་ལས་རྙེད་པ་དག་གོ །དེར་འདུས་པའི་མཁས་རློམ་ནས་བྱིས་པའི་བར་རང་དབང་མ་མཆིས་པའི་དད་པའི་སྤྲུ་ཡོང་གཡོས་ཤིང་། རྒྱང་རིང་པོ་ནས་ཀྱང་སྐུའི་རྒྱལ་མཚན་མཐོང་པའི་མོད་ལ་ཕྱག་འཚལ་བ་དང་། ངག་ནས་ཆེད་དུ་བརྗོད་པའི་ང་རོས་སྐྱབས་སུ་མཆི། ཞེས་ཐལ་མོ་སྦྱོར་བར་བྱེད་པའི་མོས་དགེའི་ས་བོན་རྒྱ་ཆེར་བསྐྲུན་ནས། སླར་ཨེ་ཝཾ་ཆོས་ལྡན་བླ་མའི་བཞུགས་གནས་ངོར་དགོན་གསར་དུ་ཕེབས་ཤིང་། དེ་རྗེས་རྗེ་བཙུན་རྡོ་རྗེ་འཆང་ཆེན་པོ་དགྱེས་པ་མཆོག་ཏུ་འཁྲུངས་ཏེ་བཞུགས་གདན་གྱི་བཀུར་སྟི་སོགས་ཀྱང་བློ་འདས་ཀྱི་དགྱེ་འདོན་སྩལ་བས། ཕྱིས་ངོར་ཆོར་རྒྱལ་ཚབ་ཀུན་དབང་བའི་དུས་ཕེབས་སྐབས་ཀུན་ཅའི་སྟེངས་སུ་ཕེབས་ཤིང་། རྗེ་བླ་མས་སྤྲུལ་པའི་གདན་ཁྲུར་ཡིན་ནོ་གསུང་། སྟར་གྱི་བཞུགས་གདན་མཐོ་ལ་ སྤུས་གཙང་བའི་བཀུར་སྟི་མ་ཉམས་པར་མཛད་པའི་ཚུལ། ངོར་ཟུར་འཆང་བ་སློབ་དཔོན་བསོད་ནམས་སངས་རྒྱས་པའི་དཔོན་པོའི་ཁ་སྒོ་ནས་ཐོས་སོ། །དེར་རྗེ་རྡོ་རྗེ་འཆང་ཆེན་གྱིས་གྲྭ་སྐོར་གྱི་ལེགས་ཐའི་སྟེང་དུ། སྟོན་ས་སྐྱ་པཎྜི་ཏ་ལ་ཁ་ཆེ་པཎ་ཆེན་གྱིས་གནང་བ་ཡིན་གསུངས་པའི་སྟོན་པའི་རྒྱ་སྐུ་ལི་མ། འགྲོ་མགོན་འཕགས་པ་རིན་པོ་ཆེའི་རྣམ་སྤྲུར་དེ་ཉིད་ཀྱི་སྐུ་ལ་རྒྱུན་བཞེས་ལོ་ཉི་ཤུ་རྩ་ལྔ་གནང་། དེའི་རིང་གི་རབ་གནས་དབང་བསྐུར་བསྟེན་རྫོགས་སོགས་ཀྱི་བྱིན་རླབས་ཅན། ཧོར་གོས་ལུ་ཧཾ་སྐུ་དྲིག་དང་བཅས་པ་ཚུལ་ཁྲིམས་ཀྱི་དྲིས་སྤུགས་བཅུར་ཁྱབ་པ་དེ་དང་། དབུས་གོང་མ་གྲགས་པ་འབྱུང་གནས་པས་ཕུལ་བའི་གསོལ་ལྷུང་རྣམས་སྩལ་ཅིང་། འདི་དག་བྱམས་པའི་ནང་ཞུགས་ཉིད་ལ་ཡོད་ངེས་དཀར་ཆག་གིས་མཚོན་པར་ནུས་ལ། གཞན་རྗེ་ཉིད་ལྷ་ཞིག་ཕྱག་གཡོག་གི་གྲྭ་སྐོར་གནང་བའི་ཚལ་པ་རིན་རྒྱལ་བྲ་བུ་སངས་རྒྱས་བཟང་པོ་བ་སོགས་ལའང་། གོས་ལུ་ཧཾ་སྲབ་མོའི་ཆོས་གོས་སོགས་

གནང་སྦྱིན་ཡང་དག་གི་བཀའ་དྲིན་མཛད། ཕྱིས་དེ་དུས་བཞུགས་གྲལ་ལ་བདག་ཆེན་ཆུ་མིག་པའི་དྲུང་དང་། ཤར་པ་བདག་ཆེན་ཡེ་ཤེས་དབང་ཕྱུག་པར་གྲགས་པའི་སྐུ་ན་གཞོན་ནུ་རྡོ་རྗེ་འཆང་ཆེན་པོས་བཀུར་སྟི་ས་སྐྱ་བདག་ཆེན་པ་ལས་ཀྱང་ཆེ་ཆེ་ཙམ་གནང་བ་ཞིག་གྲལ་གྱི་དབུ་ལ་བཞུགས་འདུག་ཅིང་། ཕྱིས་རྗེ་རྡོ་རྗེ་འཆང་ཞིང་བརྗེས་ནས་ལོ་སྐོར་གཅིག་སོང་བའི་ཕྱི་ལོ། རང་རེས་རྗེ་དོན་ཡོད་དཔལ་བ་མཇལ་བ་ལ་རྐང་གཏད་ཡོངས་དུས། ཆུ་མིག་ཚོར་ཆོས་ཞུ་བ་ལ་ཡུན་རིང་བསྡད་སྐབས། བདག་ཆེན་རིན་པོ་ཆེས་སྟོན་གྱི་དེའི་སྐྱོར་ཟློས་གནང་། ངེད་ཀྱིས་རྗེ་རྡོ་རྗེ་འཆང་ཆེན་པོའི་ཞབས་དྲུང་དུ་མི་ལོ་སུམ་ཅུ་སོ་བགྲངས་གཅིག་འབྲལ་མེད་བསྟེན་ཀྱང་། ཁྱེད་ལ་དགྱེས་དགྱེས་དེ་ལྟ་བུ་དང་། ཁྱེད་རྣམས་ལ་ཡང་དེ་དུས་གནང་བའི་གནང་སྦྱིན་དཔེ་བྲལ་དེ་འདྲ་སུ་ལ་ཡང་གནང་བ་མི་དྲན་པ་ལགས་ཞེས་ཐུགས་ཏ་ལས་ལས་མཛད་ནས་གསུང་ཞེས། རྡོ་རིང་རིན་པོ་ཆེ་དངོས་ལས་ཐོས་སོ། །དེར་རྗེ་རྡོ་རྗེ་འཆང་གིས་བདེ་མཆོག རྣལ་འབྱོར་མའི་སྐོར་གྱི་དབང་བྱིན་རླབས། ཆོས་སྐྱོང་སོགས་དབང་ཁང་དུ་ཆིག་བརྒྱུད་དུ་གནང་ནས། འདི་དག་ལ་ཐུགས་དམ་གྱི་སྙིང་པོ་མཛོད་ཅིག་ཅེས་དང་། ས་སྐྱ་པཎྜི་ཏས་བསྒྱུར་བའི་རྡོ་རྗེ་སྙིང་པོ་རྒྱན། གསང་བ་ནོར་བུ་སོགས་རྒྱུད་གསུམ་དང་། ལྷག་པར་གསང་འདུས་རིམ་ལྔའི་ཁྲིད་དང་། ཁ་ཆེ་པཎ་ཆེན་དང་ས་པཎ་གཉིས་ཀྱིས་ལོ་པཎ་གནང་བའི། སློབ་དཔོན་སྦྲ་གཅན་འཛིན་དཔལ་བཤེས་གཉེན་གྱིས་མཛད་པའི་གསང་འདུས་ཀྱི་དཀྱིལ་ཆོག་རབ་བྲིས་ལ་བརྟེན་པ་ཟུང་འཇུག་གསལ་བར་གྲགས་པ་དེའི་ལུང་ཡང་སྩལ་ནས། གསང་འདུས་འདི་ལ་རང་གཞན་ཤན་འབྱེད་པའི་བཤད་པ་དང་། ཡི་གེ་ཡང་དག་རྩོམ་ཞེས་ཀྱང་བཀའ་བསྒོ་བ་ཐུགས་ལ་བཞག ཕྱིས་གསེར་མདོག་ཅན་ཕེབས་རྗེས། གསང་འདུས་རྣམ་བཤད་རྣམ་པར་ཐར་པའི་སྒོ་བརྒྱ་པའི་ཐུགས་རྩོམ་དང་། པར་ཡང་བསྐྲུན་ནས། ངོར་གྱི་རྗེ་རྡོ་རྗེ་འཆང་གི་གཟིམས་མལ་སྐུ་འདྲའི་དྲུང་དུ་འབུལ་མི་གནང་། དེ་དུས་ངོར་གདན་སར་ཆོས་རྗེ་འདྲེན་མཆོག་བཞུགས་པའི་དུས་ཡིན་པས། དཔེའི་ཕྱི་འགྲིལ་ཁ་ཐགས་དཀར་པོ་དྲི་མ་མེད་པ་ཞིག་ལ་ཕྱག་རྟགས་འབྱར་བ་དེའི་རྒྱུ་

ཡང་མ་ཉམས་པར་ཆོས་རྗེ་རིན་པོ་ཆེ་ཉིད་ཀྱི་ཕྱག་གིས་རྗེ་རྡོ་རྗེ་འཆང་ཆེན་པོའི་སྐུ་འདྲའི་ཕྱག་ཆོས་འཆད་གནང་བའི་བར་དུ་ཕུལ་ནས། བདག་ལོ་བཙུ་གསུམ་པ་ལ་ངོར་དུ་ཕྱིན་དུས་ཀྱང་མིག་གིས་རིག་ཅིང་། ཆོས་རྗེ་ལྷ་མཆོག་པའི་སྐུ་རིང་ལ་ཡང་དེ་ཀར་ཡོད་ཀྱང་། དེང་སང་ནི་དགག་སྒྲུབ་བྱེད་པའི་དཔེ་ལྟ་ལ་སོང་ཟེར་གར་ཡང་མ་དམིགས་ལགས་སོ། །དེ་རྗེས་རྡོ་རྗེ་འཆང་གི་བཀའ་ལུང་ལ། ཆོས་བདག་པོའི་དཔེར་འདུག་ཅིང་། རང་རེའི་མིག་གིས་མི་ཚོད་པར་འདུག་པས། བདག་པོ་ཆུ་མིག་པའི་དྲུང་དུ་ས་སྐྱ་བཀའ་འབུམ་གྱི་ལུང་ཞུ་དང་། ཆོས་སྐྱོང་གི་སྐོར་རྣམས་ཞུས་མཛོད། རང་རེས་དངོས་ཀྱི་བཀྲི་ཐབས་བགྱིད་གསུང་ནས། དེའི་ལོའི་དབྱར་སྨད་ཆུ་མིག་ཏུ་ས་སྐྱ་པ་ཆེན་པོའི་བཀའ་འབུམ་དང་། ཆོས་སྐྱོང་ལྷམ་དྲལ་གྱི་རྗེས་གནང་སྒྲུབ་སྐོར་ཇོགས་པར་བྱུང་རྗེས་སྟོན་ཆག་ལ་ཡང་ངོར་དུ་ཕྱིན། བསྙེན་རྫོགས་པ་མང་པོའི་ལས་སློབ་ཀྱིས་གསུང་པ་བཞིན་བསྒྲུབས། བཀའ་ཆོས་སླར་ཡང་རྩ་དབུ་མའི་ཁྲིད་ཅིག་བྱུང་ཞིང་། གཞན་ཡང་ལམ་ཟབ་ཕྱི་ནང་དང་བྱས་པའི་འདོད་ཆོས་འགའ་རེ་ཐོབ། དེར་ཞབས་ལ་ཕྱག་བགྱིས། རང་རེ་མཚན་ཉིད་པ་སྐམ་པོ་མིག་ཏུ་སྡིག་སྐྱ་བཙུག་ན་མིན་པ་མཆིམ་མི་འཚོར་རིགས་ཡིན་ཀྱང་། བླ་མ་དེའི་མཁས་བཙུན་བཟང་གསུམ་གྱི་ཡོན་ཏན་ཁྱད་པར་ཅན་ལ་དང་བའི་དད་པ་སྙིང་ཁོང་ནས་སྐྱེས་པའི་མཐུས་མིག་ཆུ་འཛག་པའི་རྒྱུན་མི་ཆོད་བཞིན་དུ་འོངས་ཞེས་པཎ་ཆེན་དངོས་ལས་རྗེ་བཙུན་ཀུན་དགའ་མཆོག་གྲུབ་ཀྱིས་གསན་པའི་གསུང་སྒྲོས་སོ། །དེར་ཞ་ལུའི་རྟེན་མཇལ་ལ་བསྐྱགས་ནས་ལྷགས་བརྒྱུད་ཡོངས། དེ་དུས་ཞ་ལུ་མཁན་པོར་གཙང་སྟོན་ཆོས་གྲུབ་དཔལ་བཟང་བར་གྲགས་པ་དེ་ཆོ་བཞུགས་ཀྱི་འདུག་ཀྱང་། རང་རེ་བླ་མས་དྲིགས་པའི་མཇལ་མཇལ་ཀྱང་མ་བྱས་ཞ་ལུ་རི་ཕུག་ན་སྒྲ་པ་ཆེན་པོ་གནས་བརྟན་ལེགས་རྒྱལ་བ་ཆོ་བཞུགས་འདུག་པས་རང་རེ་ལ་གཞི་ལེན་གཟབ་རྒྱས་སྐྱལ། སྟར་ས་སྐྱུར་བརྩམས་པའི་དཔལ་ལྡན་ས་སྐྱའི་གནས་དང་གང་ཟག་ལ་སྒྲ་ལས་དྲངས་པའི་བསྟོད་པ་ངག་གི་དབང་པོའི་དགའ་སྟོན་དེ་ཕྱག་ཏུ་བྱུང་འདུག་པས་ཐུགས་ལ་བྱུང་བར་བཞུགས་འདུག དེ་ལ་འདིའི་ནང་ན་གོ་སྒྲ་དོན་དགུ་ལ་འདུག་པའི་བ་ལང་ལ་གླང་ཆེན་

དཀར་པོས་བརྟེག་པའི་ཁྲི་སྟེང་དུ་ཟེར་བ་འདི་ལ་སླང་པོའི་སྐད་དོད་ཧསྟི་ཡིན་དུས། གོ་བ་ལང་ལ་འགྲིག དོན་དུ་ཡང་འཛམ་དབྱངས་ཀྱི་རིགས་རྣམས་སེང་ཁྲི་འབབ་ཞིག་རང་བཤད་པས། སླང་པོར་མི་ཡོང་བས་ངེད་ལ་ཐེ་ཚོམ་བག་ཙམ་བྱུང་། གཞན་འདི་འདྲ་སྲུས་ཤེས་གསུང་། དེར་དེ་མ་ཐག་སྟར་དཔྱད་པ་མ་ཞུགས་ནའང་། རིག་གནས་ལ་སྦྱངས་པའི་མཐར་ཕྱིན་པའི་བཀའ་ལུང་ཇི་ལྟ་བར་འདུག་པས། བ་མཆོག་དཀར་མོས་བརྒྱན་པའི་མཆོད་དབུས་སུ། །ཞེས་སྦྱར་ན་ཅི་མཆིས་ཞུས་པའི་མོད་ལ། ཁོང་ཤིན་ཏུ་སྐྱ་བགྲེས་པའི་དབང་ལས་ཕྱག་འདར་བར་འདུག་པ་དེ་འདར་སི་ལི་ལི་ཐུགས་ཀར་སྦྱོར་བ་མཛད་ནས། འོ་ངོ་མཚར་ཆེ་ངེད་ཀྱིས་ནི་ཁ་རྒྱང་འདི་རྟོགས་མན་བསམ་མནོ་ཁོར་མོར་བཏང་ཀྱང་མ་དྲན་ལགས་སོ། །ཁྱེད་ཀྱི་མཚན་ལ་པཎྜི་ཏ་བློ་གྲོས་མི་ཟད་པ་ཞུ་བ་ཡིན་ནོ། །ངེད་རྒན་པོའང་ཆོའི་དུས་བྱས་ནས་ཁྱེད་ལྟ་བུའི་ལུས་ཤིག་ཐོབ་པའི་ཡིད་སྨོན་ཅི་ནས་བགྱིད། བ་ལང་གི་དངོས་མིང་གོ་བ་ཡིན་ཞིང་། བ་མཆོག་འདོད་འཇོའི་བར་བརྟགས་པ་ལ་ཞུ། མཆོད་དབུས་བྱས་པས་ཚིག་འདི་རང་གིས། འདབ་བརྒྱའི་ལྟེ་བར་འོད་སྟོང་གིས་འབར་ལེ་ཁྲིའི་ལུས་ཅན་ཧྲཱིཿཡིག་ནི། །སོགས་ཀྱི་ཚིག་གི་འདྲེན་དང་ལུས་འབྲེལ་བར་སྣང་གསུང་ཞེས། བདག་གི་བླ་མ་མཁས་པའི་མཁས་པ་པཎ་ཆེན་དཔལ་ལྡན་ཚུལ་ཁྲིམས་པས་པཎ་ཆེན་དངོས་ལ་གསན་ཚུལ་ཇི་ལྟ་བར་ཐོས་པ་དང་། ཞ་ལུ་ལོ་ཆེན་པས་ཁོང་གི་དཔོན་པོ་ལོ་ཙྪ་བ་པདྨ་དཀར་པོ་ལ་གསུངས་པ་བདག་ལ་བཤད་པ་གཉིས་ཞུས་དག་པར་སྣང་ངོ་། །དེ་ནས་མར་ལམ་ཇ་བཟང་ན་ཀུན་མཁྱེན་དོན་ཡོད་དཔལ་དབེན་པ་བརྟེན་བཞུགས་པ་གནང་། གྲྭ་པ་དག་ནི་སྟོན་གྱི་བསོད་སྙོམས་ལ་སོང་ནས་མི་འདུག དེར་ངེད་རྣམས་ལ་དགྲེས་པའི་བཀའ་ལུང་དཔག་མེད་ཕྱིན་ཞིང་། ལྷག་པར་རང་རེ་ལ་ད་ཁྱེད་ས་པཎ་ལས་མཁས་སྙམས་ན་ནི། མི་འདི་རྣམས་ཀྱིས་རྒན་པོ་བློ་མ་ཚད་ཁོང་རང་གི་སློབ་མའི་ཆེ་བརྗོད་བྱས་ཟེར་འོང་། མིན་ན་ནི་ཁྱེད་ཀྱིས་ད་ལོ་ས་སྐྱར་བཤད་པ་དེ་དག་ས་སྐྱ་པཎ་ཆེན་གྱིས་གསུང་མ་མྱོང་ཨང་། ཞེས་ཐུགས་མཚར་མཚར་མང་པོའི་གཟེངས་བསྟོད་དང་། ཁྱེད་ངས་ལོ་བཅུ་གཅིག་འགྲོ་བ་ཞིག་ནས་བསྐྱངས་པ་ཡིན། ད་ཨ་ཕོ་རྒན་པོའི་

གདན་ས་འདི་ལ་ཕྱི་ཐག་བསྒྲིངས་ནས་འབྱོན་ཡོས་དགོས་སོགས་གནད་ལ་ཕབ་པའི་བཀའ་སྩལ་ཡང་མང་དུ་གནང་། རང་རེས་སྔར་མཚན་ཉིད་ཀྱི་བཀའ་ཆོས་ཟབ་རྒྱས་ལས། སྔགས་དང་རྗེས་འབྲེལ་གང་ཡང་ཞུ་མ་སྨྲོང་བས། ད་རེས་དབང་བཀའ་བྱིན་རླབས་དགོངས་པས་དཔྱད་པ་ཞུས་པས། འོ་ན་འན་བུ་རང་གི་ཕ་སྔགས་པ་རྡོ་རྗེ་འཛིན་པ་ཆེན་པོ་རྡོ་རྗེ་ཀུན་གྲུབ་དེ་ངེད་རང་བཙས་ཕྲལ་ལ་ལྷ་མཆོག་འདིར་མཐོང་བ་ལགས་ཤིང་། ཕ་ཆོས་ཀྱང་ལགས་པས་འདི་བགྱི་གསུང་ཏ་མགྲིན་ལྕགས་རལ་ཅན་བྱང་སེམས་ཟླ་བ་རྒྱལ་མཚན་ནས་བརྒྱུད་པ་འདིའི་རྗེས་གནང་སྒྲུབ་སྐོར་དགྱེས་པའི་ངང་ནས་སྩལ་ཅིང་། དེར་ཚལ་པ་རིན་རྒྱལ་བ་ལ་ཕོ་བ་ན་བའི་ནད་རོ་ཞིག་འདུག་པ་ལ་ཕན་བྱེད། སངས་རྒྱས་མཁའ་འགྲོ་མ་དཀར་མོའི་བྱིན་རླབས་དང་། རྡོ་ཟ་བའི་མན་ངག་ཞུ་ཡིན་འདུག་པ་ཡང་སྙན་དུ་ཞུས། དེར་ལམ་ལ་ཞུགས་ནས་ཡོངས་པས་སྟག་གྲུ་ཁར་སླང་ཐང་ནས་སྤྱན་སྔ་སྐུ་གཞོན་པ་བློ་གྲོས་པའི་དྲུང་ལུས་སུ་སྤྱན་སྔ་ཀུན་རྫོང་བ་འབྱོན་པའི་སྙན་ཞུས་དང་། དེ་ལོ་ངོར་ཚོར་དགུན་ཆོས་ཀྱི་ལམ་འབྲས་གསན་པ་ལ་བྱང་ལམ་ལ་བྱས་སྟག་པ་ཏུ་བ་བརྒྱུད་ཕེབས་པ་དང་མཇལ། གནས་ཚུལ་རྣམས་ཕུལ་བས་མཉེས་མཉེས་དཔའ་སྤྲོའི་དགྱེས་དགྱེས་མཐའ་མེད་གནང་ཞིང་། ངེད་རྣམས་ལ་ཡང་རོང་ཆུང་གི་ལམ་གཡང་ས་ཅན་དེ་འདྲ་ལ་འབྱོན་དུ་ག་ལ་ཏུང་བས། ངེད་སྐྱེལ་མིའི་འགྲོག་པ་དེ་རྣམས་ལ་བཙོལ་དམ་བྱེད་པས་བྱང་ལམ་ལ་བྱོན་གསུང་ནས་བཀའ་བཞིན་ཕྱིན། སྐལ་དང་ནམ་ཟླ་བཟང་བ་རང་གི་དུས་ཡིན་པས་སྐྱིད་པར་དགོན་གསར་དུ་སླེབས། དེ་ན་རྡོ་རྗེ་འཆང་གི་དངོས་སློབ་ཏུ་པ་བཀའ་བཞི་པར་གྲགས་པ་དེ་བཞུགས་འདུག་པ་དང་མཇལ་དུས་འཁོར་ཀྱི་དཀའ་འཕྲང་མ་བདེ་བ་འདྲའི་དྲི་བ་ཕུལ་བས་ཡིད་ཆེས་པའི་ལན་འདེབས་སྩལ། ཕྱིས་དུས་འཁོར་ཞུ་བ་ལ་ཡོད་པའི་སྙན་གསན་བཏབ་ནས་སླང་ཐང་དུ་ཡོངས། སྤྱན་སྔ་རིན་པོ་ཆེ་ཀུན་དགའ་རྡོ་རྗེའི་དྲུང་དང་མཇལ། ཡར་ཕྱོགས་ཀྱི་སྐད་ཆ་ཕུལ་བས་ཁོང་པ་ཡང་ཐུགས་བསྐུལ་བ་ལྟར་སོང་ནས་དེ་ལོ་ཀ་དེ་འཕྲལ་ངོར་ལ་ཆིབས་ཁ་བསྒྱུར། དགུན་ཞུགས་དང་དུས་མཆོད་ཀྱི་ལམ་འབྲས་གསན་རྗེས་སྐུ་མཆེད་གཉིས་ཀ་ལུས་སུ་ཆོས་ཞུ་བ་ལ་ཐེགས་

སྐད་དོ། །འཕགས་ཡུལ་པཎ་ཆེན་གསུང་གི་ངེས་གསང་ནི། །ལེགས་སྦྱར་སྐད་ལས་འཆི་མེད་བདུད་རྩི་བླངས། །ཞབས་བསྟེན་དྲེགས་ལྡན་ལོ་ཙཱས་མ་སྨྱོང་བའི། །ངོ་མཚར་གདམས་པའི་ཁྱུ་བཅུད་ཁྱོད་ཀྱིས་བཞེས། །རིག་འཛིན་གྲུབ་བརྙེས་སྤྱན་སྔར་གྲུབ་ཐོབ་གསུང་། །མཐའ་ཡས་གཏིང་མཐའ་བྲལ་བའི་ཟབ་ཆེའི་ཆོས། །ཁྲིད་ཚུལ་དུ་མའི་ཟབ་ཁྲིད་དཔག་མེད་ཀྱིས། །ངེས་གནས་གསལ་བའི་རྟོགས་པས་ཕྱུག་པར་མཛད། །རིགས་མཐོ་མཁྱེན་བརྩེའི་སྤྱན་མངའ་མཆེད་ཀྱིས་གསུང་། །རྣར་སྙན་ཟ་སྒྲས་ལེགས་པར་བསྐུལ་བྱས་ནས། །རྡོ་རྗེ་འཆང་དབང་མི་ཡི་ཚུལ་འཛིན་པ། །ཀུན་དགའི་མཚན་མཆོག་བཟང་པོའི་ཞབས་པད་བསྟེན། །གསང་ཆེན་གདམས་པའི་ཆོས་རྒྱུན་ཏིང་འཛིན་གང་། །གང་ཡང་ས་བཅུའི་སྲས་ལ་རྒྱལ་བས་བཞིན། །བཞིན་བཟང་དད་ལྡན་འདུས་པའི་ཆོས་གྲྭར་ཡང་། །ཡང་དག་ཐུགས་ཀྱི་བཞེད་མཆོ་རྒྱ་ཆེར་གང་། །མཁས་པར་སྦྲོག་པའི་རྒྱ་མཚན་ལེགས་བྱས་གཏམ། །ཐ་གྲུ་ཡངས་པའི་ཕ་མཐར་རྗེས་འགྲོ་བ། །སྟོན་མེད་ཡོངས་རྫོགས་བསྟན་པའི་གྲངས་ངེས་ཚིག །གཞུང་ལུགས་རབ་འབྱམས་ཚངས་པའི་དབྱངས་ཀྱིས་བསླད། །དེའི་ཚེ་ལྷ་བཅས་འཛིག་རྟེན་མ་ལུས་པས། །མཐུན་པར་རྗེས་སུ་བསྔགས་པའི་བསྟོད་ཚིག་དག །ཡི་གེར་འཁོད་ནས་ས་ལ་རབ་བརྟན་གྱི། །སླང་ཆེན་ཁྱུར་དུ་སོང་བའི་ཆོས་ཕུང་སྤེལ། །ཞེས་པཎྜི་ཏ་ཆེན་པོ་ཤཱཀྱ་མཆོག་ལྡན་དྲི་མེད་ལེགས་པའི་བློ་གྲོས་ཀྱི་རྣམ་པར་ཐར་པ་ཞིབ་མོ་རྣམ་པར་འབྱེད་པ་ལས། གདན་ས་ཆེན་པོར་གཞུང་ལུགས་རབ་འབྱམས་ཀྱི་ངག་རྗེས་སུ་སྒྲོགས་པའི་སྐབས་ལས་བརྩམས་པའི་རབ་ཏུ་བྱེད་པ་བཅུ་གཅིག་པའོ།། །།

དབང་བསྐུར་རབ་འབྱམས་རྗེས་སུ་ནོད་པའི་སྐབས་ཏེ་རབ་ཏུ་བྱེད་པ་བཅུ་གཉིས་པ།

དེར་པཎ་ཆེན་རིན་པོ་ཆེ་ཉིད་དགུང་ལོ་ཞེར་དགུར་ཕེབས་པ་མེ་ཕོ་བྱི་བའི་དཔྱིད་སོས་

ལ་ཡར་རྒྱབ་ཕྱོགས་སུ་ཕེབས་ནས། གྲྭ་བྱམས་པ་གླིང་དུ་ཆོས་རྗེ་ཡར་དཔོན་པ་བསོད་ནམས་རྣམ་རྒྱལ་བའི་དྲུང་དུ་སེམས་ཙམ་ལུགས་ཀྱི་སེམས་བསྐྱེད་དང་། བྱང་སའི་ཚུལ་ཁྲིམས་ལེའུའི་ལུང་གསན་དུས། དེ་ན་ནཱ་ལེནྡྲ་པའི་གཟིམས་ཁང་འོག་པའི་གྲྭ་ཚང་ཡང་ཡོད་པས་ཁོང་ཆོས་འཇིག་རྟེན་མཐུན་འཇུག་ཏུ་གདགས་གཞི་བྱས་ཤིང་། དེར་རྣམ་སྣང་མངོན་བྱང་གི་དབང་རྟུལ་ཆོན་མ་ཞིག་ཀྱང་གསན། འདིའི་སྐབས་ཆུ་དབང་གི་དུས་བཛྲ་ཨ་བྷི་ཥིཉྩ་ཞེས་གསུང་བའི་དུས། བུམ་ཆུ་མ་ལུས་པ་ལུད་ནས་པཎ་ཆེན་རིན་པོ་ཆེའི་དབུའི་གཙུག་ནས་གཟུང་སྐུ་ལུས་ཐམས་ཅད་ཡོངས་སུ་གང་བ་དེར་དབང་གྲལ་ལ་ཡོད་པའི་རྒྱ་སྟོན་ལྷུགས་རི་སོགས་ཡོངས་ཀྱི་གཟིགས་ལམ་དུ་ཕེབས་ཤིང་། པཎ་ཆེན་ཉིད་ཀྱི་བཀའ་ལས་ཀྱང་། རང་རེ་དེ་དུས་མཚན་ཉིད་པའི་བཀྲམ་ཆགས་མ་སངས་པས་བུམ་ཆུས་ཆོས་གོས་སྦྲབ་ཆེན་དུར་སྨྲིག་ཅིག་ཡོད་པ་དེ་བངས་པའི་རློ་གཡའ་བྱུང་ཡང་། ཆུའི་རང་མཚན་ཆུ་རྟུལ་ཙམ་ཡང་མི་སྣང་བས་མཚར་བ་བྱུང་ཞེས་གསུང་ངོ་། །དེར་གསང་ཕུའི་གཡར་ཆོས་གྲོལ་རྗེས་ཆོས་དབར་ཚལ་གྱི་ཆོས་འཁོར་གླིང་ན་བཞུགས་དུས། གཙང་ནས་རྗེ་དོན་ཡོད་དཔལ་གྱི་ཕྱག་དམ་ཕེབས་པའི་ནང་ན་ཟླ་བ་བཞི་པའི་ཉེར་ལྔ་ལ་རྗེ་རྗེ་འཚང་དག་པའི་ཞིང་དུ་ཕེབས་ཚུལ་གནང་བ་གཟིགས་མ་ཐག་དད་པའི་སྤྱན་ཡངས་པོའི་ནམ་མཁར་མོས་གུས་ཀྱི་ཆུ་འཛིན་སྟུག་པོ་འཁྲིགས་ནས། བྱིན་རླབས་བདུད་རྩིའི་དྲག་ཆར་འབེབས་བཞིན་དུ་ཐོས་མཆོད་ལ། ཐ་ན་ཞལ་བུ་ཚུན་ཡང་སྦྱིན་གཏོང་གནང་ཞིང་། རྒྱལ་བ་གཉིས་པ་ཆོས་ཀྱི་རྗེ། །རྗེ་ཉིད་ངོ་མཚར་འོག་མིན་དུ། །དུ་མའི་མགོན་དུ་གཤེགས་གྱུར་ཅེ། །ཚེ་འདི་དོན་མེད་བྱས་སྐམ་སོད། །སོགས་ཀྱི་གདུང་དབྱངས་གནང་བའི་ཞུ་ཡིག་ངོར་དགོན་པར་རྒྱལ་ཚབ་ཀུན་དགའ་དབང་ཕྱུག་པའི་སྤྱན་སྔར་འབུལ་བ་ཡང་མཛད་དོ། །དེ་མཚམས་སྤྱང་ལུང་རིན་པོ་ཆེའི་དྲུང་དུ་ཕེབས་པས་ཡར་ལུངས་ནས་ལྷུན་སྟེ་རབ་འབྱམས་པ་དཔོན་སློབ་རྣམས་སྤྱང་ལུང་དུ་ཁྲིད་ཞུ་བ་ལ་ཕེབས་པ་དང་དུས་འཛོམ་ཞིང་། ཁོང་དཔོན་སློབ་རྣམ་པས་ཚོགས་འཁོར་རྒྱ་ཆེར་བཤམས། གསོལ་བ་བཏབ་ནས་ནཻ་གུའི་ཁྲིད་ཕྱག་ཆེན་གའུ་མ་སོགས་ཤངས་པའི་གསེར་

ཆོས་བཞིའི་ཁྲིད་མ་ལུས་པ་དབང་དང་རྗེས་འབྲེལ། ཡེ་ཤེས་མགོན་པོ་ཕྱག་དྲུག་པ་དཀར་དམར་མཐིང་ཁ་སོགས་ཤངས་ཆོས་ཡོངས་སུ་རྫོགས་པར་ཐོབ། དེ་དུས་ད་ལྟའི་གྲུབ་ཐོབ་དབུས་སྨྱོན་པ་འདི་ལྷུན་སྟེ་བའི་མཛོ་རྗེ་ལ་འདུག་ཅིང་། དེ་ལོ་སྤྱང་ལུང་རིན་པོ་ཆེ་དགུང་ལོ་གྱ་ལྔ་པའི་སྟེང་ཡིན་པས། དེ་བར་གྱི་རྣམ་ཐར་དེ་ཡང་ཆེན་པོ་དཔལ་རྒྱམ་པས་བསྐུལ་ནས་དུས་དེ་ཀར་སྤྲུར་བ་ཡིན་སོགས་དྲིན་ཅན་སྤྱང་ལུང་རིན་པོ་ཆེ་ལས་ཐོས་སོ། །དེ་མཚམས་པཎ་ཆེན་རིན་པོ་ཆེ་དགུང་ལོ་སུམ་ཅུར་ཕེབས་པ་མེ་ལོ་སྣང་གི་ལོའི་དབྱར་ཆོས་གྲོལ་རྗེས་སྣང་ཐང་ཚོར་ཕེབས་དུས། སྤྱན་སྔ་སྐུ་མཆེད་དྲུང་གིས་བཀའ་སྐུལ་ལ་སྟར་སྣང་རི་ཐང་འདི་བཀའ་གདམས་པའི་གྲྭ་ས་གྲགས་ཐོབ་ཡིན་འདུག་ཅིང་། ཕྱིས་སྟགས་ལ་འགྱུར་ཕྱིན་ས་སྐྱ་པའི་ལུགས་གཙོ་ཆེ་བར་དར་འདུག་པ་ལ། སྤྱན་སྔ་གོང་མ་རྣམ་པ་ཐེག་ཆེན་ཆོས་རྗེ་པའི་ཕྱག་ལེན་ཉིད་སྐྱོང་བ་གནང་། དེའི་རྒྱུན་ལྟར་ན་དེང་སང་ཐེག་ཆེན་ཆོས་རྒྱལ་བའི་དངོས་སློབ་ལ་ཆོས་སྡིངས་རིན་པོ་ཆེ་ལས་ལྷག་པའི་མཁས་གྲུབ་མི་སྙེད་ཅིང་། རང་རེ་དང་རྟ་ཚགས་རྒྱང་འགུག་གི་ས་ན་བཞུགས་པ་འདི་ཡིན་ཀྱང་། རྫོང་རྗེ་རོང་སྟོན་ཆེན་པོའི་བཀའ་ལུང་ལ། ངེད་ཀྱིས་ས་སྐྱར་ཐེག་ཆེན་པའི་དྲུང་དུ་ལམ་འབྲས་ཞུ་བ་ལ་ཕྱིན་དུས། ས་སྐྱའི་ཤཱཀ་བཟང་བླ་བྲང་ནས་བཟད་པ་ཀུན་དགའ་བཟང་པོ་བ་བཞུགས་འདུག་པའི་ཛར་ཛ་མགྲོན་ལ་ཕྱིན། སྔགས་ཆོས་ཀྱི་སྙིང་སྟོང་བྱུང་བས་བླ་མའི་དྲུང་དུ་ཉན་ཆོས་ཞུས་པ་ལས་ལྷག་པའི་བློ་བསྐྱེད་ཤ་སྟག་བྱུང་། དེང་སང་སྔགས་ཀྱི་ཚུལ་ལ་རྡོ་རྗེ་འཆང་མངོན་སུམ་དུ་བཞུགས་སྣང་བས་འདིར་སྔགས་སློབ་ཟེར་མི་ཀུན་ཀྱང་ངོར་ཚོར་བརྫངས་ཤིང་། ལྷ་འབྲི་སྟོན་པ་ཤེས་རབ་འོད་ཟེར་བ་ནི་སྔགས་ལ་ཡང་བཀའ་རབ་འབྱམས་སུ་སྨྲ་བ་ཞིག་བྱུང་སྣང་ངོ་། །ཁྱེད་རང་རྣམ་པའང་སྔགས་སློབ་ན་དེར་སློགས་ཞེས་པའི་བཀའ་ལུང་ལ་ཚད་མ་བྱས་སྟ་རྟིང་ཏུ་ངོར་ཚོར་ཕྱིན་ས་སྐྱ་པའི་ཡབ་ཆོས་རྒྱུད་གསུམ་མན་ངག་དང་བཅས་པའི་དབང་བཀའ་མཐིལ་ཕྱིན་ཐོབ་ནའང་དབང་རབ་འབྱམས་དང་རྒྱུད་འབུམ་གྱི་ལུང་སོགས་ཀྱི་བཞེད་ཆེ་བར་ཡོད་པས། ཆོས་རྗེ་རྡོ་རྗེ་འཆང་ལ་རྒྱ་མཚན་ཞུལ་དུས། སློབ་དཔོན་ཤེས་རབ་རྒྱ་མཚོ་བ་

རང་དྲག་གསུང་བྲུར་སློབ་ལ་བརྟེན་སྐབས། མངའ་རིས་གློ་བོའི་རྣམ་རྒྱལ་ཆོས་སྡེའི་ཆོས་དཔོན་ལ་སྤྱན་དྲངས། དེ་རྗེས་ལུས་ཆོར་བརྟགས་ཀྱང་། རྗེ་ལུས་པ་ཐུགས་ནང་རང་ལ་གཞོལ་བས་འཆད་ཉན་སོགས་འཕོབས་ཆུང་ཞིང་། ལུས་ཕྱོགས་ལྷུང་ལག་དོག་པས་འཕྲུལ་ཆས་སོགས་ཀྱི་མཐུན་རྐྱེན་འགྲིག་པ་ལའང་དཀའ་ཚེགས་ལྷག་པར་ཆེ་བ་སྣང་བས། ཕོང་དེ་ཡབ་སྲས་གཉིས་ཀའི་ཞལ་སློབ་ཏུ་འདུག་པ་དང་། ཁ་རྩང་ནས་གྲུབ་མཐའི་དགག་སྒྲུབ་སོགས་ཀྱི་རྩ་བ་ལ་བརྟེན། གོང་དཀར་བའི་ཆོས་མཛད་པ་སོགས་ཀྱིས་ཀྱང་སྟང་སླུས་ཆེར་བྱེད་ཅིང་ཡོད་སྣང་བའི་དབུ་འདོན་དུ་ཡང་སྣང་བས། སློབ་དཔོན་གྲུང་ཉུ་བ་ཤེར་བཟང་པ་ཞེལ་གྲོང་ནས་བོས། སྟར་མ་ཐོབ་པའི་དབང་རྣམས་ཞུས་ན་བསམ་པ་ཅི་ལེགས་ཀྱི་བཀའ་གྲོས་གནང་དུས། པཎ་ཆེན་རིན་པོ་ཆེས། གྲུང་ཉུ་བར་ད་རེས་ཙམ་གྱི་བླ་མའི་འོས་ཅི་ཡིན། གོང་དཀར་ཆོར་ཡང་གྲུབ་མཐའ་ལ་བརྟེན་མཐུན་རྒྱུ་མི་འདུག འཕྲུལ་ཁམས་པའི་ཕྱོང་བཙོངས་པས་ཡོན་མཆོད་སྣ་ཚང་ལ་སོང་བར་སྣང་ཞིང་། ཕུགས་ཆོས་རྗེ་རྡོ་རྗེ་འཆང་ཆེན་པོའི་ཕྲིན་ལས་ལ་ཡང་གནོད་ངེས་སུ་སྣང་ལགས། ད་འདི་ལྟར་གསན་པ་རྒྱ་ཆེ་རང་ཞིག་གི་དགོངས་བཞེད་ཡོད་ན། རྗེ་རྡོ་རྗེ་འཆང་ཆེན་པོའི་ངོར་དགོན་པ་འདེགས་དུས་ཀྱི་གྲྭ་སྙིང་། ཉུ་པ་ཀ་བཞི་པ་ཞུ་བའི་སྐུ་བཙུན་ཞིང་མདོ་སྔགས་ཀྱི་གསན་སྦྱོང་མཐར་ཕྱིན་རང་ཞིག་ད་ལྟ་ཉུ་དགོན་སར་རང་ན་བཞུགས་སྣང་བས་རང་རེས་ཀྱང་མར་ལམ་མཇལ། སྔགས་སྒྲི་དང་། ཁྱད་པར་དུས་ཀྱི་འཁོར་ལོ་ལ་དུས་དེང་སང་འགྲན་ཟླ་ཀུན་བྲལ་དུ་འདུག་པས་དེ་ཀུན་ཀྱང་སྤྱན་དྲངས་ན་འོས་ཞུས་པས། དེར་སྤྱན་སྔ་སྐུ་མཆེད་བྲུང་གི་གསུང་གིས་དེ་འདྲ་སྔར་མ་ངེས། འོ་ན་དེ་རིང་ཉི་མ་མེ་བཞིའི་ཁྲི་ལ་བཞུགས་པའི་འགྲུབ་སྦྱོར་བཟང་པོ་ཡང་ཡོད་པས་ད་ལྟ་རང་ཞུ་ཡིག་བྲིས་ནས་རྫོང་གསུང་། དེའི་ཉིན་རང་དགེ་རབ་སེང་གེ་རྒྱལ་མཚན་གྱིས་གཙོས་པའི་ཚེབས་སྐལ་སོགས་ཡང་དག་དང་བཅས་རྫོང་བ་གནང་། དེར་ངེད་རང་གིས་རགམ་ལ་ཁར་ཚེབས་བསུ་ལ་ཕྱིན་པས་མཇལ་དུས། ངེད་ན་ཉིང་ཁྱེད་དང་མཇལ་བ་དེ་ཕྱིན་ནི་ཁྱེད་རང་སེམས་པ་ཞིག་བྱུང་གསུང་ཞིང་། དེར་སྤྱན་སྔ་སྐུ་མཆེད་བྲུང་གིས་གཙོ་མཛད་

ངེད་དང་བཅས་པའི་དབང་ཆ་གཅིག་ལ། ཆོས་རྗེ་བླ་མ་དམ་པ་བསོད་ནམས་རྒྱལ་མཚན་པའི་མདོན་དཀྱིལ་སྟེང་ནས་དུས་འཁོར་གྱི་དབང་ངོར་དགོན་སར་བཏབ་ལོ་རང་རྗེ་རྡོ་རྗེ་འཆང་གིས་གནང་བའི་ཕྱག་ལེན་ཇི་ལྟར་དབང་གི་སྒོ་འབྱེད་ཐོག་མར་སྩལ། འདི་སྐབས་རྗེ་རྡོ་རྗེ་འཆང་གི་གསུང་སྒྲོས། སྔོན་འཛམ་དབྱངས་གྲགས་པས་བྱང་ཤམྦྷ་ལར་དྲང་སྲོང་བྱེ་བ་ཕྲག་ཕྱེད་དང་བཞི་ཆོས་རྒྱལ་ཟླ་བ་བཟང་པོས་བཞེངས་པའི་བློས་བསླངས་དྲུང་དུ་དབང་བསྐུར་སྒྲུབ་བྱེད་དུ་བཞག དེང་སང་དུས་འཁོར་བ་ཀུན། དབང་གི་བརྟེན་བྱའི་དཀྱིལ་འཁོར་བློས་བསླངས་དང་། དབང་མི་གྲངས་མེད་བྱེད་པ་ཞིག་འདུག་ཀྱང་། ས་སྐྱ་པཎྜི་ཏས། འཕགས་པ་རྣམས་ཀྱི་གང་ཟག་རབ། །སྤྲུལ་པ་ཡི་ནི་དཀྱིལ་འཁོར་དུ། །དབང་བསྐུར་མཛད་ཅེས་གསུངས་པ་ནི། །སྔོན་གྱི་ཚོ་ག་འཕགས་པའི་ཡིན། །ཞེས་གསུངས་པ་ལྟར་སྔོན་ཚོག་ཡིན་ངེས་པས། འདིར་རྒྱུད་འགྲེལ་ཉིད་ལས། དབང་བསྐུར་བ་བདུན་པོ་འདི་དག་ནི་རྡུལ་ཚོན་གྱི་དཀྱིལ་འཁོར་དུ་བཙུག་ནས་སྦྱིན། ཞེས་གསུངས་པས་གྲུབ་པོ་སོགས་ཀྱི་གསུང་སྒྲོས་ཕྱག་བཞེས་གཅིག་པུས་སྤྱན་སྔ་རིན་པོ་ཆེ་སྐུ་མཆེད་ཐུགས་ཆོམ་ནས། རང་རེ་ལ་ཡང་གྲོས་སྟོན་དེ་ལེགས་ཤེས་དགྱེས་པ་ཡང་དག་ཐུགས་ལ་བཏགས། དེར་ཚོགས་པ་སྤྱི་ལ་བུ་ལུགས་ཀྱི་དུས་འཁོར་རྒྱས་པའི་དབང་བསྐུར་གནང་ཞིང་། སྔར་དྲག་བསྟུས་ལ་རྡོ་རྗེ་སློབ་དཔོན་བདག་པོའི་དབང་བསྐུར་ཡང་སྩལ་རྗེས། བསྡུས་རྒྱུད་ཤོང་འགྱུར་བུ་སྟོན་དང་། ཇོ་ནང་ཕྱོགས་ལས་པའི་མཆན་བུ་གཉིས་སྦྱར་སྟེང་ནས་བཤད་པ་མཐིལ་ཕྱིན་གནང་བའི་སྐྱོར་མགོ་རང་རེས་བྱས་ཤིང་། རི་རབ་ཀྱི་འཆགས་བཀོད། ཀོ་ལ་འཁོར་ཚུལ་སོགས་དཔེ་རིས་ཀྱིས་གཏན་ལ་ཕབ། རྗེ་དུས་ཞབས་པ་རང་གི་ཕྱག་དཔེ་དངོས་ངེད་ལ་གནང་བ་འདི་ཡིན། ཞེས་ཕྱིས་གསེར་མདོག་ཅན་ཆོར་དུས་འཁོར་གསུང་དུས་ཀྱང་སྟོན་པ་གནང་ཞེས་གྲགས་སོ། །དེར་སེམས་འགྲེལ་ཕྱི་མ་དབང་མདོར་བསྟན་སོགས་ཕྲན་བུ་དུ་མ་དང་། ཤངས་པ་ཀུན་མཁྱེན་ལས་གསན་པའི་དུས་འཁོར་ལས་བཤད་པའི་འཁོར་ལོ་སྒྱུར་བ་དྲུག སྡོམ་པ་ཆེ་ཆུང་། འཇམ་དཔལ་སྒྱུ་དྲ་རིགས་གསུམ་རྣམས་ཀྱི་དབང་བཀའ་ཡང་བཤད་

བཀའ་དང་ཨུ་སྟེལ་དུ་སྨལ་ཅིང་། ཡང་མཁའ་འགྲོ་རྒྱ་མཚོ་ས་བཟང་འཕགས་པའི་ཡིག་ཆའི་སྙིང་དང་། སངས་རྒྱས་མཉམ་སྦྱོར་བག་སྟོན་པའི་ཡི་གེ་དང་། གསང་འདུས་གཉིས་མེད་རྣམ་རྒྱལ་ལོ་ཙཱ་བ་མཆོག་ལྡན་པའི་ཡི་གེའི་སྙིང་ནས་དཀྱིལ་འཁོར་རྟུལ་ཚོན་མ་མཛད། དབང་ཆ་རེ་རེ་གནང་། དེར་རང་རེས་སྟར་རང་ལོ་ཉེར་བཞི་པའི་སྙིང་དུ་ཆོས་སྡིངས་རིན་པོ་ཆེའི་སྤྱན་སྔར་བསྟུས་རྒྱུད་གཟུང་སྐབས་ས་རིས་ཀྱང་རྗེའི་ཞལ་ནས་དང་། ས་རིས་ཁྲིད་ཕྱོགས་མཛུབ་ཁྲིད་གཟིམས་དཔོན་གཞོན་ནུ་སེང་གེ ཕྱིས་ཝེ་ལུང་མཚོ་ཁའི་གདན་ས་བྱས་པ་དེ་ཀུན་གྱིས་བྱས་ཁོང་དུ་ཆུད་པས། དུས་དེར་རྗེ་དུས་ཞབས་པས་གསུངས་ཙམ་ལ་བློ་ཡུལ་དུ་ཚུད་ནའང་། གཞན་དེ་དུས་གསན་མི་རྣམས་སྟར་དུས་འཁོར་ལ་སྦྱངས་པ་ཆེར་མ་གནང་བས། དཀའ་ཚོགས་ཆེ་བ་རང་འདུག་པས། དགུན་དེ་ཡང་དུས་འཁོར་རང་གི་ས་རིས་སོགས་སྐྱོར་བ་མཛད་ནས་གཞི་སློབ་གནང་། རང་རེས་ནི་གསང་ཕུའི་དགུན་ཆོས་ཀྱི་འཕྲལ་དེ་ལ་ཡོངས་ཤིང་དགུན་ཆོས་གྲོལ་འཕྲལ་གྲྭ་ཚང་པའི་འཕྲལ་གྱི་དཔེ་ཆའི་གྲོགས་དན་ལ་ཕྲ་ཕྲུ་བ་བཞག རང་རེས་ཆོས་ཞུ་བ་ལ་སླང་ཐང་དུ་བསྐུགས་པས། དེར་རྗེ་སྤྱན་སྔ་རྣམ་པའི་དུས་འཁོར་གྱི་ཐུགས་བཞེད་རྫོགས་མཚམས་དཔོན་སློབ་སོ་སོ་ནས་སྐུ་ངལ་བརྟེན་པའི་སྐུ་མཚམས་སང་འགྲོལ་གནང་ས་འགྲོལ་ལ་སླེབས། དེ་མཚམས་ཐོག་མར་གསང་འདུས་མི་བསྐྱོད་པའི་དབང་བཀའ་རྙིང་མ་ཁུ་བ་རྡོ་རྗེ་བདུད་འཛོམས་ཀྱི་ཡིག་ཆའི་སྙིང་ནས། གསང་འདུས་ལུས་དཀྱིལ་བོ་དོང་དགེ་སློང་པ་ནམ་མཁའ་དཔལ་བའི་ཡིག་སྙིང་། འཇམ་རྡོར་སྟོད་ལུགས་བུའི་མངོན་དཀྱིལ་འཇམ་དཔལ་ཡིད་འཕྲོག་དང་། དེ་སྙིངས་ནས་འདོན་པ་བསྒྱུར་བའི་རྗེ་བོ་རྗེའི་ལུགས་ཀྱི་གསང་འདུས་སྤྱན་རས་གཟིགས་དང་། འཇིགས་བྱེད་ཞི་དགུ་མ་ཆོས་རྒྱལ་འཕགས་པའི་མངོན་རྟོགས་དང་། གདུང་བརྒྱུད་རིན་རྒྱལ་བའི་དཀྱིལ་ཆོག་སྙིང་ནས་དང་། གཤེད་དམར་བཅུ་གསུམ་མ་འཕགས་པའི་མངོན་རྟོགས་དང་དཀྱིལ་ཆོག་རྗེ་རྡོ་རྗེ་འཆང་གི་གཤེད་དམར་ལྷ་ལྔའི་ནང་ནས་འདོར་ལེན་མཛད་པ། ཚེ་དཔག་མེད་གྲུབ་རྒྱལ་མ་ལྷ་མངས་གན་པའི་ཡིག་སྙིང་ནས་དང་། ཕྱག་རྡོར་འཁོར་ཆེན་དམར་གྱི་མངོན་དཀྱིལ་དང་། ཕྱག་

རྡོར་གཏུམ་ཆུང་ཁྲུང་ཉེར་གཅིག་མ་ཤངས་པ་དར་ཚུལ་གྱི་མངོན་དཀྱིལ་དང་། ཀུ་རུ་ཀུལླེ་ལྷ་ལྔ་མ་དང་། སྤྱན་རས་གཟིགས་ལྷ་མངས་མཁན་ཆེན་གྲགས་ཚུལ་བའི་ཡི་གེ་དང་། རྣམ་འཇོམས་མ་ཊི་བཛྲ་ལྷ་བཅུ་དགུ་མ་རྣམ་འཇོམས་པིར་ལུགས་ཀྱི་དབང་གན་པ་རིན་རྒྱལ་དང་། བདེ་མཆོག་མི་ཏྲི་བཅུ་གསུམ་མ་གྲུབ་ཐོབ་གླིང་གི་ཡི་གེ་ནས་དང་། སངས་རྒྱས་ཐོད་པ་ལྷ་ཉེར་ལྔ་མ་གདུང་བརྒྱུད་རིན་ཆེན་རྒྱལ་མཚན་པའི་མངོན་དཀྱིལ་དང་། ཡི་གེ་དེ་སྙེངས་ནས་འདོར་ལེན་བྱས་པའི་སངས་རྒྱས་ཐོད་པ་ལྷ་དགུ་མའི་དབང་། མཧཱ་མཱ་ཡ་ལྷ་ལྔ་འཕགས་པ་རིན་པོ་ཆེའི་མངོན་དཀྱིལ་སྙེང་ནས་དང་། རྡོ་རྗེ་གདན་བཞི་ལྷ་མངས་ས་བཟངས་པའི་ཡི་གེའི་སྙེང་དང་། བདེ་མཆོག་སྒོམ་འབྱུང་མངོན་དཀྱིལ་བུ་སྟོན་པའི་ཡི་གེ་དང་། བདེ་མཆོག་སྦྱངས་པའི་ཡོན་ཏན་ལྷ་བཅུ་གསུམ་མ་མར་ངོའི་ཡི་གེ་དང་། དེ་མཆོག་དྲིལ་བུ་ལྷ་ལྔ་ལོ་ཙཱ་བ་རིན་ཆེན་རྣམ་རྒྱལ་བའི་ཡི་གེ་དང་། བདེ་མཆོག་ནག་པོ་པ་འཕགས་པའི་མངོན་དཀྱིལ་སྙེང་ནས་དང་། ཀྱཻ་རྡོ་རྗེ་མཚོན་ཆ་ཅན་རྡོ་རྗེ་འཆང་གི་མངོན་རྟོགས་སྙེང་ནས་དང་། བདག་མེད་ལྷ་མོ་ཉེར་གསུམ་མ་གུང་པ་བཀྲ་ཤིས་བཟང་པོའི་ཡི་གེའི་སྙེང་ནས་དང་། གཞན་ཡང་ཀྱཻ་རྡོར་བཀའ་བབས་བཞི་བདག་མེད་ལྷ་མོ་བཅོ་ལྔ། སྒྲོལ་མ་བླ་མེད་བཅུ་བདུན་མ། སྒྲོལ་མའི་ནང་ལུས་དཀྱིལ། རྣམ་དག་གཙུག་ནོར་ནས་བཤད་པའི་སྒྲོལ་མ་ཉེར་གཅིག་གི་དབང་མི་གཡོ་བླ་མེད་ལྷ་དགུ་མ་ལོ་ཙཱ་བ་གྲགས་རྒྱལ་གྱི་ཡིག་སྙེངས་ནས་དང་། གུར་སྒྲོལ་ལྷ་བཅུ་མ་བདེ་བ་ཅན་པ་ཡེ་ཤེས་མགོན་གྱི་ཡི་གེའི་སྙེང་དང་། མཆོག་གི་སྒྲོལ་མ་དམར་མོའི་དབང་བློ་ཆེན་སངས་རྒྱས་སྲས་ཀྱི་ཡི་གེའི་སྙེང་དང་། གཞན་ཡང་རྫོག་པའི་དཀྱིལ་འཁོར་བདུན་དུ་གྲགས་པ་ཀྱཻ་རྡོར་ཡབ་བཀའ་ཡུམ་བཀའ་གཉིས། རྡོ་རྗེ་གུར། གདན་བཞི་ཡབ་བཀའ་ཡུམ་བཀའ་གཉིས། མཧཱ་མཱ་ཡ། འཇམ་དཔལ་གསང་ལྡན་ཏེ་དཀྱིལ་འཁོར་བདུན་གྱི་དབང་དང་། སྤྱན་རས་གཟིགས་པདྨ་ནྲྀ་ཏ་བུ་སྟོན་གྱི་ཡི་གེའི་སྙེང་དང་། ཕག་མོ་གཞུང་དྲུག་ཏུ་གྲགས་པ་ཞལ་གཉིས་མ་ཆེ་ཆུང་། དབུ་བཅད་མ་ཆེ་ཆུང་། དོན་གྲུབ་མ་ཆེ་ཆུང་རྣམས་ཀྱི་བྱིན་རླབས་གསན་ཞིང་། དབང་འདི་ཡིག་ཆ་འདིའི་སྙེང་ནས་གསན་ཚུལ། དེ་དུས་སླང་

ཐང་སྤྱན་སྔ་སྐུ་མཆེད་གཉིས་ཀྱི་དབང་དེབ་གནང་བའི་ཡི་གེ་དངོས་མིག་གིས་མཐོང་བའི་འཕྲུལ་མེད་ལས་ཡིན་ཞིང་། དབུས་གོང་མ་དག་གིས་བླ་མ་རྣམས་ལ་དབང་གསན་དུས་འདི་ལྟར་མཛད་པ་བྱུང་བའི་སྤྱན་སྔོས་ལྟར་ཡིན་པར་མངོན་ནོ། །དེ་ལྟར་དབང་རབ་འབྱམས་ཀྱི་གསན་པ་གྲུབ་རྗེས། སྟོན་ཆག་ལ་ཆོས་སྡིངས་སུ་ཕེབས། ས་ཕོ་སྟག་ལོ་དགུང་ལོ་སོ་གཅིག་བཞེས་པའི་དུས་དེར་སྤྱང་ལུང་རིན་པོ་ཆེ་པ་ལ། རྩ་རྒྱུད་བརྟག་གཉིས་ཤར་རབ་འབྱམས་པས་ཞུས་ནས་གསན་ཞིང་། དག་ལྡོན་སྐོར་གསུམ་ལ་སྐྱོར་ཆོས་བྱས་ཞེས། སྤྱང་ལུང་དགོན་པ་ན་གཏམ་དུ་བཞག་སྣང་ངོ་། །འདིའི་ཕྱི་ལོ་ས་མོ་ཡོས་ལོ་དགུང་ལོ་སོ་གཉིས་ཀྱི་སྟེང་དུ་སླང་ཐང་དུ། དུས་ཞབས་པ་ཆེན་པོ་རིན་ཆེན་བཀྲ་ཤིས་པའི་སྤྱན་སྔར་རྡོ་རྗེ་སློབ་དཔོན་གྱི་ལས་མ་ལུས་པ་གཅིག་ཏུ་སྡོམས་པའི་དབང་བསྐུར་རྡོ་རྗེ་ཕྲེང་བ་དང་། ཀྲི་ཡ་ས་མུཙྪ་རྗེས་འབྲེལ་གྱི་དབང་བསྐུར་བཞི་བཅུ་ཞེ་ལྔ་ལུང་གིས་བརྒྱན་པ་ཡང་གསན། དེར་སླང་ཐང་སྤྱན་སྔ་མཆེད་ཀྱིས་རྗེ་དུས་ཞབས་པ་ལ་འབུལ་བ་བློས་དཔག་པར་མི་དཔོགས་པའི་རྙེད་པའི་ཡོན་ཡང་དག་པ་ཕུལ་ཏེ། སླར་ཏུའི་དགོན་པའི་བར་དུ་ཕྱུགས་ཕྱི་（ཕྱུག་ཕྱི）འཕེམས་པར་གནང་བ་ཡིན་སྐད་དོ། །དབང་ལུང་གདམས་པའི་ཆུ་བོ་སྟོང་ཕྲག་བརྒྱ། །ཕྱིད་བློའི་མ་དྲོས་ཐུགས་མཚོར་ཤེགས་བབས་མོད། །ཁེངས་པའི་རླབས་ཀྱིས་མི་བསྐྱོད་རབ་ཞིའི་གློང་（གློང་）། །གཏིང་མཐའ་མེད་པའི་ཆོས་ཀྱི་རྒྱ་མཚོ་ཉིད། །གསང་བདག་ཕྱག་ན་བརྗེ་འཛིན་པའི་རྗེ། །རྡོ་རྗེ་སློབ་དཔོན་མཆོག་དེས་དགྱེས་པའི་འཛུམ། །ཡར་ངོའི་ཟླ་ལྟར་སྣང་བའི་ངང་ཉིད་ལས། །མི་ཟད་དབང་གི་ཆར་རྒྱུན་བསིལ་བར་ཕབ། །ཀུན་རྟོག་སྤྲིན་ཚོགས་ཕྱོགས་བཅུར་འཐོར་བ་ཡི། །སྟོང་གསལ་ནམ་མཁའི་རང་བཞིན་གཡའ་དག་པ། །རང་རིག་ཡེ་ཤེས་འབར་བའི་འཇའ་འོད་ཀྱི། །ཡ་མཚན་དབང་གི་ཡེ་ཤེས་ཨེ་མ་ཧོ། །ཡོངས་གྲུབ་གདོད་མའི་ལྷ་ཕྱིད་བཅོས་མིན་ཀྱང་། །གཞན་དབང་ཚོ་གའི་ལྷན་སྐྱེས་བཟང་སྤྱོད་པ། །ཀུན་བརྟགས་བུམ་ཆུའི་ཁྲུས་ཀྱི་ཟོལ་སྦྱོར་ཅན། །མཚན་ཉིད་གསུམ་གྱི་ཚུལ་དུ་དབང་ཆོག་བཞེས། །འདུས་བྱས་དཀྱིལ་འཁོར་བརྟགས་པའི་རྟོག་མ་ནི། །ནམ་ཡང་ཆོས་སྤྱན་དག

པས་གཟིགས་མིན་ལ། །དེར་འདུས་ཡོངས་ཀྱིས་མ་མཐོང་ཆོས་ཉིད་ཀྱི། །འོད་གསལ་ཚོན་རིས་བཀྲ་བ་ཁྱོད་ཀྱིས་གཟིགས། །བཟོ་སྒྱུར་ལས་སྣང་སྒྱུ་མའི་ཅོད་པན་དེས། །རིགས་ལྔའི་དབུ་རྒྱན་བཅིངས་སྣོམ་མིག་འཕྲུལ་མཁན། །ལྟར་སྣང་ཕྱིས་པའི་དབང་མིའི་ཡིད་འདྲེན་པའི། །ཁྲིམ་ཚོགས་འདུས་པའི་དབུས་དེར་ཁྱོད་ཀྱང་བཞུགས། །སྒྱུ་མ་མཁན་པོ་སྒྱུ་མའི་འཆར་སྒོ་ལ། །བཅིངས་གྲོལ་མཚན་མ་མེད་པར་གནས་པ་ལྟར། །ཐ་སྙད་དབང་གིས་རྫས་ཀྱི་རོལ་རྩེད་ཀྱང་། །ཕྱིས་པའི་མིག་ཁྲིད་ཀན་པོས་རྩེ་ལྟར་དགོངས། །ཞེས་པཎྜི་ཏ་ཆེན་པོ་ཤཱཀྱ་མཆོག་ལྡན་དྲི་མེད་ལེགས་པའི་བློ་གྲོས་ཀྱི་རྣམ་པར་ཐར་པ་ཞིབ་མོ་རྣམ་པར་འབྱེད་པ་ལས། དབང་བསྒྱུར་རབ་འབྱམས་རྗེས་སུ་འཛིན་པའི་སྐབས་ལས་བརྩམས་པའི་རབ་ཏུ་བྱེད་པ་བཅུ་གཉིས་པའོ།། །།

ཛོ་མཚར་གྱི་དུམ་བུ་འགའ་ཞིག་ལས་བརྩམས་པའི་སྐབས་ཏེ་རབ་ཏུ་བྱེད་པ་བཅུ་གསུམ་པ།

དེར་གསང་ཕུའི་དཔྱར་དགུན་གྱི་དུས་ཆོས་ལ་བྱ་དུས་བཏབ་པ་ལྟར་གཡོ་བ་མེད་ངོས་ལྷུགས་པོ་འབྲུག ལྷུགས་མོ་སྦྲུལ། ཆུ་ཕོ་རྟ། ཆུ་མོ་ལུག ཤིང་ཕོ་སྤྲེའུ་སྟེ་དེ་ཉིད་ཀྱི་དགུང་ལོ་སོ་བདུན་དུ་སོན་པའི་བར་གྱི་ལོ་ལྔ་པོ་འདི་དག་ལ་ཆོས་དབར་འཕྲད་པོ་དགའ་ལྡན་གླིང་། ཡང་དབེན་ཉི་མ་ཕུག ཤེལ་གྲོང་སྐྱུར་མོ་ལུང་། ཚལ་ཆོས་འཁོར་གླིང་། རྒྱ་མ་གླང་རི་ཐང་། ན་ལེནྡྲ། རྒྱལ་ལྷ་ཁང་། གྲོ་ས། ཆ་རི། ཆོས་འཁོར་རྗེ་རྣམས་སུ་འཕྲང་པོ་སེང་གེ་སྒང་པ། ཚལ་ཁུང་། གླང་བུ་གྲོང་། ཤེལ་གྲོང་། ཨ་ཆོས་པ། རྒྱ་མ་མཁར་རྩེའི་ཞལ་ངོ་ཐ་དད་དང་། བྱང་སེམས་མདོན་དགའ་མ། གྲོག་མཁར་བ། མདུན་གྲོད་པ། གླང་ཐང་ཆོས་སྡིངས་གཟིམས་ཁང་སོགས་སྦྱིན་བདག་སོ་སོའི་སྤྱན་གང་དྲངས་པར་ཁོར་མོར་ཕེབས་ཤིང་། འཆད་ཉན་ལ་ཉིན་གཅིག་ཀྱང་རེས་འཇོག་མེད་པའི་ཆོས་སྦྱིན་ཡང་དག་སྩོལ་ཞིང་། གླང་ཐང་དུ་ཆོས་དབར་ཕེབས་རེས་སྤྱན་སྔ་ཀུན་རྫོང་བའི་གསུང་གིས་དྲུང་ནས་གནས་སྒོ་བའི་

འཆད་ཉན་འདི་སྐབས། རྗེ་དུས་ཞབས་པ་ལ་ཁྱེད་ཆོས་དབར་ལ་ཐེགས་རིང་རྒྱུད་འབུམ་གྱི་ལུང་སོགས་དང་། བྱ་སྤྱོད་ཀྱི་དཀྱིལ་འཁོར་ཕྲ་མོ་འདི་རྣམས་ཀྱི་དབང་ཞུས་ཤིང་། དཀྱིལ་འཁོར་ཆེ་བ་རྣམས་ནི་རང་རེ་ལྷན་ཅིག་ཏུ་གཅིག་ཀྱང་མ་ཆད་པར་གསན་པ་དེ་ཡིན། གཞན་འདི་རྣམས་ཀྱང་ཁྱེད་ལ་འཕྲོད་པར་གྱིས་ཞེས་རྗེ་བླ་མ་དུས་ཞབས་ཆེན་པོའི་བཀའ་ལུང་ནན་ཅན་ཡོད་པས་འབུལ་དགོས་གསུངས་ནས། རྒྱུད་འབུམ་པོ་ཏི་བཅུ་བདུན་གྱི་ལུང་། སྒྲུབ་ཐབས་རྒྱ་མཚོ། ཚེ་དཔག་མེད་ལྷ་དགུ། མི་འཁྲུགས་པ་ལྷ་དགུ། ཨ་ར་པ་ཙ་ན་ལྷ་ལྔ། གཟའ་ཡུམ། རྨ་བྱ་ཆེན་མོ། རིགས་གསུམ་སྤྱིའི་དབང་དང་བདུན། ནག་པོ་གཞུང་དྲུག་གི་ལུང་རྣམས་སྤྱན་སྔ་ཉིད་ཀྱི་ཐུགས་ཀྱིས་ཆེད་གཉེར་ལྟ་བུ་མཛད་ནས་བཀའ་དྲིན་དུ་མཛད། ཤིང་མོ་བྱ་ལོ་དབྱར་ཆོས་གྲོལ་རྗེས་སྣེའུ་རྫོང་དུ་གྲྭ་ཚང་པའི་ཞུ་དོན་འགའ་ལ་ཞབས་གཏང་ཕེབས་པས། ས་དགེའི་ཀུན་སློང་སྐབས་ཞུ་སྒོ་ལྷག་པར་སྐྱོ་བའི་ངང་ནས་གནས་ཚང་དུ་སྒྲུགས་སྡོད་ལ་བཞུགས་ཡོད་དུས། རྒྱ་གར་གྱི་པཎྜི་ཏ་ལོ་གོཏྟ་ར་སྣེ་པས་སྤྱན་འདྲེན་ཞུས་ནས་སྣེའུ་རྫོང་ན་བཞུགས་པའི་དུས་ཡིན་པས་པཎྜི་ཏ་ལ་སྟག་ལུང་ནས། སྟག་ལུང་ངག་དབང་གྲགས་པས་རྒྱ་གར་གྱི་ཡི་གེར་ཞུ་ཡིག་བསྐོད་ནས་ཕུལ་བས། པཎྜི་ཏས་ལྟོགས་ཀྱང་དེ་བོད་སྐད་དུ་བསྒྱུར་མ་མཁྱེན་པར། སྣེ་པ་ལ་འདི་སྒྱུར་མི་ཚོལ། ངེད་སྟག་ལུང་ལ་ལན་བསྐྱུར་དགོས་གསུངས་ནས། སྣེའུ་བས་འབྲས་སེར། དགེ་ལྡན། དགའ་སྐྱོར། ཟླ་བ་སོགས་སྟེ་དགོན་ཡོར་ཡི་གེ་བསྐྱུར་ནས། ཤེས་མི་ཨེ་ཡོད་བང་ཆེན་རིམ་པར་བཏང་བས། ཡི་གེ་ཁྱེད་མི་གཅིག་ཀྱང་མ་བྱུང་ནས། དེར་བློ་གསལ་བ་འདྲས་སྐྱེ་ཐང་ཆོས་རྫོང་ཚོར་པཎ་ཆེན་བློ་བརྟན་པ་ཡབ་སྲས་བཞུགས་དུས་སྒྲ་དར་བས་ད་ལྟ་ཡང་ཤེས་མི་ཨེ་སྲིད། གཞན་དབུས་གཞུང་ཐལ་བ་འདི་ན་མེད། གྲྭ་ཕྱོགས་སུ་མི་གནང་དགོས་ཨེ་ཡིན་ཞུ་མི་བྱུང་བས། དེར་སྐྱེ་ཐང་ཕྱོགས་སུ་བང་ཆེན་བཏང་བས་ད་ལྟ་འདི་ཕྱོགས་ན་པཎ་ཆེན་ཡབ་སྲས་དེ་རྣམས་གཤེགས་རྗེས་རིག་གནས་ཀྱི་འཆད་ཉན་སྟོངས་ནས་མེད། ཐར་འདིར་བྱོན་པའི་གནས་སྐོའི་སློབ་དཔོན་ཆོས་ལེགས་པར་དགོངས་པ་ནི་དེང་སང་གྲྭ་ཚང་གི་ཞུ་དོན་ལ་གཞིས་ཀ་དེ་རང་ན

བཞུགས་ཡོད་པ་ཤོང་གིས་རྒྱ་མཚན་འབྲུལ་ཐུབ་ངེས་ཡིན་ཞུ་བ་བྱུང་བས། དེར་ཆོད་བགམ་པའི་ཕྱིར་པཎྜི་ཏས་བཀྲ་ཤིས་ཀྱི་ཚིགས་བཅད་གཅིག་མཛད་ནས། འདི་དེ་རིང་འདིར་དགོས་པ་བྱུང་བས་ཁྱེད་ཀྱིས་བསྒྱུར་ཨེ་ཐུབ་གསུང་། སླང་ཕུ་ནང་པའི་ངོ་མཁྱེན་གཅིག་པཎ་ཆེན་རིན་པོ་ཆེའི་དྲུང་དུ་བཏང་བས། དེ་མ་ཐག་དེ་རང་ལ་མཆན་བུ་གནང་སྐད་གཉིས་བསྒྱུར་ནས་ཕུལ་བ་དེ་པཎྜི་ཏ་ལ་གཟིགས་ཕུལ་བས། མ་ཧཱ་ལོ་ཙཱ་བ་ཨ་ཙི་འདིར་ད་ལྟ་ཡོད། མིན་ན་ང་ཤོང་གར་ཡོད་སར་སྐྱེལ་གསུང་བྱུང་བས། དེ་མ་ཐག་སྤྱན་དྲངས། དེར་སྡེ་པའི་བཞུགས་གྲལ་དབུས་སུ་པཎྜི་ཏས་སྟག་ལུང་ནས་བྱུང་བའི་ཕྱག་དམ་རྒྱ་སྐད་མ་དེ་གནང་བྱུང་བ་ཐོག་མར་ལེགས་སྦྱར་གྱི་སྐད་དུ་ཚར་གཅིག་ཐགས་ཐོགས་མེད་པར་བསྒྲགས་པས་པཎྜི་ཏ་མཉེས་བྱུང་། དེ་མཚམས་བོད་སྐད་དུ་བསྒྱུར་ནས་པཎྜི་ཏ་ཁྱེད་ཀྱི་ཡུལ་གང་ཡིན། རིགས་ཅི། སྡེ་པ་བཞི་པོ་གང་ཡིན། རྗེན་དགེ་ཚུལ་དགེ་སློང་གང་ཡིན། མཁན་སློབ་ཀྱི་མིང་གང་། མདོ་སྔགས་གང་ལ་མཁས། བོད་ལ་བྱོན་ནས་ལོ་ཇི་ཙམ་སོང་། ད་ལྟ་ཁམས་སྐྱོམས་སམ། འདི་དག་གི་ལོན་ཆ་གསལ་བ་གཅིག་བསྒྱུར་ཟེར་བར་འདུག་ཞུས་པས། དེར་ཚོགས་པ་ཀུན་ཧ་ལས་ཤིང་། ཡང་དེ་མཚམས་པཎྜི་ཏས་སྟག་ལུང་དུ་ཞུ་ཡིག་མཛད་པའི་རྒྱ་ཡིག་པཎྜི་ཏས་ཕྱག་གིས་གནང་བའི་འགྲོལ་ལེགས་པར་གནང་ནས། ངེད་ཀྱི་ཡུལ་རྒྱ་གར་ཤར་ཕྱོགས་སརྒརྡྷ། ཕ་མ་བྲམ་ཟེའི་རིགས། སྡེ་པ་བཞིའི་མང་པོས་བཀུར་བ་ཡིན། མཁན་པོ་ཐམས་ཅད་མཁྱེན་པའི་བཤེས་གཉེན། སློབ་དཔོན་སྨྲ་བའི་སེང་གེ གསང་སྔོན་འཛིགས་མེད་དགའ་བ། ང་རང་མིང་འཛིག་རྟེན་འགྲོ་བའི་མཆོག་ཟེར། ཡོན་ཏན་དཔེ་ཚད་ལ་སྦྱངས། ཆོས་ཀྱི་གྲགས་པའི་རྣམ་འགྲེལ་གྱི་ལྷ་ཤཱཀ་གི་འགྲེལ་པ་བློ་ལ་ཡོད། གཞན་རྒྱན་ཆོས་མཆོག་ཛ་ལྣ་རིའི་འགྲེལ་པ་ཡང་ཤེས། ཚད་མའི་སྐོར་གྱི་དཔེ་མང་པོའི་རྒྱ་དཔེ་ཡང་འཁྱེར་ཡོད་ཅིང་། སྤྱོད་འཇུག་གི་རང་འགྲེལ་ཞི་བ་ལྷ་རང་གིས་མཛད་པ་ཡང་ཡོད། སྔགས་ཀྱི་བདེ་མཆོག་དང་རྣལ་འབྱོར་མའི་སྐོར་ཤེས། ཐུགས་དམ་ཕག་མོ་ཞལ་གཉིས་མ་ལ་བྱེད་པ་ཡིན། ལམ་ཁ་ཆེན་མར། ཡུལ་གྲུ་གེ་དང་སློ་བོ་བརྒྱུད་ནས་འོངས། བླམ་ཀརྨ་པའི་ཡི་གེ་བྱུང་བས་ད་གོང་པོ་ལ་

འགྲོ །ལོ་བརྒྱ་དང་ཉི་ཤུ་ལོན། བོད་ས་གྲུང་ཟས་རྩུབ་པས་སྐྱོང་པོ་བྱུང་ཟེར་བར་བསྒྱུར་ནས་བསླུགས་ཤིང་། སྟག་ལུང་དུ་ཡང་ཞུ་ཡིག་དེ་བཞིན་ཕུལ་བས། སྔེ་པ་རང་གིས་གཙོ་བྱས་པའི་དྲུག་ཞབ་ཀུན་ཞལ་མཐུན་པར་རང་རེ་བོད་མུན་པའི་གླིང་དུ་གྲགས་པ་དོན་ལ་གནས་སྣང་། སློབ་དཔོན་པ་འདི་ཀུན་འདི་འདྲའི་པཎྜི་ཏ་ཆེན་པོ་ཡིན་པའི་འདུ་ཤེས་མ་ཤར་ཟེར། དེ་ཕྱིན་ཆད་པཎྜི་ཏ་བགྲེས་པོ་དེའི་ཐུགས་རྗེས། རང་རེ་ལ་ཡང་སྔེ་པས། དགྲ་མཐོང་ལྷ་བུ་དེ་གཏན་ནས་མ་གནང་བ་ཡིན་གསུང་ངོ་། །དེ་དུས་ཀྱི་པཎྜི་ཏ་ལོ་གོཏྟ་རའི་ཕྱག་བྲིས་ཕཛྙ་ པཎ་ཆེན་རིན་པོ་ཆེའི་མཚན་གྱི་ཞུ་ཡིག་སྟག་ལུང་ངག་དབང་གྲགས་པ་ལ་ཕུལ་བ་དངོས། བདག་གིས་སྟག་ལུང་དུ་མིག་གིས་མཐོང་བ་ལྟར་བྲིས་པ་ལས་སོ། །འདི་ཐད་རྣམ་ཐར་གཉིས་སུ་མི་འབྱུང་ཞིང་། རྣམ་ཐར་རྫོར་རྒྱལ་མར། པཎྜི་ཏ་ལོ་གོཏྟ་ར་བྲ་ཡུལ་ནས་བྱོན་པ། པཎ་ཆེན་ནགས་རིན་དང་གྲྭ་ཐང་དུ་མཇལ་བས། གསང་ཕུ་ན་སྣྲ་ཤེས་པའི་སློབ་དཔོན་ཞིག་འདུག་གསུང་བ་སོགས་བྲིས་པ་ནི་ཐུགས་མཉམ་པར་མ་བཞག་པ་ཡིན་ཏེ། པཎ་ཆེན་ནགས་རིན་གྱིས་བོད་དུ་ལན་སུམ་བྱོན་དུས་མེ་ཕོ་རྟ་ལོ་ཡིན་ཞིང་། འདི་སྐབས་རྗེ་ཆེན་དུ་གྲུབ་ཆེན་ཀུན་དགའ་བློ་གྲོས་པའི་དྲུང་དུ་སྦྱོར་དྲུག་གསན་དུས། བཞུགས་གནས་ཀྱི་ས་ཕྱོགས་རྣམས་དུས་ཀྱི་འཁོར་ལོའི་གཞལ་ཡས་ཁང་དུ་པཎ་ཆེན་ནགས་རིན་གྱིས་གཟིགས་ཞེས་ཆོས་རྗེ་གྲུབ་ཆེན་གྱི་རྣམ་ཐར་དུ་ཡང་འབྱུང་ཞིང་། དགེ་བའི་བཤེས་གཉེན་དཔྱད་པ་ཆེ་བ་རྣམས་པཎ་ཆེན་ནགས་རིན་པས་སྦྱོར་དྲུག་རང་རེའི་རྗེ་གྲུབ་ཆེན་ལ་གསན། ཐུགས་དམ་ཡང་མཛོན་གྱུར་འབྱུངས་པ་ཡིན་ངེས་ཀྱང་། ཕྱིས་དེའི་ཚུལ་གསང་། རྣམ་ཐར་དུ་བཀའ་ཆོས་གསན་པ་ཙམ་ཡང་མ་བྲིས་པར་བལ་ཡུལ་དུ་ཤ་ཕར་ལ་གསན་པ་སོགས་མཛེས་བསྒྲིགས་པ་ལ་ཐུགས་སུ་མི་འབབ་པའི་རྣམ་པ་སྟོན་པ་མང་དུ་ཡང་འབྱུང་ཞིང་། གཟུ་བོའི་བློས་བརྟགས་ན་དོན་ལ་ཡང་གནས་སོ། །དེ་དུས་པཎ་ཆེན་རིན་པོ་ཆེ་མ་འབྱུངས་གོང་གི་ལོ་གཉིས་ཙམ་གྱི་སྐབས་ཡིན། ལན་བར་མ་པཎ་ཆེན་ནགས་རིན་ཕེབས་དུས། ཆེ་ས་གོང་མ་གྲགས་པ་འབྱུང་གནས་དང་། ཀུན་མཁྱེན་རོང་པོ་ཆེན་པོས་བཀའ་ཆོས་གསན་ཞིང་། འདི་

སྐབས་ཀྱང་པཎ་ཆེན་རིན་པོ་ཆེ་དང་མ་མཇལ། ཕྱིས་པཎ་ཆེན་རིན་པོ་ཆེ་དགུང་ལོ་ཉེར་དྲུག་ཏུ་ཕེབས་དུས་པཎ་ཆེན་ལན་རྗེས་མ་གོང་མ་ཀུན་དགའ་ལེགས་པ་མཆེད་ཀྱིས་སྤྱན་དྲངས་དུས་བསམ་ཡས་སུ་མཇལ་ནས། ཚེ་སྒྲུབ་ཁྲིད་འཕགས་སོགས་གསན། དེ་ནས་ལོ་སྐོར་གཅིག་སོང་བའི་བྱ་ལོ་ལ་པཎྜི་ཏ་ལོ་གོཏྟ་ར་བྱོན་པ་ཡིན་པས་སོ། །དེར་སྣེའུ་ནས་སྟོན་ཆག་ལ་ཆོས་སྡིངས་སུ་ཕེབས། གླིང་སྨད་གདན་ས་ཤེས་རབ་དཔལ་ལྡན་པས་ཞུས་པའི་ཟླ་ལ་དེ་ལོ་ཡང་ནི་གུའི་ཁྲིད་ཆོས་སྨིན་པ་ཞིག་གསན་གསུང་ཞིང་། དེ་མཚམས་ཁོང་རྣམ་པ་ལ་སྨྲོས་མེད་ཀྱི་ཁྲིད་གནང་རྒྱུར་འདུག་ཀྱང་། རང་རེས་གསང་ཕུའི་དགུན་ཆོས་ལ་བསླབས་ཡོངས་པས་མ་ཐོབ་གསུང་ངོ་། །དེའི་ལོའི་དགུན་ཆོས་སྙིང་དུ་ཆེན་པོའི་མངའ་གསོལ་ཡང་བཞེས། གསང་ནེའུ་ཐོག་གི་འདུས་པའི་དགེ་འདུན་ས་དགེ་གཉིས་འཚོགས་ཀྱི་བསྟོད་བཀུར་བརྗིགས་གསུམ་གྱི་ཡུལ་མཆོག་ཏུ་བཀུར་ཞིང་། དེ་དུས་གསང་ཕུ་བའི་མཆོར་གཏམ་ལ། རང་རེ་མཚན་ཉིད་ཀྱི་ཐ་སྙད་དུ་གྲུབ་པའི་ཚུལ་འདི་གླིང་སྟོད་ན་དབུ་ཚད་ཀྱི་ཡུལ་ལ་འདྲིས་པའི་གཉལ་པས་དམ་བཅའ་བཞག གླིང་སྨད་ནས་རིགས་པའི་བརྡ་སྦྱངས་པའི་ཆེན་པོ་པས་བགྲོས་གླེང་བཏང་དུས། དགེ་བའི་བཤེས་གཉེན་ནང་ཁོ་ནའི་སྤྱོད་ཡུལ་དུ་གྱུར་པའི་ལུང་རིགས་ཡང་དག་གཅིག་གི་ལྟད་མོ་ཆེན་པོ་འདུག གཞན་རང་རང་གི་ཤེས་འདོད་སྒྲུབ་པའི་ཁྲབ་ཁྲབ་དེར་ཟད་ཅེས་ཞེ་ནས་སྨྲིག་པ་བྱུང་ངོ་། །ཞེས་དེ་དུས་གསང་ཕུར་ཡོད་པའི་སློབ་དཔོན་གྲུས་མཆོག་སོགས་ཀྱི་ངག་ལས་སོ། །དེའི་ཕྱི་ལོ་མེ་ཕོ་ཁྱི་ལོ་དབྱར་བཞུགས་སླང་ཐང་ན་བཞུགས་ཡོད་སྐབས། ཆོས་སྡིངས་རིན་པོ་ཆེའི་སྐུ་རིམ་ལ་འཕན་ཡུལ་གྱི་སེར་ཚོགས་བསགས་པའི་དབང་ལས། ངེད་ཆོས་ཀྱང་ཕྱིན། གྲལ་དབུ་ལ་བདག་ཆེན་བློ་གྲོས་རྒྱལ་མཚན་པ་ནཱ་ལེནྡྲ་ནས་སྤྱན་དྲངས་སོང་ཞིང་། ངེད་ཀྱིས་ཀྱང་ཐོག་མ་རང་དེ་ཉིད་དུ་མཇལ། ཚོགས་གྲོལ་རྗེས། སྤྱང་ལུང་རིན་པོ་ཆེ་པའི་དྲུང་དུ་མཇལ་བ་ལ་ཕྱིན་དུས། བཀའ་ལུང་ལ་ན་ནིང་ཞིག་རང་རེའི་དེ་རིང་འདྲ་བའི་རིམ་གྲོའི་དབུ་ལ་བདག་པོ་རྒྱ་གར་བ་སྤྱན་དྲངས། དེ་དུས་རྩི་ལམ་དུ་ཆོས་སྐྱོང་གི་རྣམ་འཕྲུལ་ཆེ་བ་འགའ་བྱུང་། མདང་ནུབ་ནི་རྣམ་

པར་རྒྱལ་མའི་མཆོད་རྟེན་མདངས་གསལ་ལྟ་བས་ཆོག་མི་ཤེས་པ་འོད་ཟེར་ལྡེ་ལྡན་ཞིག་བྱུང་བས། བདག་ཆེན་སྐུ་མཆེད་གཉིས་པོ་སྤྱངས་རྟོགས་གཙུང་པོ་མཐོ་ངེས་སུ་སྣང་གསུང་བས། དད་མོས་སྐྱེས་ནས་ནཱ་ལེནྡྲར་བཀའ་འབྲེལ་ཞུ་བ་ལ་ཕྱིན་པས། ཆོས་བརྒྱད་ཀ་བཅུ་པ་སོགས་ལ་ཕྱག་ཆེན་ཡི་གེ་མེད་པའི་བྱིན་རླབས་གནང་བའི་མཆོད་བསྐོམས་གྲུབ་འཕྲུལ་སླེབ་ནས། ཚུལ་ཕུལ་བས་དགྱེས་བཞིན་དུ་སྨུལ་ཞིང་། བཀའ་ཆོས་ཀྱི་འབྲེལ་པ་གཞན་ནི་ཡེ་མི་གསན། ཕྱིས་ཡང་ཡང་རྡོ་རྗེ་ཕུར་པ་ས་སྐྱ་པའི་ལུགས་ཀྱི་དབང་ཞིག་གི་གསོལ་བཏབ་མཛད་ཅིང་གནང་བ་ཞལ་གྱིས་བཞེས་ཀྱང་གསན་པ་ཞིག་མ་བྱུང་ལ། བདག་ཆེན་བློ་གྲོས་རྒྱལ་མཚན་པའི་བསྟོད་པའི་མཇུག་ན། གང་ལས་ཕྱག་རྒྱ་ཆེན་པོ་མཆོག་གི་ཆོས་ཀྱི་བདུད་རྩི་ནོད་པ་སོགས་བཀུར་ཡུལ་ལྷག་པར་བའི་ཚེ་བསྟོད་ཟུར་ཙན་ཀྱང་གནང་འདུག་གོ །དེར་དགུང་ལོ་བཞི་བཅུར་ཕེབས་པའི་མེ་མོ་ཕག་གི་ལོ་གསང་ཕུར་བཞུགས་སྐབས་དབུ་མའི་རྣམ་ཐར་ངེས་པ་ཆེ་ཆུང་འདི་ནང་གི་རང་གཞན་ཤན་འབྱེད་པའི་ལུང་རིགས་དག་ལ་དགོངས་པའི་འཇུག་པ་ཡང་ཡང་ཤར་བའི་དུས་གཅིག ཐོ་རངས་ཀྱི་ཆར་གྱུར་བ་ན། རྗེ་ཉིད་ཀྱི་མདུན་གྱི་ནམ་མཁར་འཇམ་དབྱངས་དམར་སེར་ལི་ཁྲིའི་མདོག་ཅན་ལྟ་བས་ཆོག་མི་ཤེས་པ་གཅིག་གཟིགས་བྱུང་བ་ལ། བཅོམ་ལྡན་འདས་གཏུམ་པོ་དཀར་པོའི་བསྐྱེད་རིམ་གསལ་བཏབ་ནས། སྔགས་ཕྲེང་སྐོར་ཙམ་སོང་རྗེས། མཐར་གྱིས་དེ་ཀརྨ་པའི་ཆ་བྱད་ཅན་ཞིག་ཏུ་འགྱུར་བྱུང་རྗེས། སླར་ཡང་ཏིང་ངེ་འཛིན་དེ་དྲག་ཏུ་གནང་བས། གཞན་གཞུང་ཁས་ལེན་གྱི་ཕྱོགས་སྔ་མའི་དགེ་བའི་བཤེས་གཉེན་གྱི་གཟུགས་འཆང་བའི་ངུར་སྨྲིག་གོས་ཅན་ཞི་ཞིང་དུལ་བ་ཞིག་གི་རྣམ་པར་བསྟན་ནས། མཐར་ཇེ་དམའ་ཇེ་དམར་གྱུར་ནས་གསང་ཕུའི་ཕ་བོང་ནུས་སྦྲལ་དུ་ཐ་སྙད་བཞག་པ་དེའི་འོག་ཏུ་ནུབ་པ་གཟིགས་སྐད་དོ། །དེར་ཆེན་པོའི་གནས་ནས་རིམ་གྱིས་མཁན་པོའི་གོ་འཕང་དུ་ཕྱིན་པའི་ཚུལ་ཡང་དགོངས་ཤིང་། སྤྱིར་གསང་ཕུ་ཆོས་ལུང་རིགས་ཀྱི་གཡེར་ཆེ་ཞིང་། མཁས་པ་ཡོངས་ཀྱིས་ཕུད་དུ་འཛིན་པ་དང་། གྲུབ་མཐའི་སྒོ་ཡང་རང་གཞན་མ་ལུས་པའི་གནད་ཕན་ཚུན་ནས་ལེགས་པར་གོ་ཞིང་། འཐད་མི་འཐད།

དག་མ་དག ཡིན་མིན་སོགས་དབྱེ་འབྱེད་ཤེས་ཀྱང་། འཕྲུལ་ཁས་ལེན་རང་ངོའི་གང་བབ་ཙམ་རིགས་ངོར་སྐྱོང་བ་ལས་གཞུང་ཚུགས་པའི་སྨྲ་བ་པོ་སུ་ཡང་མེད་ཅིང་། རྣམ་པར་དག་སྣང་དང་འབྲེལ་བའི་སྒོ་ནས་རང་གཞུང་བརྟུལ་ཞོད་པ་ཡང་འཛིན་ཇོ་མི་ཐོགས་པའི་ཡམ་ཡམ་དེ་རང་གིས། འཆད་ཉན་པ་རྣམས་སྐུ་ཚེ་མཐར་ཕྱིན་པའི་གནས་འཛིན་པ་ཞིག་ལ་ཡང་ཐུགས་ནེམ་ནུར་དུ་གྱུར་པ་རུང་ཞིག་འཁྲུངས་པའི་དབང་ལས། གནས་སྐོའི་སྐུ་ཚབ་ཏུ་ཞལ་སློབ་རིགས་པ་སྨྲ་བ་རྣམས་ཀྱི་ཐོག་མར་ཕྱིན་པ་ཁྲ་ཤུ་བ་སངས་རྒྱས་བཟང་པོ་བ་ལ་བཀའི་ཚོད་པན་དབུར་བཅིངས་ཤིང་། སློབ་མའི་ཚོགས་ཀྱང་གཏད་ནས་པཎ་ཆེན་རིན་པོ་ཆེ་ཉིད་དཔོན་སློབ་ཉུང་བསྡུས་རང་ཞིག དེའི་དགུན་རྒྱ་མ་སངས་རྒྱས་དཔོན་གྱི་གནས་གང་ན་བ་དེར་ཕེབས། དེའི་གནས་ན་བཞུགས་པའི་འཕགས་པ་བཅུ་གཅིག་ཞལ་གྱི་དྲུང་དུ་སྨོན་ལམ་ཚེ་འཕྲུལ་རིང་གནང་བས། མེ་ཏོག་ཧ་ལའི་སྡོང་པོ་སྐམ་པོ་དབྱར་དུས་ཤུལ་བ་ཞིག་འདུག་པ་ལ་ཡང་མེ་ཏོག་གསར་དུ་ཁ་བྱེ་བ་སོགས་ངོ་མཚར་དཔག་ཏུ་མེད་པའི་ཚེ་འཕྲུལ་བྱུང་བ་ནི། ཕྱིས་སྟོན་རབས་རྒན་པོའི་བཞེད་གཞུང་མ་ལུས་པ་ལ་བསླབ་སྦྱངས་ཉན་བཤད་སོགས་གང་ཡང་མེད་པར་བགྲེས་པ་དེ་སྐད་འཆད་ཉན་གྱི་མེ་རོ་གསོས། སྟོན་མེད་ལེགས་པར་བཤད་པའི་མེ་ཏོག་ངོ་མཚར་ཡ་མཚན་པ་དག་ཅིག་བསྐྲུན་པར་མཛད་པའི་སྔ་ལྟས་བརྟེན་འབྱུང་ཡང་དག་པའོ། །ཞེས་རྗེས་སུ་རྟོགས་སོ། །མཁས་པའི་སྲུན་སྟར་ཡིད་དབང་འདྲེན་བྱེད་ནི། །ལང་ཚོས་མ་ལགས་རིགས་གཟུགས་འགྱུར་པས་མིན། །ཡོན་ཏན་རྒྱན་ཕྲེང་གསལ་བའི་གཟི་འོད་དེ། །གང་ལ་མངའ་བ་དཔྱོད་ལྡན་ཤེས་པར་བྱོས། །སྐྱེ་བར་སྦྱངས་པས་ཤེས་བྱའི་གནས་ཀུན་ལ། །འབད་པ་ཆུང་ངུས་མཁྱེན་རྟོགས་ཆེར་འཁྲུངས་པ། །རང་ཉོར་བཙོལ་པོ་ལེན་དཔེ་ཇི་ལྟའི་ཚུལ། །ཡུད་ཀྱིས་མཁས་པའི་འགྲན་བྲལ་གོ་འཕང་བརྙེས། །ཤུལ་རིངས་འཕགས་པའི་ཡུལ་བྱོན་པཎྜི་ཏ། །རང་ཚིག་གཟུགས་ཀྱིས་ཚོམ་ཚེ་བརྗོད་བྲལ་བས། །ལྐུགས་པའི་རྣ་ལམ་ཇི་ལྟའི་ངང་ཉིད་དུ། །ཞག་མངས་ངལ་བའི་ཁུར་གྱིས་གནོན་བཞིན་བཞུགས། །དེ་ཚེ་ཕྱོགས་བཅུར་བསྒྲགས་པའི་བྱ་མ་རྟ། །ཕྲིན་ཡིག་མགུལ་ཐོགས་

འདབ་ཆགས་བུ་ཚོལ་ལྟར། །ས་མཐའ་ཡོངས་སུ་ཉུལ་ཡང་མུན་པའི་རུམ། །གངས་ཁྲོད་རང་གི་དེ་ཉིད་གསལ་བར་བྱས། །ཆེར་ཁྲོས་སྤྲུལ་གདུག་གནས་པའི་ཁང་ སོགས་སུ། །ནོར་བུ་རབ་དངས་འོད་སྣང་གསལ་མིན་ལྟར། །སྐད་གཉིས་སྨྲ་མཁས་དེ་ནི་མདུན་བཞག་ནས། །སྣང་རྡེ་ཡོངས་ལ་ཤེས་སམ་བརྡ་སྦྱོར་དྲིས། །སྐད་ནས་མཛངས་གྲུང་ལྡན་པའི་ཁ་ལོ་པས། །སྙན་ལྡེབས་（འཛེབས）ཤིང་རྟས་དྲངས་པའི་བཀྲ་ཤིས་ཚོག །ལེགས་བསྒྱུར་ངོ་མཚར་དད་པའི་ཤར་རིའི་རྩེར། །སྨྲ་མཁས་ཉིན་བྱེད་གཞོན་ནུ་གསལ་བར་ཤར། །པཎྜི་ཏ་དེའི་ཡིད་ཀྱི་པདྨོའི་ཚལ། །རབ་རྒྱས་ཀྱུར་མཐོང་ཆེ་དགུའི་བུང་བའི་ཚོགས། །བདག་ཉིད་ཆེ་དེའི་ཞབས་རྗེན་གདིང་བའི་གོས། །ལེན་པར་བརྩོན་ལ་གཟོག་རྩེ་གཡོ་བ་འདྲ། །བསླབ་སྦྱངས་ཡོན་ཏན་རྩེ་སྨན་མཆོག་དེ་ཡིས། །སྡུག་སེམས་སྡང་བའི་ཟུག་རྔུའི་ཚོགས་བཀྲུས་ནས། །ཡིད་ངོར་མཛེས་པའི་མིག་ཟུར་དཀྲུས་རིང་དག །སྙིང་ནས་ཆགས་པས་ཡུན་དུ་བལྟ་བར་བྱས། །བདུད་དཔུང་ལས་རྒྱལ་རྒྱལ་བའི་སྲས་ཁྱོད་ནི། །མི་འཛིགས་གདོང་ལྔ་ལྔ་རྩེན་ཁྲིར་འཁོད་དེ། །ཕྱོགས་བཅུར་རབ་གྲགས་གྲགས་པའི་རྔ་ཆེན་དག །འབད་པ་མེད་བཞིན་བཞིན་བཟང་ཡོངས་ཀྱིས་བསྐུལ། །ཅེས་པཎྜི་ཏ་ཆེན་པོ་ཤཱཀྱ་མཆོག་ལྡན་དྲི་མེད་ལེགས་པའི་བློ་གྲོས་ཀྱི་རྣམ་པར་ཐར་པ་ཞིབ་མོ་རྣམ་པར་འབྱེད་པ་ལས། ངོ་མཚར་གྱི་དུམ་བུ་འགའ་ཞིག་ལས་བརྩམས་པའི་རབ་ཏུ་བྱེད་པ་བཅུ་གསུམ་པའོ།། །།

རྟོགས་པའི་རང་བབ་མངོན་སུམ་དུ་གྱུར་པའི་སྐབས་ཏེ་
རབ་ཏུ་བྱེད་པ་བཅུ་བཞི་པ།

དེར་ཚེ་འཕྲུལ་གྱི་སྨོན་ལམ་གྲོལ་རྗེས་མལ་གྲོའི་ནང་དུ་ཕེབས་ནས། སྟོན་གསང་ཕུར་བཞུགས་དུས་གནས་ཀྱི་སློབ་དཔོན་མཆོག་ཏུ་གྱུར་པའི་མཁན་ཆེན་ཉི་མ་རྒྱལ་མཚན་པའི་དྲུང་དུ་སྐྱིད་སྡུག་ལམ་ཁྱེར་དང་། ཁྲི་ཕུ་བའི་བདེ་མཆོག་དཀར་པོ་ཁ་ཆེ་པཎ་ཆེན་ལུགས་དེ་

གསན་རྗེས། དཔྱིད་སོས་ཀྱང་རྒྱ་མ་རིན་ཆེན་སྒང་ཉིད་ན་བཞུགས་དུས། རྒྱལ་རྩེ་ནས་རྣམ་ཐར་རྗོར་རྒྱལ་མར་ཆོས་ཀྱི་རྒྱལ་པོ་རབ་བརྟན་ཀུན་བཟང་འཕགས་པ་དང་། རྣམ་ཐར་རྗེ་དཔོན་མར་སོག་པོ་འཕགས་པས། དཔལ་འཁོར་བདེ་ཆེན་གྱི་ཆོས་དཔོན་དུ་སྤྱན་འདྲེན་ཕྱིར་འཕགས་པ་ཐུགས་རྗེ་ཆེན་པོ་དོན་ཡོད་ཞགས་པའི་ལི་མ་ཁྲུད་འཕགས་དང་། གདུགས་དཀར་པོའི་ཞུ་ཡིག་རྟེན་བཅས་བྱོན་པ་ལ་དཀོན་མཆོག་གི་སྤྱན་སྔར་ལེགས་སྨོན་གྱི་བརྟག་པ་མཛད་པས་མ་ཆུད་པར། ཐབས་མཁས་ཀྱི་འཕྲུལ་གྱིས་བཏང་སྙོམས་སུ་བསྒྱུར་བའི་ཞུ་འཕྲིན་སྤེལ་ལེགས་ཀྱི་སྙན་ངག་ཕུལ་ལོ། །དེ་ནས་ཆོས་སྡིངས་རིན་པོ་ཆེའི་སྤྱན་སྔར་ཕྱག་འབུལ་ལ་ཕེབས། འབྲུག་པ་རྒྱལ་དབང་ཆོས་རྗེ་ཡང་ནི་གུའི་ཁྲིད་གསན་པ་ལ་ཕེབས་སྣང་བས་རང་རེས་ཀྱང་ཞུས། དེར་སྔར་ལྟར་འཆད་ཉན་གྱི་སྲོལ་བཀོད་མེད་པས། ཡིད་ལ་ངེས་འབྱུང་སོགས་ཀྱི་འཁྲུལ་ཆེ་ངོས། སྒྱུ་མ་རྨི་ལམ་གྱི་གོ་སྦྱོང་ལྷུག་པ་རང་ཞིག་སྐྱེས། ཐུ་ཕྱི་ནི་གུའི་ཁྲིད་བཟླས་པ་ལན་བཞི་ཐོབ། དབང་བྱིན་རླབས་རྗེས་འབྲེལ་ནི། ལྷུན་སྡེ་རབ་འབྱམས་པས་ཞུ་དུས་དེ་རང་ཡིན། གཞན་གསུམ་ཀ་ཁྲིད་རྒྱུད་རེ་རང་བྱུང་ཞེས་དྲིན་ཅན་སྤྱང་ལུང་པའི་གསུང་སྒྲོས་སོ། །དེའི་དབྱར་སྨད་ནས་དཔྱིད་སོས་བར་འོད་གསལ་རྩེར་སྐུ་མཚམས་དམ་པ་རང་གནང་ནས་ཀྱི་རྡོ་རྗེའི་གཞི་བསྙེན་མཛད་ཅིང་། ཟླ་བ་དགུ་ལ་ཁ་གསོའི་སྦྱིན་སྲེག་བར་མཐར་ཕྱིན། བཀའ་ལས་ཀྱང་རང་རེ་ལྟེ་མི་བདེ་བ་རང་མེད་ཅིང་། ཡིད་ལྷག་པར་འཇུར་བས། ཨཪྻ་གྲངས་བཏབ་བཀོད་པས་འབུམ་ཕྲག་བཞི་ཟླ་བ་དྲུག་ལ་འགྲོ་ཙམ་བྱུང་ཞིང་། སྐར་ཡང་ཟླ་བ་ཕྱེད་དང་གཉིས་ཀྱང་ནན་སྦྱོར་གྱིས་བགྲངས་དེང་སང་ནི་དུས་མྱུར་རང་ལ་གྲངས་བསྙེན་རེ་སོང་བ་སྐད་ཀྱིན་འདུག་ནའང་། དེ་ཀུན་གྱིས་མ་རེ་མ་རེ་ག་རེ་ག་རེ་བྱས་པ་ག་ལོས་ཡིན། འདི་འདྲ་ལ་བྱིན་རླབས་གང་ལ་ཡོང་། ཐུགས་དག་དགོས་ཞེས་དྲུང་བཙུན་ཤེས་རབ་དཔལ་འབྱོར་བ་ལ་དངོས་སུ་གསུངས་པས། བདག་ལོ་བཅོ་བརྒྱད་ལོན་དུས་ཀྱི་རྡོ་རྗེའི་གཞི་བསྙེན་བྱེད་དུས་ཁོང་པས་ནན་གྱིས་ཡོས་ནས་བཀའ་སྩལ་དུ་གནང་བ་ཡིན་ནོ། །མང་དཀར་བ་ཟླ་བ་མགོན་པོའི་སྙན་ན། ངོར་དུ་གྲྭ་སྐོར་གྱི་སྐབས། རྗེ་

རྡོ་རྗེ་འཆང་ཆེན་གྱིས་དཔེ་ལྷ་གྱིས་ཞེས་བསྐུལ་དུས། གཞི་བསྙེན་མཛད་གསུང་བ་ཞིག་བཞུགས་འདུག་ཀྱང་མ་དག་པ་ཡིན་ཏེ། དེ་དུས་ཡུན་ཟླ་བ་གསུམ་ལས་མ་སོང་བ་དང་། ཡང་པཎ་ཆེན་རིན་པོ་ཆེ་ཉིད་ཀྱི་བཀའ་ལས། ངེད་རང་གིས་བླ་མེད་ཀྱི་དབང་ཐོབ་པ་དང་། བསྙེན་པ་བྱས་པའི་ཐོག་མ་དེ་གཉིས་ཀ་འཇིགས་བྱེད་འདི་ཡིན། བྱིན་རླབས་ཀྱི་ཟིལ་ཆེས་ཆེ་བ་ཞིག་རང་ཡོད་ཅེས་བདག་གི་བླ་མ་པཎ་ཆེན་དཔལ་ལྡན་ཚུལ་ཁྲིམས་པ་ལ་དངོས་སུ་བཀའ་ལུང་གནང་འདུག་པས། དེ་དུས་ཀྱི་ལྷ་བསྙེན་དེ་ཡང་འཇིགས་བྱེད་ཉིད་དུ་མངོན་ནོ། །ཡང་བཀའ་ལས་རང་རེའི་གསང་ཕུའི་ཆེན་པོའི་ཁུར་དེ་བཞག་འཕྲལ། འོད་གསལ་རྩེར་གྱི་རྡོ་རྗེའི་བསྙེན་བསྒྲུབ་ཟླ་བ་དགུ་པ་ཞིག་མཚམས་བཅད་ཆ་དམ་པ་རང་བྱས། དེ་དུས་སྡིག་པ་འདྲ་དག་པའི་རྟགས་ཡིན་ཡོད། ཐོ་རངས་འོད་གསལ་གྱི་འཆར་སྣ་ཡ་མ་ཆ་འགའ་རེ་བྱུང་། འོད་གསལ་རྩེ་མོ་མིང་དོན་ལྡན་ཡིན་ཞེས་སླང་ཐང་དུ་ནི་གུ་གསུང་བའི་སྐབས་ཤིག་གསུང་ཞེས། ནི་གུ་ཉན་པའི་མངའ་རིས་པའི་གྲྭ་རྐྱན་འགའ་རེས་ཟེར་བ་ཐོས་ཤིང་། ཡང་ཕོག་ལུང་རབ་འབྱམས་པ་ནམ་མཁའ་རབ་གསལ་བའི་གསུང་ལས། པཎ་ཆེན་རིན་པོ་ཆེས་འཕན་ཡུལ་གྱི་ནཱ་ལེནྡྲའི་འཁྲིས་ཀྱི་འོད་གསལ་རྩེར་འོད་གསལ་གྱི་ངང་ནས་སངས་རྒྱས་ཀྱི་ཞིང་ཁམས་གཟིགས་ལུགས་དེ་འདྲ་སྟོན་གྱི་གྲུབ་ཐོབ་གོང་མ་གང་ནའང་མེད་གསུང་ངོམ་ངོམ་མཛད་པས་ཀྱང་མཚོན་ནོ། །དེར་དགུང་ལོ་བཞི་བཅུ་ཞེ་གཅིག་ཏུ་ཕེབས་པ་ས་ཕོ་བྱི་བའི་ལོ། དབུ་མ་འཇུག་པའི་ཊཱི་ཀ་ངེས་དོན་གནད་ཀྱི་ལྡེ་མིག་འདིའི་ཐུགས་རྩོམ་གནང་འཕྲལ། དབྱར་དེ་ཡང་སྐུ་མཚམས་བཅད་ཆ་མ་ཞིག་གི་དགོངས་པ་ཡོད་པ་ལ། གཙང་ཕྱོགས་ནས་སྐད་ཆ་འཕར་མ་ལ། རྗེ་དོན་ཡོད་དཔལ་བའི་དྲུང་ཆེ། གཞི་སྡེ་མཁྱེན་རབ་པས་གསང་ཐབས་ཀྱིས་བྱང་ལམ་ལ་སྤྱན་འདྲེན་པ་འདུག་ཟེར་བ་གསན་འཕྲལ། དེ་ལྟར་ན་ཕྱུག་འབུལ་ཞིག་ལ་མ་ཕྱིན་ན་ག་ལ་ཡོང་དགོངས། པཎ་ཆེན་ཉིད་ལ་ཆིབས་ཙམ་ལས་གཞན་སྣལ་མ་མ་གནང་བར་མྱུར་སྐྱོད་དུ་ཕེབས་པས། རྗེ་དོན་ཡོད་དཔལ་བ་དཔོན་སློབ་རྣམས་ཞུག་རྒྱལ་ཁང་ན་ཆོས་དབར་ལ་བཞུགས་པའི་སྟེངས་སུ་ཕེབས། དེར་རྗེ་དོན་ཡོད་དཔལ་བའི་

བྱུང་གིས། ཕྱག་ལེན་སོགས་དཔེ་མེད་ཀྱི་བཀུར་སྟི་གནང་ཞིང་། དེར་འདུས་གྲྭ་པ་བུ་སློབ་ཀུན་གྱིས། སྔ་སོར་སྲུས་མཆོག་པས་གསང་ཕུ་ཚུལ་དུ་སྟན་གསན་ཕུལ་བའི་དོན་འབྲས། རྗེ་དོན་ཡོད་དཔལ་བའི་གདན་ས་གནང་དགོས་ཟེར་ནན་བསྐྱེད་ཀྱི་ཞུ་བ་ཕུལ་བས། པཎ་ཆེན་རིན་པོ་ཆེའི་བཀའ་ལས། ཐོག་མར་གཞི་བྱེས་ཡོ་བཟློས་ནས་རྗེ་དོན་ཡོད་དཔལ་བ་གྲུ་གེར་མི་ཕེབས་པའི་ཞུ་བ་གྱིས་གསུང་ནས་མཛད་པས། བྱུང་ཆེན་པོ་བ་གསུང་ན་ཨ་ཕོ་རྒད་པོ་སྡོད་ལགས་གསུང་། ཞལ་གྱིས་བཞེས་ཤིང་། དོན་དུ་རྗེ་དོན་ཡོད་དཔལ་གཞིས་ཀ་བའི་ཏི་ཤྲཱི་སོང་བས་སྤྱན་འདྲེན་ཡང་མ་སློབས་པར་གྲུ་གེ་བའི་མི་རྣམས་ལོག་དགོས་པ་བྱུང་ཞིང་། དེ་ལོ་ཆོས་རྗེ་རྡོ་རྗེ་འཆང་ཆེན་པོ་བདེ་བར་གཤེགས་ནས་ལོ་སྐོར་གཅིག་སོང་བའི་དུས་ཡིན་པས་བླ་མའི་རྗེས་དྲན་ལ་ངོར་དགོན་སར་དུ་ཕེབས། དེ་དུས་གདན་སར་རྒྱལ་ཚབ་ཀུན་དགའ་དབང་ཕྱུག་པ་བཞུགས་པས། གན་ཙའི་སྟེང་ནས་བསུ་བ་སོགས་ཆེ་བཀུར་དཔག་མེད་སྩལ། དེར་གྱི་རྫོར་ཊོམ་ཧྲི་ལུགས་དང་། མཆོ་སྐྱེས་ལུགས་ཀྱི་དབང་གནང་ཚར་བའི། ནག་པོ་ལུགས་ཀྱི་སྟ་གོན་དང་འགྲིག་ནས་ཞུ་བ་གནང་ཞིང་། སྐུ་གསུང་ཐུགས་སྙིང་པོ་ཀྱི་རྡོ་རྗེ་དང་བཞིའི་དབང་གསན་ཞིང་། ཁྱད་པར་སྔར་རྡོ་རྗེ་འཆང་ཉིད་ལ་གསན་ལྷག་གི་རྗེ་རྡོ་རྗེ་འཆང་གི་བཀའ་འབུམ་ཕྱེད་ཙམ་གྱི་ལུང་ཡང་གསན། དེ་རྗེས་ཆུ་མིག་ཏུ་ཆེ་ས་བདག་ཆེན་པའི་བྱུང་དུ་ཕེབས། སྔར་གྱི་ས་སྐྱ་བཀའ་འབུམ་གྱི་ལུང་ལྷག་ཡོངས་སུ་རྫོགས་པ། ཕུ་ཧྲ་མིང་སྲིང་གི་རྗེས་གནང་། དཀར་བདུད་ལྷམ་དྲལ། དུར་ཁྲོད་བདག་པོའི་རྗེས་གནང་། དེ་དག་གི་སྐྱབས་སྐོར་ཡོངས་སུ་རྫོགས་པར་གསན། བཀའ་ལས་སློབ་དཔོན་དོན་ཡོད་དཔལ་བའི་གྲྭ་ཚང་འདི་གཡག་རོང་གི་ངག་སྒྲོས་ཐུན་མོང་མ་ཡིན་པ་སྐྱོང་བའི་བཤད་གྲྭ་ཡིན་པས་འདིའི་མགོ་འདོན་བསྟན་པའི་རྒྱུན་ལ་དགོངས་ནས་ཁྱེད་ཀྱིས་མཛོད། རང་རེའི་བུ་ཚབ་ཀྱང་ཁྱེད་ལ་འཚོལ། ཆུ་མིག་གཞིས་ཀ་འདི་ཡང་ཆོས་གཞིས་ལ་སྦྱོར་སོགས་བཀའ་ལུང་ཐློག་དཀའ་བ་རང་གནང་བས་ཁས་ལེན་འབུལ་དགོས་བྱུང་གསུང་ཞིང་། དེ་ནས་མར་ལམ་དགོན་པ་ཤར་དུ་ཞག་འགའ་བསྡད་ནས། མཚན་བརྗོད་ཊཱི་ཀ་དང་། འཇམ་དབྱངས་རིགས་བྱུག་གི་

བསྟོད་པ་དེ་ཡང་བརྩམས། དེ་དུས་དགེ་རྒན་བསོད་རྒྱལ་བ་ཡོངས་ནས་ངེད་ལ་ཚོགས་སུ་འདོན་རྒྱུའི་རྗེའི་སྐུ་བསྟོད་ཅིག་དགོས་ཟེར་བས་རྒྱལ་བའི་གསུང་རབ་མ་འདི་བརྩམས་པ་ཡིན་ཡང་གསུང་ངོ་། །དེའི་སྟོན་ཀ་དབུས་ལ་ཕེབས་ནས་ལམ་མི་འཆག་ལ་སྤྱང་ལུང་རིན་པོ་ཆེའི་དྲུང་དུ་ཕྱག་འབུལ་ལ་ཕེབས་པས། དེར་སྤྱང་ལུང་རིན་པོ་ཆེ་པའི་ཞལ་ནས། ཁྱེད་ཀྱི་གྲགས་པས་ནི་སྔར་ཟླ་བ་འོན་འགྲོ་བ་ཙམ་བྱུང་། ད་ནི་མངོན་པར་རྟོགས་པའི་ཡོན་ཏན་ཆེན་པོ་ཞིག་ཀྱང་ཐུགས་ལ་འཁྲུངས་སྣང་ངོ་། །ཁྱེད་ཀྱིས་ཕྱག་བྱས་དུས་ཀྱང་ངེད་ལ་ཟིལ་ཆེན་པོ་ཞིག་ཡོད་སྣང་གསུང་བ་ཡོངས་ཁྱབ་ཏུ་གྲགས་སོ། །དེའི་དབྱིད་ཆོས་འཁོར་རྩེར་བཞུགས་ནས་དབུ་མ་རྩ་བ་ཤེས་རབ་ཀྱི་ཊཱི་ཀ་སྐལ་བཟང་འཇུག་ངོགས་ཀྱི་ཐུགས་རྩོམ་གནང་བའི་དབུ་བཙུགས་ཙམ་ལ་མངའ་རིས་གློ་བོ་ནས་ཆོས་རྒྱལ་བཀྲ་ཤིས་མགོན་པས་སྤྱན་འདྲེན་གྱི་སྙན་གསན་འདེབས་བྱེད་རིན་པོ་ཆེའི་རྟེན་དང་བཅས་པའི་ཞུ་ཡིག་ཞིབ་རྒྱས་ཕུལ་བས། ད་ཁྱེད་རྣམས་ས་ཐག་རིངས་ནས་འོངས་པ་ལ། རྗེ་བོ་ཤཱཀྱ་ལྷུ་ནི་གསུང་ཆོས་ཅིག་ཡོད་པ་ལ་མཇལ་ག་ཞུ་ཞིང་ངེད་ཀྱང་འགྲོ་སྡོད་ཀྱི་ལུང་བསྟན་ཞུ་ཕྱིར་ཆོས་སྡིངས་སུ་འགྲོ་གསུང་ཕེབས། དེར་རིན་པོ་ཆེ་དེ་རྣམས་མཇལ་དུ་མཛད་ནས་སྤྱང་ལུང་རིན་པོ་ཆེའི་དྲུང་དུ་ཕུལ། རྒྱུ་མཚན་ལུང་བསྟན་ཞུས་པས། རེ་ཞིག་ཐུགས་མཉམ་པར་བཞག་ནས། དེར་སྐུ་སྟོད་སེང་མཛད་ནས། དྲུང་ཆེན་པོ་པ་སེམས་ཅན་གྱི་འགྲོ་དོན་ཆེར་ཡོད་སྣང་བས། འབྲུག་ལོ་ལ་བྱོན་པ་ལེགས་གསུང་བ་ཇི་ལྟ་བའི་ཞུ་ཡིག་ལན་ཡང་མངའ་རིས་ལ་གནང་སྐད་དོ། །བློ་གསལ་བྱེ་བ་སྟོང་གི་དབང་ཕྱུར་ཏེ། །སྒྲུབ་དང་སུན་འབྱིན་གནས་ཀྱི་ཚད་མའི་ཡུལ། །ལེགས་སྦྱངས་མཁས་པས་སོར་བཅུས་བཀུར་བའི་གནས། །ཆེན་པོའི་གོ་འཕང་དེ་ཡང་ཁྱེད་ཀྱིས་ཐོབ། །ཆོས་བརྒྱད་མཛེས་སྣང་རི་དྭགས་སྨིག་རྒྱུའི་དཔེ། །མཁས་རློམ་ཕལ་གྱི་སྙིང་གིས་མི་འཛིན་ཀྱང་། །སྣང་སྲིད་སྒྱུ་མ་རྨི་ལམ་ཡུལ་སྣང་བཞིན། །ལེགས་དགོངས་ཁྱེད་ཀྱིས་སྤང་མདོའི་རྩྭ་ལྟར་དོར། །ཡེ་ཤེས་མཁའ་འགྲོའི་ཞལ་ལུང་གསང་བའི་ཆོས། །ཡང་དང་ཡང་དུ་སྙན་ནས་ཐུགས་སུ་སིམ། །འོད་གསལ་དྭངས་ཤེལ་གསལ་བའི་མེ་ལོང་དེར། །མཐའ་ཡས

ཤེས་བྱའི་ཡུལ་ཀུན་རྗེན་པར་ཤར། །ཕྱོགས་བཅུའི་སངས་རྒྱས་མ་ལུས་ཐམས་ཅད་ཀྱིས། །ཞིང་རྡུལ་ཇི་སྙེད་མ་འདྲེས་གཟིགས་མོའི་ཚ། །ཡེ་ཤེས་མིག་གཅིག་དྲི་མེད་མངའ་བ་ཅན། །ཁྱེད་ཀྱི་རྣམ་ཐར་གསང་བ་བརྗོད་ལས་འདས། །དགྱེས་མཛད་ཉིང་འཛིན་གསལ་བའི་དཀྱིལ་འཁོར་དུ། །མཚན་སྐྱིབ་སྟགས་ཀྱི་ནྣ་ད་སྒྲུར་ལེན་ཞིང་། །ལྷ་དང་ཡེ་ཤེས་སྣང་བའི་རོལ་མོ་བ། །གསང་སྟགས་འཛིན་པ་ཡོངས་ལའང་འདི་མ་གྲགས། །རྣམ་རྟོག་བཟླས་བརྗོད་གྲངས་ཀྱིས་ཆོག་མཆོད་མཁན། །ཀུན་བརྟགས་འཁྲུལ་བའི་རྫི་ལམ་རོ་མྱང་བའི། །བྱིས་པའི་རྡོ་རྗེ་འཛིན་པ་ལས་འདས་ཁྱོད། །ས་ལ་རྡོ་རྗེ་སེམས་དཔར་རབ་གྲགས་ལགས། །ཞེས་པཎྜི་ཏ་ཆེན་པོ་ཤཱཀྱ་མཆོག་ལྡན་དྲི་མེད་ལེགས་པའི་བློ་གྲོས་ཀྱི་རྣམ་པར་ཐར་བ་ཞིབ་མོ་རྣམ་པར་འབྱེད་པ་ལས། རྟོགས་པའི་རང་བབ་མངོན་སུམ་དུ་གྱུར་པའི་སྐབས་ལས་བསྒྲགས་པའི་རབ་ཏུ་བྱེད་པ་བཅུ་བཞི་པའོ།། །།

མངའ་རིས་ཀྱི་ཡུལ་འཁོར་དུ་ཆོས་སྒྲ་བསྒྲགས་པའི་
སྐབས་ཏེ་རབ་ཏུ་བྱེད་པ་བཅོ་ལྔ་པ།

རྣམ་ཐར་རྟོར་རྒྱལ་མར་ས་སླང་ལ་གསེར་མདོག་ཅན་བཏབ་ཅེས་འབྱུང་ཡང་། རྣམ་ཐར་གཞན་གཉིས་སུ་མི་སྣང་ཞིང་། ངོ་བོ་སྟར་བརྗོད་པ་ལྟར་བྱེ་ལོའི་སྟོན་དགོན་པ་ཤར་དུ་བཞུགས་ས་ཙམ་མཛད། དེར་རྒྱ་གན་ནང་པས་གདན་འདྲེན་ཞུས། དེ་དུས་རྒྱ་གན་དཔོན་བགྲེས་པ་རང་རས་འཐོལ་རིང་བ་གཅིག་གི་སྣ་ལ་བསྟད་འདུག་པས་ལྷང་བ་ཙམ་གྱི་བཞེངས་བཀུར་བྱས་ཞེས་གསུང་ཞིང་། ལྕགས་ཕོ་སྟག་ལོ་དགུང་ལོ་ཞེ་གསུམ་སྟེང་དེར་བསྟད་དབུ་བཙུགས་པའི་རྩ་ཤེའི་ཊཱི་ཀ་གྲུབ་རྗེས། གསེར་མདོག་ཅན་དུ་དགུང་ལོ་ཞེ་བཞིའི་ངོ་ལ་རྟ་པའི་ཚོ་འཕྲུལ་གྱི་ཡར་ཚེས་ལ་ཐེབས་ཤིང་། སྟོན་གནས་དེར་རྒྱལ་བ་གཡུང་སྟོན་པས། རྟ་དྲིལ་ཁ་དོག་དཀར་བ་རེ་དང་། དངུལ་བྲེ་ཆེན་གཅིག་བཅལ་ནས་ཞུས་པ་ཡིན་ཏེ། ད་ལྟའི་ཐུག་

མོ་ཆེར་གྲགས་པའི་གང་ཕྱུག་དེར་ཡང་ཕྱུར་གྱི་བསྒྲུབ་ཆེན་གནང་བས་ལྷག་པའི་ལྷ་དེ་དག་གི་ཞལ་གཟིགས་ཤིང་། དམ་ཆོས་རྫོགས་པ་ཆེན་པོའི་ལྷ་སྒོམ་ཡང་མངོན་དུ་གྱུར་པས། རིན་བཙལ་བ་ཟེ་བར་དགོངས་ནས་ཟེ་ལུང་དུ་མིང་བཞག་ཅེས་གསུང་སྟོན་པའི་རྣམ་ཐར་ནང་དུ་འབྱུང་བ་བཞིན་གནས་ལ་མིང་དེ་ལྟར་དུ་ཡོངས་སུ་གྲགས་པས། རྗེ་དོན་ཡོད་དཔལ་བའི་སྐུ་རིང་ལ་མིང་དེ་ཀ་སྒྲོག་ཅིང་། པཎ་ཆེན་རིན་པོ་ཆེས་ཞབས་བཀོད་ཕྱིན་གསེར་མདོག་ཅན་ཞེས་དགོན་པའི་མིང་ཡང་གསར་འདོགས་མཛད་ནས་དེར་སྨོན་ལམ་སོགས་ཆོས་སྒྲིགས་ཀྱི་དབུ་ཚུགས་ཙམ་གནང་རྗེས་དཔྱིད་ཆོས་ཤངས་ཀྱི་སྲིག་ཤིང་ན། ས་སྐྱ་པཎྜི་ཏའི་ཆོས་ཁྲི་ཡོད་པའི་སྟེང་ནས་སྤྲུལ་བས་རྟེན་འབྲེལ་ལྷག་པར་ལེགས་པ་གཙང་ཕྱོགས་སུ་དཔལ་ལྡན་ས་སྐྱ་པའི་འཆད་ཉན་དོན་དང་ལྡན་པ་ཞིག་ཚུགས་ངེས་སྙམ་དུ་དགོངས་ཞེས་གསུང་སྒྲོས་ལས་འབྱུང་ཞིང་། དེའི་དབྱར་གནས་ལ་སླར་གསེར་མདོག་ཅན་དུ་ཐེབས་ནས་གཞི་གསུམ་ཆོ་གའི་ཕྱག་བཞེས་ལེགས་པར་སྲོལ་གཏོད། དེ་གོང་རྗེ་དོན་ཡོད་དཔལ་བའི་དུས་ཀྱང་དེ་འདྲའི་ཐ་སྙད་ཡེ་མེད་པས། དགར་པོ་བྲག་པའི་རྒན་ཞུགས་ཤིག་དང་ལྷན་ཅིག་བྲུང་ནས་ཆོས་ཀྱི་བཟང་པོ་སོགས་ཀྱིས་ཀྱང་སྦྱི་བ་ཤགས་སོགས་ལ་རྗེས་བླྙས་གསུང་བ་དྲན་ཞེས་སློབ་དཔོན་སྲུས་མཆོག་པ་གསུང་ཤིང་། དེའི་ཕྱི་ལོ་ཆུ་ཕོ་འབྲུག་ལོ་དགུང་ལོ་ཞེ་ལྔར་ཐེབས་པའི་སྟོན་གྱི་ཟླ་བ་ལ་གསེར་མདོག་ཅན་ནས་བཏེག་སྟེ། དེའང་རིགས་ཀུན་ཡོན་ཏན་དུ་མས་མངོན་པར་མཐོ་བའི་རྗེ་བཙུན་ངག་དབང་ཆོས་ཀྱི་རྒྱལ་པོ་དང་། ཤར་མི་ཉག་གི་པཎྜི་ཏ་ཆོས་གྲགས་དཔལ་བཟང་པོས་གཙོ་མཛད་པའི་སྡེ་སྣོད་འཛིན་པ་བརྒྱ་ཕྲག་གཅིག་གཞན་སློབ་གཉེར་བ་ཤ་སྟག་ཉིས་བརྒྱ་སྟེ་སློབ་དཔོན་སུམ་བརྒྱ་ཙམ་དཔལ་ལྡན་ས་སྐྱའི་ཆོས་གྲྭ་ཆེན་པོ་ལས་བརྒྱུད་ནས་རིམ་གྱི་དམ་པ་རྒྱ་གར་གྱི་གྲུབ་གནས་དིང་རི་གླ་འཁོར་ལ་མཛད་དེ། བསྟན་པའི་སྦྱིན་གནས་མཆོག་ཏུ་གྱུར་པ་དེའི་ཡུལ་ལྗོངས་ག་བ་དེར་བསྐྱོད་བདེ་བར་གཤེགས་པར་མཛད་དོ། །དེར་སློ་བོ་ནས་ཀྱང་བསུ་བའི་བཀོད་པ་ཁྱད་པར་ཅན་དག་གིས་ཀྱང་རིམ་གྱིས་སྤྱན་འདྲེན་པ་གནང་སྐབས་འབྲོག་ལམ་གྱི་རི་ཁྲོད་ཅིག་ན། རི་གཅིག་མ་དཔལ་ལྡན་གཞོན་

ནུར་གྲགས་པའི་ནེ་གུའི་གྲུབ་ཐོབ་ཆེན་པོ་ཞིག་བཞུགས་པའི་ཕོང་གི་སྒྲུབ་གནས་དེ་དང་ཉེ་བར་པཎ་ཆེན་རིན་པོ་ཆེ་འཁོར་བཅས་ཕེབས་པའི་ནུབ་མོ་མནལ་གྱི་འོད་གསལ་གྱི་ངང་ལས། ཕྱོགས་དེར་རྗེ་བཙུན་འཇམ་དབྱངས་བྱང་ཆུབ་སེམས་དཔའི་འཁོར་དང་བཅས་པ་བཞུགས་པའི་སྣང་བ་བྱུང་ནས་སང་ཆེད་ཀྱིས་མཇལ་བ་ལ་ཕྱིན་ཏེ། བདག་ལ་ཆོས་འབྲེལ་དུ་འཇམ་དབྱངས་ཀྱི་བསྟོད་པ་ཞིག་སྩོལ་ཞེས་ཞུས་ནས། གང་བློ་མའི་ལུང་མཛད་ཅེས་གྲགས་ཤིང་། ཡང་གློ་བོ་རང་གི་ལུང་ནང་དུ་ཕེབས་པའི་ཉིན། དེའི་ཤར་ལུང་ན་བཞུགས་པའི་རྟོགས་ལྡན་དཔལ་ལྡན་ལེགས་པ་ཞུ་བ་ཞིག་ལ་མནལ་ལམ་དུ། རྗེ་བཙུན་འཇམ་དབྱངས་སྨྲ་བའི་སེང་གེ་སེང་གེ་སྔོན་པོ་ལ་ཆིབས་པ་ཞིག་དང་མཇལ། ཕོང་གི་བྱིན་རླབས་ཤིག་ཞུ་ཞུས་པས། ཞལ་ནས་ཡི་གེ་ཧྲཱིཿཡིག་གཅིག་གནང་བ་མིད་པས་ལུས་སེམས་བདེ་བའི་ངང་ནས་མནལ་སད་དོ། དེའི་དོན་ལ་བསམ་པས་དེ་རིང་ཤར་ཕྱོགས་ནས་འབྱོན་ཟེར་བའི་བླ་མ་དེ་ནི་མཁས་པར་མ་ཟད་རྗེ་བཙུན་འཇམ་པའི་དབྱངས་དངོས་ཤིག་ཡོད་པར་འདུག་པས་ད་ལྟ་རང་མཚམས་ནས་ཧར་འདོན་བྱས་འགྲོ་སྐམ་བཞེངས་ནས་ཕྱིན་པས་སྐྱིང་རྗེ་ཁང་བུར་མཇལ་ནས་བདག་ལ་དངོས་གྲུབ་ཅིག་ཞུ་ཞུས་པས། པཎ་ཆེན་རིན་པོ་ཆེ་ཆིབས་པ་སྔོན་པོ་ཞིག་ཆིབས་ནས་ཞལ་འདོན་གནང་བའི། ཕྱིར་མི་ལྡོག་པ་ཕྱིར་མི་འོང་། །གསུང་བའི་ཚིག་མཚམས་དེར་ཧག་ཐུ་གསུང་ལྷུགས་ལུད་ཅིག་སྩལ་བ་ཕོང་ཉིད་ཀྱི་གཟིགས་ལམ་དུ་ཡི་གེ་ཧྲཱིཿགུར་གུམ་གྱི་མདོག་ཅན་དུ་གྱུར་པ་ཞིག་ཏུ་གཟིགས་ཤིང་། དེ་མ་ཐག་ཏུ་ཞལ་དུ་མིད་པས་རོ་དཔེས་མི་མཚོན་པ་ཞིག་བྱུང་གསུང་། ཕྱིས་མི་ཕྱེད་པའི་དད་པས་མཆོད་ནས་བརྗོད་པའམ། གཞན་གྱིས་མཚན་བརྗོད་པ་གསན་ནའང་སྤྱན་ཆབ་གཡོ་བ་ཞིག་བྱུང་ཞིང་། ཕོང་རྗེ་རྗེ་འཇིགས་བྱེད་ཀྱི་རྣལ་འབྱོར་མཐར་ཕྱིན་ཡིན་པས། འདྲི་འདུལ་ལ་ཡང་ཡང་གཤེགས་དུས་ཀྱང་ལྷ་འདྲི་གང་བབས་ཀུན་གྱིས་སྐྱབས་སུ་མཆིའོ། །ཁྱེད་རང་ཕྱིར་མི་ལྡོག་པའི་ས་ཐོབ་པའི་བྱང་ཆུབ་སེམས་དཔའ་ལགས་སོ། །ཞུ་བ་ཡང་བྱུང་ངོ་། །དེར་གློ་བོའི་ཐུབ་ཆེན་རྣམ་པར་རྒྱལ་བའི་གཙུག་ལག་ཁང་དུ་ཐོག་མར་ཕེབས། དེ་མཚམས་རྣམ་རྒྱལ་ཆོས་སྡེར་སྤྱན་དྲངས་ཤིང་། བྱེས་པའི་

དཔོན་སློབ་ཀུན་དང་། གཞི་པ་སློབ་གཉེར་དོན་འདུན་ལྔ་བརྒྱ་ཙམ་ཞིག་ཀྱང་འདུས་ནས། དེར་དཔོན་སློབ་སློབ་གཉེར་བ་ཤཱ་སྟག་དེ་རྣམས་ལ་ཆོས་རྒྱལ་བཀྲ་ཤིས་མགོན་པས་གཞན་སྐྱེས་ཀྱང་ཅི། ཐ་ན་འཚོ་བྱེད་ཚུན་ཡང་ཆེད་སྐྱེས་སྦྱར་ཏེ་གང་གིས་ཀྱང་གཡེང་བ་མེད་པའི་སོ་སོ་ནས་སློབ་གཉེར་འབབ་ཞིག་གིས་ཉིན་མཚན་དུས་འདའ་བར་གྱུར་ཅིང་། དེར་སྔ་ཕྱིའི་གཏོང་ཆོས་དུས་གཉིས་སུ་མཛད་པའི་རེ་རེ་ལ་ཡང་ཕར་ཚད་རྣམ་རྒྱལ་ཆོས་སྡེའི་སྒྲིགས་ཡིག་ཆོས་རྗེ་རྡོ་རྗེ་འཆང་གི་ཕྱག་རྟགས་འབྱར་བའི་སྟེང་ནས་མཛད་པའི་དབང་ལས། རོང་ཊཱི་ཀ་རང་གི་སྟེང་ནས་མངོན་པ་མཛོད་ཀྱང་རོང་ཊཱི་ཀ་དང་། རིགས་གཏེར་གཡག་མི་ཕམ་ཆོས་ཀྱི་བླ་མས་མཛད་པའི་སྦྱོར་ཊཱི་ཀ་གི་སྟེང་ནས་དང་། སྡོམ་གསུམ་རྗེ་རྡོ་རྗེ་འཆང་གི་གཙུང་པོ་གཞོན་ནུ་སེང་གེ་བའི་ཊཱི་ཀའི་སྟེང་ནས་གནང་དགོས་པ་ལྟར་མཛད་ཅིང་། སྐབས་འདི་མངོན་པ་ཀུན་ལས་བཏུས་ལ་བཟད་པ་བློ་རྒྱམ་པའི་ཊཱི་ཀ་དང་། མདོ་རྩ་ཛེ་བཙུན་རེད་མདའ་བའི་ཊཱི་ཀའི་སྟེང་ནས་གསུངས་ཞེས་དེ་དུས་གཞུང་ཆོས་གསན་པ་ཡོངས་ཀྱིས་གསུངས་ཤིང་། གཞན་ཞལ་ནས་སྤྱི་དོན། ཐལ་རང་། ཐ་མ་ཐུན་མོང་ཟེན་ཐུན་ནས་བསྡུས་སྦྱོར་བར་པཎ་ཆེན་རིན་པོ་ཆེ་ཉིད་ཀྱིས་སྨལ་ཅིང་། དེར་ཕྱིས་ཀྱི་འཆད་ཉན་པའི་ངོ་བོ་དྲུང་ནས་ལྷ་བཙུན་པ་བཀྲ་ཤིས་ལྷུན་པོ་ཆོར་ཐུགས་གཉེར་གྱི་མགོ་བག་ཙམ་གནང་བ་ཞིག དྲུང་ནས་ཉང་རམ་པའང་རིགས་འབྲིང་ཙམ་ཐོན་སོང་། དྲུང་ནས་སངས་བློ་བས་གྲྭ་ཚང་ཆེན་མོར་ལུང་འབྲིང་ཙམ་མཛད་པ། དྲུང་ནས་གྲགས་བཟང་པ་ཡང་སྐར་ཐང་ཆོར་བསྡུས་ར་དང་བསྒྲིགས་བསགས་ཙམ་རེ་ཡོད་ཅེས་གྲག་གོ །གཞན་བློ་གསར་ནས་ཀ་བཅུ་རབ་འབྱམས་པར་ཐུགས་བསྐྱེད་དེ་དུས་ལས་ཆེ་བ་མི་དྲན་གསུང་ཞིང་། ནམ་བླ་རེ་ལ་སྒྲིགས་གོང་དུ་འཕར་བའི་ཚུལ་འཛིན་པ་ཤཱ་སྟག་བྱུང་། དེའི་ལོ་གསར་པ་ཆུ་མོ་སྦྲུལ་གྱི་ལོའི་དཔྱིད་སོས་དེར་གློ་བོ་སྨོན་ཐང་གི་དཔལ་འཁོར་ལ་སྤྱན་ཟུར་མ་བདེ་བའི་དབང་ལས་ལྷོ་བྱང་གི་ཁྲི་དམག་ལྷགས་ཤིང་། དེར་པཎ་ཆེན་རིན་པོ་ཆེ་ཉིད་སྤྱི་མཆོད་དུ་གྲགས་པས་བར་ཞུགས་གནང་བའི་ལེགས་སྐྱིལ་ཅི་ཡང་གནང་ཡང་། གཞན་ཕྱོགས་ནས་གསན་སྙོ་ཆེར་མེད་པར་གྱུར་པའི་

སྐབས། ཆོས་རྒྱལ་བཀྲ་ཤིས་མགོན་པས། གློ་བོ་ནང་གི་སྔགས་བན་མཐུ་བོ་ཆེར་རློམ་པ་ཡོ་ལ་གཏོར་ཟློག་སོགས་སྐུ་རིམ་ཆེར་གནང་ཀྱང་དམིགས་འགྲོ་ཙམ་ལས་མ་བྱུང་བར་དམག་དཔུང་རྣམས་གློ་བོ་རང་གི་ཉེན་ལམ་ཙམ་དུ་སླེབས་པས་ཐུགས་སྐྲག་ནས། རྣམ་རྒྱལ་ཆོས་སྡེར་སྡེ་པ་རང་ཡང་ཕེབས། པཎ་ཆེན་རིན་པོ་ཆེ་ལ་ཡུས་སུ་གསོལ་ཏེ། ཐུགས་དམ་གཏོར་མ་ཞིག་གནང་དགོས་ཞུས་པས། ད་དེ་རང་བྱེད་པའི་དུས་ལ་བབ་འདུག་པས་དེ་ལྟར་བགྱིའོ་གསུང་། དེར་སྡེ་པ་དཔོན་སློབ་རྣམས་ཀྱི་དགོངས་པ་ལ་དྲག་གཏོར་ལྷ་བུའི་འཇིགས་འཇིགས་ཤིག་ཡོངས་དགོངས་པའི་ངང་ནས་རྒྱུན་གྱི་ཐུགས་དམ་གཏོར་ཆུང་དེ་རང་གཟིམས་ཁང་གི་སྟེང་གི་དམག་དཔུང་ཡོང་ལམ་ཕྱོགས་སུ་བཞག་པའི་སྐད་ཅིག་དེ་ལ། དེར་འཚོགས་ཡོངས་ལ་གསལ་བའི་བྱ་རོག་ཆེར་ཁྲིས་པ་ཞིག་གིས་སྐད་ཀྱི་ང་རོ་དྲག་པོ་དང་བཅས་གཏོར་མ་མཆུས་ཁྱེར་ནས་དམག་ཕྱོགས་ལ་མདའ་ལྟར་སོང་བས་ཀུན་འཇིགས་ཤིང་ཡ་ང་བའི་ངང་ནས། ད་ནི་བཀའ་སྲུང་རང་གིས་ཕྲིན་ལས་བསྒྲུབ་ཅེས་ཡིད་རྟལ་དུ་འཁོད་པར་གྱུར་ཅིང་། དེ་ནུབ་མཚོ་རྟབས་ཟེར་བའི་གློ་བོའི་ལུང་སྦུབས་ཤིག་ན་བྱང་སེམས་དཀོན་རྒྱལ་བར་གྲགས་པའི་ནེ་གུའི་གྲུབ་ཐོབ་ཆེན་པོ་ཞིག་བཞུགས་པའི་མནལ་ལམ་དུ། རྣམ་རྒྱལ་ནས་དཔལ་མགོན་ཞལ་བཞི་པའི་དམག་དཔུང་གློས་མི་འབྱུད་པའི་གོ་མཚོན་ཅན་ས་ཡ་ཁྲག་ཁྲི་གང་བྱོན་ནས་དགྲ་ཕྱོགས་སུ་སོང་བའི་མཚན་མ་འོད་གསལ་ལ་དགོངས་ནས་སྤྲ་བར་ཀུན་ལ་བཀའ་གནང་ཞིང་། ལྷོ་བྱང་གི་དམག་མི་ཀུན་ཀྱང་དེ་ནུབ་རང་ལ། རང་འཁུར་ལ་གར་སོང་ཆ་མེད་དུ་ཡངས་ནས། ཤུལ་ན་དངོས་སྤྱད་ཧེ་སྙེད་ལུས་པ་དག་ལ་ལམ་འགྲོན་པར་དག་གིས་རྟབ་ཐོབ་ཏུ་བྱས་སོ། །དཔལ་མགོན་ཞལ་བཞི་པའི་བདག་པོར་གྲགས་ནས། གློ་བོ་ནང་གི་དགོན་ཆེ་ཆུང་གི་བླ་མ་སློབ་དཔོན་མང་པོས་རྗེས་གནང་རྗེ་གཅིག་ཏུ་གསོལ་བ་བཏབ་པས། གཞན་ལ་ཐུགས་དམ་བརྟག་པ་མ་ཆུད་པར། བསམ་རྗེ་ཀུན་སྤངས་པར་གྲགས་པའི་ཆོས་སྐྱོང་གི་གྲུབ་ཐོབ་ཏུ་བྱེད་པ་ཞིག་ལ་གནང་བས། དེར་གློ་བོའི་ས་ཕྱོགས་མ་ལུས་པ་ཤ་ཆེན་བསྐྲིགས་པའི་དུད་པས་གང་བའི་ཚེ་འཕྲུལ་དངོས་སུ་བསྒྲུལ་ལོ། །འདིའི་ལོ་རྒྱུས་དག་རྣམ་

ཐར་གཉིས་སུམ་ཆུང་ཀྱང་། རྣམ་ཐར་རྗེ་དཔོན་མར་ཟུར་ཙམ་འབྱུང་ངོ་། །དེར་ཤིང་པོ་ཏ་ལོའི་དཔྱིད་ཆོས་ལ་ཀུན་མཁྱེན་རོང་པོའི་རྣམ་ཐར་དང་། དབྱར་གནས་སྟེངས་སུ་གཞི་གསུམ་གྱི་ཚིག་བདུད་རྩིའི་རོལ་མཚོ་ཡང་རྩོམ་པ་གནང་ཞིང་། དེ་ལོ་ཚད་མ་རྣམ་འགྲེལ་གྱི་དཀའ་འགྲེལ་རིགས་པའི་སྣང་བའི་ཐུགས་རྩོམ་ཡང་གྲུབ་རྗེས། སྟོན་དུས་ཆོས་རྒྱལ་བཀྲ་ཤིས་མགོན་པས་འཕགས་པ་བརྒྱད་སྟོང་པའི་བཤད་ལུང་གསན་དུས་མེ་ཏོག་གི་ཆར་ཆེན་པོ་བབས་པ་ལ། བཀའ་ལས་རང་རེའི་ནུས་པ་མིན་རྒྱལ་བའི་བཀའ་དྲི་མ་མེད་པ་ལ་བསྟན་པ་ལ་དགའ་བའི་ལྷའི་ཚོགས་ཀྱིས་མཆོད་པ་ཡིན་ཞེས། ཁེངས་བསྐྱུང་ཡང་གནང་ཞིང་། དེར་ལུང་སྐྱེལ་བའི་བརྒྱད་སྟོང་པ་ཕྲེང་བ་ཙན་ཨར་བྱང་ཆུབ་ཡེ་ཤེས་ཀྱི་ཐུགས་དམ་ཡིན་ཞེས་ཀྱང་ཐོས་སོ། །སླར་ཡང་པཎ་ཆེན་ནགས་རིན་ལས་གསན་པའི་སྒྲོལ་དཀར་ཚེ་བསྒྲུབ་ཚིག་བརྒྱད་ཀྱང་སྐྱེལ་ཞེས་ཐོས་སོ། །དེ་སྐབས་ཐུགས་གཏན་ཨེ་གསུང་བའི་ཚོད་ཙམ་ཡིན་ཞིང་། སྐྱོ་པོ་བྱིན་ལ་ཁྲིམ་ཆོས་དབུ་མ་ལུགས་ཀྱི་སེམས་བསྐྱེད་ལན་མང་དུ་སྐྱེལ། སྡེ་པ་ཨ་སེང་པས་ཉ་སྟོང་ཆོས་བརྒྱད་གསུམ་ཀ་ལ་བསྙེན་གནས་ཡན་ལག་བརྒྱད་པ་མ་ཆག་པར་ཞུས་དུས། པཎ་ཆེན་ནགས་རིན་གྱི་ཕྱག་བཞེས་ལྟར་སྐྱེལ་བས་སྡོམ་པ་རྒྱ་གར་མའི་ཐ་སྙད་བྱུང་ཞིང་། དེར་དགེ་ཚུལ་དགེ་སློང་ཁ་ཡར་བསྒྲུབ་པ་གནང་བའི་ལས་སློབ་ཐམས་ཅད་མི་ཉག་ཆོས་གྲགས་པས་གནང་ཟེར་ཞིང་། བྲག་སྟེངས་བླ་མ་བྱང་ཆུབ་དཔལ་བ་ཞུ་བས་པཎ་ཆེན་རིན་པོ་ཆེ་ལ། བདག་ལ་སྣམ་སྦྱར་ལེགས་པ་ཞིག་ཡོད་པ་གྱོན་དགོས་པར་མཆིས་པ་བསྙེན་རྫོགས་ཞུས་པས་མཚར་ཏོ་གསུང་། སྦྱིན་ཆབ་གཡོས་གཡོས་བཞད་ཅེས་ཀྱང་སྒྲོག་གོ །དེ་སྐབས་གློ་བོ་ན་གསོལ་ཇ་རི་ཤིང་དུ་གྲགས་པ་དང་། རྐྱང་ཟེར་གྲགས་པའི་གང་བཟང་གཉིས་ཡོད་པ་གང་བཟང་ལ་མ་འཆམ་པར། ཇ་དེ་གཉིས་སྐོལ་ཚད་རེ་ཞུ་མི་བས་ངེད་མ་འཆམ་པས། པཎ་ཆེན་རིན་པོ་ཆེས་བཀའ་གནང་ཞིག་ཐུགས་ལ་འདོགས་པར་ཞུ་ཞུས་པས། ལྕགས་ཐབ་རྒྱུ་འཛིན་སྟོན་པོའི་སྦྱིན་ཏུམ་ན། །ཙན་དན་མེ་ལྕེ་དམར་པོ་སྒྲོག་ལྟར་འཁྱུག །འུར་དིང་འབྲུག་གི་དུ་མོ་ངར་སྒྲ་འབྱིན། །གན་གར་འཁོར་ཡུག་ཡངས་པའི་གནས་མཆོག་འདིར། །

རི་ཤིང་བདུད་རྩིའི་ཆར་རྒྱུན་ལེགས་ཕབ་པའི། །དང་པོའི་ཕུད་དེ་ཧྲ་ར་ཉིད་ལ་འབུལ། །དེ་ནས་རང་གི་མགྲིན་པའི་ལམ་དུ་མྱང་ངས། །ད་ལྟའི་དུས་ན་ལེགས་བཤད་ཀུན་འཕེལ་ཞིང་། །ན་ཚུང་རྒྱང་ཟེའི་བུ་མོ་སྐྱེངས་ཏེ་ཐལ། །ཞེས་གསུངས་ཞེས་གཏམ་དུ་སྒྲོག་གོ །འདི་དུས་དྲུང་ཆེན་སངས་རྒྱས་སེང་གེ་བ་གནས་སྣོའི་ཁམས་པ་གནས་སྐོར་བ་འགའ་དང་བཅས་གངས་རི་མཆོ་གསུམ་སྐོར་ནས་ཕྱིར་འོངས་པ་དང་མར་ལམ་རྣམ་རྒྱལ་ཆོས་སྡེར་མཇལ། དེ་ཕྱིན་འཕགས་པ་ཀུན་དགའ་པོ་བཞིན་བླ་མ་མཆོག་དེའི་རིམ་འགྲོ་བར་བཞུགས་སོ། །དེར་པཎ་ཆེན་རིན་པོ་ཆེ་ཉིད་ཀྱིས་ཚད་མའི་མཐའ་གཅོད་ཆེན་མོའི་ཐུགས་རྩོམ་གནང་ཞིང་། སྦྱིན་པའི་བདག་པོ་ལ་བཀའ་བསྒོས་ནས། ཕར་ཚད་སོགས་གཞུང་ཆེན་རྣམས་པར་དུ་བསྒྲུབས་པའི་པར་ཕུད་ལ། འཇམ་དཔལ་མཚན་བརྗོད་རྒྱ་པར་མ་དང་འགྲན་བཟོད་དེ་བརྐོས་ཤིང་། པར་བྱང་རྣམས་ཀྱང་པཎ་ཆེན་རིན་པོ་ཆེའི་ཐུགས་རྩོམ་དུ་གནང་ལ། པར་གྲུབ་ཕྲལ་གཞུང་རྣམས་ཀྱི་ལུང་དང་ལྷན་ཅིག་པར་བྱང་གི་ལུང་ཡང་སྩལ་བས། མངའ་རིས་ན་ལུང་རྒྱུན་བཞུགས་ལ་བཀའ་འབུམ་ན་མ་ཚུད་པ་སྣང་ངོ་། །དེར་བདག་མེད་རྟོགས་པའི་ཏིང་ངེ་འཛིན་ཁྱད་པར་ཅན་ཐུགས་རྒྱུད་ལ་འཁྲུངས། ཟླ་བ་བྱང་བརྩོན་གྱིས་མཛད་པའི་དབུ་མའི་སྟོང་ཐུན་གཟིགས་པའི་མོད་ལ་སྔོན་གྱི་གནས་རྗེས་སུ་དགོངས་ཤིང་། བཅོམ་ལྡན་འདས་འཇམ་པའི་རྗོ་རྗེ་དཀར་པོའི་ཞལ་འཛུམ་ལྷག་པར་གསལ་བར་གཟིགས་པས། དེ་ཕྱིན་འཇམ་དཔལ་དགྱེས་པའི་བཤེས་གཉེན་ཞེས་མཚན་ཟུར་ལ་འདོགས་པ་གནང་ཞིང་། སྟོན་རྣམ་རྒྱལ་ཆོས་སྡེར་བཞུགས་པའི་མཁན་ཁང་དེ་ཉིད་ན། ཀུན་མཁྱེན་རོང་པོའི་བསྟོད་ཚིག་འཁོར་ལོའི་རེ་མིག་མའི། ཁྱོད་ཀྱིས་རབ་འབྱམས་མདོ་ལུང་ལེགས་སྦྱངས་གནང་བཀག་ཇི་བཞིན་མཁྱེན་སོགས་བྲིས་པ་དང་། ཆོས་ཀྱི་ཁྲི་ཡང་མ་ཉམས་པར་བཞུགས། དེར་འགྲོ་བ་མི་སྨོས་ཅི། མི་མ་ཡིན་པའི་འགྲོ་བའི་ཚོགས་དུ་མ་དག་ཀྱང་ཡོངས་སུ་སྨིན་ཞིང་སེམས་རྣམ་པར་གྲོལ་བའི་ལམ་ལ་བཀོད་དོ། །རྣམ་རྒྱལ་རང་གི་རྫོང་བཙན་དུ་གྲགས་པའི་མི་སྤུན་པ་རང་ཞིག་ཀྱང་དེ་ཕྱིན་རབ་ཏུ་ཞི་བའི་དཔལ་འཛིན་པ་དང་། གློ་བོའི་ལུང་ལག་བསམ་རྫོང་

བྱ་བ་ན། ཕ་ཇོ་བོར་གྲགས་པའི་ཡུལ་འདྲེ་མི་དངོས་སུ་ཕྱེར་ནས་ཟ་བ་ཞིག་ཡོད་པ་ཡང་དེའི་དུས་མན་སེམས་ཅན་ལ་གནོད་འཚེ་གཏན་ནས་མི་བྱེད་པ་དང་། གཞན་ཆེ་བཙན་དུ་གྲགས་པའི་གླིང་བཞི་ཀུན་ཁྱབ་དེ་ཉིད་ཇོ་བོ་ཞལ་ཁྲིད་བྱ་བ་ན། སྨུས་ཆེན་དཀོན་མཆོག་རྒྱལ་མཚན་པའི་དངོས་སློབ་ལམ་འབྲས་པའི་གྲུབ་ཆེན་ནམ་བཟའ་བྱ་བ་ཞིག་བཞུགས་པའི་དྲུང་དུ་ནུབ་རེ་བཞིན་གཏོར་མ་ལེན་དུ་དངོས་སུ་ཡོད་པ་ལ། དེ་སྐབས་དུས་བཟང་ཀུན་ལ་མ་བྱུང་བས། ཁོང་གིས་ཕྱེད་དུས་བཟང་ལ་གར་འགྲོ་ཡིན་ཡོད་སྨྲས་པས། དེང་སང་རྣམ་རྒྱལ་ཆོས་སྡེ་ན་སྟོན་པ་ བཅོམ་ ལྡན་ འདས་ འཁོར་ འཕགས་ པའི་ གནས་ བརྟན་ བཅུ་ དྲུག་ དང་ བཅས་ པ་བཞུགས་པ་ལ་ཕྱག་དང་མཆོད་པར་འབུལ་དུ་ཕྱིན་ཟེར་བས་མཆོན་པའོ། །དེའི་ཕྱི་ལོ་ཤིང་མོ་ལུག་ལོ་ཤར་འཕྲུལ་དཀྱུང་ལོ་ཞེ་བརྒྱད་པ་ལ་ཚད་མའི་མཐའ་གཅོད་ཆུང་བའི་ཐུགས་རྫོམ་གནང་ཞིང་། དེ་མཐར་ཕྱིན་མཚམས་ཙམ་དབུས་ནས་རྒྱ་མ་མཁར་རྩེ་བའི་སྐུ་ངོ་སྤྱི་དང་། ལྷག་པར་སྤྱན་སྔ་སློ་གྲོས་པ་མཆེད་ཀྱིས་ངོ་དམ་ཡང་དག་གནང་ནས་ཤར་ཕྱོགས་སུ་སྤྱན་འདྲེན་ནན་བསྐྱེད་དང་། ཆོས་འཁོར་རྩེའི་ཐུས་བཙུན་སོགས་བསྟན་པའི་རྒྱུན་གྱི་བཀའ་སློབ་ལྷེབས་ཆེ་བའི་སྐན་སྒྲོན། གོས་མཚལ་ཁ་གསེར་མའི་སྣམ་སྦྱར་ཡ་མཚན་རྨད་བྱུང་སོགས་ན་བཟའ་རྣམ་གྲངས་དུ་མ། ཇ་གོས་དར་གྱི་འབུལ་བ་དཔག་མེད་དག་དང་། སྤྱང་ལུང་རིན་པོ་ཆེས་ཀྱང་བཀའ་ཤོག རྒྱུན་བཞེས་ཀྱི་གསོལ་དཀར་དང་བཅས་པའི་གནང་སྦྱིན་ཕེབས། འགྲུལ་དེ་སྐོར་ལ་འབྲས་ཡུལ་སྐྱིད་ཚལ་ནས་ཀྱང་གློ་བོ་ཕྱོགས་ལ་འབུལ་སྡུད་པའི་མི་སྣ་དྲག་པ་གང་ཞིག་ཀྱང་བྱུང་བས། དེར་ཡོན་མཆོད་ཀུན་གྲལ་ལ་བཞུགས་སྐབས། པཎ་ཆེན་རིན་པོ་ཆེས། ད་ལྟ་ཀུན་མཁྱེན་བྱམས་ཆེན་རབ་འབྱམས་པ་བཤད་ཉན་གཙོ་བོ་གང་ལ་གནང་གསུངས་པས། དེ་དུས་གློ་བོ་ས་སྐྱ་པ་རང་གི་མོས་ཞེན་པ་ཡིན་དུས་དེ་ལ་དམིགས་ནས་སྡོམ་རིགས་གཉིས་དང་། ལྷག་པར་སྡོམ་གསུམ་རང་ལ་གནང་ཞུས་པས། འོ་ན་སྡོམ་གསུམ་གྱི་འདི་སྐབས་ཅི་གསུང་ཞེས་དབུ་ཞབས་ནས་དྲི་བ་མང་དུ་གནང་བས་ལགས་ལགས་ལས་ཚིག་གཅིག་ཞུ་རྒྱུ་མ་བྱུང་བས་ཁྲེན་བྱས། ཆོས་རྒྱལ་བཀྲ་ཤིས་མགོན་པོས་ཆེད་ཀྱིས

གསོལ་བ་བཏབ་སྟེ། སྡོམ་གསུམ་ལ་དྲི་བ་བརྒྱ་རྩ་ཞིག་གནང་བའི་སྒོ་དབྱེ་མཛད་པས། དེ་ལྟར་ན་གསུང་ཐོག་མར་སྨན་བླའི་མདོ་བརྒྱད་བརྒྱ་པ་དང་། དེ་རྗེས་སྡོམ་གསུམ་གྱི་དྲི་བ་བརྒྱ་རྩ་བརྒྱད། རིགས་གཏེར་ལ་ཡང་མཚོན་ཙམ་གྱི་དྲི་བ་རྣམས་མཛད་ནས། སྡོམ་གསུམ་གྱི་དྲི་ཡུལ་ཐོག་མར་དུས་དེང་སང་གི་བསྟན་པའི་མེས་པོ་ཡིན་པས་གསུང་། ཀུན་མཁྱེན་སངས་རྒྱས་འཕེལ་བའི་སྤྱན་སྔར་འབུལ་སྐྱུད་པ་དེ་རྣམས་རང་ལ་ཕུལ་ཞིང་། གཞན་བྱང་ཚོར་ཆོས་རྒྱལ་རྣམ་རྒྱལ་གྲགས་བཟང་པའི་དྲུང་སོགས་ཡོངས་སུ་ཁྱབ་པར་མཛད་ཅེས་གཏམ་དུ་སྒྲེང་ངོ། །མངའ་རིས་ཀུནྡ་བཞད་པའི་དཔལ་གང་ནི། །ཉ་གང་ཟླ་ལྟར་མཁྱེན་དགོངས་ཡོངས་རྫོགས་པ། །བཀྲ་ཤིས་ཤིང་རྟས་དྲངས་པའི་རྒྱུ་སྐར་མགོན། །སྨོན་ལམ་དག་པའི་མཁའ་དབྱིངས་དབུས་དེར་ཤར། །མཁྱེན་ཡང་བྱ་ལམ་ཕྱིན་དེར་ཤེས་བྱའི་ཡུལ། །མ་ལུས་ཐོགས་མེད་ཡོངས་སུ་གསལ་བ་ན། །ཀུན་ཁྱབ་གྲགས་པའི་ཟ་ཆེན་ཕྱོགས་བཅུའི་འགྲོན། །མ་པོས་ངང་གིས་བལྟ་ཕྱིར་འོངས་པ་སྙམ། །འཇིག་རྟེན་མེས་པོས་མ་བྱས་སྲིད་འདི་ན། །གང་ཡང་མི་མངོན་སྒྲིག་ཚེ་འདི་ལྟའི་ཚུལ། །རྒྱལ་བ་མཆོག་གི་མཛད་པ་སྒྱུ་མའི་འཕྲུལ། །ངོ་མཚར་འདི་འདྲ་ཚངས་པའི་ཡུལ་ལས་འདས། །ཚོགས་གཉིས་ཤིང་རྟའི་འཁོར་ལོས་ཉེར་དྲངས་པས། །ཡོངས་རྫོགས་བསྟན་པའི་བདག་པོ་སློབ་མའི་ཚོགས། །སངས་རྒྱས་སྲས་བཅས་རྒྱལ་པོའི་ཁབ་ཏུ་བཞིན། །ཡ་མཚན་འདི་ནི་སྙིགས་མའི་དུས་ལས་བརྒལ། །ལྟར་བཅས་འགྲོ་བའི་བསོད་ནམས་ཞིང་གྱུར་པ། །འདུལ་བ་མདོ་སྡེ་མངོན་པ་འཛིན་པའི་རྗེ། །ཆོས་སྐྱའི་སྐྱེ་བོ་མཆོག་ཁྱེད་རྟེད་བཀུར་གྱིས། །རབ་བསྔགས་ཁྲི་ལ་ཁེངས་པ་མེད་པར་བཞུགས། །གང་གི་རྗེས་སློབ་དགྲ་བཅོམ་འཕགས་པའི་འཁོར། །ཞི་ཞིང་རབ་ཞི་ངུར་སྨྲིག་གོས་ཅན་གྱི། །ཚུལ་གནས་མང་ཐོས་མཐར་སོན་སྤྱོད་པ་པས། །མངའ་རིས་ཡུལ་ལྗོངས་དགེ་བའི་ཕན་བདེ་སྐྱལ། །ཅེས་པཎྜི་ཏ་ཆེན་པོ་ཤཱཀྱ་མཆོག་ལྡན་དྲི་མེད་ལེགས་པའི་བློ་གྲོས་ཀྱི་རྣམ་པར་ཐར་པ་ཞིབ་མོ་རྣམ་པར་འབྱེད་པ་ལས་མངའ་རིས་ཀྱི་ཡུལ་འཁོར་དུ་ཆོས་སྒྲ་བསྒྲགས་པའི་སྐབས་ལས་རྗེས་སུ་བསྒྲགས་པའི་རབ་ཏུ་བྱེད་པ་བཅོ་ལྔ་པའོ།། །།

ཡི་དམ་གྱིས་རྗེས་སུ་གཟུང་བ་དང་མངོན་པར་མཁྱེན་པའི་གནས་ལས་བརྩམས་པའི་སྐབས་ཏེ་རབ་ཏུ་བྱེད་པ་བཅུ་དྲུག་པ།

དེར་སྡོམ་གསུམ་གྱི་དྲི་བ་ཐོག་མ་རང་དེ། སློ་བོའི་ལུང་ལག་ཉེ་ཐུག་དགོན་པ་ན་མཁན་པོ་སེང་གེ་བཟང་པོར་གྲགས་པ་བཟོད་པ་སྐྱ་གཞོག་པའི་དངོས་སློབ་ཅིག་བཞུགས་པ་དེ་ལ་ཕུལ་བས། ཚིག་སྦྱོར་སོགས་པོ་རྩོལ་ཆེ་བའི་ཕལ་ཉམས་ཙན་ཞིག་བྱུང་བས་ཅུང་ཞིག་ཐུགས་མཛངས་ཤིང་། རང་རེས་བསྟན་པའི་ཕྱི་དོར་ལ་བསམས། ལྷག་བསམ་རྣམ་དག་གིས་ཡིན་ཀྱང་། དེར་མི་མཆོན་པའི་བརྗོད་གླེང་ཙན་གྱི་ཀུ་ཙོའི་རྒྱུར་འགྲོ་བ་ཞིག་ཡོང་བ་འདྲ་གསུང་། ཐུགས་དབེན་འདོད་པའི་ཚུལ་ཡང་བསྟན་ཞིང་། དེ་མཚམས་རྡ་སྟོན་ཡོན་ཏན་དཔལ་བཟང་པོས། ས་པཎ་གསུང་གི་ཉི་མའི་འོད། །མི་ཤེས་སྤྲིན་གྱིས་བསྒྲིབ་པའི་ཚ། །ལེགས་བྱས་དྲི་བའི་རླུང་གཡོན་གྱིས། །བསྟན་བཅོས་འོད་རིས་གསལ་བར་མཛོད། །ཅེས་སོགས་ཆེད་དུ་བརྗོད་པའི་སྙན་ངག་དང་རྗེས་འབྲེལ་གྱི་དྲིས་ལན་ཞིག་ཕུལ་བས། སྔ་མའི་ཚིག་སྒྲ་དེ་ལེགས་སྣང་ངོ་གསུང་དགོས་པ་འཁྲུངས་ཤིང་། ཡང་ཆོས་རྗེ་མ་ལྷ་བ། མཚན་དངོས་ཤེས་རབ་སེང་གེར་གྲགས་པ་དེས་ཀྱང་དྲིས་ལན་ཞིག་ཕུལ་བས། དེའི་དོན་བསྡུ་ཕྱིར་གསེར་ཐུར་དུ་འདྲི་དགོས་པའི་རྒྱུ་མཚན། མ་དྲིས་ན་བསྟན་བཅོས་ཆུད་ཟ་བ། དྲིས་ལན་དངོས་དང་གསུམ་གྱི། བར་པའི་ཆ་དེ་ཕོལ་པོར་ཕྱུང་བ་ལྟ་བུའི་ལན་འདེབས། སླར་དྲི་བ་གནང་ལ་འབེབས་འདྲའི་བསྟན་བཅོས་ཤིག་སྤྱན་ལམ་དུ་ཐོགས་པས། དེར་པཎ་ཆེན་རིན་པོ་ཆེ་ཡང་དགྱེས་པ་མཆོག་ཏུ་འཁྲུངས་ཏེ་མངའ་རིས་ན་མདོ་སྔགས་ཀྱི་ཚུལ་ལ་སྦྱངས་པ་མཐར་ཕྱིན་པའི་མཁས་པ་འདི་འདྲ་ཡང་སྣང་། ངོ་མཚར་ཞེས་དང་། ཤེས་རབ་སེང་གེར་མིང་བཏགས་པ་དོན་མཐུན་དུ་འདུག་གོ །ཞེས་ཀྱང་ཡང་ཡང་བཀའ་སྩོལ་བར་མཛད་ཅེས། བདག་གི་བླ་མ་མཁས་པའི་དབང་པོ་དཔལ་ལྡན་ཚུལ་ཁྲིམས་པའི་གསུང་ལས་ཐོས་སོ། །དེ་

ཇོས་གཞི་བྱེས་ཀྱི་དགེ་བའི་བཤེས་གཉེན་ཕྲ་རགས་ཀུན་གྱི་གྲྭ་སྐོར་གནང་མཚམས། ཤར་ནས་ཕྱིན་པའི་དཔོན་སློབ་ཡོངས་ལ་འབུལ་བའི་རྣམ་གཞག ཙན་དན་ཛོ་བོས་གཙོ་བྱས་པའི་ཟངས། གསེར། སྤོས་ཤེལ། བྱི་རུ་མུ་ཏིག རས་སྔོན་དམར། བཟང་དྲུག་སོགས་སྣོད་ཟོག་ཕྱུས་དག་གི་འབུལ་བ་དཔག་མེད་ཕུལ། སྐལ་མ་ཏྲ་ཉི་ཤུ་ཙམ་དགེ་འདུན་སྤྱི་འགྲོར་ཕུལ་ཞིང་། ཕྱིས་འདི་སྐབས་ཀྱི་འཕྲོས་སླང་ཐང་སྤྱན་སྔ་གྲུབ་རྒྱལ་བས། སྟག་ལུང་ངག་དབང་གྲགས་པའི་དྲུང་ཚོར་ཞུས་པའི་བརྗོད་གླེང་ཐོས་པ་ལ། དེ་དུས་གྲྭ་པ་སློམས་ཆུང་ཤོས་ལ་ཡང་ལོ་གསུམ་རེའི་རྒྱུགས་མཐུད་ཡོང་ངེས་བྱུང་ཞིང་། དེ་ལས་ཀྱང་དཔོན་སློབ་སུམ་བརྒྱ་ལོ་གསུམ་གྱི་རིང་དབྱར་དགུན་སོ་སོའི་གོས་མལ་ཐོགས་མེད་དེ་རང་ཏ་ལས་པ་བྱུང་། པཎ་ཆེན་རིན་པོ་ཆེ་ལ་འབུལ་བའི་རྣམ་གཞག་བློ་ལས་འདས་པ་འདུག་ཀྱང་དེའི་ནང་ནས་ཙན་དན་དཀར་དམར་མིའི་རྒྱབ་ཁུར་ཐེག་ཚད་ཀྱི་སྡོང་པོ་གཉིས་དང་། བྱི་རུའི་རྒྱལ་མོ་ལག་པ་ཡལ་ག་གསུམ་ཙུ་སོ་བདུན་ལ་དབངས་རྩེ་ཁྲུར་ལོངས་པ་ཞིག་སྣང་བ་དེ་ཀུན་ཡང་ངོ་མཚར་ཆེ་བར་འདུག་ཞུ་ཞེས་སྟག་ལུང་དུ་ཐོས་སོ། །དེར་གཡས་རུ་བྱང་ནས་ཆོས་རྒྱལ་རྣམ་རྒྱལ་གྲགས་བཟང་པས་དུས་འཁོར་སྨན་དཔྱད་སྐོར་ལ་དྲི་བ་དུ་མར་གནང་བའི་ལན་འབུལ་བ་དང་། ད་ངེད་ཀྱང་ལོ་བརྒྱད་ཅུ་གྱ་གཉིས་སྟེང་དུ་སླེབས། ཉི་མ་གངས་ཐོག་ཏུ་འཁྱོལ་བ་ཡིན་པས་ཕྱིས་མཇལ་བའི་སྤྲོས་པ་མེད། ད་རེས་ཅིས་ཀྱང་མཇལ་བའི་ཐུགས་ཚ་མ་དོར་ངོས། ལམ་བྱུང་ཕྱོགས་ལ་འབྱོན་དགོས་གསུང་ནས་ཕེབས་ལམ་བྱུང་ལ་གནང་ཞིང་། དེར་ཆོས་རྒྱལ་བཀྲ་ཤིས་མགོན་པས་མར་ལམ་པཎ་ཆེན་རིན་པོ་ཆེ་ལ། ནང་རས་པར་མ་ཁྲ་མོ་ལེགས་པོས་བྱས་ཕྱི་སོ་བ་འགའ་ཧེ་དཀར་པོས་བྱས་པའི་གུར། ཡོལ་གཙོད་ཀྱི་ཐུགས་སུ་གཟིམ་ཆུང་དང་བདེ་སྐྱིད་ཉིས་སྦྲག མདོར་ཡོལ་བ་ཕྱོགས་གང་བསལ་དེ་ལ་གཡབ་ཁ་ཕྱོགས་དེར་བསྟན། ཡོལ་སྐོར་གནང་དུས་གཟིམས་ཁང་ཀ་བཞི་ཡངས་པ་ཙམ་གྱི་ཕྱིན་ཀ་བ་སོགས་ཆེར་མི་དགོས་པའི་འཕྲུལ་རྒྱ་གར་བཟོ་ཁྱད་འདོན་ཞིག་ཕུལ་བས། མཐོང་བ་ཀུན་བློ་འདས་ཀྱི་ཡ་མཚན་དུ་བྱེད་ཅིང་། ཕྱིས་གསེར་མདོག་ཅན་གྱི་གོས་སྐུ་གཡེད་ཅན་བསྐྲུན་ནས་རབ་གནས་གནང་དུས་ཡོ་

ཡ་མཚན་དུ་སྒྲོག་ཅིང་། སློབ་དཔོན་མྱང་རམ་པའི་ཞལ་ནས། སྔོན་སློ་བོ་ནས་ཐུལ་བའི་རས་གུར་ཁྱད་འདོན་དེ་ཀུན་ཁྱེད་ཆོས་མ་མཐོང་བ་ཡིན་ཡོད། ང་ལ་ནི་གོས་སྐུ་བཀྲམ་པ་དེ་ལ་ཐང་ཀ་ཆེན་པོ་ཞིག་གི་མཐོང་ལས་མེད་གསུངས་པས་དེར་ཚོགས་ཀུན་བཞད་ཆ་བྱུང་ཞིང་། དེར་པཎ་ཆེན་རིན་པོ་ཆེའི་ཞལ་ནས། སྔོན་གྱི་དེ་ལ་ཡང་གུར་ལྷ་ཁང་མ་ཟེར་བ་ཡིན་གསུང་། མཚར་པོ་རང་ཞིག་ཡོད་ཅེས་སྤྲུལ་སྐུ་སྨན་ཐང་པས་བཤད་དོ། །དེར་ཆོས་རྒྱལ་བཀྲ་ཤིས་མགོན་ཡབ་སྲས་རྣམས་ཀྱིས་ཉིན་ལམ་གསུམ་གྱི་བར་དུ་སྐྱེལ་མ་མཛད། མཐར་གསེར་གྱི་མཇལ་ཕུལ། ཞབས་སྤྱི་བོར་བླངས། གདུང་བའི་སྤྱན་ཆབ་གཡོ་ཞིང་སྨོན་ལམ་དཔག་མེད་བཏབ་ནས། སླར་གློ་བོ་ནང་དུ་ཕེབས། པཎ་ཆེན་རིན་པོ་ཆེ་དཔོན་སློབ་ཀུན་ཀྱང་མར་ལམ་ཤུལ་བདེ་བར་བྱུང་ངམ་རིངས་སུ་ཕེབས། དེར་དབྱར་ཆོས་ཀྱི་སྐང་དུ་སྟང་བས་རིགས་པའི་བྲོ་གར་སོ་སོར་བསྒྱུར་ཅིང་། མཁན་ཆེན་སྐྱོ་ར་བ་འཇིགས་མེད་གྲགས་པ་བཞུགས་པས། སྤྱན་འདྲེན་ཞུས། པན་ཚུན་ཕྱུག་རྐྱོང་བ་གང་བདེར་གནང་ཞིང་། ཞབས་ཏོག་བསྙེན་བཀུར་ཡང་དག་པས་ཕེབས་ལམ་གྱི་དུབ་པ་བསལ། དེར་སྡོམ་རིགས་ཀྱི་དྲི་བ་ལས་བརྩམས་པའི་འབེལ་གཏམ་ཡང་སྒོ་དུ་མ་ནས་གནང་ངོ་། །དེ་མཚམས་ལྷུན་སྡིངས་སུ་ཆོས་རྒྱལ་རྣམ་རྒྱལ་གྲགས་བཟང་དང་མཇལ་ནས། ཆོས་ཀྱི་འབེལ་གཏམ་མང་དུ་མཛད་པས་ཐུགས་ལྷག་པར་རངས་ཏེ། དྲུང་ཆེན་པོ་བ་རང་གིས་བླ་མའི་གཙོ་བོར་བཀུར་བའི་ཆོས་རྗེ་རོང་སྟོན་ཤེས་བྱ་ཀུན་རིག་པ་དང་། ངོར་ཆེན་ཀུན་དགའ་བཟང་པོ་བ་གཉིས་ཀ་དང་ངེད་འཕྲད་ཅིང་། ཆོས་ཀྱི་དྲི་བ་མཐའ་ཡས་པ་བྱེད་མྱོང་ནའང་། འདི་འདྲའི་ཕྱོགས་ཙམ་ཡང་མེད། རང་རེའི་བསམ་པ་ལ་རྗེ་ཐམས་ཅད་མཁྱེན་པ་ཕྱོགས་ལས་རྣམ་རྒྱལ་བ་ཞིང་བརྗེས་ཕྱིན། བོད་ཡུལ་འདིར་བསྟན་པ་ཡོངས་རྫོགས་ཀྱི་མིག་རྐྱེན་ཁུར་བའི་སྨྲ་བ་པོ་ཞིག་མི་སྲིད་སྙམ་པའི་ཡིད་ཁོང་དུ་བསྡུས་ཡོད་ཀྱང་། ད་སེམས་སོས་ཤེས་དགྱེས་པའི་བཀའ་ལུང་དཔག་མེད་སྩལ། དེར་པཎ་ཆེན་ཉིད་ཀྱིས་ཀྱང་དུས་འཁོར་གྱི་བཀའ་འཕྲུང་མ་བདེ་བ་ཀུན། ཛ་གྲལ་དུ་སྤྲོང་སློང་གི་ཞུ་མལ་ཕོ་ནས་སྒྲོག་ཁྲོལ་ཏེ། ཕྱིས་མཚན་ནས་སྨོས་དུས་རིགས་ལྡན་པདྨ་དཀར་པོ་ཞེས་ཉེ

ཚོར་བསྒུང་ཞིང་། དེར་དུས་ཀྱི་འཁོར་ལོ་སྒོམ་པ་ཆེན་པོའི་དབང་བསྐུར་ཡང་གསན། དེ་ནས་དཔོན་སློབ་རྣམས་ཤར་ཕྱོགས་སུ་ཕེབས་དུས། བྱང་པ་ལ་རྒྱལ་ཁྲིམས་མིག་རྐྱེན་སྲུང་མི་མེད་པས་མངའ་རིས་ཀྱི་རྫས་སྟོབས་ཆེ་བ་མིག་ཏུ་མ་ཚུད་པར། ཆོས་རྒྱལ་རྣམ་རྒྱལ་གྲགས་བཟང་པ་བཞུགས་ས་ནས་ཚ་ལམ་ཙམ་གྱི་སར། ནར་ཁུ་གཡུང་དྲུང་ཟེར་བའི་སྡིག་ཅན་དེས་ཚོམ་པོ་བྱས། དངོས་པོ་གོང་ཁ་ལ་འགའ་རེ་ཕྲོགས་ལྷག་པར་དྲུང་ཆེན་སངས་རྒྱས་སེང་གེ་ལ། བརྡ་ལ་མདུང་རྩེ་དམ་པ་ཞིག་ཕོག་ནས་རྨས་སོ། །དེར་དེའི་ཉིན་རང་ཆོས་རྒྱལ་རྣམ་རྒྱལ་གྲགས་པས་གསན་ནས། དེའི་སྟོད་ལ་ཕྱུགས་དམ་གཏོར་མ་ཟུར་དྲུག་པ་འཕངས་པས་བསྟན་གཤིག་དེའི་ཁང་པའི་སྟེང་དུ་མེ་སྒྲ་དང་བཅས་བབས། དེར་དངོས་པོ་ཕྲན་ཚེགས་དེ་རྣམས་ཕྱུགས་ཀྱིས་བཏང་། ལམ་སྲངས་ནས་འགྲོན་འདོད་ལ། བྱང་ནས་ཞུ་ནན་བྱས་རེ་ཤིག་འཛད་མཐོང་སྨོན་དུ་བཞུགས་ཤིང་། དེའི་རིང་རྒྱུད་འབུམ་གཟིགས་རྟོག་དང་། གྲངས་ཆེན་བཅོ་བརྒྱད་ལ་སྤར་རྐོལ་དུ་ཞལ་བཞེས་ཀྱི་དམ་བཅའ་བགོད་པའི་གྲུབ་མཐའ་བསྡུས་པ་དེ་ཡང་མཛད། དེར་ཆོས་རྒྱལ་རྣམ་རྒྱལ་གྲགས་པ་ཉིད་ཀྱིས་ཆེ་ཐང་དུ་བཀས་བཅད་ནས། སྐུ་རྒྱལ་བློ་འདས་དང་། དྲུང་ཆེན་སངས་རྒྱས་སེང་གེ་ལ་ཡང་རྒྱལ་ཀ་ཆེན་པོའི་ཡུས་འདོགས་མཛད། དེ་རྗེས་སྟོན་སེར་གསེར་མདོག་ཅན་དུ་ཕེབས། རྗེ་དོན་ཡོད་དཔལ་བ་དང་ཡབ་སྲས་ཞལ་མཇལ་གནང་མཚམས། ད་ལོ་དབྱར་དེ་དབྱར་མེད་སོང་བའི་གསོ་བ་བྱེད་དགོས་གསུང་། ཚོགས་པའི་མཁན་ཆེན་བློ་གྲོས་བསྟན་པས་ཞུས་པའི་ངོར། མདོ་རྩའི་དཀའ་འགྲེལ་ཉི་མའི་ཤིང་རྟའི་ཕྱུགས་རྩོམ་སྐུ་མཚམས་སེ་བའི་ངང་ནས་གནང་ཞིང་། འདུལ་བ་ཉིད་སངས་རྒྱས་ཀྱི་བསྟན་པའི་རྩ་བར་དགོངས་པའི་གཅེས་སྤྲས་ཀྱིས་ལས་བརྒྱའི་ཊཱི་ཀ་བ་དན་དཀར་པོའི་ཛ་དབྱངས་བསླབ་བྱ་ཆེན་མོ་སོགས་སྟོན་མེད་ཀྱི་ལེགས་བཤད་དག་ཅིག་ཀྱང་རིམ་གྱིས་ཡི་གེར་འཁོད་པར་མཛད་དོ། །དེར་ལོ་གསར་ཤར་བའི་མེ་ཕོ་སྤྲེའུ་དགུང་ལོ་ཞེ་དགུར་ཕེབས་པའི་དུས། ཐོག་མར་ངོར་དགོན་གསར་བླ་མའི་གདན་སར་མང་ཛ་འགྱེད་བཅས་ཞུ་བ་ལ་ཕེབས་པས། རྒྱལ་ཚབ་ཀུན་དགའ་དབང་ཕྱུག་པའི་དྲུང་

གིས་སྤྱར་ལྷུར་དཔེ་མ་མཆིས་པའི་བཀའ་དྲིན་བསྐྱངས་ཤིང་། དེར་ཟླ་ཕྱེད་ཙམ་གྱི་རིང་ལ་གསང་འདུས་འཇམ་རྡོར་ས་སྐྱ་པའི་ཐུགས་དམ་གྱི་མཐིལ། བླམ་གཞན་ལོ་ཙྪ་བའི་ལུགས་ཀྱི་དབང་བསྐུར་རྒྱལ་ཚོན་མ་དང་། དེ་དང་རྗེས་འབྲེལ་གསང་འདུས་སྤྱན་རས་གཟིགས་ཀྱི་དབང་། རྒྱ་གཞུང་ཐ་དད་ཀྱི་ལུང་། འཇམ་པའི་རྡོ་རྗེའི་བསྐྱེད་རྫོགས་ཁྲིད་པར་བ་དག་གསན། དེར་རྒྱལ་ཚབ་ཀུན་དབང་པས་ཁྲིད་དབུས་ལ་མི་འགྲོན་པའི་རྟེན་འབྲེལ་ཡོད་དོ་གསུང་། བཅོམ་ལྡན་འདས་མི་བསྐྱོད་པའི་རྒྱ་ནག་གི་སྐུ་རྗེ་ཁྲུ་གང་བ་གཅིག་གི་གནང་སྦྱིན་ཡང་སྩལ། དེ་མཚམས་ཆུ་མིག་ཏུ་ཆེ་ས་བདག་ཆེན་བློ་གྲོས་དབང་ཕྱུག་པའི་དྲུང་དུ་ཕེབས་པས། ཁྲིད་མངའ་རིས་སུ་བཞུགས་རིང་ཐུགས་དམ་རྟོགས་པ་ཁྲིད་པ་ཅན་ཞིག་འབྱུངས་ཡོད་པར་སྣང་། སྔར་ངེད་རང་ཉུས་གོག་འདི་ཆེས་པས་རྟོགས་པ་མ་ཆུང་། ད་ནི་ཁྱེད་ཀྱིས་ཕྱག་ཕྱུས་དུས་དཔྱལ་བ་ཚ་ལྕུམ་ལྕུམ་ཕྱུས་ཡོང་གི་སྣང་ཞེས་ཆེ་བསྟོད་དང་། བཞུགས་ས་ཡང་གཟིམས་ཆུང་གཅིག་ལ་ཡོལ་གཅོད་མཛད་ནས་གནང་ཞིང་། ཐོ་རངས་བདག་ཆེན་དྲུང་གསུང་ཕྲ་མོས། རྡོ་རྗེ་འཆང་ཆེན་རྡོ་རྗེ་རྣལ་འབྱོར་མ། །གྲུབ་ཆེན་ནཱ་རོ་པ་དང་ཕམ་མཐིང་པ། །ཤེས་རབ་བརྩེགས་དང་མལ་གྱོ་ས་སྐྱ་པ། །རྗེ་བཙུན་སྐུ་མཆེད་རྣམས་ལ་གསོལ་བ་འདེབས། །ཁོ་དེ་ཆོ་ལོངས་ཛ་སྐོལ། དྲུང་ཆེན་པོ་བའི་དྲུང་འོ་བརྒྱལ་གསུང་བ་ཞིག་ཡོད་ཅེས། པཎ་ཆེན་རིན་པོ་ཆེས་གསུངས་པའི་གསུང་སྒྲོས་མངའ་རིས་སུ་སྐྱོར་མི་མང་པོ་བྱུང་ངོ་། །དེར་ད་གཙང་རང་དུ་བཞུགས་ལ་ས་སྐྱ་པའི་བསྟན་པའི་རྒྱུན་ལ་ཕན་པའི་འཆད་ཉན་རང་གནང་དགོས། ད་ལོ་ཐོག་མར་ཆོས་གཞིས་འདི་དག་བསྐུལ་ཞིང་། ངེད་ཤི་མཚམས་ཤི་རྗེས་གང་ཡོད་མཛོད་ལ། ཆུ་མིག་སྟོང་སྐོར་འདི་རྣམས་ཁྱེད་ཀྱིས་འཆད་ཉན་དང་། གསེར་མདོག་ཅན་གྱི་ཐེས་མཛོད། ཁྱེད་ཐུགས་མི་དོག་པར་ངེད་རང་མ་ཤི་གོང་ནས་ཡི་གེ་ཐེལ་འབྱར་བྱེད་གསུང་བའི་བཀའ་ལུང་ནན་ཆེན་གནང་ཞིང་། དེའི་ལོ་རྗེ་མུས་ཆེན་དང་། ཆོས་རྗེ་འཇམ་དབྱངས་ཤེར་རྒྱམ་པའི་སྐུ་བསྟོད་ཐུབ་བསྟན་གསེར་ཁང་མ་དང་། མཐའ་ཡས་མ་གཉིས་བརྩམས་འཕྲུལ་རེ་འདུག་པའི་ལུང་ཡང་སྩལ་ནས། སྔར་ཡང་གསེར་མདོག་ཅན་དུ

འོངས། དེ་ནས་དབུས་ཕྱོགས་སུ། རྒྱ་མ་མཁར་རྩེ་བས་གློ་བོ་རང་དུ་འབོད་མི་ཐུབ་པ་དང་། ཁྱད་པར་དུ་སྤྱང་ལུང་རིན་པོ་ཆེ་དགུང་ལོ་བརྒྱ་དང་ལྔ་བཞེས་པ་དེའི་ཞལ་ཞིག་མཐོང་འདོད་རང་གིས་ཅིས་ཀྱང་དབུས་ཕྱོགས་ལ་འགྲོ་རྩིས་རང་གིས་ཞེད་ཆེ་བ་བྱས་ཀྱང་། གཞིས་ཀ་ནས་དང་། དཔོན་བྱུང་གཡུང་བ་སོགས་ཀྱིས་ཀྱང་ང་དགོན་པ་གསར་པའི་འགྲམ་བཏིང་ཙམ་ལ་མ་བཞུགས་ན་རྗེས་དོད་པའི་ཚད་གཏན་ནས་མི་སྲིད་པས་ཟེར། ནན་བསྐྱེད་བྱུང་། དེར་ན་ཉིང་ཡང་དབྱར་མེད་དུ་སོང་བས་ཡིད་སྐྲག དུ་ལོ་དབྱར་ཁས་ལེན་བྱས་ནས། དགག་དབྱེ་གྲོལ་དང་བསྟུན་འགྲོ་རྩིས་རང་ལ་ཚོས་སྒྲིངས་ནས་རིན་པོ་ཆེ་པའི་དྲུང་ཟླ་བ་བདུན་པའི་ཚེས་བཅོ་ལྔ་ལ་ཞིང་བརྗེས་པའི་ཚུལ་འབྱུལ་མི་བྱུང་བས། ཐུགས་ཁྲལ་མཐའ་མེད་གནང་ཞིང་། གདུང་རྟེན་གྱི་རྒྱུར་ཟངས་སེར་མང་དུ་སྣལ། ད་སྟེ་གཉིས་མེད་སེང་གེ་ལ་རྒྱུ་མཚན་མེད་པས་གྲྭ་ཚང་གི་མིང་བཞག་འདིའི་སོ་ཚོས་ལ་བསྟོད་པ་དྲག་སྔང་གསུང་ནས། ལོ་བཞིའི་བར་གཙང་ཕྱོགས་རང་དུ་ཞབས་བརྟན་པར་བཞུགས་ཤིང་། དགུང་ལོ་ཞེ་དགུ་པའི་སྟེང་དེ་ཉིད་དུ། རྒྱ་ཀན་ནང་པས་དོ་དམ་མཛད། སྤྱན་མི་དམངས་ཀྱིས་ཀ་བ་སུམ་ཅུ་སོ་དྲུག་གི་སའི་ཀུན་ར་རྙིང་པ་འདི་བསྐྲུབས་ཤིང་། འདི་ཉིད་ཀྱི་གཙང་ཁང་ན་བཞུགས་པའི་བྱམས་མགོན་དོན་ཡོད་དཔལ་བའི་སྐུ་འདྲ་སྐུ་ཚད་མ་འདི་རྟེན་བཞེངས་ཀྱི་ཐོག་མར་མཛད་ཅིང་། འདི་ཉིད་སྐུ་དངོས་ཇི་ལྟ་བའི་འདྲ་ལེན་གྱིས། དབུའི་གཙུག་ཏོར་གསལ་པོར་འཕགས་པ་ཡང་བཅོསཡོད་པས། རབ་གནས་ལ་རྗེ་དོན་ཡོད་དཔལ་བ་རང་གདན་འདྲེན་ཞུས་པས། གཟིགས་མོ་ཡང་ཡང་མཛད་ནས་བཞེད་ཅིང་། དེར་དབུ་ཞྭ་ཞྭ་སེར་ཅིག་ཞུས་ཡོད་པ་བསལ་བས། དབུའི་གཙུག་ཏོར་གཟིགས་པས། ཕྱག་གིས་ནེམ་མནན་ནས་འན་བུ་ལ་འདི་འདྲ་མི་བདོག་གསུངས་པས་རྗེས་མེད་དུ་གྱུར་ཅེས་དེ་དུས་དངོས་སུ་གཟིགས་པའི་མངའ་རིས་པ་རྣམས་ཀྱིས་གསུངས་པས་མངའ་རིས་ན་གྲགས་ཆོད་ཤིན་ཏུ་ཆེ་ཞིང་། བཀའ་ལས་ཀྱང་འདི་ལ་རབ་གནས་ཞལ་ཧྲོ་རང་ཞིག་བྱུང་བས། ཕྱིས་ཀྱི་རྟེན་ཐམས་ཅད་ལ་བར་ཆད་མེད་པའི་རྟེན་འབྲེལ་རབ་འགྲིག་ལ་སོང་ཞེས་གསུང་། ཞེས་ཐོས་ཤིང་། ད་ལྟ་ཡང་དགེ་བའི་ལྟས་ལ་

དབུ་ཞྭ་རྒྱབ། མི་དགེ་བ་ལ་མདུན་ངོས་བསྐྱུར་ཡོང་ཞིང་། རྟོག་པ་བཙུག་ན་ཞལ་གྱི་གཟི་མདངས་དང་། ཞལ་ངོ་ནག་མི་ནག་རང་གིས་ལེགས་ཉེས་འབྱེད་པར་སྣང་ངོ་། །དེར་མི་མོ་བྱའི་ལོ་དགུང་ལོ་ལྔ་བཅུའི་སྟེང་དུ་དཔྱིད་ཚེས་ལ་གཞིས་ཀ་ནས་སྦྱིན་བདག་གནང་། འབྲོང་སྣང་ནས་ཞབས་ཏོག་བསྒྲུབས་ཏེ་སྲོག་ཤིང་དུ་མཛད་པས། སྔར་བཞིན་ས་སྐྱ་པཎ་ཆེན་གྱི་ཚེས་ཁྲི་ཉིད་ཀྱི་སྟེང་ནས་དཔྱིད་ཚེས་མཛད། དེར་རྗེས་དབྱར་ཞལ་བཞེས་འདུ་ཁང་རྙིང་པ་ཉིད་དུ་གནང་ཞིང་། དུས་ཚིགས་ཀྱི་མདོ་འདོན་པ་སོགས་ལ་ཐུགས་བརྩོན་ཆེ་བའི་ཁུར་བཞེས་མཛད་པས། ཐུང་ནས་ཆོས་ཀྱི་བཟང་པོ་བས། རང་རེའི་རྗེའི་ཐུང་ཆེན་པོ་བ་ཀུན་ཀྱང་། དགེ་ལྡན་པ་ལ་སྐྱུས་པའི་དབྱར་གནས་འདིས་ཐ་ན་གྲྭ་པའི་ཆས་ཀ་འཚོལ་བ་ཚུན་ལ་ཞག་བདུན་ལས་འགྲོ་ས་མེད་པ་འདི་གུ་རང་དོག་ཅེས། དེ་གོང་ས་སྐྱ་པ་ལ་བསྟགས་པ་ལྟ་ཞིག མཚན་ཉིད་པ་རང་ལ་ཡང་འདུལ་བའི་ཨིག་ཀྱིཨ་ཅི་ཡང་ཨ་དཨིགས་པ་འདིས་ཨཚོཨ་ཏོ། །གཞན་ཡང་གནས་བརྟན་ཚུལ་བློ་བ་ལ། ཕྱིས་པཎ་ཆེན་རིན་པོ་ཆེས་ཞལ་བཀུར་གནང་དུས། སྟོན་རྗེ་དོན་ཡོད་དཔལ་བའི་གྲྭ་པ་རྣམས་རྒྱལ་བཙུགས་ནས། ཕྱི་ཤིག་བསད་པ་ལ་སྡོམ་པ་འཚོར་མི་འཚོར་དེ་ལ། ད་གནས་བརྟན་ནས་ཅི་གསུང་། གསུངས་པས། ལོས་འཚོར་ལགས། འདུལ་བ་ན་སྲོག་གཅོད་པ་དང་ཞེས་གསུངས་ཤིང་ཕྱི་ཤིག་ལ་སྲོག་ཡོད་པ་ལ་འོས་ཅི་ཡོད། རྒྱུན་དུ་ཞུ་བ་ལྟར་འཆད་ཉན་རྒྱུགས་ལེན་ལས། གྲུབ་མཐའི་ངེས་གཟུང་སློས་ཅི། ཐ་སྙད་གང་ལའང་བཏང་མ་ཐོགས་པ་ཞིག་ལས་མེད། ཕྱིས་པཎ་ཆེན་རིན་པོ་ཆེའི་སྐུ་ཚེའི་སྟོད་ལ། མངའ་རིས་པའི་སློབ་གཉེར་བ་འདྲ་ཡར་སླེབས་དུས་ཐུན་མོང་ཟིན་ཐུན་བསྐྱུར་བས། རྗེ་དོན་ཡོད་དཔལ་བའི་གྲྭ་ཀན་ཡོན་ཏན་ཆེ་བ་རང་དུ་བྱས་པོ་གཅིག་ན་རེ། ཁྱེད་ཀུན་གྱིས་རིག་པ་སྒྲིམས་ཤིག ངས་བྱམས་མགོན་དོན་ཡོད་དཔལ་བཟང་པོའི་ཐུང་དུ། མི་ལོ་ཆེན་པོ་ཉི་ཤུ་རྩ་གཅིག་བསྡད་དེ། དཔལ་ལྡན་ཆོས་ཀྱི་གྲགས་པའི་ཚད་མ་སྡེ་བདུན་བྱ་བ་ལས་མིང་མ་ཐོས། མདོན་པ་སྡེ་བདུན་དང་ཁ་འཆལ་དེ་འདྲ་མིས་ཚོར་རོ་ཟེར་བྱུང་བ་ལ། བློ་གསར་པ་དེ་ཀུན་གྱིས། ཡེ་ཤེས་ལ་འཛུག་ག་ཏུ་བྱུས། །རབ་ཏུ་བྱེད་པ་དབྱིག་བཤེས་

ཀྱི། །རྣམ་ཤེས་ཚོགས་ནི་ལྷ་སྐྱིད་ཀྱིས། །ཆོས་ཀྱི་ཕུང་པོ་ཤྲཱ་རིའི་བུས། །གདགས་པའི་བསྟན་བཅོས་མོའུ་འགལ་བུས། །འགྲོ་བའི་རྣམ་གྲངས་གསུས་པོ་ཆེས། །ཁམས་ཀྱི་ཚོགས་ནི་གང་པོས་བསྡུས། །ཞེས་མཛོད་པ་པོའི་དགྲ་བཅོམ་པ་བདུན་དང་བཅས་པའི་མིང་གསལ་བར་བརྗོད་པས། ཕོང་བགྲེས་པོ་དེ་ན་རེ། འདུག་འདུག་ངོ་མཚར་ཆེའོ་ཟེར་བ་ཡང་བྱུང་ཞེས་གཏམ་ཡོད་དོ། །ས་ཐོ་ཁྲི་ལོ་དགུང་ལོ་ལྔ་བཅུ་ང་གཅིག་སྟེང་དུ། སྔར་གསང་ཕུར་བདུད་སྡེ་བཅོམ་པའི་ལྟས་ཁྱད་པར་བའི་མཚན་མ་བསྟན་པའི་དབུ་མའི་སྟོང་ཐུན་ཆེ་ཆུང་གཉིས་དང་། ཕར་ཕྱིན་གྱི་སྤྱི་དོན་ཆེན་མོའི་བརྩམས་ཆོས་ཀྱི་དབུ་བརྩུགས་ཏེ། རིམ་གྱིས་མཐར་ཕྱིན་པར་མཛད་ལ། སྔར་མངའ་རིས་སུ་དགུང་ལོ་ཞེ་གཅིག་དུས། གནས་གསུམ་གསལ་བྱེད། ཀུན་མཁྱེན་རོང་པོའི་རྣམ་ཐར། སྡོམ་གསུམ་གྱི་དྲི་བ་སོགས་ཀྱི་ཡིག་མཁན་ཀོང་སྟོན་མགོན་པོ་རྒྱལ་མཚན་ཡིན་ཞིང་། ཕྱིས་དགུང་ལོ་དོན་བདུན་བར་གྱི་རྩོམ་ཡིག་དྲུང་ནས་ལོ་ཙཱ་བ་ཆོས་རྒྱལ་མཚན་པས་གནང་། ཕོང་རྒྱ་གར་ལ་གཤེགས་ཕྱིན། བདེ་མཆོག་རྣམ་བཤད། བྱམས་ཆོས་ལམ་རིམ་སོགས་སྐུ་ཚེ་མཐར་ཕྱིན་གྱི་གསུང་རྩོམ་དག་གི་ཡི་གེ་པ་ནི་དཔལ་ལྡན་པའི་ཨ་ཞང་བསོད་ལྡན་པ་ཉིད་ཡིན་ལ། དྲུང་ཡིག་ཆོས་རྒྱན་པ་ཡང་བློ་བོའི་སྡེ་པ་བཀྲ་ཤིས་མགོན་པས་སྦྱིན་ལམ་དུ་ཐོགས་པ་རང་མ་བྱུང་བས། མངའ་རིས་གུང་ཐང་ཚོར་ཐེབས། མདོན་དགའ་ཆོས་སྡེར་མཁས་བཙུན་དཔལ་ལྡན་དར་གྱི་དྲུང་དུ་སྒྲའི་ས་རིས། སྙན་ངག སྡེབ་སྦྱོར། རྒྱ་ཡིག་རྣམ་གྲངས་དུ་མའི་བསླབ་སྦྱངས་ཡང་དག་གནང་རྗེས། ཕོང་པས་ཁྱོད་བློ་གསལ་བར་འདུག་པས་བསྟན་པ་ལ་ཕན་པ་སྲིད། མཚན་ཉིད་ཀྱི་སློབ་གཉེར་ལ་བཀྲ་ཤིས་ལྷུན་པོར་ཕྱོན་གསུང་བ་ལྟར་ཕྱོན་ནས་ཕར་ཕྱིན་གྱི་ལུང་འཁྲིད་ཙམ་མཛད་སྐབས། མངའ་རིས་བློ་བོའི་གྲྭ་པ་བྲག་དཀར་ཆོས་རྗེ་ཡོན་ཏན་བཟང་པོ་དང་། དྲུང་བརྩོན་ཤེས་རབ་དཔལ་འབྱོར་བས་བློ་བཀུས་ནས་ས་སྐྱར་བར་ཞལ་བསྐུར་ཏེ། པཎ་ཆེན་རིན་པོ་ཆེའི་ཞབས་དྲུང་ཚོར་ཐེབས། དྲུང་ནས་ཤངས་པ་ལ་ཕར་ཚད་དབུ་གསུམ་གྱི་གཏོང་ཆོས་ཞུས་ནས། ཐོག་མར་ཐུགས་གཉེར་རང་ལོ་སྤྲོལ་མཛད་རྗེས། རིམ་གྱིས་རིག་གནས་ཀྱི་སྐྱ་ཡོན་ལ་དཔགས

ནས། པཎ་ཆེན་རིན་པོ་ཆེའི་སྤྱན་ལམ་ཐོགས་ཏེ་རྩོམ་ཡིག་གི་མཐིལ་མ་གནང་བའི་བཀའ་འབུམ་ཕལ་ཆེར་དུ། ཡི་གེ་པ་ནི་བློ་བཟང་ཆོས་ཀྱི་རྒྱལ་མཚན་ནོ་ཞེས་འབྱུང་བས་སོ། །ལོ་ཙཱ་བ་འདིས་ཀྱང་ཚད་མའི་བརྒྱུད་འདེབས་ཁ་ཆེ་པཎ་ཆེན་གྱི་གོང་མ། ཤཱཀྱ་ཤྲཱིབྡྲ་པཎྜི་ཏ་སྟེ་པཎ་ཆེན་ངག་དབང་ཟེར་བ་ལ། ཤ་བུ་པཎ་ཆེན་དང་། པཎྜི་ཏ་ཆོས་ཀྱི་ཉིན་བྱེད་ཀྱིས་རྒྱ་གར་གྱི་ལམ་ནས་ཞུ་ཡིག་ཕུལ་བའི་རྒྱ་སྐད་ལ། རྣམ་དྷི་པ་ཀ་ར་ཞེས་བོད་སྐད་ཆོས་ཀྱི་ཉིན་བྱེད་ལ་ཆོས་ཀྱི་སྣང་བྱེད་དུ་བྱས་པ། འཇམ་དབྱངས་དཀར་པོའི་ས་བོན། རྫོགས་པའི་སངས་རྒྱས་ཨ་ལས་བྱུང་། །ཞེས་ཨ་ཐུང་ཡིན་པ་ལ་འབྲུ་གསུམ་གྱི་ཟླས་ཕྱེ་བའི་ཨཿཡིག་ཏུ་བྲིས་པ་སོགས་དཔྱད་རྒྱུ་ཅུང་ཟད་ཅིག་འདུག་ཀྱང་། སྔོན་ནི་སུས་ཀྱང་གླེང་བརྗོད་མ་མཛད་སྣང་ངོ་། །དེའི་དཔྱིད་ཆོས་ལ་ཉུག་རྒྱལ་ཁང་དུ་ཕེབས་ཤིང་། དེར་མངའ་རིས་གློ་བོ་ནས། རྒྱལ་ཚབ་ཀུན་དགའ་དབང་ཕྱུག་པའི་དྲུང་ཞིང་བརྗེས་པའི་མང་ཇ་ཞུ་མི་སླེབ་པས། ལྷ་མཆོད་པ་སོགས་ཐར་གློ་བོར་བཀའ་ཆོས་ཞུས་པའི་གྲྭ་རིགས། བདག་གི་བླ་མ་རྗེ་བཙུན་ཀུན་དགའ་མཆོག་གྲུབ། པཎ་ཆེན་བྱམས་པ་གླིང་པ། དཔལ་ལྡན་ཚུལ་ཁྲིམས་པ་སྐུ་མཆེད། ཐག་དཀར་ཆོས་རྗེ་ཡོན་ཏན་བཟང་པོ་བ། དབུ་མཛད་ཀུན་རྒྱལ་བ་སོགས་དྲག་རིགས་རེ་རེས་ཐོས་མཆོད་ལ་མང་ཇ་རེ་ཞུས་ཤིང་། དེར་པཎ་ཆེན་རིན་པོ་ཆེ་དང་། དགོན་པ་ཤར་ན་རྗེ་དོན་ཡོད་དཔལ་བ་བཞུགས་པའི་ཡབ་སྲས་གཉིས་ཀའི་དྲུང་དུ་བསྔོ་རྟེན་སོ་སོ་དང་བཅས་པ་ཟླ་ཕྱེད་ཙམ་བསྐྱབས་རྗེས། པཎ་ཆེན་རིན་པོ་ཆེའི་གསུང་གིས། ངེད་ཀྱིས་ཐོས་མཆོད་ལ། རྗེ་རྡོ་རྗེ་འཆང་གི་བཀའ་འབུམ་གྱི་ལུང་ཞིག་སྒྲོག་གསུང་། ཉུག་པའི་ཕྱུག་དཔེའི་སྟེང་ནས་པོད་བཞི་མའི་ལུང་ཞག་རེ་ལ་པོ་ཏི་ཕྱེད་ཕྱེད་ཞག་བརྒྱད་ལ་རྫོགས་པར་གནང་ཞིང་། ཐར་སློས་པའི་མངའ་རིས་པའི་ཆེ་བཙུན་དེ་རྣམས་ཀུན་གྱིས་གསན་ནོ། །དབྱར་ཞལ་བཞེས་གསེར་མདོག་ཅན་དུ་མཛད་ཅིང་། །འདིའི་ལོ་མཇུག་པ་ཀུན་ལས་བཏུས་ཀྱི་དཀའ་འགྲེལ་གྱི་ཐུགས་རྩོམ་ཡང་གནང་། དེའི་གྲུབ་མཐའ་བསྡུས་པ་དང་། རབ་བྱེད་གསུམ་གྱི་ཊཱི་ཀ་ཡང་ཕྱིས་མཛད་དོ། །དེ་ལྟར་གཙང་ཕྱོགས་སུ་ལུག་སྤྲེ་བྱ་ཁྱི་སྟེ་ལོ་ངོ་བཞི་གདན་ཆགས། གཙང་

ཕྱོགས་ཀྱི་ཕྲིན་ལས་ཀྱི་རྨང་གཞི་ཐེངས་ནས། སྐར་སླང་ཐང་ནས་སྤྱན་སྔ་བློ་གྲོས་རྒྱལ་མཚན་པའི་ཆོས་འཁོར་རྩེའི་གྲྭ་སྡུད་བྱས་པའི། གྲྭ་པ་འདི་ཕྱོགས་ཀྱི་དྲག་བསྡུས་རང་འདི་དག་རབ་བྱུང་གནང་བའི་ཆེད་དུ་དེ་ནས་ཞབས་མ་བསྐྱོད་ན། ངེད་རྣམ་པ་ཆེ་ཕྲ་ཀུན་གྱི་བསམ་པ་གཏན་མི་གང་བ་ཡོད་པས། ཞེས་ནན་ཞུས་རང་གནང་བའི་དབང་ལས། དབུས་ཕྱོགས་སུ་ཆིབས་ཁ་བསྒྱུར་བ་གནང་སྐད་དོ། །འདི་སྐབས་རྣམ་ཐར་རྗེ་དཔོན་མར། གསེར་འཕྱང་མེ་མོ་བྱ་ལོ་ཐེབས་གསུང་བ་ནི་ཐུགས་རྟོག་མ་ཆུག་པ་ཡིན་ཏེ། དེ་ལྟར་ན་ལོ་བཞི་གཙང་དུ་བཞུགས་ཞེས་གོང་དུ་བྲིས་པ་ལ་ལོ་གཅིག་མི་ཚང་བས་སོ། །དེ་ནས་ས་ཕོ་ཁྱི་ལོ་སྨིན་དྲུག་གི་ཟླ་བ་ངོ་དཀར་ཙམ་ལ་གཙང་ཕྱོགས་ནས་ཞབས་ཟུང་གི་འཁོར་ལོ་བསྐྱོད་བདེ་བར་བསྐྱལ་ཏེ། རིན་སྤུངས་ནས་དཔོན་སློབ་ཐམས་ཅད་ལ་གསོལ་ཐོགས། ལམ་ཆས་རྒྱ་ཆེར་བཏབ་ནས། སྡེ་སྣོད་འཛིན་པ་བརྒྱ་ཕྲག་ལྔ་ལྷག་ཙམ་གྱིས་མདུན་ནས་བདར་བཞིན་དུ། ངུར་སྨྲིག་གི་ཇོ་མོ་སྒྲོལ་མའི་དྲུང་དུ་སླེབ་དར། དཀར་མོ། གསེར་ཆབ་ཞུས། དཔོན་སློབ་ཡོངས་ཀྱིས་ལྷན་གཅིག་གསོལ་བཏབ་གནང་ནས། རིམ་གྱིས་དཔལ་བདེ་དང་། གོང་དཀར། ལུམ་པ་རྣམས་ཀྱི་ཞག་ཐོག་དང་བསྟུན་པའི་ཞབས་རྟོག་བསྒྲུབ་པའི་ངང་ནས། དྲང་སྲོང་སྲིན་པོ་རིའི་བདེ་མཆོག་མཇལ་བ་ལ་ཐེབས་ཤིང་། དེའི་ནུབ་པཎ་ཆེན་རིན་པོ་ཆེའི་ཞལ་སྔ་ནས། བདེ་མཆོག་ལྷ་ཁང་ཉིད་དུ་གཟིམས་པས། སྲིད་ཀྱི་ཆ་ལ་བདེ་མཆོག་ལྷ་དཔའ་བོ་གཅིག་པ་དེ་ཉིད་ཞལ་བཞི་ཕྱག་བཅུ་གཉིས་པའི་སྐུར་གཟིགས་ཤིང་། དེའི་སྣང་ལྷགས་ནམ་མཁའ་ལ་གདུགས་བསྐོར་བ་ལྟར་གཟིགས་ནས། པཎ་ཆེན་ཉིད་ཀྱང་ཐུགས་དམ་ཟིལ་ཆེ་བའི་ངང་ནས། རེ་ཞིག་ཕྱག་གི་བཞུགས་སྟངས་གཟིགས་སྣང་ལྟར་ལ་ཡུན་རིང་དུ་བཞུགས་པ་དྲུང་ཆེན་སངས་རྒྱས་སེང་གེ་བས་མཐོང་ལ། རྒྱུ་མཚན་གཏན་ཚིགས་དང་འབྲེལ་བ་ནི། དྲུང་ཡིག་ཆོས་རྒྱན་པས་དགོངས་ཏེ་དྲུང་བརྩོན་ཤེས་རབ་དཔལ་འབྱོར་བ་ལ་གསུངས་པ་ལས་བདག་གིས་ཐོས་ཤིང་། འདི་ཐད་རྣམ་ཐར་གསུམ་ཀ་ན་མཐུན་པར་སྲིན་པོ་རིར་བདེ་མཆོག་གི་གཟིགས་སྣང་བྱུང་ཞེས་ཐ་དད་ན་བཀོད་ཡོད་དོ། །དེ་ནས་རིམ་གྱིས་འཕྲང་པོར་ཐེབས།

བླ་གཅིག་གི་གསོལ་ཐོགས་ཕུལ་རིང་ཆོས་ར་རིགས་ལུང་སླར་བ་གནང་། དེ་མཚམས་ཤེལ་གྲོང་ནས་བླ་ཕྱེད་ཐོགས་ཤིག་ཕུལ་བ་ལ་ལམ་ཆས་སུ་མཛད་ནས། ཆོས་འཁོར་ལྷ་སའི་ཇོ་བོ་རིན་པོ་ཆེ་ལ་གསེར་ཆབ་འབུལ་བ་སོགས་དང་། དཔོན་སློབ་ཡོངས་ཀྱིས་སྨོན་ལམ་རྒྱ་ཆེར་གནང་རྗེས། གྲྭ་པ་བྱིང་རྣམས་གཞུང་ལམ་བསྲངས་རྒྱ་མ་ཁྲི་ཁང་དུ་རྫོང་བ་མཛད། པཎ་ཆེན་རིན་པོ་ཆེ་དཔོན་སློབ་དྲུག་བསྡུས་རང་ཞིག་སྤྱིང་ལུང་དུ་ཕེབས། སྤྱིང་ལུང་རིན་པོ་ཆེའི་ཐུགས་ལྡོགས་སྤྱན་གསུམ་བྱོན་པ་མཇལ་བ་གནང་ཞིང་། ལྷག་པར་སྟར་སྤྱིང་ལུང་རིན་པོ་ཆེ་ཞལ་བཞུགས་དུས་ཕྱག་ནས་འབྱར་བའི་སྐུ་འདྲ་སྐུ་ཚད་མ་བླ་མ་དངོས་བྱོན་དེ་སྙིང་གི་གཡབས་སྒོ་བསྐྲུན་ན་ཡོད་པའི་དྲུང་དུ་ཕེབས་ནས་འཇལ་བའི་མོད་ལ། སྐུ་འདྲ་རིན་པོ་ཆེ་དེའི་སྤྱན་གཉིས་ལས་འོད་ཟེར་སྣ་སྣ་ཉི་མའི་མཐའི་འོད་འཕྲེང་ལྟ་བུ་འཕྲོ་བ་དེར་འདུས་ཡོངས་ཀྱིས་མཐོང་ཞིང་། དེ་དུས་དྲིན་ཅན་སྤྱིང་ལུང་པ་གཞོན་ནུ་ཆོས་གྲུབ་པའི་ཞལ་སྔ་ནས་དགུང་ལོ་བཅོ་ལྔ་བཞེས་པ་ཞིག་ཡོད་གསུང་ཞིང་། པཎ་ཆེན་རིན་པོ་ཆེ་དང་ཞལ་མཇལ་བའི་སྔོན་མ་རང་དེ་ཡིན་ནའང་དེའི་ལོ་བཀའ་འབྲེལ་ནི་མ་ཐོབ། ཕྱག་དབང་ཙམ་ཀ་ཡིན་ཞེས་དངོས་སུ་གསུང་ངོ་། །སྤྱིངས་གནས་སྤྲ་བའི་ཡོན་ཏན་དཔག་དཀའི་དངོས། །ཆེར་སྣོམ་རྒྱང་མིག་སྤྱོད་པས་མཐོང་མིན་ཀྱང་། །ཤིན་ཏུ་ཟབ་མོའི་རྣམ་དཔྱོད་གསལ་ལྡན་པ། །གཏིང་མཐའ་མེད་པའི་བློ་གྲོས་ལེགས་བྱས་ཤེས། །བརྩང་དྲིས་བརྟགས་པས་མཁས་པ་ཕལ་གྱི་གཏིང་། །ཡོངས་སུ་མི་རྟོགས་གངས་ཅན་ལྗོངས་འདིར་སུ། །གང་ནས་སྨྲས་ཀྱང་དེ་ཉིད་ལ་སྤྱངས་ཚུལ། །བློ་གྲོས་མི་ཟད་སྤོབས་པ་བརྗེགས་པར་གྲགས། །དུས་འཁོར་རིན་ཆེན་གཞལ་མེད་ཁང་བཟང་རྩེར། །བློ་ཆུང་ཕལ་གྱིས་བགྲོད་པའི་སྤོབས་མེད་ལ། །རིགས་ལྡན་ཡེ་ཤེས་གཟིགས་པའི་ཡུལ་འཛིན་ཁྱོད། །དཀའ་བ་མེད་པར་ཚུལ་དེར་བྱང་ཆུབ་གྱུར། །ཐོས་ཙམ་མཁྱེན་པའི་རང་བཞིན་ཁྱེད་ལ་ཡང་། །མ་ཐོས་སྒྲིབ་བྱེད་སྙེམས་བྱེད་འདི་མཚར་ཏོ། །ཡུད་ཀྱིས་ཉེར་དགོངས་ཐེ་ཚོམ་སྤྲ་བའི་ཆ། །ཁྱེད་ཐུགས་ལ་འཇུག་གཞན་ངོར་སྟོན་མིན་ནམ། །བཟོད་པའི་རང་མཚན་བཟོད་འབྲས་ཡིད་འཕྲོག་སྐུ། །དྲང་པོའི་རང་བབས

དྲང་པོར་སྨྲ་བའི་གསུང་། །གདོད་ནས་རབ་ཞི་གདོད་ནས་དག་པའི་ཐུགས། །ཡོན་ཏན་རྒྱན་ལྡན་ཡོན་ཏན་འོད་ལྟར་འཕྲུམས། །བསྟན་དང་འགྲོ་བའི་དོན་བྱེད་གང་གི་ཐུགས། །ཡོངས་སུ་བསྐུལ་བས་འབད་མེད་ཆོས་སྟོན་གསུང་། །དད་པའི་ཤིང་རྟ་འདྲེན་བྱེད་ཡིད་འཕྲོག་སྐུ། །ཐུགས་གསུང་སྐུ་ཡི་དཀྱིལ་འཁོར་ལྷ་ན་སྡུག །ཡི་དམ་ཡོངས་གྲུབ་གཟིགས་པའི་དཔལ་གང་གིས། །གཞན་དབང་མཛེས་པའི་གར་བསྒྱུར་ངོ་མཚར་གནས། །ཀུན་བརྟགས་གདུལ་བྱའི་ངོར་ཡང་བཅོ་བ་ཅན། །ཡེ་ཤེས་རབ་བཀྲའི་སྤྱན་ལྔ་ལྡན་གྱིས་གྲུབ། །ཅེས་པ་ཧྲི་ཏ་ཆེན་པོ་ཤཱཀྱ་མཆོག་ལྡན་དྲི་མེད་ལེགས་པའི་བློ་གྲོས་ཀྱི་རྣམ་པར་ཐར་པ་ཞིབ་མོ་རྣམ་པར་འབྱེད་པ་ལས་ཡི་དམ་གྱིས་རྗེས་སུ་གཟུང་བ་དང་མངོན་པར་མཁྱེན་པའི་གནས་ལས་བརྩམས་པའི་རབ་ཏུ་བྱེད་པ་བཅུ་དྲུག་པའོ།། །།

མཁས་པའི་མཛད་པའི་མིག་འཕྲུལ་ལས་རྗེས་སུ་བརྩམས་པའི་སྐབས་ཏེ་རབ་ཏུ་བྱེད་པ་བཅུ་བདུན་པ།

དེར་རྒྱ་མའི་གཙུག་ལག་ཁང་དེར་གཞི་བྱེས་ཀྱི་ཚོགས་པ་མ་ལུས་པ་ལ་ཟླ་ཐོགས་བཟང་བ་ཞིག་གི་བསྙེན་བཀུར་ཕུལ་ནས། ཆོས་ར་རིགས་ལུང་སོགས་ལྷག་པར་སྨྲར་བར་གནང་ཞིང་། དེར་སྐུ་འཆག་པ་ལ་སྟོན་རྒྱ་མ་སངས་རྒྱས་དཔོན་གྱི་གཙུག་ལག་ཁང་དེ་ཉིད་དུ་ཞབས་སྐོར་གནང་བའི་ཚེ། རེ་ཞིག་ཅིག་ནས་དྲུང་བཙུན་ཤེས་རབ་དཔལ་འབྱོར་བས་ཞབས་ཕྱི་ལ་སྐོར་བ་གནང་བས། སྐོར་བ་ལན་གསུམ་ཙམ་སོང་དུས། ག་རེ་གསུང་ནས། གཙུག་ལག་ཁང་སྟོན་གྱི་ཐོག་དཔངས་ཐལ་ཐོག་དགུ་ཙམ་ཡོད་པ་དེ་ལ་ཕྱག་བརྒྱངས་ནས་དེའི་ཤིང་བང་ཡོ་ལ་ཕྱག་རེག་སྟེ། འདི་ལྟར་ག་བང་རེ་རེའི་ནང་ན་ཡང་སངས་རྒྱས་ཀྱི་སྐུ་དེ་བཞིན་གཤེགས་པའི་རིང་བསྲེལ་གྱི་སྙིང་པོ་ཅན་རེ་རེ་དང་། མཆོད་པ་ཆ་ཚང་བ་བཞུགས་པས་གསུང་། སྟོན་པའི་གསེར་སྐུ་འབྱིད་གང་པ་དང་། སྟོན་གྱི་ཏིང་ཉྫིང་པ་འདྲ་ལ་ཕྱག

གཡོན་པའི་མཐིལ་དུ་བཞག་ནས། གཡས་པའི་མཐེབ་མཛུབ་ཀྱིས་སྒྲ་རྗེས་སུ་བསྐུལ་བར་མཛད་པ་དངོས་སུ་གཟིགས་པ་ལས། ཇི་སྲིད་ནས་བསམས་པས་སྐུའི་རྣམ་པར་འཕྲུལ་པ་བསྟན་པར་ཡིད་ཆེས་པའི་དད་པས་སྙིང་བརླན་པར་གྱུར་ཏེ། རང་གི་མཆེད་པོ་མཆོག་ཏུ་གྱུར་པ་དྲུང་ཡིག་ཆོས་རྒྱན་ལ་བཤད་པས། ཁོང་ན་རེ། རང་རེའི་བླ་མ་འདིའི་སྐུ་གསུང་ཐུགས་ཀྱི་གསང་བ་བསམ་གྱིས་མི་ཁྱབ་པའི་གནས་འདི་སུ་ཞིག་གིས་བརྗོད་པར་སྤྱོབས། རང་རེས་རྫོམ་ཡིག་དྲུང་དུ་བྱས་དུས། ཤོག་ལོགས་རེ་ཙམ་ཕྱག་ཐོགས་མེད་པར་ཞལ་པད་གནང་བ་དེ་འབྲི་བའི་རེད། བདག་གི་སྣང་ངོར་མནལ་བའི་རྣམ་པ་རེ་གནང་བས། ད་ཆོག་མཚམས་ཇི་ལྟར་ཡོད་བསམ་ནས་མནལ་སད་ཕྱིར་སྨྱུག་མས་ཐག་ཐག་བསྐུལ་བས། ཡང་སྔར་གྱི་དེ་རང་གི་ཐད་ནས་ཤ་རེ་བཀའ་སྩལ་ཅིང་། དེ་ལྟ་བུའི་སྒྲིབ་མེད་དག་པའི་ཐུགས་དང་ལྡན་ཡང་། གཞན་ངོར་ཐུགས་རྫོམ་ཆེ་བ་ཀུན་ལ་གལ་པོ་ཆེའི་ཆེད་དུ་གནང་ནས། རྗེ་བཙུན་འཇམ་དཀར་གྱི་བྲིས་ཐང་སྨན་ལྷ་དོན་གྲུབ་པའི་གཟབས་བྲིས་མ་ཆུང་ཆུང་ཞིག་ཡོད་པའི་དྲུང་དུ་མཆོད་པ་གསར་པ་རེ་བཤམས། པཎ་ཆེན་ཉིད་ཀྱང་རེ་ཞིག་དབུ་གཏུམས་ནས་ཐུགས་དམ་བཟླས་བརྗོད་ཀྱི་ཚུལ་རེ་དང་། ཤ་ཤ་ཧྲ་ར་དང་། རེ་བོང་འཛིན་པ་ལྟར་དཀར་སོགས་སྐད་གཉིས་སྤེལ་བའི་འཇམ་དཀར་གྱི་བསྟོད་པ་དེ་གསུང་ནས། གང་ཡིན་པའི་ཐུགས་རྫོམ་ལ་འཇུག་པ་ཡིན་ནོ་གསུང་ཞིང་། ཆོས་རྗེ་དྲུང་བཙུན་པ་ནི། ངས་བསམས་ན་མཆེད་པོ་ལོ་ཙཱ་བ་རང་ཡང་སངས་རྒྱས་ཀྱི་ཡེ་ཤེས་ཀྱིས་བཟུང་བའི་ཉན་ཐོས་མཆོག་གི་ཚུལ་འཛིན་པར་ཀ་འདུག དེང་སང་སྡེ་པ་ཀུན་གྱི་ཡིག་མཁན་འདི་དག་ཉིན་རེ་བཞིན་དང་། ཡི་གེའི་སྦྱོར་རྫོམ་གྱིས་དུས་འདའ་བར་འདུག་སྟེ། ཆོག་རེ་ནས་ལེན་པའི་སྨྱུག་བརྩེར་འདི་ལ། བསྟན་བཅོས་ཆེན་པོ་མཐའ་དག་ནི་ཐུགས་རྫོམ་ཤོག་ལོགས་རེ་ལན་རེ་ལས་སྐྱོར་མི་དགོས་པ་ཡ་མཚན་རྨད་དུ་བྱུང་བར་གོ །ཞེས་ལན་བརྒྱར་གསུངས་པ་ཐོས་སོ། །

དེར་རྒྱ་མ་ནས་གླང་ཐང་དུ་ཕེབས། དབྱར་སྟོ་མ་ནས་ཞལ་བཞེས་གནང་ཞིང་། སྟོར་པཎ་ཆེན་རིན་པོ་ཆེ་མངའ་རིས་སུ་ལོ་གསུམ་བཞུགས་རིང་བསྟུད་མར་སེལ་བས་ལོ་ཏོག་བཅོམ་

པས་སྤྱུགས་པ་མཐུ་བོ་ཆེས་སེར་སྐྱུང་ལ་འབད་དགོས་པ་དེ་ལ། ད་ལོ་པཎ་ཆེན་རིན་པོ་ཆེ་བཞུགས་ཕྱིན་ལོ་གཉེར་གྱིས་གང་བྱེད་ཅེས་ཡུལ་མི་ཀུན་ངག་འཆམ་ནས་གཏད་མེད་དུ་བཞག་པས་ལོ་དགྲའི་རྣམ་པ་ཙུང་ཟད་ཀྱང་མ་བྱུང་བར། དེ་ལོ་ལས་ལོ་ལེགས་པ་མི་དྲན་པ་བྱུང་ངོ་། །དེར་དགེ་འདུན་ཚོགས་ཀྱི་དབུ་ལ་པཎ་ཆེན་རང་ཡང་ཕེབས་ནས། སྨྱུན་སྤྱ་བློ་གྲོས་རྒྱལ་མཚན་པའི་དྲུང་དུ་ཐུབ་པ་དགོངས་གསལ་གྱི་བཤད་ལུང་ཞང་མདོ་སྡེ་དཔལ་བའི་དགོངས་འགྲེལ་དང་སྦྱར་བ་དང་། ལོགས་སུ་པཎ་ཆེན་རིན་པོ་ཆེ་རང་གི་གསང་འདུས་ཀྱི་འགྲེལ་བཤད། བུ་སྟོན་རིན་པོ་ཆེས་མཛད་པའི་མཐའ་དྲུག་རབ་གསལ་གྱི་ལུང་གསན་ནོ། །དབྱར་རིང་སྨྱུན་སྤྱ་བློ་གྲོས་པས་མཁན་པོ་དང་། པཎ་ཆེན་རིན་པོ་ཆེའི་དྲུང་གིས་སློབ་དཔོན་གནང་ནས། ཐུས་བཙུན་གཏོས་ཆེ་བ་རང་ལ་རབ་བྱུང་གནང་ཞིང་། མཁས་པ་ཆེན་པོ་ལྷུང་ར་བའི་དྲུང་ཡང་དེ་ལོ་རབ་བྱུང་གནང་ཏེ་མཚན་བློ་གྲོས་བཟང་པོར་བཏགས་པས་ཤེས་སོ། །དེར་ཚོགས་པ་རྣམས་དང་སྐྱེ་བོ་གྲངས་མེད་པ་ལ། འཕགས་པ་བརྒྱད་སྟོང་པའི་བཤད་ལུང་གཟབ་རྒྱས་གནང་ཞིང་། དེ་དུས་གནང་བའི་བརྒྱད་སྟོང་པའི་བཤད་ཚོམས་དོན་བསྡུའི་གསུང་རྒྱུན་སྣར་ཐང་པ་ཤེས་རབ་ཚུལ་ཁྲིམས་ཀྱིས་ཡི་གེར་བཀོད་པའི་དཔེ་དངོས་ཁོང་རང་གི་ཕྱག་ནས་དྲུང་བཙུན་བཟང་པོ་བརྟན་པའི་ཕྱག་ཏུ་གནང་བ་ཁོང་གིས་བདག་ལ་སྩལ་ཀྱང་ད་ལྟ་མངའ་རིས་སུ་ལུས། དེ་ནས་དཔེ་གཞན་མ་འཕེལ་བས་ཡིད་ལྷག་པར་འཕྲོང་ངོ་། །དེར་གྲྭ་གསར་སློབ་གཉེར་བ་རྣམས་ཆོས་འཁོར་རྩེར་སློབ་གྲྭ་གསར་འཛུགས་གནང་ཞིང་། དབྱར་གྱི་དགག་དབྱེ་ཐོན་རྗེས་སྣང་ཐང་པའི་ཆེ་བཙུན་གྲོང་ཆེན་མ་ལུས་པས་རང་རང་གི་ཁྱིམ་དུ་སྤྱན་དྲངས་ནས་བསྙེན་བཀུར་དང་འབུལ་བ་རྒྱ་ཆེར་ཕུལ་ཞིང་། དེ་སྐབས་གྲོག་མཁར་ནང་སོ་ལ་བར་བརྒྱུད་མཛད། སྟག་ལུང་ངག་དབང་གྲགས་པས་སྤྱན་འདྲེན་གནང་། རིན་ཆེན་སྒང་དུ་གྲགས་པའི་སྟག་ལུང་བའི་དགོན་གཞིས་ཉན་པོའི་མདུན་དེར་མཇལ། བཀའ་འབྲེལ་གྱི་ཐོག་མར་རྗེ་ཐམས་ཅད་མཁྱེན་པ་ཕྱོགས་ལས་རྣམ་རྒྱལ་བའི་ཞལ་གཟིགས་ཀྱི་དབྱངས་ཅན་མ་དཀར་མོའི་རྗེས་གནང་དེ་གསན་པའི་ཕྱག་ཕྱིར་བདག་གི

བླམ་དཔལ་ལྡན་ཚུལ་ཁྲིམས་པས་ཀྱང་གསན་ཞིང་། དྲུང་ཡིག་ཆོས་རྒྱན་པ་ཡང་ཡོད་ཅེས་གསུང་ངོ་། །དེ་སྟག་ལུང་ངག་དབང་གྲགས་པ་དང་མཇལ་བའི་སྔོན་མ་རང་ཡིན། དེར་སྟག་ལུང་ངག་དབང་གྲགས་པས་གོས་བེམ་ཏ་ཧཱུྃ་རི་མོ་མེ་ཏོག་ཀླུམ་འཛིངས་མ་ཁྱད་དུ་འཕགས་པའི་ན་བཟའ་གཅིག་གིས་གཙོས་པའི་གནང་སྦྱིན་ཡང་དཔག་མེད་ཕུལ་ཅིང་། བཀའ་ལས། ད་ལོ་ཁྱེད་ཀྱི་དབྱར་རིང་འཕགས་པ་བརྒྱད་སྟོང་པའི་ལུང་མཛད་དུས་སྟེང་གི་ནམ་མཁའ་ལ་འཇའ་འོད་ཉིས་རིམ་རྣ་ཆ་དགུ་འཕྲེང་གིས་བསྐོར་བའི་ཡ་མཚན་དང་རྗེས་འབྲེལ་ནམ་མཁའ་ལ་བལྟས་དུས། ལྷ་རྫས་ཀྱི་མེ་ཏོག་དཀར་པོའི་ཆར་པ་སིལ་མ་སིལ་མ་བབས་པ། དེའི་རིང་ལམ་ལ་འགྲོ་མི་ཚོང་པ་ཀུན་གྱིས་ཀྱང་མཐོང་བར་སྣང་བས་ངེད་ལ་ཟེར་མི་ཡང་ཡང་བྱུང་བས་ཡིད་ལྷག་བསམ་དག་པ་བྱུང་བས་ན་སྨྲུན་འདྲེན་ཞུས་པ་ཡིན་ཞེས་ད་ལྟའི་བར་དུ་སྟག་ལུང་ཐང་ན་གཏམ་དུ་སྒྲོག་པར་བྱེད་པ་ལས་སོ། །དེའི་དོན་དེ་གཙང་ཕྱོགས་སུ་ཕེབས་ནས། དེ་ཕྱིན་ཆོས་གྲྭ་ཆེན་པོར་ཆོས་སྒྲིགས་ཀྱི་བཅའ་ཁྲིམས་དགུན་སླལ་པོའི་ཟླ་བ་ནས་ཧ་ཟླའི་བར། ཕར་ཕྱིན་དང་མངོན་པ་གོང་འོག་རེ་མོས་བྱས་ཚར་རེ་ཐུགས་བཤད་གནང་ཞིང་། དཔོ་དང་ནག་པ་ཟླ་བ་ལ་དཔྱིད་ཆོས་ལ། དབུ་མ་རྩ་འཇུག་རྫོགས་པ་རེ་གསུངས། སྟོན་གྱི་ཟླ་བའི་ཡར་ངོའི་བཅོ་ལྔ་ལ་གསོ་སྦྱོང་དང་། དབྱར་གནས་ཀྱི་སྦྱོར་བ་མཛད། མར་ངོའི་དགའ་བ་དང་པོ་ལ་དབྱར་གནས་པར་ཞལ་གྱིས་བཞེས་ནས། འདུལ་བ་དང་ཚད་མའི་མཐའ་གཅོད་རྒྱ་ཆེར་གསུང་བར་མཛད་དོ། །དེ་ལྟར་སྤྱི་ཆོས་ཀྱི་ཆོས་ཚོམས་རྫོལ་བའི་ངང་ནས་སློས་ཆོས་རང་རང་གི་བློ་ཚོད་དང་བསྟུན་པའི་ཕར་ཚད་སྤྱི་ཏྲི་ཀ། ཡན་ལག་རྒྱས་བཤད། དོན་བདུན་ཅུ། རྟགས་རིགས། བློ་རིགས། ཕར་ཚད་སོ་སོའི་ཐལ་ཕྲེང་། ཐུན་མོང་ཟིན་ཐུན་སྦྱོར་བ་རྩེ་བའི་བར་དང་། དེ་ལས་བློ་ཚོད་གོང་ཞུགས་ལ་ས་སྐྱ་ཐ་སྙད་བཞག་པའི་གྲགས་ཆེན་བཅོ་བརྒྱད་དུ་གྲགས་པའི་གཞུང་ཆེན་དག་གི་བཤད་འཐེམས་འབྲུ་གཉེར་སྦྱོར་བས་བརྒྱན་པ་ཡང་། པཎ་ཆེན་རིན་པོ་ཆེ་ཉིད་ཀྱིས་ཟུར་འཆད་གང་ལ་ཡང་མ་བལྟོས་པར་རྩོལ་བར་མཛད་དེ། དཔེར་ན་ངེད་ཀྱི་ཨ་ཇོ་གློ་བོ་དཔོན་དྲུང་རྣམ་གྲས་པར་

གྲགས་པས། པཎ་ཆེན་དང་མཇལ་བའི་སྐབས། སློ་བོ་ནང་གི་ཞིབ་དཔྱོད་དྲིས་མལ་གནང་དུས། བཀའ་ལས། ཆོས་རྗེ་བྱམས་པ་གླིང་པ་དཔལ་ལྡན་ཚུལ་ཁྲིམས་པ་དེས། ངེད་རང་གི་མདུན་དུ་གྲགས་ཆེན་བཅོ་བརྒྱད་ཀྱི་གཞུང་ཚིག་འབྲུ་སྣ་གཅིག་ལ་ཡང་ལྷག་ཆད་མེད་པར་སྤྱི་ཊཱི་ཀ་རང་རེའི་ངག་ལས་རྫོགས་ཤིང་། ཚིག་གཅིག་ལ་ཡང་ཟུར་མ་ཉམས་པར་བཤད་སྦྱང་བྱས། ད་ལྟར་རབ་འབྱམས་པ་གྲགས་པ་ཅན་མང་དག་འདི་ཆོན་ཡོད་ཀྱང་འགྲན་དཔེ་མེད། ཕྱོགས་ཀྱི་ནི་ཐ་ན་དྲིས་ཐིག་ཚུན་ཕྱར་ནས་ཤེས་ཚར་བའི་བྱང་ཆུབ་པར་འདུག་པས། རང་རེའི་དུས་འཁོར་དབང་མོ་ཆེའི་རྒྱལ་ཆོན་ཡང་ཁོང་གིས་བཞེངས། དེ་དུས་ལག་པ་གཉིས་ཀས་ས་ཆོན་འཁྲི་བ། སྨན་ཐང་ནང་པ་དོན་གྲུབ་པས་གཟིགས་པ་འདི་འདྲའི་གདོད་བྱས་ན། ངེད་ཀྱི་པིར་གྱིས་འཁྲི་བ་བརྟུན་གསོབ་ཏུ་སྣང་། ངེད་ལ་དངོས་སུ་ཟེར་བ་ན་ཡང་། མཚན་ཉིད་པ་སྐད་འདི་ཆགས་སྟང་ཕྱུན་འཚག་ཆེ་བར་སྣང་བས། ཁོང་གིས་བསླབས་ཤེས་ཡོ་ངེས་རྫོགས་སྐད་སྒྲོག་པ་སྣང་ངོ་། །སྒྲ་སྙན་ངག་སྡེབ་སྦྱོར་རྣམས་ཀྱང་ངེད་རང་གི་ལག་ཚར་ཡིན། ཕྱིས་སློབ་དཔོན་མི་ཉག་པས་ཁོང་ལ་རང་རེའི་ལག་ན་ཡོད་པའི་སྒྲ་ཊཱི་ཀ་ཆེན་མོའི་སྟེང་ནས་ས་རིས་གཏོང་བ་སྐད་ཀྱིས་གྲགས་ཀྱང་། དེ་སུས་སུ་ལ་སློབ་པ་ཡིན་མ་ངེས། རྩིས་ཀྱང་མཐར་ཕྱིན་པ་ཡོབས་འདུག མངའ་རིས་སུ་མཁས་པ་རྩིས་ཕྱུག་བྱ་བའི་ཕ་ལས་བསླབས་ཟེར། ལྷ་རིས་ཀྱང་རྒྱབ་ཏུ་རྩོལ་མེད་དུ་འཁྲི་ཤེས་པའི་གྲགས་པ་ཐོས། ཁོང་འདིའི་སློབ་གཉེར་རྫོགས་པ་ནས་བྱམས་གླིང་དབུ་ཆེ་བའི་གྲོས་བརྟོན་ཡིན། ངོར་ཆོར་ལོ་གསུམ་ཙམ་འགྲོ་དགོས་པར་སྣང་། ངེད་ལ་ཞུར་བྱུང་བས་དེ་ཁ་ལེགས་ཁྱེད་རང་གིས་མ་ཤེས་པ་ནི་བསླབ་རྒྱུ་མེད། མ་ཐོབ་པའི་དབང་ལུང་འདྲ་ཡོད་བྱས་ཕྱིས་དེ་ཀ་བྱུང་འདུག ན་ནིང་ངེད་ལ་ཡི་གེ་བསྐུར་བྱུང་བའི་ནང་ན། ས་སྐྱ་པ་གོང་མ་ལྔའི་བཀའ་འབུམ་ཀློར་ཆུད་ཟེར་བར་འདུག དེང་སང་ས་སྐྱའི་བཀའ་འབུམ་ཀློ་ལ་ཡོད་པ་ཁོང་ཙམ་ག་ཡིན། ངེད་ཀྱང་བསམ་པ་རྫོགས་པས་ཆེ་བཀུར་གྱི་ཡིག་ལན་བྱས་ཀྱང་། ད་དེ་ལུང་ཆུང་དེར་འཕངས་པ་ཡོད་དོ། བྱ་བ་སྟོན་གྱི་ལས་ཀྱི་རང་ཡིན་པར་འདུག་གོ །གསུང་ཞེས་དངོས་ཀྱིས་ངེད་དང་སྒྲོས་བྱུང་བ་ལས་སོ། །དེ་དུས་

གནང་བའི་བཀའ་ཤོག་གི་ནང་ན་ཡང་འདི་ལྟར། དཔལ་ལྡན་ཤཱཀྱ་སེང་གེ་དེའི། །གསུང་རབ་མཐའ་ཡས་ཡི་གེའི་གཟུགས། །རྣམ་དཔྱོད་སླེགས་བུར་རབ་བསྒྲུས་ནས། །ཚུལ་ཁྲིམས་སྐེ་རགས་མཛེས་པ་ཅན། །རྡོ་རྗེ་འཆང་གི་གསང་བ་ལ། །བློ་གྲོས་གོམས་པ་འདོར་མཛད་བྱེད། །མཁས་པ་མཁས་པར་ཡོངས་ཤེས་པའི། །ཡོན་ཏན་རྒྱན་ཕྲེང་དཔག་དཀའ་བ། །སོགས་ཚབ་ཤོག་བཀའ་འབུམ་ནང་ན་འདི་ལས་བསྟོད་བཀུར་ཆེ་བ་མ་གསུངས་པས་མཚོན་ནོ། །དེ་ལྟར་པཎ་ཆེན་རིན་པོ་ཆེ་ཉིད་ཀྱི་ཞལ་ལུང་ལས། བློ་གྲོས་ཡོངས་སུ་སྨིན་པའི་མཁས་པ་བགྲངས་བར་མི་དཔོགས་པ་ཙམ་གྱིས། སྟོད་མངའ་རིས། སྨད་མདོ་ཁམས། བར་དབུས་གཙང་རུ་བཞིའི་ཕྱོགས་མ་ལུས་པ་ཁྱབ་པའི་རྣམ་དཀར་གྱི་ཕྲིན་ལས་ཡར་ངོའི་ཟླ་ལྟར་རྒྱ་ཆེར་འཕེལ་ཞིང་། དེ་དུས་སྟོད་ཀྱི་ཆ་ལ་བསྟུས་སྦྱོར་ཟུར་རྫོ་བ་འགའ་རེའི་ཞལ་སློར་གནང་ནས། ཉིན་རང་རྒྱལ་བའི་བཀའ་དང་དགོངས་འགྲེལ་གྱི་དོན་འཆད་ཉན་བྱས་པས། ད་ལྟའི་ཁ་འཆལ་ཨན་ཙམ་འདི་ལ་སངས་རྒྱས་བྱང་སེམས་ཀྱིས་མི་ཁྲེལ་ལས་ཆེ་ཡང་གསུང་ཞིང་། ཡི་གེར་འཁོར་པའི་གསུང་རབ་ཀྱི་ནང་ན་ཡང་། ཁ་བ་ཅན་དུ་ཕྱིས་གྲགས་པའི། །རྩས་དང་ལྡོག་པའི་བསྟན་བཅོས་ནི། །འཛིན་བྱང་ཀུན་ཆུབ་སློས་ཅི་འཚལ། །ཕོས་པར་གྱུར་ཆེ་རྣ་བ་དགབ། །ཅེས་གསུངས་པ་ལྟར་ཤེས་པར་བྱའོ། །དེ་ནས་སྔར་གོང་དུ་བརྗོད་པ་ལྟར། རང་གཞུང་བརྟུལ་ཕོད་པའི་རིང་ལུགས་རྗེས་སུ་སྐྱོང་བར་འདོད་ནས། དགུང་ལོ་ང་གཉིས་བཞེས་པའི་ས་མོ་ཕག་གི་ལོ་དེ་ཉིད་ལ་ཕར་ཕྱིན་གྱི་སྤྱི་དོན་ཆུང་བའི་ཐུགས་རྩོམ་གྱི་དབུ་ཚུགས་ནས། དེའི་ལོ་ཕྱི་མ་ལྕགས་ཕོ་བྱི་བའི་ལོ་མཐར་ཕྱིན་ཞིང་། འདི་སྐབས་བདག་གི་གནས་ཀྱི་སློབ་དཔོན་མཁས་པ་དོན་ཡོད་གྲུབ་པ་ཡང་ཞབས་དྲུང་དུ་ཕེབས་པ་གནང་ངོ་། །

དེར་དགུང་ལོ་ང་བཞིར་ཕེབས་པ་ལྕགས་མོ་གླང་གི་ལོ་ལ། ཆུ་མིག་བདག་ཆེན་ཆོས་དབྱིངས་སུ་བཞུད་པའི་དགོངས་རྫོགས་ཀྱི་རིམ་པའི་ཁུར་ལེན། སྐུ་གདུང་ཞུགས་འབུལ་བར་གྱི་བདག་གཉེར་མ་ལུས་པ་པཎ་ཆེན་རིན་པོ་ཆེ་ཉིད་ཀྱིས་ལྷུམས་ཞུགས་གནང་ནས། དགོངས་རྫོགས་དངོས་གཞི་ལ་ངོར་དང་། ཐུབ་བསྟན་རྣམ་རྒྱལ་གཉིས་ཀའི་ཚོགས་པ་མཆོད་ཞིང་དུ་

སྤྱན་འདྲེན་གནང་ཞིང་། དེ་དུས་ངོར་དགོན་གསར་གྱི་མཁན་སྟེང་ན་མཁས་གྲུབ་དཔལ་ལྡན་རྡོ་རྗེ་བ་བཞུགས་པའི་དུས་ཡིན་པས། དེར་ཕྱག་གི་བཀུར་སྟི་སོགས་ཚུལ་བཞིན་གནང་ཞིང་། ཐུབ་བསྟན་མཁན་པོར་མཁས་པ་ཆེན་པོ་གོ་བོ་རབ་འབྱམས་པ་ཉིད་བཞུགས་པས་དེར་ཚུ་མིག་ཏུ་དགོན་གསུམ་ཀའི་དགེ་འདུན་རྣམས་བསགས། བདག་ཆེན་དྲུང་གི་ཕྱག་རྫས་རྟེན་མཆོད་པར་འོས་པ་རྣམས་ངོར་དང་། རྗེས་བྱོན་གྱི་དཔོན་སློབ་རྣམས་ཀྱི་ཕྱག་ཏུ་བཏང་ཞིང་། སྔོན་བདག་ཆེན་ཞལ་བཞུགས་དུས་གནང་བའི་རྡོ་རྗེ་ཕྲེང་བའི་དཀྱིལ་འཁོར་ཞེ་གཉིས་མ་དེང་སང་ཀ་དྲུག་མར་བཞུགས་པ་འདི་དང་། ལམ་འབྲས་ལྷ་ཁང་གི་དར་ནག་ལ་བྲིས་པའི་དར་གྱི། འཁོར་ཆེན་འཇིགས་བྱེད་རྣམས་ཀྱི་དཀྱིལ་ཐང་དང་གྲས་མཐུན་གྱི་རྡོ་རྗེ་འཆང་རྣམས་ལས་གཞན་ཕྱག་དཔེ་དབང་རྫས་སོགས་སྣ་གཅིག་མ་ལུས་པར་ཚོགས་འགྱེད་གནང་བས། ཁོང་ལ་ལ་དག་ཆོས་རྗེ་ཆེན་པོ་བའི་དྲུང་མཚན་ཉིད་པ་སང་སང་དུ་སོང་བས་གསང་སྔགས་ཀྱི་ཆོས་ལ་ཐུགས་རྩིས་མི་གནང་བ་ཡིན་ཡོད་ཟེར་མི་ཡང་བྱུང་སྐད་དོ། །དེ་དུས་ཀྱི་འབུལ་ཡིག་གི་དབུར། འཁོན་གྱི་རིགས་བརྒྱུད་འོད་དཀར་མ་ཉམས་ཤིང་། །མཁྱེན་པའི་ཚ་ཤས་མང་པོའི་མཛོད་བཟུང་ནས། །ཐུགས་རྗེའི་བསིལ་ཟེར་ཕྱོགས་བརྒྱར་སྤྲོ་མཁས་པ། །བློ་གྲོས་ཆོས་ཀྱི་དབང་ཕྱུག་འདི་ན་ཤར། །ཞེས་སྤེལ་ལེགས་ཀྱི་སྙན་ངག་ཀྱང་པཎ་ཆེན་ཉིད་ཀྱིས་གནང་ཞིང་། དེར་བཀའ་ལས། རང་རེའི་ཕ་སྒོམ་མ་སྒོམ་སློབ་དཔོན་སྒོམ། སྒོམ་གསུམ་མཆོད་པའི་སྐྱ་དྲེན་ཅན། ཟེར་བ་དེ་རང་ཡིན་ནོ་གསུང་། དུས་ཆེན་ལ་ཡང་མང་ཇ་འབད་མེད་སྤྲུལ་བའི་རྒྱུན་རྗེ་ཀུན་དགའ་རྒྱལ་མཚན་པའི་དུས་ཀྱང་ཡོད་མོད། ཕྱིས་ནན་གྱིས་བཅག་ནས་མིང་མི་གྲག་གོ །དེ་ནས་དགུང་ལོ་ལྔ་བཅུ་ང་ལྔ་པའི་སྟེངས་སུ་རིགས་གཏེར་གྱི་ཊཱི་ཀའི་ཐུགས་རྩོམ་གནང་ཞིང་། འདི་བསྐྲུལ་པ་པོ་གསང་ཕུའི་ཆེན་པོ་ཀུན་དགའ་དཔལ་འབྱོར་བས་མཛད་ཅིང་། འདི་ལ་གོང་སྟོན་བྱང་ཆུབ་སེམས་དཔའ་དབང་ཕྱུག་གྲུབ་པ་ཡང་ཐུགས་ལྷག་པར་མཉེས་ཤིང་། ཞལ་ནས། ཚད་མ་རིགས་གཏེར་འཆད་ན་དྲུང་ཆེན་པོ་བས་མཛད་པའི་སྡེ་བདུན་ངག་རོལ་འདི་དགོས་པར་འདུག ཅེས་ཡང་ཡང་གསུང་བ་པཎ་ཆེན་

རིན་པོ་ཆེས་ཀྱང་སྔན་དུ་གསན་ནས། ཕྱིས་ཆོས་རྗེ་ཀོང་སྟོན་ཐུབ་བསྟན་གདན་སར་ཕེབས་དུས་ཀྱང་ཁྲི་སྟོན་ལ། ཆོས་རྗེ་ཀོང་པོ་རབ་འབྱམས་པ་འདི་ལ་དགྱེས་པར་འདུག་ཟེར་གསུང་སྐྱེ་བདུན་ངག་རོལ་ཞིག་འབུལ་བ་གནང་ངོ་། །ཆུ་ཕོ་སྟག་ལོ་འདི་ལ་སྐྱེ་པ་གཙང་ཆེན་པ་དང་། ཏོར་ཤཱཀྱ་བ་སོགས་སློབས་ཀྱི་འཁོར་ལོ་སྒྱུར་བ་དེ་རྣམས་ཀྱི་བླ་མར་བཀུར་ཞིང་། ཕྱག་དང་འདུད་པ་སྟོན་དུ་འགྲོ་བས་ཞབས་ཀྱི་པདྨོ་འདེགས་པར་མཛད་དོ། །དེའི་ཕྱི་ལོ་ཆུ་མོ་ཡོས་ལོ་ཤར་བའི་སྐབས། དབུས་ནས་མཁན་ཆེན་ཉི་མའི་དྲུང་དང་། ནུབ་ཆོས་ལུང་ནས་ཀྱང་མཁན་ཆེན་ར་ཀ་རས་ཞུ་གསོལ་མཛད་ནས། སྔར་དགུང་ལོ་ཞེ་བརྒྱད་སྐབས་ཀྱི་དྲིས་ལན་ལེགས་བཤད་གསེར་གྱི་ཐུར་མར་མཚན་གསོལ་བའི་ལན་འདེབས་ཀྱི་བསྟན་བཅོས་ཀྱི་ཐུགས་རྩོམ་ཡང་འབྲི་བ་གནང་ལ། སྔར་བསྟན་པའི་མེས་པོར་དགོངས་ནས་ཀུན་མཁྱེན་སངས་རྒྱས་འཕེལ་བའི་དྲུང་ཚོར་ཐོག་མའི་དྲི་བ་ཕུལ་བ་ལ། མཛད་དཀའི་དབང་ལས་བཏང་སྙོམས་སུ་གནང་ནས་ཐུགས་ཁ་ཨེན་མ་ཁེངས་པའི་ཚུལ་ཙམ། གསེར་ཐུར་ཉིད་ནས་དཔེས་དོན་གོ་བར་རྗེད། །རྟ་ཐུལ་གྱིས་ནི་ཚངས་ཆེན་ལ། །འབྱུང་ཆེན་གང་དུ་འགག་དྲིས་པས། །མེས་པོར་རློམ་པའི་བསླེམས་པ་ཡིས། །བདེན་གཏམ་ལྟུང་ལ་བསྒྱུར་ཞེས་ཐོས། །ཞེས་པས་མཚོན་པའོ། །གནད་ཀྱི་དོན་ཡང་། ཚད་ཐུབ་འགྲེལ་ཆེན་བཞི་དང་གཞུང་ཉིད་དུ། །ཚིག་ཟུར་ཇི་བཞིན་མ་ཕྱིན་འདིར་དཔྱད་ཀྱི། །ཚངས་པར་རློམས་པའི་བཅོལ་ཆུང་བགྲང་ཡས་དག །དཔྱད་ཡུལ་མིན་པས་བདེ་བར་གཉིད་ཐྱིས་ཤིག །ཅེས་ཀྱང་གསུངས་སོ། །དེ་དུས་དྲུང་བཙུན་བཟང་པོ་བརྟན་པ་སོགས་མངའ་རིས་པ་འགས་སྟོན་བསོད་སློམས་ལ་ཕྱིན་དུས། སྟག་ཚང་ཆོས་འཁོར་ན་སྤྲ་པ་ཤེར་རིན་པ་སྐུ་ཆེ་མཐར་ཕྱིན་པའི་སྐབས་དང་མཇལ་བས། དིང་སང་ཆོས་རྗེ་ཆེན་པོ་བ་ཅི་མཛད་ཀྱི་སྣང་གསུང་བ་ལ། སྔར་གྱི་སྡོམ་གསུམ་གྱི་དྲིས་ལན་དེ་མཛད་ཀྱི་སྣང་ཞུས་པས། ཁོང་གི་གསུང་གིས། རང་རེའི་དེའི་དཔེ་ཞིག་བཙལ་བས་མ་རྙེད། མི་འདྲའི་ངག་ནས། རིན་ཆེན་ཕྲེང་བར་གསུངས་པ་ཡི། །ཟབ་མོ་དཀྲོལ་བ་ཅི་ལ་ཟེར། །བྱ་བ་འདི་ལ་ངེད་སྨྲ་པར་ཐ་སྙད་བཏགས་པའི་དབང་ལས་འདྲི་མི་

མང་བ་བྱུང་ལ། འགྱུར་ཁྱད་དྲིས་པ་ཡིན། དོན་དུ་བགོལ་བ་བྱ་དགོས་རྒྱུ་ཡིན་སྨྲས།
འཇམ་དབྱངས་ཆེན་པོའི་ཐུགས་དགོངས་ལ། ཁོང་རང་གི་ཐུགས་ཁ་ཁེངས་པའི་མཁས་པ་
ཞིག་གིས་དྲིས་པ་ཇི་ལྟའི་ལན་འདེབས་ཡོང་དགོས་པར་སྣང་ཡང་། དེང་སང་སུས་བྱེད་ཡིན།
ད་འདྲི་བའི་གནད་ཤིན་ཏུ་བརླིང་བ་གནང་འདུག་པས་ལན་འདེབས་དཀའ་བ་ཡོད་པར་
སྣང་གསུང་བའི་ཚུལ། པཎ་ཆེན་རིན་པོ་ཆེའི་དྲུང་དུ་རྒྱ་མཚན་ཞུ་བས། ག་རེ་དེར་དྲི་བ་
འདི་ཞུལ་ན་ཡོང་རྒྱུ་ལ་གསུང་ཞེས་གྲག་གོ །མདོར་ན་སྡོམ་གསུམ་གྱི་དྲིས་ལན་ཕྱོགས་ནས་
ཞུལ་བ་བཅུ་གཅིག གསེར་ཐུར་ཉིད་དང་བཅུ་གཉིས། དྲིས་ལན་ལ་ཡང་ལན་དུ་ཕུལ་བ་
བཞི་བདག་གི་མིག་གིས་མཐོང་སྟེ། ཚིག་ཟུར་མ་ཉམས་པར་ཡིད་ལ་གནས་སོ། །དེར་གློ་བོ་
ནས་ཆོས་རྒྱལ་བཀྲ་ཤིས་མགོན་པོས་ཐོག་མར་རིན་པོ་ཆེའི་ཁུ་བས་གསེར་ཀྱང་དུ་ཚར་གསུམ་
ཕྲིས་ཤིང་། སླར་པར་དུ་རྐོ་བའི་སྦྱིན་བདག་ཀྱང་གནང་ངོ་། །ཕྱིས་སྟག་ལུང་ངག་དབང་
གྲགས་པའི་གཟིགས་ལམ་དུ་གསེར་ཐུར་ཕེབས་སྐབས། དྲུང་ཆེན་པོ་བའི་སྡོམ་གསུམ་གྱི་དྲི་
བ་དེ་ལེགས་སྣང་ཡང་། དྲིས་ལན་དེ་མ་ལེགས་སྣང་ཞེས་ས་བཀར་གྱི་ཆགས་སྡང་གི་བཀའ་
སྩལ་བྱོན་ཞེས་ཀྱང་གྲགས་སོ། །འཇམ་དབྱངས་མི་གཟུགས་འཇམ་པའི་དབྱངས་གང་
གིས། །སྐྱེ་ནས་སྐྱེ་བ་ཉི་ཤུ་རྩ་ལྔའི་བར། །རྗེས་བཟུང་རྗེས་དཔག་ཚད་མའི་བློ་གྲོས་ཅན། །
ས་འཛིན་སྐྱ་བའི་ས་སྐྱ་པཎ་ཆེན་རྒྱལ། །རྒྱལ་བའི་བསྟན་པ་ལས་ལོག་ཚིག་དང་དོན། །དོན་
བཞིན་གསུང་རབ་དཔང་བཞག་མཁས་པའི་འཁྲུལ། །འཁྲུལ་ཆེན་ཆོས་ཀྱི་སྒོ་མོ་བརྒྱད་ཁྲི་
དག །དག་པའི་ཐུགས་སུ་ཤར་བའི་དཔྱོད་ལྡན་སུ། །རང་གཞན་སྤྱི་དང་བྱེ་བྲག་མ་འདྲེས་
པར། །ཚིག་དོན་སེལ་བུར་ཕྱེ་ནས་སྟོན་པའི་ངག །སྡེབས་ལེགས་དོན་བཟང་ལེགས་བཤད་
དཔེ་བྲལ་བའི། །བསྟན་བཅོས་རབ་དབྱེར་བཏགས་ལ་ཕྱག་བགྱིའོ། །དངོས་བསྟན་གསལ་
དང་དངུལ་དཀར་མེ་ལོང་གཟུགས། །མཐོང་བས་ཡིད་འདྲེན་ཡོངས་ཀྱི་ཡིད་འཛོ་བ། །
སྦས་བཤད་གཏིང་ཟབ་རྒྱ་མཚོའི་ནོར་བུ་ལྟའི། །དགོངས་དོན་དཔྱིངས་དེ་སྟོན་ཆད་སུ་ཡིས་
ཤེས། །སྨྲོས་ཤིག་སྨྲ་འདོད་ལྷོ་བདེའི་འཁྲོག་པོ་ཅན། །སྐད་གཉིས་བསྡེབས་ལྟར་རང་

མཚན་སེལ་བུ་ལས། །དབུ་ཞབས་འགལ་མེད་གནད་འདོམས་སྙིང་པོའི་ཚིག །གཟུང་བདེ་འཆད་ཉེས་སྟོན་དང་ད་ལྟ་སུ། །དཔྱོད་ལྡན་གཟུ་བོའི་སྤྱན་སྔར་ཚུར་སྤྱོན་དང་། །ཡོན་ཏན་རྒྱན་ཕྲེང་ལྟ་བའི་མིག་མཆིས་ན། །བཀའ་དང་བཀའ་ཡི་དགོངས་འགྲེལ་དཔང་བཞག་པར། །ཡིན་མིན་ལེགས་པར་གཞིགས་ཚེ་གསལ་བར་མཐོང་། །གནད་དྲིས་གནད་འདོམས་གནད་ནས་གཞལ་བའི་ཚེ། །རང་གཞུང་རང་བཞིན་རང་གི་བཞེད་དོན་རྟོགས། །གཞན་ཟེར་གཞན་བཞེད་གཞན་དང་མ་འདྲེས་པར། །བསྟན་བཞིན་བསྟན་བཅོས་བསྟན་པའི་སྙིང་པོ་གྲུབ། །ཅེས་པཎྜི་ཏ་ཆེན་པོ་ཤཱཀྱ་མཆོག་ལྡན་དྲི་མེད་ལེགས་པའི་བློ་གྲོས་ཀྱི་རྣམ་པར་ཐར་པ་ཞིབ་མོ་རྣམ་པར་འབྱེད་པ་ལས། མཁས་པའི་མཛད་པའི་མིག་འཕྲུལ་ལས་རྗེས་སུ་བསྒྲགས་པའི་རབ་ཏུ་བྱེད་པ་བཅུ་བདུན་པའོ།། །།

བྱམས་མགོན་དོན་ཡོད་དཔལ་བ་དབྱིངས་དགའ་ལྡན་དམ་པར་གཤེགས་པའི་སྐབས་ཏེ་རབ་ཏུ་བྱེད་པ་བཅོ་བརྒྱད་པ།

དེར་སྔར་ཡང་སྡོམ་གསུམ་ས་བཅད་ཁ་སྐོང་གི་ཐུགས་རྩོམ་ཕྲན་འགའ་ཡང་གནང་ཞིང་། ས་འབྲི་ཤིན་འབྱེད་པའི་བཀའ་དྲིན་བླ་ན་མ་མཆིས་པའི་སྤོབས་པ་མཆོག་ལ་ཆོས་ཀྱི་སྤྱན་ལྡན་རྣམས་ཀྱི་ཆེད་དུ་བརྗོད་པར་ཡང་མཛད་དོ། །ཇོག་ལོའི་རྣམ་ཐར་མཁས་པ་དུས་མཚུངས་ཀྱི་ཡི་གེ་ཡང་དེ་ལོ་ཀ་མཛད་ནས་མངའ་རིས་ལ་གནང་། དེའི་དབྱར་གནས་གྲོལ་ཁའི་གུང་ཚོགས་རན་ཙམ་ལ་དགོན་པ་ཤར་ནས། རྗེ་དོན་ཡོད་དཔལ་བའི་གསོལ་དཔོན་ཚེ་ཚེ་ཟེར་བ་ཞིག་ཡོད་པ་དེ་སྤྱན་འདྲེན་ལ་བྱུང་ནས་ཕེབས་ཤིང་། ཡབ་སྲས་ཞལ་མཇལ་བས་མཉེས་ཚོར་དཔག་མེད་གནང་། ཕ་ལ་བུ་སྐྱེས་ཟེར་བ་དེ་འདི་ལ་ཟེར་བ་ལགས་སོ། །བུ་ལ་མཛོ་སྐྱེས་ཟེར་བ་ཡང་འདི་ལ་ཟེར་བ་ལགས་སོ། །ཨ་ལ་ལ་གསུང་མངའ་རིས་ནས་ཕུལ་བའི་རས་ཀྱི་སྐུ་ཆོས་སྙིང་པ་ཞིག་ལ་ཕོད་གཟུགས་གནང་ནས་འཚམས་མཛད། དེར་བཞུགས་

གདན་ལ་བཞུགས་ནས། ཨོ་ད་བྲུང་ཆེན་པོ་ནས་མཉེས་པའི་སློག་སྐྱ་ཡང་ཡོད། ཞུ་སྲུ་ཡང་ཡོད་ལ་འཛོམ་བུ་ཡང་ཡོད་དོ། །གསུང་། ཟས་སྣ་མང་པོ་བསགས་པའི་གདན་བཞེས་ཤིག་ཞུས། དེ་ཀྲོལ་རྗེས། ད་རང་རེ་ཕ་སྤུད་བཀའ་གྲོས་དགོས་པར་སྣང་གསུང་ནས། རས་ཡོལ་རྙིང་པ་དེས་བཅད། གསུང་ཆུང་ཆུང་གིས། ད་ཕོ་ལོ་བརྒྱད་ཅུ་གྱ་གཉིས་ལོན་པས་འཆི་རན་པ་ལགས། ངེད་ཤི་བ་དང་ཁོང་བྱམས་ཆོས་པ་པོས་ལ། རོ་འདི་ཕོ་ཆོར་སྲེགས་མཛོད། རྒྱབ་འདི་ན་ཇ་སིགས་གཉིས་ཡོད་པ་ལ་མང་ཇ་མཛོད། ཁྱེད་ལ་མི་ཀུན་ས་སྐྱ་པ་མིན་ཟེར་མི་འདུག་ཟེར་བས་ཆོས་རྒྱལ་མ་རེ་ཚོགས་སུ་ཐོན་མཛོད་གསུང་། ད་བཀའ་བགྲོས་གྲོལ་བ་ཡིན་པས་རྫོངས་ཆོས་ལ་གཤེགས་མཛོད་ཅིག་གསུང་ནས། སྔར་ལམ་མི་འཆག་ལ་བྱ་རྡོད་ཕུང་པོའི་ཆོས་ཁྲིར་ཕེབས། དེར་གང་བློ་མ་སོགས་བརྟན་རྗེས་རང་། ག་རེ་དེ་རིང་འདི་ལྟར་བཀའ་ལུང་འཇོན་གྱིན་འདུག ན་ཞིང་ཤེད་ཀྱང་རྫོངས་མོའི་ཆོས་སྤྱོད་ཚུགས་ཙམ་ལ་ཕེབས་བྱུང་ནས། རང་རེས་ཁྲི་ཁ་ནས་ལངས་ཕྱག་བྱས། འདིར་བཞུགས་ནས་གྲྭ་པ་སྟེར་བཀའ་འབྲེལ་མ་ཐོབ་པའི་གསར་བུ་རྣམས་ལ་སློབ་མའི་ལུང་ཞིག་ཐུགས་རྗེས་འཛིན་དགོས་ཞུས་པས། ངེད་དེར་མི་སྡོད་འདི་ནས་བྱེད་གསུང་། འདུ་ཁང་རྙིང་པའི་སྐས་ལ་ཐེགས་ནས་གཡབ་ཀའི་སྟེང་ནས་ཚོགས་པ་ཞལ་བསྟན་ནས། ཨོ་རྡོན་འཕགས་པ་སྤྱན་རས་གཟིགས་ཀྱིས་བཟུམས་ཟེར་བར་གདའ། དེའི་སྤྱན་ཆབ་ལས་འཕགས་མ་ལྷ་མོ་སྒྲོལ་མ་འཁྲུངས་པ་ལགས་སོ་གསུང་། ཕྱག་འཚལ་ཉེར་གཅིག་གི་ལུང་གནང་དུས་ཁྱེད་ཚོ་བཞད་ཆ་བྱེད་པར་སྣང་ཡང་། ངེད་དོགས་པ་ཆེན་པོ་ཟོས་བྱུང་། དེ་ལོ་གྲྭ་པ་དུ་མ་དགོས་མེད་དུ་ཆུས་ཁྱེར་སོང་། ད་ཡང་ཅི་ཆ་འཇིགས་རང་འཇིགས་སོ། །གྲུབ་པའི་སྤྱོད་པ་ལ་ཅི་ཡང་འཆར། མཚར་པོ་སྣང་། ལར་རྒན་པོ་བྱིས་པ་འདྲ་ན་བཞིན། དེ་རང་ཡིན་གསུང་ནས་སྤྱི་ཆོས་སྒྲུལ་བས། བདག་གི་བླ་མ་རྗེ་བཙུན་ཀུན་དགའ་མཆོག་གྲུབ་དང་། དྲུང་བཙུན་ཤེས་རབ་དཔལ་འབྱོར་བ་སོགས་ཀྱིས་ལུང་བསྟན་ལ་ཚད་མར་གཟུང་ནས་དགོན་པའི་འདུ་ཤེས་ཀྱིས་གསོལ་ཇ་ཡང་ཡང་ཞུ་བ་དང་མཇལ་བ་ལ་བརྩོན་ཞིང་། བཀའ་ཆོས་ནི་ལུང་འདྲ་བའི་སད་སུད་དང་།

ལོ་རྒྱུས་དང་། སྙིང་བརྒྱུད་འདྲ་དང་། ཆོས་མགུར་འདྲ་གསུང་བ་ལས། དེ་དུས་ནི་ཆེར་མི་གནང་ཞིང་། སྔ་ཕྱོག་གི་གྲྭ་བགྲེས་རྗེ་བྲག་དམར་བ་ཀུན་དགའ་ཚེ་འཕེལ་བ་དང་། སློབ་དཔོན་ཤངས་པ་སངས་རྒྱས་བློ་གྲོས་པ་ཡན་གྱི་བསྙེན་རྫོགས་བསྒྲུབས་པའི་མཁན་པོ་གནང་ཞིང་། ཝ་འན་བུའི་བསྙེན་རྫོགས་འདི་ཚོགས་པའི་རྒྱལ་པོ་ཆོས་ལུང་ཚོགས་པ་ནས་བརྒྱུད་པ་ལགས་སོ། །འཇམ་པའི་དབྱངས་རིན་ཆེན་རྒྱལ་མཚན་པ་ལ་སོགས་པ་ལ་ཐོས་པ་སོགས་གསུངས་པའི་ངོམ་ངོམ་རང་གནང་ཞེས་མངའ་རིས་ཀྱི་གྲྭ་རྒན་རྣམས་གླེང་བ་ཐོས་ཤིང་། ཡང་གཏིང་སྐྱེས་པའི་རྗེ་དྲུང་སྐུ་མཆེད་རྣམ་པ་གསུམ་པོ་ཐུགས་གཉེར་ལ་ཐོག་མར་ཕེབས་སྐབས། པཎ་ཆེན་རིན་པོ་ཆེའི་སྐུ་མཚམས་བསྟམས་པའི་ཞབས་ཤིག་མ་གྲོལ་བར། བླ་བྲང་དུ་དྲུང་ཆེན་སངས་རྒྱས་སེང་གེ་དང་། ཀོང་སྟོན་མགོན་པོ་རྒྱལ་མཚན་པས་གཞི་ལེན་ཞུས། དེར་པཎ་ཆེན་རིན་པོ་ཆེའི་བཀའ་ལུང་ལ། ངེད་ད་དུང་ཞག་འགའ་མཚམས་མི་གྲོལ་བར་འདུག་པས། དེ་བར་རྗེ་དོན་ཡོད་དཔལ་བའི་ཞབས་དྲུང་དུ་ཕྱག་འབུལ་དང་བཀའ་ཆོས་ཀྱི་འབྲེལ་བ་ཞུ་བ་སོགས་ཀྱིས་རྟེན་འབྲེལ་ལེགས་ཤིང་བར་ཆད་སེལ་བ་ཡིན་གསུང་ནས། དེ་དུས་རྗེ་དོན་ཡོད་དཔལ་བ་ཐུབ་ནོར་བུ་གླིང་ན་བཞུགས་པའི་དྲུང་དུ་སྐན་གསན་འཕེབས་མི་བཏྲངས་པས། གཏིང་སྐྱེས་པའི་ཞལ་ངོ་རྣམ་པ་གསུམ་ཙམ་དུས་གཅིག་རང་ལ་ཕེབས་པ་ཏ་ཆེ་བ་ཡིན། འདིར་གྲོང་ཁྱིམ་དུ་སྤྱན་དྲངས་ན་ཕོང་རྣམས་དད་པ་ལོག་ཡོང་པས། ཨ་ཕོ་ཀྲད་པོ་དགོན་པ་ཤར་དུ་འགྲོ་གསུང་ཕེབས་ནས། པཎ་ཆེན་རིན་པོ་ཆེ་སྐུ་མཚམས་མ་གྲོལ་གོང་དུ་གསང་ཆོས་ཤིག་བྱེད་པ་ལགས་སོ་གསུང་། ཀྱཻ་རྡོ་རྗེའི་རབ་བྲིས་ལ་བརྟེན་པའི་དབང་བསྐུར་ཞིག་གནང་། དེའི་དངོས་གཞིའི་སྐབས་སུ་ཆུ་དབང་དུས་བུམ་པ་ཕྱག་གིས་བཟུང་ནས། འན་བུའི་བླ་མ་ཐེག་ཆེན་ཆོས་ཀྱི་རྒྱལ་པོ་དབང་གནང་དུས་འདི་ལྟར་མཛད་གསུང་སྐུ་སྒེག་དང་བརྗིད་བསྟན་ནས་གནང་ཞིང་། ཡང་ཆོས་རྗེ་རྡོ་རྗེ་འཆང་ཆེན་པོ་འདི་ལྟར་དུ་གནང་གསུང་། སྐུ་གཟུགས་ཙི་བདེར་མཛད་ནས་བུམ་དབང་ལན་རེ་དང་ཆུ་དབང་ལན་གཉིས་སུ་གནང་། དེ་དུས་དབང་དེ་གནང་བའི་ཞིང་གཞན་སྦྱིན་བདག་འདྲ་ལ་ཚེ་དབང་རེ་

ཅམ་གནང་ཞོར་ལ་གྲྭ་རྒན་འགས་ཐོབ་པ་ཙམ་ལས་དབང་རྗེས་གནང་སོགས་ཐོབ་པ་གཏན་མེད། འཕྲུལ་གྱི་བྱམས་པའི་མཚན་བརྒྱ་དང་། བྱམས་སྨོན་གྱི་ལུང་གཉིས་ཕལ་ཆེར་གྱིས་ཆོས་འབྲེལ་དུ་ཐོབ་པ་ཞིག་ཡོད་ཅེས་ཐོས་སོ། །དེར་ཡོས་ལོ་དེ་ཉིད་ཀྱི་བསྟན་བཅོས་པའི་ལོ་འཕོས་པའི་རྒྱལ་ཟླའི་ཚེས་བཅོ་ལྔའི་ཉིན། གུང་ཚོགས་རན་ཙམ་ལ་པཎ་ཆེན་རིན་པོ་ཆེ་བྱ་རྐོད་ཕུང་པོའི་ཆོས་ཁྲིའི་ཁ་ནས་བཞེངས། བླ་བྲང་དུ་ཕེབས་པའི་ཞལ་བསྐུར་ཙམ་ན། དགོན་པ་ཤར་ནས་དགེ་བཤེས་བསམ་གཏན་པ་སླེབ་བྱུང་ནས། ད་ལྟ་རང་ཕེབས་དགོས་པ་འདུག་ཞུ་ཡིན་འདུག་པས། བྲུང་ཡིག་ཆོས་རྒྱན་པ་ལ་ཁྱོད་སོང་ལས། ཁ་བཏགས་དཀར་པོ་གཅིག་མགྱོགས་པར་ཁྱེར་ཤོག་གསུང་། བྲུང་བཙུན་ཤེས་རབ་དཔལ་འཁྱོར་བ་ལ། ཁྱོད་རང་ངའི་གདིང་བ་དང་ཟླ་ཁམས་འདི་ཁུར་ལ་འདེད་གསུང་ཞབས་བསྐྱོད་པ་མྱུར་བར་ཕེབས་པས། རྗེ་དོན་ཡོད་དཔལ་སྐུ་བསྒྲངས་སྨྱུན་ཟིམ་མི་འདུག དེར་པཎ་ཆེན་རིན་པོ་ཆེའི་དྲུང་གིས་གསུང་དཔངས་ལྷག་པར་མཐོ་བས། བདག་དྲུང་དུ་སླེབ་ཡོད་པས་དགོངས་ཀྱི་ཨེ་འདུག་ཞུ་བ་གནང་སོང་བས། སྨྱུན་ཁྲིལ་ལེ་བཞད་ཡལ་མཛད་ནས་ཕྱག་མཇུབ་གེར་གནང་བྱུང་བས། པཎ་ཆེན་རིན་པོ་ཆེའི་སྐུ་ཆོས་ཀྱིས་ལྡེབས་ནས་ཕྱག་གིས་བཟུང་སྟེ། དབུ་དཔྲལ་དུ་བཞག་ནས་སྨོན་ལམ་གྱི་རྣམ་པ་ཞིག་གནང་བའི་རིང་ལ་ཞིང་བརྗེས་སོང་། དེ་མཚམས་བྲུང་ཡིག་ཆོས་རྒྱན་པ་སླེབ་བྱུང་ནས་འགང་དཀར་དེ་འབུལ་བ་གནྟ་སོང་བས། པཎ་ཆེན་རིན་པོ་ཆེ་ཉིད་ཀྱི་ཕྱག་གིས་རྗེ་དོན་ཡོད་དཔལ་བའི་ཞལ་གདོང་ལ་ཕུལ་ནས། རྒྱུད་བླ་མའི་རྡོ་རྗེའི་གནས་བདུན་དེ་ཚར་གསུམ་གསུང་། ད་ངེད་ཀྱིས་གྲབས་འདྲ་དང་། གཞིས་ཀ་དང་ཤངས་ཚོར་མི་སྣ་འདྲ་རྫོང་བ་ལ་འགྲོ་ཡིས། བསྟུང་བའི་ཚུལ་ཙམ་མེད་པའི་ཞིང་བརྗེས་པ་འདི་ཡ་རང་ཆ་འདུག་གོ་གསུང་ནས་ཕེབས་ཤིང་། དེར་བླ་བྲང་དུ་ཕེབས་འཕྲལ་བྲུང་ནས་ཆོས་ཀྱི་པ་དང་། བྲུང་ནས་སངས་བློ་བ་གཉིས་དེ་མ་ཐག་སྐུ་གདུང་གི་དྲུང་དུ་མཆོད་འབུལ། བྱམས་ཆོས་སྒྲིག་པ་ལ་རྫོང་པ་གནང་རྗེས། སྔར་གྱི་བཀའ་བཞིན་དུ་སྐུ་གདུང་ཞུགས་འབུལ་བ་ལ་སྒྲུང་དགོན་གསར་ནས་སྲིད་པ་ཀུན་བློ་ཡང་སྨྱུན་འདྲེན་ལ་གནང་།

དེར་དེ་ཉིན་ནས་ཐོག་མར་སྐུ་རིམ་དུ་མིང་བཏགས་པའི་མང་ཇ་བཙུགས་རྗེས་ཤངས་མཐོང་སྨོན་གཞིས་ཀ་སོགས་ནས། སྐུ་ངོ་རྣམ་པས་གདུང་མཇལ་གནང་བ་གྲུབ་པ་དང་བསྟུན་གསང་བརྙོལ་གྱི་མང་ཇ་འགྱེད་ཚས་བླ་བྲང་ནས་གནང་། དགོངས་རྫོགས་གཙོ་བོར་བླ་མའི་གདན་ས་ཡིན་པས་གསུང་། ངོར་ཚོར་ཚྭ་ར་མང་ཇ་དང་འགྱེད་ཕུན་སུམ་ཚོགས་པ་ཞུ་བ་ལ་དྲུང་ཆེན་སངས་རྒྱས་སེང་གེ་བའི་ཕྱག་ཕྱིར་ངོར་པ་རང་གི་ཟུར་འཚད་པ་སློབ་དཔོན་བསོད་ནམས་སངས་རྒྱས་པའི་དཔོན་པོ་ཀུན་དགའ་བཟང་པོ་དང་། ཕྱིས་རྒྱ་བར་ནང་པའི་མཆོད་གནས་ལ་རྒྱུན་བཞུགས་ཀྱི་དཔོན་པོ་དབང་ཕྱུག་པ་གཉིས་ཀྱིས་གཙོས་པའི་ནང་ཟན་མི་སྣ་རགས་བསྡུས་རྫོང་བ་གནང་། དེ་དུས་ངོར་གདན་སར་ཆོས་རྗེ་གོ་བོ་རབ་འབྱམས་པ་བསྐྱོས་ཕྲལ་ཡིན་ཞིང་། དེའི་བསྔོ་བའི་སྐབས། ཆོ་ལས་འདས་པ་དོན་ཡོད་དཔལ་བ་ལ་དགོངས་སུ་གསོལ། གསུངས་པས། དྲུང་ཆེན་སངས་རྒྱས་སེང་གེ་བ་བསྔོ་བ་ཞུ་མི་ཡིན་པ་སྔོད་མ་ཟུག་པར་ཏར་ལངས་བྱས་ནས་ཤར་ལ་ལམ་མི་འཆག་ལ་ཐེགས་ཤིང་། ངོར་རང་གི་ཚོགས་པ་ཀུན་ཀྱང་ཐུགས་མ་རངས་པ་དང་གཞི་བྱེས་ཡོངས་ཞལ་སྐྱེངས་པར་བྱུང་། དེའི་རྗེས་ཀྱི་བྱ་བ་རྣམས་དཔོན་པོ་རྣམ་གཉིས་ཀྱིས་བསྒྲུབས་ནས་ཕྱིན། དེ་གོང་རྗེ་ནོ་རྗེ་འཆང་ཆེན་གྱི་དུས་ཆེན་ས་གའི་ཉེར་ལྔའི་སྟེང་དུ་ངོར་ཚོར་ལོ་རེ་བཞིན་མང་ཇ་རེ་དང་། གཟིམས་མལ་སྐུ་འདྲའི་དྲུང་དུ་དར་ཆེན་གྱི་སྣམ་སྦྱར་རེ་འབུལ་བ་གནང་ནས། ད་ལྟ་ཡང་། དགེ་སློང་ཤཱཀྱ་མཆོག་ལྡན་དྲི་མེད་ལེགས་པའི་བློ་གྲོས་ཀྱིས་དད་པས་ཕུལ་གསུང་བའི་ཡི་གེ་སྦྱར་བ་ཡོད་ཅིང་། དེ་ཕྱིན་དྲུང་ཆེན་སངས་རྒྱས་སེང་གེ་བ་གཏན་འགྲོ་མ་འདོད་པར། མང་ཇ་ཡོད་ན་འདི་གར་དྲོངས་ཟེར་མ་ཉན་པས། དུས་ཆེན་ལ་ཚོགས་སུ་མང་ཇ་གནང་སྟེ་བསྔོ་བའི་སྐབས་ཁྱབ་བདག་རྡོ་རྗེ་སེམས་དཔའི་ངོ་བོར་བཞུགས་པ་བཀའ་དྲིན་མཉམ་མེད་རྗེ་བཙུན་ཀུན་དགའ་ཞེས་པ་ནས། གསུང་འདར་སྙན་ཆབ་ཀྱིས་སྨྲེ་གང་སྟེ། བསྔོ་བའི་ཞབས་མེད་པ་རང་ཞིག་ཡོད་པ་སྣང་ཞེས་གསུང་ཞིང་། ཕྱར་གྱི་ངོར་དུ་མང་ཇ་སྐོལ་སྐབས་ཀྱི་སྨོས་རྣམས་དཔོན་པོ་རྣམ་གཉིས་ལ་དངོས་སུ་ཡང་ཐོས་སོ། །དེ་ནས་པཎ་ཆེན་རིན་པོ་ཆེའི་བཀའ་ལུང་

ལ། ད་གཟིམས་མལ་སྐུ་འདྲའི་ན་བཟའ་དེ་སྐྱེལ་མི་མི་འགྱོར་སྣང་བས་སྐུ་ཚབ་ཅིག་འདིར་བཞེངས་དགོས་པ་འདུག་གསུང་ནས། ད་ལྟའི་བར་དུ་བཀྲ་ཤིས་བརྩེགས་པའི་རྟེན་གཙོ་ལ་བཞུགས་པའི་ཆོས་རྗེ་རྡོ་རྗེ་འཆང་གི་སྐུ་འདྲ་འདི་ཟངས་གསེར་ལས་བསྐྲུབས་ནས། ཕོ་རེ་བཞིན་གོས་ཆེན་ཁ་དོག་མི་གཅིག་པའི་སྣམ་བེམ་རེ་འབུལ་བ་གནང་བ་ད་ལྟ་ཡང་སྐུ་ལ་ཡོད་པས་རྟོགས་སོ། །དེར་རྗེ་དོན་ཡོད་དཔལ་བའི་རྫ་བའི་གྲྭ་ས་ཡིན་པས་གསུང་། བྱང་གི་བཟང་ལྡན་ཆོས་སྡེ་དང་། གཞན་འབྲས་ཡུལ་སྐྱིད་ཚལ། ཤངས་ཀྱི་གྲྭ་ཚང་ཆེན་མོ་བ་སོགས་གཙང་ཕྱོགས་དང་། ལྷག་པར་གསང་ཕུ། ནཱ་ལེནྡྲ། སྣཱང་ཐང་སོགས་སུ་མང་ཇ་འགྱེད་བཟང་པོའི་དགོངས་རྫོགས་སྒྲུབ་མི་ཡང་དགུང་ཞག་གི་ཁོངས་སུ་བརྫངས་ཤིང་། དགུང་ཞག་གསུམ་པའི་སྟེང་དུ་སྐུ་གདུང་བཞུ་འབུལ་གནང་། དེ་སྐབས་གྲུབ་ཐོབ་ཀྱི་གསུང་ཡིན་པས་ཏིག་ཏིག་ནི་མེད། སྟོན་མི་ལ་རས་པའི་ཞལ་ཆེམས་ཀྱི་ཡི་གེ་འདྲ་བ་ཞིག་ཀ་ཨེ་ཡོད་ཡིན་ནའང་བཀའ་བཅག་ཏུ་མི་རུང་བས། སྐུ་རྒྱབ་ཕྱོགས་ཀྱི་ས་བང་དེའི་ནང་ན་ཅི་འདུག་ལྟོས་ཤོག་གསུང་ནས། དྲུང་ཆེན་སངས་རྒྱས་སེང་གེ་བ་དང་། དགེ་བཤེས་བསམ་གཏན་པ་གནང་། ཁོང་གཉིས་པོས་གཟིགས་དུས་ཇ་སིགས་བཟང་བ་གཉིས་དང་། གོས་ཡུག་གསེར་ཞོ་བཞི། དར་ཁ་འགག་རེ་འདུག་པ་ཕུལ་བའི་མོད་ལ། པཎ་ཆེན་རིན་པོ་ཆེ་སྤྱན་ཆབ་གཡོས། དེར་ཚོགས་ཀུན་ལས་འཇིག་པ་ཙམ་གྱི་ཟུག་རྔུའི་ངེས་འབྱུང་སྐྱེས་ཤེས། དྲུང་བརྩོན་ཤེས་རབ་དཔལ་འབྱོར་བའི་གསུང་ལས་ཐོས། དེར་སྔར་གྱི་བཀའ་ལྟར་ཇ་རྣམས་མང་ཇ་གནང་། གོས་ཆེན་དེ་སྐུ་གདུང་བཞུ་མི་ལ་འབུལ་བ་མཛད་ཅིང་། གདུང་ཚ་ཨ་མོ་ལྷ་ཕྲིའི་རྟགས་ཅན་གསེར་གྱི་ན་བཟའ་སྟོང་རྭ་ཙམ་བཏབ་ནས་ཕྱོགས་བཅུར་མོས་རྟེན་དུ་བཀྱི། སྐུ་གདུང་ཕྱིན་རྟེན་བཞེངས་ཤིག་ཨེ་འགྲུབ་ལྟ་གསུང་ནས་ཕྱག་རྟགས་ཀྱིས་སྦྲས་ཏེ་མཆོད་ཡུལ་དུ་བཞུགས་སོ། །སྣ་ཚོགས་སྒྲུབ་ལྷུར་ལེན་ཁ་བའི་ལྗོངས། །འོན་ཐོས་ངོ་ཐོན་སྒྲོག་པའི་གངས་ཅན་པ། །སྤྱོད་སྐྱོང་སྤྲེའུའི་བློས་གར་བསྟན་འཛིན་རྣམས། །ཅི་སྣ་ཁྱེངས་ཀྱིས་འཕངས་པའི་མཚར་གཏམ་སྙིང་། །སེང་གེའི་ཕྲུ་གུར་སྙང་པོ་སྐྱེས་ལྟའི་ཚུལ། །གང་ཡིན་

མིན་མཚོན་གྲུབ་མཐའི་བཞེད་དོན་མཁན། །ཟོལ་སྦྱོར་གཅམ་བུའི་རང་སྣང་ཡིད་བདེ་བ། །མ་བརྟགས་གཅིག་པུར་ཉམས་དགའ་བླུན་པོའི་གཤིས། །དྲིགས་ལྡན་མཁས་པས་དཔྱད་ཆོ་སྣན་རྒྱུད་ཅེས། །མདོ་རྒྱུད་རྒྱང་དུ་འཕངས་པའི་ལོག་ཤེས་ཀྱིས། །རྒྱན་དྲུག་ལས་བཟློག་ལེགས་བཤད་ཡུས་པོ་ཆེ། །མཁྱེན་ཡངས་སུ་ཡི་ཡིད་ལ་ཚད་མར་འཛིན། །རང་ཚིག་ཙམ་ལའང་ཞིབ་མོར་དཔྱོད་པའི་སྤྲོལ། །རིང་དུ་དོར་ནས་སྣ་ཚོགས་གཟིགས་པའི་སྤྱན། །རྒྱང་མཐོང་མདུན་གནས་མ་མཐོང་གད་མོའི་གནས། །གོང་དུ་གང་སླར་སོམས་ཤིག་མཁས་འདོད་རྣམས། །དབུ་ཞབས་ཆོལ་བསྒྲིགས་འདིར་མཚོན་མ་དམིགས་པའི། །སྲང་མདའི་ངག་ཚིག་བསྒྲིགས་པའི་བསྟན་བཅོས་ལས། །བཟློག་སྟེ་རྒྱལ་བའི་དགོངས་འགྲེལ་ཇི་ལྟའི་གཞུང་། །ཡི་གེར་བཀོད་ལ་དེང་སང་སུ་ཡིད་ཆེས། །སྙིགས་མའི་དུས་ཀྱི་འགྱུར་བས་ཐུགས་ཕྱུང་ནས། །བསྟན་འཛིན་དམ་པའི་ཚོགས་ཀྱང་ཞིང་གཞན་གཤེགས། །ལྷག་པར་བྱམས་མགོན་གཉིས་པ་ཨ་མོ་ཁ། །རང་གནས་དགའ་ལྡན་ཕོ་བྲང་གང་དེར་བཞུད། །དམ་པའི་རྗེས་སུ་སྐྱེས་བུ་དམ་པའི་སྤྲོལ། །ཆོས་ཀྱི་རྗེས་འབྲང་ཆོས་ལས་སྐྱེས་པའི་སྲས། །འགྲན་བྲལ་གང་གིས་འགྲན་པའི་སྤྲོལ་མེད་པའི། །དགོངས་པའི་དབྱིངས་བཞིན་དགོངས་པ་ཡོངས་སུ་བཀང་། །ཞེས་པཎྜི་ཏ་ཆེན་པོ་ཤཱཀྱ་མཆོག་ལྡན་དྲི་མེད་ལེགས་པའི་བློ་གྲོས་ཀྱི་རྣམ་པར་ཐར་པ་ཞིབ་མོ་རྣམ་པར་འབྱེད་པ་ལས། བྱམས་མགོན་དོན་ཡོད་དཔལ་བ་དབྱིངས་དགའ་ལྡན་དམ་པར་གཤེགས་པའི་སྐབས་ལས་བརྩམས་པའི་རབ་ཏུ་བྱེད་པ་བཅོ་བརྒྱད་པའོ།། །།

བྱམས་པའི་སྐུའི་སྣང་བརྙན་རྗེས་སུ་བསྒྲུབས་པའི་སྐབས་ཏེ་རབ་ཏུ་བྱེད་པ་བཅུ་དགུ་པ།

དེར་དཔྱིད་སོས་ཀྱང་དེ་ལོ་ཆོས་དབར་སོགས་མ་བཏེག་པར། དགོངས་པའི་མཐིལ་དེ་འདིས་རང་རྫོགས་པ་ཡོད་གསུངས་ནས་དེ་ལོའི་དཔྱིད་ཆོས་དེར་ལྷག་པར་འཆད་ཉན

འཕེལ་བའི་ཁུར་ལེན་གནང་རྗེས། ཤིང་ཕོ་འབྲུག་གི་ལོ་དཔྱིད་མཚམས་རིང་མོ་ལ་དཔོན་སློབ་ལྔ་བརྒྱ་ཙམ་གཞུའི་བྱང་ལམ་ལ་མཛད་ཕེབས། དེ་དུས་རྗེ་དུས་ཞབས་པ་ཞིང་བརྗེས་ཚར་བའི་ནང་རྟེན་སོགས་ལ་སྐན་དར་སྦྲོན་པ་སོགས་གནང་ཞིང་། ཏཱ་དགོན་སར་གྱི་མཁན་པོ་ལ་སྐུ་ཞང་ཀུན་དགའ་སྙིང་པོ་བཞུགས་པ་སྨ་དཀར་རྩེར་གདན་འདྲེན་བྱས། གཞི་ལ་མི་བཞུགས་པས། ཕྱིས་པཎ་ཆེན་རིན་པོ་ཆེ་དང་མ་མཇལ་གསུང་ནས་ཐུགས་ཁྲལ་ལྷག་པར་ཆེ་བ་གནང་ཞེས་པར་མཁན་ཆོས་ལེགས་པའི་ངག་ལས་ཐོས་སོ། །དེ་ནས་གནམ་རྩེ་ལྡན་དུ་གཙྪ་པ་ཆོས་གྲགས་རྒྱ་མཚོ་དང་སྟོན་མ་རང་མཇལ་སྐབས་མཐོང་བཀུར་བསམ་གྱིས་མི་ཁྱབ་པར་གནང་། པཎ་ཆེན་རིན་པོ་ཆེས་དབུ་མཛད་རྗེས་ཀྱི་ཚོགས་པ་ལྔ་བརྒྱ་པོས་ཞག་བདུན་གྱི་རིང་ལ། གཙྪ་པ་རོལ་པའི་རྡོ་རྗེས་མཛད་པའི་དབུ་མའི་གཏན་ཚིགས་ཆེན་པོའི་གཞིའི་ཁྲིད་གསན་དུས། སློབ་དཔོན་ཉང་རམ་པའི་གསུང་གིས། ག་རེ་ངེད་ཀྱི་བསམ་པ་ལ་གཙྪ་པ་ཟེར། མ་ཊི་པཎྜའི་ལུང་རེས་མི་ནོར་ཡ་སྣུད་པའི་སྒྲ་བསམ་བརྗོད་མེད་ཡིན་སྙམ་པ་མཐོལ་ལོ་བཤགས། འདི་ན་ནི་ཡ་ཆ་འདུག་གོ་ཟེར་ཐུགས་མཐོང་སྐྱེས་པའི་གསུང་སྒྲིབ་མེད་དུ་བྱུན་ཞེས། མངའ་རིས་པ་སློབ་དཔོན་དཀོན་མཆོག་བཟང་པོ་ཆུང་བས་བཤད་ཅིང་། དེ་ནས་བྱང་ལམ་ལ་གནང་། ཐང་འབྲོག་ཏུ་ཕེབས་དུས། སྟག་ལུང་ངག་དབང་གྲགས་པ་སྐུ་མཚམས་གནང་བའི་སྐབས་དེ་ཡིན་པས། པཎ་ཆེན་རིན་པོ་ཆེ་སྐུ་རྒྱུང་ལས་གྲྭ་པ་བྱིན་ལ་མཇལ་ཀ་མ་བྱུང་ཞིང་། བཀའ་ལས་ཕར་སྟག་ལུང་ཚོར་རྟེན་མཇལ་སོགས་མཛད། དཔོན་སློབ་ཡོངས་ལ་ཇ་བུར་གང་བཟང་གི་བསྙེན་བཀུར་གྱིས་ཟེར་བའི་ལོན་ཆ་སོང་ཡོད་གསུང་ཞིང་། དེར་པཎ་ཆེན་རིན་པོ་ཆེ་དང་གསུང་གླེང་གནང་བའི་འཕྲོས་ལ། ངེད་རང་གི་ཉན་པོའི་འགྲམས་རིན་ཆེན་སྒང་གི་ལོགས་ཀྱི་རི་བྲག་ཁ་སྔོར་བསྟན་དེར་རྣམ་སྲས་བསྒྲུབས་པས་ཐོ་རངས་ཤིག་སྨ་ཞིག་ལ་སྐྱེ་མ་བཅིངས་པ་དང་། བྲེ་ཞིག་ཏུ་རྩམ་པ་ཕྱུངས་བ་གཅིག་འདོམས་ཟེར་བས་རྩམ་པ་དེ་འདམས། ཕྱིས་བསམ་དུས་འདམས་རིགས་སྣང་། ད་ལྟ་ཐོང་ཚོང་བའི་སྤྱི་པ་ཀུན་ཁྱི་ཙམ་མི་ཐོགས་ཀྱང་། ཆག་ལ་བུད་ཡོད་པ་འདི་དངོས་གྲུབ་ཏུ་འདུག

གཞན་སྐལ་དེང་། ཚོང་བྱས་ནས་བསྒྲུབ་དགོས་ཟེར་ལེར་སྣང་གསུང་བས། དེར་པཎ་ཆེན་རིན་པོ་ཆེས་བདག་ལ་བཀའ་དྲིན་ལྷག་པར་ཆེ་བའི་གནས་ཀྱི་སློབ་དཔོན་ཞིག་ཡོད་པ་ཞིང་བརྗེས། དེའི་དགོངས་རྫོགས་ལ། རྟེན་བཞེངས་རྒྱ་ཆེ་ཙམ་ཞིག་འགྲུབ་ན་བསམ་པ་ཡིན་ཀྱང་། ངེད་རང་མཚན་ཉིད་པ་ནི་སྒོ་དབུལ་བས་མ་འགྲུབ་དོགས་ལགས་པས། འདི་ནས་དངོས་གྲུབ་ཀྱི་དོན་དུ་རྣམ་སྲས་ཀྱི་རྗེས་གནང་ཞིག་གནང་དགོས་ཞུ་བ་གནང་བས། སྟག་ལུང་ངག་དབང་གྲགས་པའི་གསུང་གིས། ཁྱེད་རང་གིས་སྤྱར་སྐྱ་ན་གཞོན་དུས་སྐྱོར་མོ་ལུང་ཚོར་རྣམ་སྲས་རིགས་ཆེན་བརྒྱད་སོགས་གསན་རྒྱ་ཆེན་པོ་འདུག ངེད་རྣམས་ལ་སེར་པོ་ར་བདག་བརྒྱད་པོ་འདི་ལས་མེད། ད་ལྟ་འདི་ན་དབང་ཆས་མེད་པས་ངེད་ཀྱི་ཡི་གེ་བྱེད། སྟག་ལུང་མཆོད་ཁང་པ་ལ་ཕར་ལམ་རྗེས་གནང་ཞིག་ཞུས་མཛོད། སྤྱིར་ཡང་འཇིག་རྟེན་ཁ་གཏམ་ལ། ཚེ་བསྒྲུབ་བླམ་བགྲེས་ལ་ཞུས། །ནོར་བསྒྲུབ་བླ་ལ་ཕྱུག་ལ་ཞུས། །ཟེར་བ་ཡིན་པས་ཁོང་ཇ་གོས་དར་གྱི་དཀྱིལ་ན་ཉལ་ཡོད་པས་རྟེན་འབྲེལ་ལེགས་ཤེས་བཀའ་གནང་བའི་ལུགས་ལྟར་སྟག་ལུང་མཆོད་ཁང་དུ་ཆོས་རྗེ་བཀྲ་ཤིས་དཔལ་བ་ལ་རྣམ་སྲས་ཀྱི་རྗེས་གནང་གསན། དེའི་ཕྱག་ཕྱིར་ངོ་གྲོ་རབ་འབྱམས་པ་དབང་ཕྱུག་དཔལ་བ་ཡང་ཡོད་པས་ཁོང་གི་གཟིགས་སྣང་ལ། རྟེན་བསྐྱེད་པའི་སྐབས་རྣམ་སྲས་འཁོར་ས་གསུམ་དང་བཅས་པའི་ཕོ་བྲང་བློ་འདས་ཀྱི་གསལ་སྣང་བྱུང་ཞིང་། རྗེས་གནང་རྫོགས་རྗེས། ད་རྣམ་སྲས་ཀྱི་རྟེན་ཞིག་སྐྱོར་མོ་ལུང་ཚོ་ནས་རྟེན་འབྲེལ་འགྲིག་པར་གདའ་ལགས་གསུང་བ་བཞིན། ཡར་ལམ་འགའ་ཁང་གདན་ས་པས་རྣམ་སྲས་ཀྱི་འཕྱུར་དར་སེར་པོ་འདི་ཕུལ་བས་ཐུགས་ལྷག་པར་མཉེས་ཏེ། རྟེན་འབྲེལ་ལེགས་པར་འགྲིག་པར་དགོངས་ཞེས་ཁྲུངས་དང་སྦྲེལ་བར་ཐོས་པ་ལགས་སོ། །སྟག་ལུང་ནས་རྒྱ་མ་ཚོང་འདུས་སུ་རྩའི་རིགས་ལས་སི་ཏུའི་ལུང་དང་ལས་ཀས་མངོན་པར་མཐོ་བ་ནང་སོ་རྣམ་རྒྱལ་བ་ཡབ་ཡུམ་སྲས་བཅས་ཀྱིས་དཔོན་སློབ་རྣམས་དབྱར་གནས་ཀྱི་ཞབས་ཏོག་བསྒྲུབས་ནས། ཆོས་ར་རིགས་ལུང་ཡང་དེ་ཉིད་དུ་གནང་། དགག་དབྱེ་གྲུབ་ནས་མཁར་རྩེ་སྒང་ཐང་དུ་རིམ་གྱིས་ཕེབས། སྤྱན་སྔ་བློ་གྲོས་པའི་དྲུང་དང་།

མཁན་སློབ་དགུང་བསྒྲིགས་གནང་ནས་ཕྱར་གྱི་ཁ་སྐོང་དུ་དམིགས་པའི་མཐུས་བཙུན་སྟོབས་ཆེ་བ་རབ་བྱུང་གྲུབ་རྗེས་ཆོས་འཁོར་རྟེར་སློབ་གྲྭ་གསར་པའི་རྒྱུན་ལ་འདྲེ་བ་གནང་ཞིང་། སླང་ཐང་ན་པཎ་ཆེན་རིན་པོ་ཆེ་གདན་ཆགས་པའི་སྐབས་དེར། དྲིན་ཅན་སྐྱུང་ལུང་པ་དགུང་ལོ་ཉེར་གཅིག་བཞེས་པ་གསང་ཕུ་ན་ཐུགས་སྒྲུང་ལ་བཞུགས་པས། གསན་འཕྲུལ་རྐང་བཙུགས་ཕེབས་པས། ལྷ་ས་ནས་སློ་ལ་ལ་གནང་ཅི་མྱུར་རང་མཛད་པས། གསོལ་གྲོ་ཐོན་རྗེས་ཕྱག་ན་རྡོ་རྗེ་འབྱུང་པོ་ཀུན་འདུལ་གྱི་རྗེས་གནང་ཞིག་གནང་བའི་དབང་མི་རྣམས་ཀྱང་གཟིམས་ཁང་སྒོར་འགྲིག་ཙམ་ལ་སླེབ་ནས། དྭང་ཡིག་ཆོས་རྒྱན་པ་ལ་རྒྱ་མཚན་ཕུལ་བས་དེ་འཕྲུལ་ཤོག་གསུང་ནས་ཕེབས། ཕྱག་མཇལ་ལ་གསང་ཕུར་མངའ་རིས་པ་འདྲས་འཁྱེད་ལ་བྱུང་བའི་གྲུ་གྲུལ་ཉག་གང་ཙམ་ཡོད་པ་ཕུལ་བས། པཎ་ཆེན་རིན་པོ་ཆེའི་བཀའ་ལུང་ལ་རང་རེའི་སྐྱུང་ལུང་དགོན་ཆུང་གཏོན་སྟེངས་སུ་ཤོར་ཆོག་པ་ཞིག་ཡོད་པ་སྣང་ངོ་གསུང་ནས། ཕྱར་ནས་ཆོས་རྗེ་དྭགས་པའི་ལོ་རྒྱུས་རྒྱས་བཤད་དང་བཅས་ནས་རྗེས་གནང་གནང་། འདི་དྲིན་ཅན་སྐྱུང་ལུང་པས། པཎ་ཆེན་རིན་པོ་ཆེ་ལ་བཀའ་ཆོས་གསན་པའི་ཐོག་མ་རང་ཡིན། དེར་རྒྱ་མ་པའི་ཞལ་ངོ་རྣམས་དང་། མདུན་གྲོང་ནང་སོ་སོགས་འགའ་ལ་ནི་གྲུ་གཅིག་གནང་བའི་དགུ་བཙུགས་ཙམ་འདུག་པ། དྭང་ཡིག་ཆོས་རྒྱན་པ་ལ་ཞུ་བ་བསྐྱར་བས། ད་ལྟ་སློབ་གཉེར་སྐབས་ཡིན་པས་གཏན་ནས་མི་ཡོང་གསུང་མ་གནང་བས། ཐུགས་ཀྱིས་མ་བཟོད་པར་དེར་ཉིན་རངས་བཞུམས་པས། དེའི་དགོངས་ཇའི་དུས་སྐུ་མདུན་དུ་ཤོག་གསུང་ཕྱིན་པས་ན་ཞིང་ཆོས་སྡིངས་སུ་ཡོངས་དུས་སྐྱུང་ལུང་གདན་ས་པ་གཞོན་ནུ་དཀོན་མཆོག་པའི་གསུང་གིས། དཔོན་པོ་གཉིས་པོ་གཞོན་པ་འདིས་ཕན་ཐོགས་ཞེས་སྐྱུང་ལུང་རིན་པོ་ཆེས་ལུང་བསྟན་ཡོད་གསུང་བ་རང་རེའི་སྐྱུང་ལུང་རིན་པོ་ཆེ་དེ། དུས་གསུམ་སྒྲིབ་མེད་ཀྱི་སྤྱན་ལྡན་ཡིན་པས། ཁྱེད་རང་གི་འགྲོ་དོན་ཡོང་བ་ཡང་དཔེ་བས་སྐྱོར་གསུང་ནས། ཕྱར་ཁོང་ལ་གསུང་བ་རྣམས་བསྐྱར་ཆོས་གནང་བས་ས་ཐོབ་པ་ཙམ་གྱི་དགའ་བ་བྱུང་། དེའི་ཉིན་མན་ངག་བྱེད་སྟོང་རའི་དམིགས་པ་ཉིན་རེ་ལ་ཚར་སྟོང་རྭ་ཅན་བསྒོམ་པ་

འཆག་མེད་ཡིན་གསུང་བ་དངོས་ལས་ཐོས་སོ། །དེར་དགུན་ཆོས་ལ་རྒྱ་མར་ཕེབས་དགོས་པའི་སྐབས་ཞུས་ཕུལ་ཞིང་། ཞལ་བཞེས་ཀྱང་གནང་ཚར་བ་ལ། གཙང་ཕྱོགས་སུ་དུས་མི་བདེ་བའི་ཐུགས་གཡེངས་ཆེན་པོའི་དབང་གིས་གཞིས་ཀ་རིན་སྤུངས་ནས་སྤྱན་འདྲེན་དོན་དྲག་པའི་སྐབས་ཀྱིས་མགྱོགས་མྱུར་རོང་ཆུང་གི་འཕྲད་ལ་བྱས་ཕེབས་ཤིང་། འབྲས་ཡུལ་རྫོང་དཀར་དུ་བསྟན་པའི་སེམས་པོ་བྱམས་ཆེན་རབ་འབྱམས་པ་སངས་རྒྱས་འཕེལ་བ་དང་མཇལ། རྒྱང་རིང་མོ་ནས་གཞིར་བཞུགས་པའི་དགེ་འདུན་ཚོགས་ཀྱིས་བསུ་བའི་བཀོད་པ་རྒྱ་ཆེན་པོས་སྤྱན་དྲངས་ཤིང་། བསྟན་པའི་རིང་ལུགས་མི་ཉམས་པའི་ཆེད་དུ་བསླབ་ཕྱག་གི་བཀུར་སྟི་ཕུལ་བ་ན། ཕྱག་ལན་སོགས་གུས་པའི་དག་སྣང་མ་ལོག་པར་སྩོལ་བར་མཛད་ཅིང་། དེར་བྱམས་ཆེན་རབ་འབྱམས་པ་དགྱེས་པ་མཆོག་ཏུ་འཁྲུངས་ཏེ། རང་རེའི་གྲྭ་པར་ཀན་མ་ཆར་པས་བརྡུངས་པ་འདྲ་བ་རྣམས་གྲལ་གྱི་མཐའ་ལ་ཕུད་ལ། དྲུང་ཆེན་པོ་བའི་གྲྭ་པ་སེང་ཆེན་འཁྲིད་བ་འདྲ་བ་དེ་རྣམས་གྲལ་གྱི་གུང་ལ་སྒྲིགས་ཤིག་ཅེས་གསུང་། དཔངས་མཐོ་བའི་གྲལ་བསྒྲིགས་རྣམས་ཀྱང་བཀས་ཁྲབ་པར་མཛད་ཅིང་། བྱེས་ཀྱི་དཔོན་སློབ་མ་ལུས་པས་འཛམ་དབྱངས་ཀྱི་བསྟོད་པ་གང་བློ་མའི་ལུང་ཆོས་འབྲེལ་དུ་གསན་ཞེས། དེ་དུས་གྲལ་ལ་ཡོད་པའི་བྱམས་ཆེན་རབ་འབྱམས་རྗེའི་དངོས་སློབ་ཆོས་ཐོམ་རབ་འབྱམས་པ་གཞོན་ནུ་བློ་གྲོས་པ་དང་། པཎ་ཆེན་གྱིས་ཞབས་ཕྱི་ལ་ཡོད་པའི་དེ་དུས་ཀྱི་གྲྭ་རྒན་ཀུན་ངག་མཐུན་པར་བརྗོད་པའི་ངག་སྒྲོས་དག་ངེས་ཡིན་ནོ། །དེར་གསེར་མདོག་ཅན་དུ་འབྲུག་ལོའི་དགུན་ཆོས་ལེགས་པར་གནང་ནས། དཔྱིད་སོས་ཤིང་མོ་སྦྲུལ་ལོ་ཤར་བ་ན་དཔྱིད་ཆོས་ཚུ་མིག་ཏུ་གནང་། སྣར་ཐང་སྟོང་དཔོན་ཤེས་རབ་བཟང་པོ་བས་ཀྱང་ཟླ་ཕོགས་ཤིང་ཕུལ་ཞིང་། དེར་ཚོགས་པའི་སྐྱ་བཙུན་སྟོང་ར་ཙམ་ལ་སྒྲུབ་ཐབས་རྒྱ་མཚོའི་རྗེས་གནང་སྩོལ་བའི་མྱ་ངན་མེད་པའི་སྒྲོལ་མའི་རྗེས་གནང་གི་སྐབས་གཙང་ཁང་ན་མི་སུ་ཡང་མེད་པ་ལ། ཨོཾ་ཏཱ་རེ་ཞེས་ཡི་གེ་བཅུ་པའི་སྔགས་གསང་འཁར་ཇ་དཀྲོལ་བ་ཙམ་དེར་འདུས་ཡོངས་ཀྱིས་ཐོས་པ་བྱུང་བས། ཚུ་མིག་གི་རྗེ་བཙུན་སྒྲོལ་མས་གསུང་བྱོན་ཞེས་གྲགས་པའི་གཡེར་ཆེ་བ་བྱུང་ཞེས། རྗེ་རིངས་

ཀུན་སྤངས་རིན་པོ་ཆེའི་གསུང་ལས་ཐོས་སོ། །དེ་ནས་ཀྱང་དབྱར་གནས་ལ་གསེར་མདོག་ཅན་དུ་ཕེབས་ནས་དབྱར་ཞལ་བཞེས་དང་། དགུན་ལོ་ང་བརྒྱད་པའི་དུས་འདིར། མདོན་པ་མཛོད་ཀྱི་མཐའ་བཅད་བྱེ་བྲག་བཤད་མཚོའི་ཐུགས་རྗེས་དབུ་འཛུགས་པ་གནང་ཞིང་། དེ་དུས་རྗེ་བཙུན་རིན་པོ་ཆེ་ཁོག་ལུང་པ་བཞུགས་ས་བླ་བྲང་མདུན་གྱི་ཕུག་མོ་ཆེར་གནང་ནས། ཕར་ཕྱིན་སྐྱོར་རན་དུས། ཐོག་མར་སྐྱབས་འགྲོ་སེམས་བསྐྱེད་ཚད་མེད་བཞི། ཨོཾ་སྭ་བྷཱ་ཝ་སོགས་རྗེས། བཤར་སྦྱངས་གནང་བ་པཎ་ཆེན་རིན་པོ་ཆེས་གསན་པས། ཕར་ཕྱིན་ཐུགས་ལུགས་པར་མཚན་བཏགས་ཤིང་། དེར་ཐུགས་སྦྱོང་མཐར་ཕྱིན་ནས་ས་སྐྱར་གྲྭ་སྐོར་ལ་ཕེབས་དུས། རིགས་གཏེར་རང་འགྲེལ་ཞིག་ཡོད་དམ་ཞེས་རང་རེའི་ལས་ཆེན་ཀུན་ཤེས་པས་གསུངས་པས། ཐར་གློལ་ནི་མེད། དཔེ་ཡོད་ན་གཟུང་བས་ཆོག་ཞུས་པས། ད་གྲྭ་སྐོར་དུས་ཐུག་འདུག་པས་གཟུང་ཀྱང་མི་ཐེབ། དཔེ་རང་ངེད་ཀྱིས་གཡར་ཆོག ཅེས་ཀྱང་འཛིན་ན་མཚན་མོ་ཡང་དཔེ་འཛིན་མཛོད་ཅེས། མར་ནག་དམ་པེ་གང་དང་། རང་འགྲེལ་བཙུན་མོ་པར་ཞིག་གཡར་པོ་སྤུལ་བ་བསྣམས་ནས་གནས་ཚང་དུ་ཕྱོན། མར་མེ་བཏེག་ནས་གླེགས་བམ་ཞལ་ཕྱེ་བས་ཐུགས་ལ་ཡོད་པ་འདྲ་བ་ཞིག་འདུག ངས་ནི་ཐར་དཔེ་ཡང་མ་མཐོང་དགོངས། དེ་ནུབ་ཞལ་བལྟ་བ་བསྟད། སང་དེ་གྲྭ་གཡོག་ལ་བསམ་གྲུབ་རྟེ་བ་དགེ་འདུན་རྒྱལ་མཚན་ཟེར་བ་ཡོད་པ་གཏོན་དུ་བཙུག་པས། ཚིག་འབྲུ་གཅིག་ཀྱང་མ་ཆད་པར་གཙང་སངས་ཐོན། དེར་ཞག་བདུན་ཙམ་ནས་ལས་ཆེན་པ་ལ་རྒྱུགས་ཕུལ་བས་ཧ་ལས་ལས་མཛད། གྲྭ་སྐོར་ཐོངས་རྗེས། པཎ་ཆེན་རིན་པོ་ལ་རྒྱ་མཚན་ཕུལ་དུས། ན་ནིང་ནས་ཁྱེད་ཀྱི་སྐྱེ་བ་སྔ་མ་དེ་རིགས་གཏེར་རང་འགྲེལ་ལ་སྦྱངས་པའི་བག་ཆགས་ཀྱི་ལས་འཕྲོ་ཞིག་ཡོད་པར་གོ །ད་ཚེ་མཇུག་ལ་བསླབ་པ་ཞིག་བྱས་ན་རྗེ་བཙུན་མི་ལའི་རྣམ་ཐར་འགྲོངས་པ་ཞིག་ཡོང་བར་སྣང་གསུང་བ་ཐུགས་ལ་བཞག མངའ་རིས་སུ་མི་ལོ་ཆེན་པོ་བཞི་བཅུའི་བར་འཚོ་བ་བྱེ་མའི་བཅུད་ལེན་འབའ་ཞིག་ལ་བརྟེན་ནས་བསྒྲུབ་པ་མཐར་ཕྱིན་ཞིང་། རྗེ་བཙུན་ཆེན་པོ་མི་ལ་རས་ཆེན་གྱིས་ཟླའི་དགའ་ཐུབ་ལོ་དགུ་ག་ཡིན་དུས། དཀའ་སྤྱད་ཞི་དམ་མི་ལ་ལས་ཆེས་ཆེ་བར་དངོས་སུ་གྲུབ། པཎ་ཆེན་རིན་

པོ་ཆེའི་ཞབས་ཟིན་ལ་བསྒྲུབ་པའི་རྣམ་ཐར་འདི་ལས་ལྷག་པའི་ཞལ་སློབ་གཅིག་ཀྱང་མ་དམིགས་སོ། །དེར་ཤིང་མོ་སྦྲུལ་ལོ་ནས་བརྩམས་ཏེ་མ་ཕམ་བྱམས་པའི་སྐུ་བཞེངས་པའི་ལས་ར་བཙུགས། པཎ་ཆེན་ཉིད་ཀྱི་བཀའ་སྒྲུང་གི་མཐུས་ནི་པྞ་ཡའི་ལྷ་བཟོ་བ་བཞིས་ལེགས་པར་བསྒྲུབས་ཏེ། མེ་ཕོ་རྟ་མེ་ལོ་ལུག་ཚུན་ལ་ལེགས་པར་མཐར་ཕྱིན་ཏེ། དགུང་ལོ་ང་དགུ་དང་དྲུག་ཅུའི་སྟེངས་སུ་བསྒྲུབས་ཤིང་། བྱམས་སྐུའི་ཞབས་རྡོ་རྗེ་སྐྱིལ་ཀྱང་ནས་བརྩམས་དབུའི་གཙུག་ཏོར་མཆོད་རྟེན་དང་བཅས་པ་ལ་པཎ་ཆེན་རིན་པོ་ཆེའི་ཕྱག་ཁྲུ་བཅུ་བཞི་ལྷག་ཙམ། པདྨ་ལ་ཕྱག་ཁྲུ་ཕྱེད་དང་གསུམ་དང་བཅས་པའི་ཚད་དུ་གནང་ཞིང་། དེ་ཡང་ཐོག་མར་བཟོ་བོའི་མིང་ལ་ཀཱིརྟི་པྞ་ལ་ཟེར་བའི་ཚུལ་ལས། ངམ་རིང་བྱམས་ཆེན་བསྒྲུབ་པའི་ལྷ་བཟོ་དེར་དགོངས་ནས། རྗེ་བཙུན་བྱམས་པའི་སྐུ་བརྙན་བཞེངས་པའི་ཐུགས་བཞེད་ལྷག་པར་འཁྲུངས་པ་ལས། ཕྱིས་གཞིག་མལ་གནང་སྐབས་མིང་གཅིག་པ་ཙམ་ལས་ལག་གི་འདུ་བྱེད་སྣར་གྱི་ཡུལ་དུ་མ་གྱུར་པས་བྱམས་པའི་སྐུ་ཚད་འདི་ལས་ལྷག་པར་དགོངས་ཀྱང་། ཐུགས་ཀྱི་བཞེད་མཆོ་འདུ་བྱེད་པས་བསྒྲུབ་པར་མ་ནུས་ཤིང་། བཟོའི་དབྱིབས་ཀྱི་ཁྱད་པར་དུ་མ་བཞག་ཀྱང་། དགའ་ལྡན་ནས་ཡེ་ཤེས་ཆེན་པོའི་གཟིགས་ཕྱིན་ཕབ་པས། ཞལ་གྱི་དཀྱིལ་འཁོར་ལྟ་བས་མི་ངོམས་པའི་མཚན་དཔེའི་དཔལ་འབར་ཞིང་། ལྷག་པར་རྟེན་རྫོངས་འབུལ་བའི་དབུ་བཙུགས་པའི་སྐབས་དེར། རྒྱ་གར་ནས་པུ་ཀཾ་གི་དགེ་སློང་ཨཱ་ནནྡ་མ་ཏི་བྱ་བས་བྱང་ཆུབ་ཀྱི་ཤིང་ལོ། རྡོ་རྗེ་གདན་སོགས་ཀྱི་ས་རྡོ་རྣམས་སྣ་སྐྱེལ་དུ་འབུལ་དུ་བྱོན་ཞིང་། དེར་ཧིཏྣ་ཡིང་སྐྱེལ་མི་དང་བཅས་རྡོ་པོ་མཇལ་བ་ལ་ཐེགས་པས། མར་ལམ་འབྲས་ཡུལ་ནོར་བུ་གླིང་དུ་གཤེགས་ནས། ཆོས་གོས་གསུམ་དང་ལྷུང་བཟེད་རྡོ་པོ་ཤཱཀྱ་མུ་ནི་ལ་ཕུལ་ཞེས་གྲག་གོ། །ཡང་རྣམ་ཐར་རྡོར་རྒྱལ་མའི་རྩ་འགྲེལ་གཉིས་ཀའི་ཚིག་ཟུར་ལས་ཐོན་པ་ལྟར། བྱམས་པའི་དབུའི་ཁྲ་ཚོམས་སུ་བཀོད་པའི་ཆུ་ཤེལ་ནང་དུ་སྟོན་པ་ཤཱཀྱའི་རྒྱལ་པོ་སྤྲུལ་པའི་སྐུ་རང་ཤར་དུ་འཁྲུངས་པའི་ཡ་མཚན་རླབས་པོ་ཆེ་དང་། ནང་བཞུགས་ཀྱི་དཀར་ཆག་ལ་གསལ་བ་ལྟར་བློས་དཔག་པར་མི་ནུས་པའི་རྟེན་རྫོངས། འཛམ་བུའི་གླིང་གི་དཔལ་ཀུན་བསྡུས་ནས་བཞུགས་པ་ལྟར་ཡིན་ཞིང་།

བྱམས་སྐྱ་དང་ལྡན་དུ། དགའ་ལྡན་ཆོས་ཀྱི་ལྷ་ཁང་ཀ་བ་བཅུ་དྲུག་གི་ས། ཀ་ཆེན་བཞིས་བཏེག་པ་འདིའི་འགྲམ་ཡང་འདེངས་པར་མཛད་ནས་སྤྱན་པ་མི་མངས་རྣམས་ཀྱིས་བློས་བླངས་པའི་ཞབས་ཏོག་ཡང་དག་གུས་ཞེན་དང་དད་མོས་རྩེ་གཅིག་པས་བསྒྲུབས་ཤིང་། བཀྲ་ཤིས་བརྩེགས་པའི་གཟིམས་ཁང་རྩེ་དེ་ཉིད་དང་། གྲྭ་ཁང་ཡང་ཕལ་ཆེར་ཐེབས། གྲྭ་པའི་ཚོགས་ཀུན་ཀྱང་ཉིན་པར་སྒོ་གསུམ་དགེ་བས་འཕོལ་བའི་གཡེང་བ་དེས་བྲེལ་བའི་ངང་ཉིད་ལས། སླར་ཆོས་བཟོད་རིགས་ལུང་སྟོང་ཆོས་སོགས་གང་ལ་ཡང་ཐོ་མི་ཐོག་པའི་བློ་བསྐྱེད་སོགས་ལྷག་པར་ཆེ་བ་ལ་བསམས་ན། སངས་རྒྱས་མཆོག་གི་མཛད་པའི་འཕྲུལ། སྤྲུལ་པ་མང་པོ་བྱེ་བ་ཕྲག་བརྒྱའི་ཚུལ་ཉིད་དུ་གྱུར་པའི་དབང་དང་། གཙུག་ལག་ཁང་གི་ལྟེམ་ཤིང་སོགས་ཀྱང་། མི་མ་ཡིན་པའི་འགྲོ་བ་དྲེགས་ལྡན་མཐའ་དག་གིས་གུས་པས་བསྟབས་པའི་རྣམ་འཕྲུལ་བསམ་གྱིས་མི་ཁྱབ་པ་དང་། ཀ་གདུང་སོགས་མི་བརྒྱར་ལོངས་ཀྱིས་བསྒྲུལ་བསྐྱོད་དཀའ་བ་དག་ཀྱང་། ཨར་ལས་པ་མི་ཉི་ཤུ་ཙམ་གྱིས་བདེ་བར་ཕྲག་པའི་ཁར་ལེན་ནུས་ཤིང་། ངལ་བ་དང་ཚད་པ་སྐད་ཅིག་མེད་ཅིང་ལེགས་པར་འཇོངས་པ་སོགས། བསམ་ཤིང་ཡིད་ལ་ངོ་མཚར་བའི་དད་པའི་མཆོག་ལྷག་པར་སྐྱེ་བ་ཉིད་ཡིན་པར་གོར་མ་ཆག་གོ །དེར་ལུག་ལོ་ལ་བྱམས་པའི་སྐུ་དང་། གཙུག་ལག་ཁང་གི་ཁྱོན་ཆེ་ལོང་ལེགས་པར་གྲུབ་པའི་རབ་གནས་དགྱེས་པ་རྡོ་རྗེའི་རྣལ་འཚོན་ཀྱི་དཀྱིལ་འཁོར་ལེགས་པར་བཞེངས་ནས། དགེ་སློང་རྡོ་རྗེ་འཛིན་པའི་ཞབས་འབྲིང་བའི་ཚོགས་དང་བཅས་པས་བཀྲ་ཤིས་མངའ་གསོལ་བརྟན་བཞུགས་ཞལ་གསོའི་བར་གྱི་ཆོ་གའི་ལེགས་བྱས་ཡང་དག་ཕུན་ཚོགས་སྒྲུལ། དེའི་སྟོ་སོར་སྟེ་པ་གཙང་ཆེན་དྲུང་དང་། ཏོར་ཤཱཀྱ་པ་སོགས་ཀྱིས་དབང་ཡོན་དུ་ཕུལ་བའི་ཆུ་དབར་ཆོས་རྫོང་། བདག་ཆེན་རིན་པོ་ཆེ་ཆུ་མིག་པ་བློ་གྲོས་དབང་ཕྱུག་པས་ཕུལ་བའི་ཆོས་གཞིས། སླར་ཡང་དབང་ལྡན་ཆོས་འཁོར་སོགས་ཉང་སྟོད་སྨད་ནས་ཀྱང་བོད་འབྲོག་གི་ཆོས་གཞིས་གསར་དུ་བྱུང་བ་ཀུན་ལ་གཞི་གནང་། གཙོ་བོར་སྟོད་མངའ་རིས། སྨད་མདོ་ཁམས་བར་གྱི་དད་མོས་ཅན་མཐའ་དག་གིས་གུས་པས་བསྟབས་པའི་དངོས་པོ་ཆེ་ཆུང་མ་ངེས་པ་དང་། ཐ་ན་ནས་འབྲུ་ཕྲ་བ་ཙམ་ཡང་ལོག་འཚོར་མི་འགྱུར་

བའི་དགེ་ཚོགས་ཀྱི་ལེགས་འཕེལ། ཉེར་གནས་ཡིད་བཞིན་ནོར་བུ་རིན་པོ་ཆེ་དྲུང་ཆེན་སངས་རྒྱས་སེང་གེ་བས་ཕྱག་བཞེས་ཀྱིས་ཐོ་བ་གནང་ནས། དབྱར་དགུན་གྱི་ཐུག་ཚུལ་སོགས་ཀྱང་སྒྲིགས་སུ་འགྲོན་པ་གནང་ཞིང་། བཅའ་ཡིག་རྣམས་སུ་འཁོད་པ་ལྟར་སྒྲིགས་རྣམ་གཞག་སྤྱི་དང་། ཆོས་ཀྱི་སྒྲིགས་སྤྱི་བསྐྱུར་དང་། གླིང་བསྲེས་དག་ཀྱང་གསང་ཕུའི་རྒྱུན་གྱི་ཐ་སྙད་མ་ཆག་པ་རེ་གནང་ངོ་། །དེར་མེ་ལུག་དགུང་ལོ་དྲུག་ཅུའི་སྟེངས་སུ་ཐེབས་པའི་སྐབས་ཀྱི་སྔོན། སྤྱི་བསོད་པ་རྣམས་ཀྱི་ནས་ཕུང་ལ་ཕྱག་ནས་ཞུས་པས་རྒྱས་པར་གནང་ཞིང་། དེ་མཚམས་དཔོན་པོ་རིན་ཆེན་བཀྲ་ཤིས་པ་བར་སློར་ཕྱག་ཕྱིར་འབྲངས་པ་ལ་དངོས་ཀྱི་བཀའ་ལུང་ལ། ཁྲིད་རང་རྣམ་པ་ནས་ཁལ་བཅུ་གསུམ་ཙམ་རེ་དང་བྲི་ཁ་རེ་ཨེ་ཡོང་ཕྱོས་གསུང་བའི་བཀའ་ལུང་བསྐྱུར་བས། ཕོང་རྣམས་ཀྱིས་ནས་ཀྱི་བྱུང་ཁུངས་བསྒྲིགས་པས། མི་རེ་ལ་ཁལ་བཅུ་རེ་ལས་ཐོབ་མི་ཐོབ་ལས་མ་བྱུང་བས། ཡུན་རིངས་བར་དུ་བསོད་སྙོམས་ནས་བགོད་རྗེ་ན་ཐོགས་པར་ལུས། དེར་རྐན་པ་འགའ་གྲོས་ཐག་བཅད་ནས། ད་བཀའ་ལུང་བཞིན་རང་བགོས་བྱས་ནས། སྤྱི་ཐོ་ལ་བཤར་བས་གྲྭ་པ་མི་རེ་ལ་ཁལ་བཅུ་གསུམ་དང་བྲི་ལྔ་དྲུག་རེ་ཁྲིད་པས་ཀུན་མཆོར་དུ་འཛིན་ཅིང་། མི་ཟད་ནམ་མཁའི་མཛོད་ལ་དབང་སྒྱུར་བའི་ཏིང་ངེ་འཛིན་གྱི་རྣམ་འཕྲུལ་ཁྱད་པར་ཅན་གྱིས་དབུལ་བའི་ཡུལ་ལས་ཡོངས་སུ་སྐྱོབས་པའི་བཀའ་དྲིན་མཛད་པ་ནི་ཡོངས་ལ་གསལ་ཏོ། །དེར་ས་ཕོ་སྤྲེའུའི་ལོ་དགུང་ལོ་རེ་གཅིག་གི་སྟེང་དུ་ཐེབས་སྐབས་ཚད་མའི་ཊཱི་ཀ་ཐུགས་རྩོམ་མཛད་ནས་སྤྱི་ཕྱིར་གཏོང་ཆོས་ལ་སྨྲལ་ཅིང་། བཀའ་ལས་ཐར་ཕྱིན་རྟོང་ཊཱི་ཀ་དང་རྗེ་དོན་ཡོད་དཔལ་བའི་ཚད་མའི་ཊཱི་ཀ་གཉིས་རང་རེས་དེ་སྟ་ཡན་ལ་ཚར་ལྔ་བཅུ་ལྷག་རེ་ལྟེ་ཐོག་ནས་སོང་ཡོད་དོ་གསུང་ཞིང་། དེ་ཕྱིན་ཀུན་བཟང་རོལ་མཚོ་ཉིད་གནང་ངོ་། །ཊཱི་ཀ་འདི་ལ་ཕྱིས་ཀྱི་མཁས་པ་རབ་འབྱམས་གཞུང་ལུགས་བརྒྱ་པར་གྲགས་པ་སྟེ་ཆོས་རྗེ་དངོས་གྲུབ་དཔལ་འབར་བ་དང་། ལྟུགས་ཐང་རབ་འབྱམས་པ་བསོད་ནམས་དཔལ་ལྡན་པ་གཉིས་ཀ་ཞལ་མཐུན་པར་ཤཱཀ་ཊཱི་ཀ་ཏུ་མཚན་གསོལ་ནས་ཆེ་བསྟོད་བསྔགས་གསུམ་བརྗོད་པ་དང་བཅས་འདི་སྟེངས་ནས་འཆད་ཉན་གནང་ངེས་ཡིན་ནོ་ཞེས་ཀྱང་གྲག་གོ །དེའི་ཕྱི་ལོ་དགུང་ལོ་རེ

གཉིས་ས་མོ་བྱ་ལོའི་སྐབས་སུ་སྤྱིར་ཀྱི་མཚན་ལྷས་ལྷར་གཞན་ངོར་སྨྱུན་མི་གསལ་བའི་ཚུལ་བསྟན་ཞིང་། དེ་ཡང་ཐད་སོར་གཟིགས་པས་མི་ངོ་བདེ་བླག་ཏུ་མི་དགོངས་པར་སྨྱུན་ཚབ་པས་བརྡའ་སྦྱོར་འབུལ་དགོས་ཤིང་། ཡང་སྐུའི་མདུན་ངོས་ཀྱི་དངོས་སྤྱོད་ཕྲ་བ་ཡང་གཟིགས་པ་ཞིག་ཡོད་པས། དེ་སྐབས་བཀྲ་ཤིས་བརྩེགས་པའི་ཉི་གྲིབ་མཚམས་ན་བཞུགས་པ་གནང་བ་ལ། རྒྱ་བར་མདའ་དཔོན་པས་སྐུ་དྲུང་དུ་ཕྱིན། སྒོ་གསེང་ནས་ག་ལེ་བལྟས་པས། པཎ་ཆེན་རིན་པོ་ཆེ་ཉི་ཤར་ལ་བཞུགས་པའི་སྐུ་པང་ན་ན་བཟའ་ལ་སྤྲུ་ཡོད་པ་ཕྱིར་ཕྱག་གིས་གསོལ་བ་གནང་གིན་འདུག་པ་མཐོང་རྗེས། ནང་དུ་ཐལ་འཁོར་ཕྱག་ཕྱུལ་བས་དེ་སུ་ཡིན་གསུང་བ་ལ། ཁོང་གིས་ཡོན་མཆོད་ཐུགས་སྣང་དག་པའི་ཤགས་ག་ཕུལ་ཏེ། བདག་སྤྲུ་ལས་ཕྲ་བ་དེ་ཡིན་ཞུས་ཟེར་སོ། །དེ་ལོ་ལུགས་གཉིས་རྣམ་འབྱེད་ཀྱི་འགྲེལ་པ་དེའི་ཐུགས་རྩོམ་དང་། སྤྱི་ཕྱིར་དབུ་མའི་ལྟ་ཁྲིད་ཆེ་ཆུང་། བྱང་ཆུབ་སེམས་འགྲེལ། ཆོས་དབྱིངས་བསྟོད་པ་རྣམས་ཀྱི་འགྲེལ་བཤད། སྦྱོར་ཡིག་བདུད་རྩིའི་ཐིགས་པའི་འགྲེལ་པ་དང་། སྦྱོར་ཡིག་ཚངས་པའི་འཁོར་ལོའི་ངེས་དོན་ལ་བདུད་རྩི་ཐིགས་པ་སོགས་ཀྱང་རིམ་པར་གནང་། དེ་སྐབས་དྲུང་ནས་ཆོས་ཀྱི་བཟང་པོ་བས་གསོལ་ཇ་ལ་སྨྱུན་འདྲེན་ཞུས་པས། པཎ་ཆེན་རིན་པོ་ཆེ་གཞན་ངོར་སྨྱུན་མི་གསལ་བའི་ཚུལ་གྱིས་ཕེབས་བཞུད་ལ་གོ་ནད་ཡོད་ཚུལ་དྲུང་ནས་ཆོས་ཀྱི་བཟང་པོ་བས་གཟིགས་པས། ཕ་ང་འདི་འདྲ་མ་མཐོང་ཙམ་ལ་གསུམ་པར་མ་ནུས་ཨང་། ཞེས་ཐུགས་ལྷག་པར་འབྱུང་བའི་ཉེན་སྐད་གནང་ཞིང་། དེར་གསོལ་ཇ་གྲུབ་རྗེས་པཎ་ཆེན་རིན་པོ་ཆེ་བླ་བྲང་དུ་ཕེབས། དྲུང་ནས་ཆོས་ཀྱི་བཟང་པོ་བ་གཞན་བསླུང་བའི་རྣམ་པ་གང་ཡང་མེད་པར་དེ་ནུབ་རང་འོད་ཀྱི་སྤྲུ་གུའི་འཕོ་བ་མཛད་ནས་གཤེགས་པས། གདུགས་དང་བླ་རེ་རས་ཁྲའི་འཁོར་ལོ་མ་ཆུང་ཆུང་མ་ཞིག་དབུ་ཐོག་ན་ཡོད་པ་བ་ཐག་དཀར་དམར་བབ་ལའི་རྒྱ་ཐག་འདྲ་བས་སྤྲེལ་བ་དེ་དུས་ཀྱི་ཕྱག་གཡོག་མཐིལ་མ་ཡིན་པའི་མངའ་རིས་པའི་རབ་འབྱམས་པ་ཐར་པ་བཟང་པོས་དངོས་སུ་མཐོང་བ་ལས་ཐོས་སོ། །དྲུང་ནས་ཆོས་ཀྱི་བཟང་པོ་བ་འཕྲུལ་པཎ་ཆེན་རིན་པོ་ཆེ་ལ་ཞུ་ཐོད་ཆེ་ཞིང་། པཎ་ཆེན་དྲུང་གིས་ཀྱང་འཛོམ་མལ་དང་ཆེ་བཀུར་དཔག་མེད་གནང་། བཀའ་ཆོས་

ཀྱང་ཀུན་མཁྱེན་རོང་པོའི་རྣམ་ཐར་གྱི་ལུང་ཙམ་ལས་མ་གསན་པ་ཡིན་ཞེས་དེ་དུས་ཀྱི་གྲྭ་རྒན་རྣམས་གསུང་ངོ་། །འདི་དུས་ཉིན་གཅིག་སྔ་ཆོས་བྱ་རྒོད་ཕུང་པོར་གསུངས་ནས་གསོལ་གྲོ་ལ་བླ་བྲང་དུ་ཐེབས་ཕྱག་གཡོག་ལ་དྲུང་བརྩོན་ཤེས་རབ་དཔལ་འབྱོར་པ་ཡོད་པས། ཁོང་གིས་བཞུགས་གདིང་དང་གསེག་ཀ་ལི་ཁྱེར་ནས་ཕྱིན་པས། པཎ་ཆེན་རིན་པོ་ཆེས་སྐྱུན་གྱིས་མི་གཟིགས་པའི་ཚུལ་གྱིས་བླ་བྲང་གདོང་གི་ཤིང་སྒྱུར་པའི་སྟོང་པོ་དེ་ལ་དབུ་དཔྲལ་བརྡབས་ནས་སོང་བས། ཁོང་ཞེད་དྲགས་ནས་ཉེན་སྐད་ཀྱང་ཁ་ནས་ཤོར་བས། པཎ་ཆེན་རིན་པོ་ཆེའི་དྲུང་ཕྱག་གཡས་པ་ཡུག་ཡུག་མཛད་ནས། ཨའུ་ཙོ་གསུངས་པ་ན་ཤིང་སྟོང་དེ་ལ་ཕྱག་ཐགས་ཐོགས་ཅི་ཡང་མེད་པ་ཁོང་གིས་མངོན་སུམ་དུ་གཟིགས་པས། ཀུན་རྫོབ་འཁྲུལ་པའི་སྣང་བ་མཐའ་དག་རང་བཞིན་མེད་པ་ཆུ་ཟླ་ལྟར་རང་ངོ་སྟོང་པར་གཟིགས་པའི་ལྟད་མོ་དང་རྗེས་འབྲེལ། མི་ཕྱེད་པའི་དད་པས་སླེང་བརླན་ནས། དེ་ཉིན་མན་ཤཱཀྱ་དབང་མ་བརྒྱ་རྩ་རེ་འདོན་པའི་དམ་བཅའ་ནམ་གཤེགས་བར་མ་ཆག་ཅིང་། དེར་སློབ་མ་མཐིལ་ཕྱིན་དམ་ཚིག་གཙང་མ་རྣམས་ལ་དངོས་སུ་བཀའ་ལུང་སྩོན་པ་ལ་ཡང་། ངེད་རང་གི་ལམ་དུས་དེ་ཤཱཀྱ་དབང་མ་འདོན་པ་འདི་རང་ཡིན་གསུང་ཞིང་། ཕྱིས་དྲུང་བརྩོན་ཤེས་རབ་དཔལ་འབྱོར་བ་གཤེགས་པའི་སྐུ་གདུང་ཞུགས་འབུལ་བྱས་དུས། དབུ་ཐོད་ལ་ཤཱཀྱ་དབང་མའི་ཡི་གེས་བསྐོར་བ་འབྱུངས་ཏེ། ལམ་ཐམས་ཅད་བླ་མའི་མོས་གུས་ཀྱིས་རྫོགས་པ་ཞིག་ཡིན་ལ། དྲུང་བརྩོན་རིན་པོ་ཆེ་བ་འདི་ལ། བདག་གིས་མའི་སྟོར་གནས་པ་ནས་བཟུང་སྟེ། ལོ་ཉི་ཤུ་རྩ་དྲུག་འགྲོ་བའི་བར་ཞབས་བརྟེན་ནས། པཎ་ཆེན་རིན་པོ་ཆེ་ནས་བརྒྱུད་པའི་དབང་རྗེས་གནང་གྲངས་མེད་པ་ཐོབ་པོ། །དེ་ལྟར་དེ་ལྟ་བུའི་ཚུལ་རང་གི་མཆེད་གྲོགས་མཆོག་དྲུང་ཡིག་ཆོས་རྒྱན་པ་ལ་བཤད་པས། ཁོང་ན་རེ། དེ་ཀ་ཡིན་ན་ཉིང་ཞིག་གཞིས་ཀར་སྟེ་བདག་དོན་ཡོད་རྗེ་རྗེ་ལ་གཤེད་དམར་གྱི་དབང་བསྐུར་ཞིག་གནང་དུས། འཕྲུལ་གྱི་གཟིམས་ཆུང་བ་ལ་གཡག་སྟེ་དཔེ་ལུང་བའི་དཔོན་ཆུང་དེ་བསྐོས་འདུག་ཅིང་། ཁོང་གིས་སྟར་གཡག་སྟེ་སེ་པའི་ཞལ་ངོ་། བོ་དོང་པ་ཡིན་པའི་མཁས་མཆོག་ཡོན་ཏན་རྒྱ་མཚོ་ཟེར་བ་དེ་ཀུན་གྱིས་ཕྱག་གཡོག་བྱས་འདུག་ཅིང་། ཁོང་དབང་བཀའ

གང་གནང་ལ་སྦྲོས་སྦྲོས་ཀྱིས་ཚ་ག་སོགས་མཛད་པའི་མིག་རྒྱུགས་བྱས་ནས། སྐེ་པའི་དྲུང་དུ་པཎ་ཆེན་རིན་པོ་ཆེ་མདོའི་མཁྱེན་རབ་ནི་འཛམ་དཔྱངས་དངོས་ཡིན་ངེས་སུ་འདུག ཕྱགས་རང་མི་མཁྱེན་པ་འདྲ། དབང་གནང་བ་ལས་ཚོག་གི་གར་སོགས་ཀྱང་མཛད་རྒྱུ་མི་སྣང་ཞུས་པས་བདེན་དགོངས་སྐེ་པའི་དྲུང་གིས་ཀྱང་ཅོ་འདྲིའི་ཚུལ་དུ། ཞབས་དྲུང་འདི་ནས་དབང་ལ་ས་ཚོག་སོགས་མི་མཛད་ཡོད་ལགས་སམ་ཞུ་ཡིན་འདུག་པ་ལ། པཎ་ཆེན་རིན་པོ་ཆེའི་བཀའ་ལུང་ལ། ས་ཚོག་སོགས་སྦྱོར་བཏང་དང་དམིགས་བསལ་བྱེད་དགོས་པས། ཕོ་བྲང་འདི་ཀུན་སྤར་བླམ་གོང་མ་མང་པོས་བྱིན་གྱིས་བརླབས་པར་འདུག་པས་མི་དགོས་པར་འདུག ས་ཚོག་གི་གར་སོགས་སྤར་རང་རེ་ལོ་གཞོན་པའི་དུས་ཁམས་སུ་འགྲོ་སླམ། གསང་ཕུ་བྲག་ནག་དང་མཚུར་ཕུ་གཉིས་སུ་མཁས་པར་སྦྱངས་ཤིང་། ལྷག་པར་ཀམ་དགོན་དུ་གུར་ལ་མཁས་པའི་མཚན་གཞིར་ཐོགས་པ་ལགས། དེ་བས་དབང་བསྐུར་བ་ལ་འདི་གལ་ཆེ་བར་སྣང་གསུང་། སྐུ་མདུན་གྱི་རྡོ་རྗེ་དྲིལ་བུ་གཉིས་ཕྱག་གིས་བཞེས་ནས་མདུན་གྱི་བར་སྣང་ལ་བཞག་སོང་། དེ་དགོངས་པ་མཛོད་གསུང་། ཡང་ཕྱག་གིས་སྤར་ཤུལ་དུ་འཛོག་པ་གནང་སོང་བས། སྐེ་པའི་དྲུང་ཐུགས་མོས་པ་ཐུན་མོང་མ་ཡིན་པར་སྐྱེས། དབུ་དཔྲལ་ཞལ་བ་ལ་རྡེབས་ཤིང་ཕྱག་བརྒྱ་ཙམ་གནང་རྗེས། ཞབས་དབུར་བཀོད་དེ་ཡུན་རིང་ཞིག་སྨོན་ལམ་གནང་ནས། ངེད་ལ་ཐོག་གསུང་བའི་སྒྲོན་བཟའ་གནང་ནས་ཕྱིར་ཐེབས་པའི་ཕྱག་ཕྱི་བྱས་ཕྱིན་པས། དཔེ་ལུང་པའི་ཁ་འཆལ་དེས་འཇིགས་ལ་དགའ་སྤྲོ་ཆེ་བ་དུས་མཉམ་ཞིག་བྱུང་། ད་རང་རེས་བསོད་ནམས་བསགས་འདུག་པས་སྙིང་ནས་དགའ་བ་བསྒོམས་ཤིག གྲུབ་རྟགས་འདི་འདྲ་བྱུང་བ་མི་ལ་ཤོད་རེའི་རང་རེ་མཛུབ་མཐུད་བླམའི་སྐུ་ཚེའི་དགག་བྱ་ཡོང་གསུང་ནས། མཛུབ་མོ་མཐུད་པ་ཡིན་པས་ད་རེས་ལས་སོ་སྐོར་མ་བཏོན། ད་ཁ་སྟོམས་ཟེར་ནས་སྨྲས་བརྗོད་སྤངས་ཞེས་བདག་གིས་ཡང་ཡང་དངོས་ལས་ཐོས་སོ། །དེའི་ཕྱི་ལོ་ལྕགས་ཕོ་ཁྱི་ལོ་ཤར་འཕྲུལ་མཁར་ཁ་བའི་མིག་འབྱེད་པས་སྤྱན་དབྱེའི་ཚུལ་ཕུལ་བས། དཀའ་ཚོགས་གང་ཡང་མེད་པར་གསེར་ཐུར་བསྒྲིལ་ཐེངས་གཅིག་ལ་གསལ་བ་རབ་ཀྱི་མཐར་ཕྱིན་པའི་ཚུལ་སྟོན་པ་གནང་ཞིང་། དེར་སྤྱན་འབྱེད་

པས་ཕྱག་བཙལ་ནས་དར་སྔོན་པོ་ཞིག་ཕྱར་ཏེ་དགོངས་ལགས་སམ་ཞུས་པས་ཤེས་བྱུང་། ནམ་མཁའི་མདོག་ཏུ་སྣང་། ག་རེ་བྱུང་ནས་ཆོས་ཀྱི་བཟང་པོ་བ་དེ་བཞུགས་ན་ཨང་ཡོང་དེ་ལ་དགྲེས་པ་མཐའ་དབུས་མེད་པ་ཞིག་འབྱུང་བ་སྣང་བས་གསུང་། ཞེས་བྱུང་ཡིག་ཆོས་རྒྱན་ལས་བརྒྱུད་པའི་གསུང་སྒྲོས་སོ། །འདི་ལྟར་ཚུལ་སྟོན་པ་ཡང་སྔོན་བག་སྟོན་པའི་དུས་ཀྱང་སྤྱན་ཡ་གཅིག་མི་གསལ་ཞིང་། དེའི་རྒྱུ་མཚན་ཡང་བག་སྟོན་ཉིད་ཀྱི་གསུང་ལས། སྔོན་ང་ཧར་སྐྱེས་དུས་ཧ་རོགས་ལ་ཕྲ་བ་བརྒྱབ་པས་མིག་སྣད་པའི་ལས་ཀྱི་མཐའ་ཡིན་གསུང་བ་ལྟར་དང་། སྔར་ཚེ་བསྒྲུབ་གནང་ངོ་ཚོག་ལ་དྲུག་ཅུ་རེ་གཅིག་གཉིས་དོག་པའི་ལུང་བསྟན་གྱི་དབང་ལས་ཡིན་པར་སྣང་། དེར་སྤྱན་གསལ་གྱི་ཞལ་དཀར་རྒྱ་ཆེར་འབུལ་མི་བྱུང་ཞིང་། སྔར་ལས་གསལ་བའི་ཚུལ་གྱིས་ཕྱག་དཔེའི་མཆན་ཕྲ་མོའི་ཡི་གེ་ཡང་བདེ་བླག་ཏུ་གཟིགས་ཚུལ་གནང་། དེ་ནས་ཁྱི་ལོའི་དཔྱིད་མཚམས་ལ་རིན་སྤུངས་སུ་སྤྱན་དྲངས་ནས། སེ་བདག་སྐུ་མཆེད་རྣམས་ཀྱིས་དབང་དང་བྱིན་རླབས་དཔག་མེད་གསན་ཞིང་། རོང་དང་ཤངས་སོགས་ནས་དད་འདུས་ཀྱི་དགེ་བསྙེན་དགེ་ཚུལ་དགེ་སློང་ཞུ་མི་མང་བ་དང་། སེམས་བསྐྱེད་དབུ་སེམས་གཉིས་ཀ་ཡང་ཞུ་མིའི་ངོར་སྩལ། ཀྱཻ་རྡོ་རྗེ་རས་བྲིས་ལ་བརྟེན་པའི་དབང་ཆ་གསུམ་ཙམ་རྣམས་གནང་ཞིང་། སྐལ་བཟང་དམ་ཚིག་ཅན་དེ་དག་གིས་ཞུས་པའི་ངོར། ཁྱོད་བླ་མ་མཆོག་གི་སྤྲུལ་སྐུ། །ང་རང་ལུས་རྩ་ཡི་འཁོར་ལོ། །ཆོས་བུམ་པའི་དབང་བསྐུར་སྩོལ་བས། །དོན་བསྐྱེད་རིམ་ལྷ་ཡི་དཀྱིལ་འཁོར། །དུས་དེ་རིང་འགག་མེད་དུ་ཤར་རོ། །སྐབས་འདིར་ཡང་བཀའ་དྲིན་ཆེའོ། །ཞེས་སོགས་ཀྱི་གསུང་མགུར་ཡང་གནང་ཞིང་། དེར་བུ་རམ་བསྒར་མ་རང་ཡང་དྲིལ་ཁལ་གཉིས་ཀྱི་སྐྱ་འཁྱོས་དང་བཅས་ནས་སླར་གསེར་མདོག་ཅན་དུ་ཕེབས། མང་ཇ་བུར་འགྱེད་སོགས་ཀྱིས་གྲྭ་པ་རྣམས་ཡིད་ཚིམ་པའི་བཀའ་དྲིན་སྩལ་ཏོ། །མ་ཕམ་ཞལ་གྱི་དཀྱིལ་འཁོར་མདངས་གསལ་བ། །བརྒྱུད་པར་བཅས་པའི་སྤྱན་ཡངས་ལ་འཁྲུད་དེ། །བྱམས་ཆོས་ལུས་སྐྲུན་གཟུགས་བརྙན་གསལ་བའི་ཚོག །དེང་འདིར་སྔོན་མེད་ལེགས་བཤད་རྒྱ་ཆེར་སྤེལ། །བྱམས་སྐུའི་རི་བོ་རིན་ཆེན་ལས་བསྒྲུབས་པ། །གསེར་མདོག་གཟི་འོད་འཁྲོ་བའི་

དཔལ་གང་ནི། །དཀའ་བ་མེད་པར་དགའ་ལྡན་ལྷ་གནས་ནས། །ངང་གིས་བྱོན་ཏེ་གནས་འདིར་བཞུགས་པ་བཞིན། །བྱམས་མགོན་གཉིས་པ་དོན་ཡོད་དཔལ་བཟང་པོའི། །སྐུ་གདུང་ཁ་བའི་འོད་ཆགས་དུམ་བུ་དག །རིན་ཆེན་དར་གོས་ཀྱིས་གླུབས་ཆོས་སྐུའི་རྟེན། །བྱེ་བ་ཕྲག་བརྒྱར་སྤེལ་ནས་དེ་ནང་བཞུགས། །ལྷ་གནས་ཡིད་འཕྲོག་བྱམས་པའི་གཙུག་ལག་ཁང་། །མི་དང་མི་མིན་དད་པའི་འཕྲུལ་ལས་བསྒྲུབས། །ལྷ་བཅས་འགྲོ་བའི་ཕྱག་དང་མཆོད་པའི་ཞིང་། །ངོ་མཚར་དཔག་ཡས་ཐུགས་རྗེའི་དཔལ་གྱིས་བསྐྲུན། །རྒྱ་གར་ཡུལ་ནས་ཉན་ཐོས་དགེ་སློང་གང་། །སློང་བའི་སྣོད་དུ་བྱང་ཆུབ་ཤིང་ལོའི་ཚོགས། །མ་སྤགས་གཙང་སྦྲའི་བཀུར་སྟིས་སྤྱན་དྲངས་ཏེ། །བྱམས་པའི་སྐུ་ལ་ཆེད་དུ་འབུལ་བར་མཛད། །བྱམས་པའི་རང་བཞིན་གཡག་རོང་ཨ་མོ་ག །བྱམས་པས་རྗེས་སྤྲུལ་པཎ་ཆེན་ཆོས་ཀྱི་རྗེ། །བྱམས་ཆོས་བསྟན་པའི་བདག་པོ་བརྒྱུད་པར་བཅས། །བྱམས་པའི་ཐུགས་ཀྱིས་འགྲོ་བའི་སྐྱབས་མགོན་གྱུར། །ཅེས་པཎྜི་ཏ་ཆེན་པོ་ཤཱཀྱ་མཆོག་ལྡན་དྲི་མེད་ལེགས་པའི་བློ་གྲོས་ཀྱི་རྣམ་པར་ཐར་པ་ཞིབ་མོ་རྣམ་པར་འབྱེད་པ་ལས། བྱམས་པའི་སྐུའི་སྣང་བརྙན་རྗེས་སུ་བསྒྲུབས་པའི་སྐབས་ལས་བརྩམས་པའི་རབ་ཏུ་བྱེད་པ་བཅུ་དགུ་པའོ།། །།

བསྔགས་པར་འོས་པའི་ཆ་ཤས་འགའ་ཞིག་ལས་རྗེས་སུ་བསྒྲགས་པའི་སྐབས་ཏེ་རབ་ཏུ་བྱེད་པ་ཉི་ཤུ་པ།

དེར་པཎ་ཆེན་རིན་པོ་ཆེ་སློབ་མའི་ཚོགས་ཀྱི་ཞབས་འབྲིང་དང་བཅས་པས་སྟག་གྲུ་ཁ་ནས་ཨུ་ཡུག་ལ་གནང་། དེ་ནས་སྟག་པའི་ཧུ་བ་སོགས་ལ་བརྒྱུད་དེ་བྱང་ལམ་ལ་མཛད་ནས། འཕན་ཡུལ་རིག་པའི་འབྱུང་གནས་ཀྱི་གཙོ་བོ་མཁར་རྩེར་ཕེབས་ཤིང་། དེར་དཔོན་སློབ་བྱེས་པ་རྣམས་སྐྱུ་ངལ་བསྟེན་ཆེད་བཅག་མལ་ཙམ་གནང་ནས་སྐལ་ལྡན་ཤིང་རྟའི་ཕོ་བྲང་རྒྱ་མ་ཁྲི་ཁང་དུ་ཕེབས་ནས། ཟླ་བ་གཉིས་ཀྱི་རིང་ཙམ་བཞུགས། ཆོས་ར་རིགས་ལུང་ལྷག་པར་སྨན་

ཞིང་། རྒྱ་མའི་ཞལ་ངོ་རྣམ་པས་གཙོ་མཛད་ལ། ནཱ་རོ་ཕྱུག་ཆེན། ལྷན་ཅིག་སྐྱེས་སྦྱོར། ནཻ་གུ་དབང་དང་རྗེས་འབྲེལ་གྱི་ཤངས་པའི་གསེར་ཆོས་བཞི་ཚང་མ་རྣམས་གནང་ལ། བྱེས་པའི་ཆེ་བཙུན་གཅིག་ཀྱང་མ་ཚུད་ལ། དྲིན་ཅན་སྤྱང་ལུང་པས་དེར་གནང་བ་ཀུན་གསན་ཞིང་། པཎ་ཆེན་རིན་པོ་ཆེའི་ཞལ་ནས། འདི་རྣམས་སྤྱང་ལུང་རིན་པོ་ཆེ་ནས་བརྒྱུད་པ་ཡིན་ཞེས་ཆེད་དུ་སྨྲས་ཅིང་། དྲིན་ཅན་སྤྱང་ལུང་པ་སྐྱུ་རྒྱང་ལ་མཆོག་དབང་སྟོན་དུ་འགྲོ་བའི་སྦྱོར་བ་ལན་(ཡན)ལག་དྲུག་གི་ཁྲིད་ཀྱང་གནང་སྟེ། པཎ་ཆེན་རིན་པོ་ཆེས་སྦྱོར་དྲུག་གནང་བའི་ཐོག་མ་རང་འདི་ཡིན་གསུང་ངོ་། །དེར་གཞི་བྱེས་ཀྱི་ཚོགས་པ་ཀུན་ལ། རྗེ་རོང་སྟོན་ཆེན་པོ་ནས་གསན་པའི་ཇོ་བོ་རྗེ་དཔལ་ལྡན་ཨ་ཏི་ཤའི་ལུགས་ཀྱི་སྒྲོལ་མ་ཉི་ཤུ་རྩ་གཅིག་གི་རྗེས་གནང་ཡང་ཚོགས་སུ་སྨྲས་ཅིང་། པཎ་ཆེན་རིན་པོ་ཆེས་མཁན་པོ་དང་། སྤྱན་སྔ་གྲུབ་རྒྱལ་བས་སློབ་དཔོན་མཛད་ནས་རྒྱ་མར་ཡྭ་ཚང་གསར་འཛུགས་ཀྱི་ཐུས་བཙུན་སྟོབས་ཆེ་བའི་རབ་བྱུང་བསྙེན་པ་དེར་བཞུགས་རིང་གནང་ཞིང་། ཁྱད་པར་དེ་དུས་རྒྱ་མ་བའི་ཞལ་ངོ་ཆོས་མཛད་མ་ཆོས་གྲུབ་དཔལ་མོ་འཚོའི་དྲུང་གིས་པཎ་ཆེན་རིན་པོ་ཆེའི་དྲུང་དུ་མཁན་པོ་ཞུས། ལས་ཀྱི་སློབ་དཔོན་སྤྱན་སྔ་གྲུབ་པའི་རྒྱལ་པོ། གསང་སྟོན་རྗེ་བཙུན་ཀུན་དགའ་རྒྱལ་མཚན། ཚངས་སྤྱོད་ཉེར་གནས་ཀྱི་སློབ་དཔོན་རྗེ་བྲག་དམར་བ། དུས་སློབ་དྲུང་དབང་བཟང་པོ། གྲོགས་དན་པ་ཆོས་རྗེ་བསམ་གཏན་པ། ལས་གྲྭའི་ཁ་སྐོང་བྱེས་ཀྱི་སློབ་དཔོན་པ་རྣམ་བཞིས་མཛད་ནས། དགེ་སློང་མའི་སྡོམ་པ་བཞེས་ཏེ་རྒྱ་མ་དགེ་སློང་མར་མཚན་ཐོབ་བོ། །དེ་ནས་སྣང་ཐང་དུ་ཐེབས་དབྱར་ཞལ་བཞེས་གནང་། གཞི་བྱེས་ཀྱི་གྲྭ་པ་བློ་ཆོད་མཐོ་བ་འགའ་ཞིག་བསྡུས་པ་སུམ་བརྒྱ་ཙམ་ལ་ལམ་འབྲས་ངོར་ལུགས་ཚོགས་ཆོས་སུ་གསུངས་ཤིང་རྒྱ་ནའི་ཞལ་ངོ་རྣམས་དང་། ལྷག་པར་དྲིན་ཅན་སྤྱང་ལུང་པ་ལ། ཁྱད་ཆོས་སྙིངས་པའི་ཕ་ཆོས་རང་དེ་འདི་ཡིན་གསུང་ཐེག་ཆེན་ཆོས་ཀྱི་རྒྱལ་པོ་ལས་བརྒྱུད་པའི་ལམ་འབྲས་ཆ་ལག་ཡོངས་སུ་རྫོགས་པར་སྨྲས། དེ་ལོ་ཆར་ལྷག་པར་དཀོན་པས། ཡབ་པ་སྒོ་མོ་སོགས་ཀྱི་ནུས་ཆེ་ཆེའི་རྟོགས་ལྡན་ཀུན་གྱིས་ཆར་འབེབས་ཅི་བྱས་ཀྱང་ཆར་མ་ཐེབས་པར་ཞིང་པའི་རེ་ཐག་ཆད་པའི་སྐབས་དེར། སྣང་ཐང་གི་འཁྲིས་ཀྱི་

ཆུ་མིག་དེར་གཞི་བྲེས་ཀྱི་དགེ་འདུན་ཡོ་བསགས། མང་ཇ་ཉིས་སྦྲེལ་རིང་སྦྱིན་ཆེན་པོའི་མདོ་སློག་པ་དང་། སྒྲོལ་མའི་ཞུར་འདོན་གནང་ནས། ཁྲུས་གསོལ་རྒྱ་ཆེར་མཛད་པས། ནམ་མཁའ་ལ་སྤྲིན་སོགས་ཅང་མ་བྱུང་བས་གྲྭ་པ་ཀུན་ཐུགས་མཛངས་པའི་ཚུལ་དུ་སྣང་ལ། གྲོང་ཁྱིམ་པ་ཀུན་ངེས་པར་ཆར་འབེབས་མཁན་གཞན་དང་ཡེ་མི་འདྲ་བས་ཐུགས་རྗེ་བསླུ་བ་མེད་ཅེས་མགྲིན་གཅིག་ཏུ་སྒྲོག་གོ །དེར་དེ་ནུབ་ཐུགས་དམ་ལ་བཞུགས་དུས། དྲུང་ཡིག་ཆོས་རྒྱུན་པ་ལགས་རེ། ནམ་མཁའ་ལ་སྤྲིན་ཅི་སྣང་ཕྱོས་གསུང་དུས། སྤྲིན་ཡེ་མི་སྣང་ཆར་འབབ་པའི་གཤིས་སུ་མི་འདུག་ཞུས་པས། འོ་ན་ད་དུང་ཡང་སྒྲོལ་མ་ལ་ཡོན་ཆབ་ཅིག་ཤོམས་ཤིག་གསུང་ནས། སློབ་དཔོན་ཙནྡྲ་གོ་མིའི་ཐུགས་དམ་ཡིན་ངེས་ཀྱི་སྒྲོལ་མ་རྒྱ་གར་མ། གློ་བོ་སྡེ་པ་ཨ་སེང་པས་ཕུལ་བ། ཞབས་ལ་ལཱུའི་ཡི་གེར་དགེ་བསྙེན་ཟླ་བའི་ཡི་དམ་དུ་བཞེངས་ཟེར་བ་ཞིག་སྐུ་དང་འབྲལ་མེད་གར་ཕེབས་ཏུ་རྟེན་ས་པའི་འཕགས་མའི་དྲུང་ལ་ཆེད་ཀྱིས་མཆོད་ཤོམས་གནང་ནས་གསོལ་བཏབ་མཛད་པའི་སྐད་ཅིག་དེ་ལ། ཕྱོགས་བཅུ་ནས་སྤྲི (སྤྲི) བུར་དུ་ཆར་སྤྲིན་འདུས་ཏེ། འབྲུག་སྒྲ་ཟབ་མོའི་སྒྲ་འབྱིན་པ་དང་ལྷན་ཅིག་ཆར་ཆེན་ཕབ་ཅིང་། དེ་ནུབ་རང་ལ་གཉའ་ཤིང་གི་དཔངས་ཙམ་གྱི་སའི་དཀྱིལ་འཁོར་མ་ལུས་པ་ཡོངས་སུ་ཚིམ་པར་གྱུར་པས་སང་སྔ་ཚོས་ཀྱི་ཆོས་ཁྲི་ཁར་ཕེབས། གང་བློ་མ་གནང་སྐབས་ཉིད་ནས་ཡུལ་འཁོར་གྱི་གྲོང་པ་མ་ལུས་པ་དགའ་སྟོན་གྱི་ཕྱག་འཚལ་བ་ལ་ལྷགས་ཏེ། མར་གྲོག་ཕུལ་བ་སྐུ་མདུན་དུ་གངས་འཕྱུར་བ་ཙམ་བྱུང་ཞིང་། རྒན་པ་འགའ་རེ་འདི་འདྲའི་སྐྱིད་སྐྱལ་བས་ངེད་རང་གི་རྟ་འབུལ་བ་ཞུ་ཞེས་སྨྲེང་བ་ལས་མཆོན་པའི་ཡིད་དགའ་བའི་དཔལ་གྱིས་ཁྱབ་པར་གྱུར་ཅིང་། བཀའ་ལས་ཀྱང་། རྗེ་བཙུན་སྒྲོལ་མའི་སྐུ་འདི་ལ་དིང་སང་ཚུན་ནས་བྱིན་རླབས་ཆར་འབེབས་མར་མཚན་གསོལ་ཏོ། །ཞེས་གསུང་ཞིང་། ཕྱིས་པཎ་ཆེན་རིན་པོ་ཆེ་ཞི་བའི་དབྱིངས་སུ་བཞུད་རྗེས་རྗེ་དཔོན་ཤཱཀྱ་རྒྱལ་མཚན་པས། སྟག་ལུང་ཆོས་རྗེ་རྣམ་རྒྱལ་གྲགས་པ་ལ། སྣང་ཐང་པ་དང་སྟག་ལུང་པའི་རྩོད་གླེང་ཞིག་གི་ཆེད་དུ་ཕུལ་ཏེ། དེང་སང་སྟག་ལུང་ན་བཞུགས་སྣང་བས་བདག་གིས་ཕྱག་མཆོད་སྨོན་ལམ་གྱི་སྐལ་བ་ཐོབ་བོ། །དེ་ལྟར་ན་དབྱར་གྱི་དགག་དབྱེ་དང་

དུས་མཚུངས་སུ་སྤྱན་སྔ་བློ་གྲོས་རྒྱལ་མཚན་པའི་ནང་རྟེན་གསེར་སྐུ་རྡོ་རྗེ་འཆང་རྗོ་ཚད་མ་དེ་ཉིད་ཀྱི་རབ་གནས་རྒྱས་པར་མཛད་རྗེས། ད་མི་ལ་ཡང་རབ་གནས་ཤིག་དགོས་པ་ཡོད་གསུང་ནས། པཎ་ཆེན་རིན་པོ་ཆེས་བཀའ་བགོད་དང་ལེན་ཐམས་ཅད་མཛད་ནས། པཎ་ཆེན་རིན་པོ་ཆེ་རང་གིས་མཁན་པོ། སྣང་ཐང་སྤྱན་སྔ་གྲུབ་རྒྱལ་བས་ལས་སློབ། རྗེ་ཀུན་དགའ་རྒྱལ་མཚན་པས་གསང་སྟོན་དང་། ཆེན་པོ་ར་ཆུང་པ་ཡོན་ཏན་ཆོས་འཕེལ་བས་དུས་སྒོ་བ། རྗེ་བྲག་དམར་བ་ཀུན་དགའ་ཚེ་འཕེལ་བས་གྲོགས་དན་པ། སློབ་དཔོན་དྲུང་ནས་གྲགས་པ་བྱང་ཆུབ། ཤང་སྟོད་རབ་འབྱམས་པ་ལྷུན་གྲུབ་དཔལ་བཟང་པོ། ཤངས་སྟོན་སངས་རྒྱས་བློ་གྲོས། མངོན་པ་བ་གྲགས་པ་བཟང་པོ་སྟེ་བཞི་དང་། རིགས་གཏེར་སློབ་དཔོན་པ་ཀུན་དགའ་བསམ་གཏན་དང་། རྒྱ་མ་སློབ་དཔོན་དབང་ཕྱུག་བཟང་པོ་བ་སྟེ། གཞི་བྱེས་ཀྱི་སློབ་དཔོན་དེ་རྣམས་ཀྱིས་གྲངས་ཀྱི་ཁ་སྐོང་གནང་ནས་བདག་གི་དྲིན་ཅན་རྩ་བའི་བླ་མ་མཆོག་དཔལ་སྦྱོར་ལྡང་པ་གཞོན་ནུ་ཆོས་གྲུབ་པའི་ཞལ་སྔ་ནས་ལ་བསྙེན་པར་རྫོགས་པའི་བཀའ་དྲིན་སྩལ། ལས་གྲྭ་རྣམ་པ་ལ་པཎ་ཆེན་རིན་པོ་ཆེ་ཉིད་ཀྱིས་ཇ་བུར་བཟང་པོའི་བསྙེན་བཀུར་དང་། བསྙེན་པར་རྫོགས་པའི་རབ་སྟོན། པཎ་ཆེན་རིན་པོ་ཆེ་ཉིད་ཀྱི་སྐུ་ལ་བཅར་པའི་རྣམ་སྦྱོར་ཞིག་གིས་དབུ་བྱས་པའི་གནང་སྦྱིན་ཡང་དག་པ་སྩལ་ནས། ངེད་ལ་རིན་པོ་ཆེ་ཆོས་སྙིངས་པས་འཁོར་བ་མེད་པའི་བཀའ་དྲིན་གྱིས་བསྐྱངས་པའི་དྲིན་གསོབ་དུ་དམིགས་པ་ལགས་སོ་ཞེས་དཔལ་གྱི་མགུར་ནས་བཀའ་སྩལ་དུ་མཛད་དོ། །ཡང་དུས་དེར་ལས་གྲྭ་བཟང་བས་ཤེས་བསྙེན་རྫོགས་ཞུ་མི་མང་དུ་བྱུང་ཞིང་དེར་དགག་དབྱེ་གྲོལ་རྗེས། གྲྭ་པ་བསོད་སྙོམས་དགོས་པ་རྣམས་ཀྱིས་འཕན་ཡུལ་གྱི་ལུང་པ་ཕུ་ཞབས་ལ་རྐྱེད་པ་བླངས་པས། ཀུན་ཁ་འཆམ་པར་རང་རེའི་ཆོས་རྗེའི་གྲྭ་པར་སྣང་ཞེས་བསོད་སྙོམས་འབད་མེད་དུ་ཕུལ་ཞིང་། འགའ་རེའི་ལབ་བརྗོད་ལ་སྣང་ཐང་པའི་སྐུ་བཙུན་སངས་རྒྱས་རབ་བདུན་གྱིས་མ་ཐུལ་བ་འདི་ཀུན་ཆོས་རྗེ་ཆེན་པོ་བའི་དྲུང་གིས་བལ་ཆུར་ཕྱངས་པ་འདྲ་བ་ཅིག་ལ་བཏང་སོང་ཞེས་སྨྲ་མཁན་ཡང་བྱུང་ཟེར་རོ། །དེ་དུས་མངའ་རིས་པའི་སློབ་གཉེར་བ་འགགས། གུང་ཐང་གི་གྲོང་དེར་བསོད་སྙོམས་ལ་ཕྱིན། ཁོང་

རྣམ་པ་ལ་གདིང་ལྷུང་སོགས་རབ་བྱུང་གི་ཆས་བཟང་པོ་ཡོད་པས། དེའི་སྦྱིན་བདག་ཅིག་གིས་རི་བོ་དགེ་ལྡན་པར་འདུག་བསམ་དད་མོས་ཀྱིས་ཁྱིམ་དུ་སྤྱན་དྲངས་གདན་ནོན་ཞུས་རྗེས། དེ་རིང་འདི་ཀར་བཞུགས་ཟེར། དེར་དགོངས་ཕྱོགས་ཁོས་གསོལ་ཇ་ཁྱེར་ནས་ཡོང་དུས། ཟུང་ཆུ་ཨ་དགོས་བྱས་པས། ཧ་ནི་མ་གོ་ཡང་ལགས་ལགས་བྱས་པས། ཁོས་ཆུ་གྲང་ཞིག་ཀྱུན་ལ་གཏོར་སོང་། དེ་ནས་དགོང་ཁ་ཁྱིད་རྣམས་འོད་དམར་ཨེ་སྦྲུང་ཟེར་བས། རྒྱ་མཚན་ཅི་ཡང་མ་ངེས་པར་ཡང་ལགས་ལགས་བྱས་པས། ཁོས་ལགས་ལགས་དང་ཁྱིད་རང་རྣམ་པ་དང་མཇལ་སྐྱོང་འདུག་གོ་ཟེར་བས་ཞེད་དེ་སང་སྔ་བར་ལངས་ཕྱིན་པས། སླང་ཐང་དུ་སླེབ་འཕྲལ་དོ་གལ་ཆེན་པོ་རང་ཡོད་པ་སྐད་ཀྱིས་པཎ་ཆེན་རིན་པོ་ཆེ་ལ་རྒྱུ་མཚན་ཞུས་བས། ལྷག་པར་བཤད་ཅིང་དེ་ལ་ཞེད་མི་དགོས། འདུལ་བའི་བཟའ་ཚད་ཅིག་ཡིན་གསུང་ཞིང་། ཕྱིས་ཀྱང་འདིས་སྐྱོར་ཀློས་ཡང་ཡང་གནང་བ་ཞིག་བྱུང་ཟེར། གཞན་གྲྭ་པ་འཕན་ཆས་བཟང་བ་བསོད་སྙོམས་མི་དགོས་པ་འགའ་བྱུང་རྣ་བསྒྲེང་སོགས་ཀྱི་གནས་སྐོར་ལ་ཕྱོན། ཡང་ཐང་པ་བཟང་བ་འགའ་རེ་དབུས་སྟོད་ལ་ཇ་སྒོང་ལ་ཕྱིན་ཞེས་གྲགས་ཤིང་། དེ་སྐབས་པཎ་ཆེན་རིན་པོ་ཆེས་སྟག་ལུང་དུ་ཕེབས་ནས། སྟག་ལུང་ངག་དབང་གྲགས་པ་ལ་དོ་ཧ་སྐོར་གསུམ་པར་བུ་བ་བློ་གྲོས་སེང་གེའི་ཊཱི་ཀའི་སྟེང་ནས་ཟབ་བཤད་དང་། ཕྱག་ཆེན་ལྔ་ལྡན་དང་ཡི་གེ་བཞི་པའི་ཁྲིད། རྒྱབ་ཆོས་སུ་གྲུབ་པ་སྡེ་བདུན། ཨ་མ་ན་སིའི་ཆོས་སྐོར་མཻ་ཏྲི་པ་ལས་བརྒྱུད་པའི་རྒྱ་གཞུང་ཉེར་བཞིའི་ལུང་། ཡེ་ཤེས་མགོན་པོ་ཕྱག་བཞི་པའི་དབང་སྒྲུབ་སྐོར་མ་ལུས་པ་དང་སྟག་ལུང་པའི་བཀའ་བརྒྱུད་གསེར་འཕྲེང་གི་ལུང་རྣམས་གསན། འདི་སྐབས་རྗེ་དྲུང་ཀུན་དགའ་རྒྱལ་མཚན་པ་དང་། རྗེ་བྲག་དམར་བ་གཉིས་ཀྱང་ཕྱག་ཕྱིར་ཡོད་ཅིང་སྟག་ལུང་ངག་དབང་གྲགས་པ་ལ་དཀའ་འགྲེལ་གསན་ནོ། །དེར་སྟག་ལུང་ངག་དབང་གྲགས་པས་ས་སྐྱེ་ལ་གཙོ་བོར་དྲི་མལ་གནང་། གཞན་ཡང་འདུལ་མངོན་སོགས་ནས་རིག་གནས་ཕྲ་མོའི་བར་ལ་ཉིན་རེ་བཞིན་དུ་གང་དྲི་བ་གནང་བའི་ཚིག་དེས་ཇ་གྲལ་དེ་འཁྱོངས་པས་ཐུགས་གཏིང་ནས་དགྱེས། ག་རེ་ཡོན་གནས་ཀྱི་མཆོག་དམ་པ་རང་ཞིག་འདུག་གོ་གསུང་། གོས་དར། གསེར་བརྟུལ་(བཏུལ)མ་

ཉེ་བརྒྱུད་ཅུ་རྣམས་ཀྱི་གནང་སྦྱིན་མཛད། སྟག་ལུང་གི་གྲྭ་ནང་སླེབ་པ་ཀུན་ལ་ཡང་འདི་འདྲའི་དགེ་བའི་བཤེས་གཉེན་ལ་རྟེན་པ་དར་ཁ་རེ་ཐེངས་ན་ཡང་འཁོར་བ་མཐའ་ཅན་རང་དུ་སྣང་ངོ་གསུངས་པས། གོས་དར་བསམ་གྱིས་མི་ཁྱབ་པ་རེ་ཕྱུངས་པ་ཙམ་གྱི་འབུལ་བ་དང་། གསེར་བཏུལ་མ་རང་འབུལ་མི་མང་པོ་བྱུང་བས། ཚུར་ལམ་སླང་ཐང་དུ་ཕེབས་ཕྲལ་སྟག་ལུང་བའི་སྟོ་དཀར་གོང་མ་བ་དར་ཡུལ་ནས་ཐོས་ཏེ། ཐུགས་དམ་དུ་འཕགས་པ་བརྒྱད་སྟོང་པ་ཕྲེང་བ་ཅན་ཇོག་འགྱུར་དེ་ཡི་གེ་གཟབས་བྲིས་རང་གིས་རྒྱ་ཤོག་ལ་བཞེངས་པ་གནང་ནས། དྭང་ཡིག་ཆོས་རྒྱན་པ་རང་གིས་ཆེད་དུ་གཏང་བའི་ཞུས་དག་ཀྱང་མཛད་པའི་དཔེ་བྲལ་དེ་བསྐྱབས་ཤིང་། དཀྱུན་ཆོས་ལ་ན་ལེནྡྲར་ཕེབས། རྫོང་ཆུང་དུ་བཞུགས་གནས་གནང་། བྱེས་པའི་ཚོགས་པ་རྣམས་ཀྱིས་ཆོས་ཁྲི་ཁར་རིགས་ལུང་བཙུགས། གཞི་བྱེས་ཀྱི་ཚོགས་པ་ཡོངས་ལ་ཐུབ་པ་དགོངས་གསལ་དང་། སྡོམ་གསུམ་རབ་དབྱེའི་སྤྱི་ཆོས་སྤྱ་ཕྱི་ལ་གསུངས་ཤིང་། འདུ་ཁང་དུ་སྐྱབས་ཐབས་བརྒྱ་རྩའི་རྗེས་གནང་གནང་། དེར་ན་ལེནྡྲ་པ་ཆོས་གདན་སའི་ཞུ་འབུལ་ནན་བསྐྱེད་མཛད་ཀྱང་ཞལ་བཞེས་མ་གནང་ཞིང་། དྲིན་ཅན་སྤྱང་ལུང་པ་དང་། གྲོག་མཁར་ནང་སོ་རྫོང་མགོན་པ་མདུན་གྲོང་པའི་སྐུ་ངོ་རྣམ་པས་གསོལ་བ་བཏབ་པས་ཆེ་དཔག་མེད་གྲུབ་པའི་རྒྱལ་མོའི་ཆེ་དབང་ཚེ་ཁྲིད་རྣམས་གནང་བ་ལ། བྱེས་པའི་རྗེ་ཀུན་དགའ་རྒྱལ་མཚན་པ་དང་། རྗེ་བྲག་དམར་ཀུན་དགའ་ཚེ་འཕེལ་བ། དྭང་ནས་རྣམ་པ་བཞི་རྣམས་ལ་ཡང་གནང་། དེར་རག་མའི་ནང་ལ་གནང་ནས་བདེ་ཆེན་གྱི་ཕྱུག་ལ་བྱོས། རུ་དགོན་སར་ནས་བརྒྱུད་ཕེབས་དུས་ཚིབས་བརྡབས་ཀྱི་རྣམ་པ་ཞིག་གིས། ཡར་ལམ་པཎ་ཆེན་རིན་པོ་ཆེའི་ཕྱག་གཡོན་པ་ཞག་འགའ་མ་བདེ་བའི་ཚུལ་བསྟན་ཏོ། །དེར་གསེར་མདོག་ཅན་དུ་ཕེབས་འཕྲལ་ལྷགས་མོ་ཕག་གི་ལོ་དགུང་གྲངས་དྲུག་ཅུ་རེ་བཞིར་ཕེབས་པའི་དུས་དེར་བྱམས་སྐུའི་ལྗེམ་གཡས་གཡོན་འཛམ་དབྱངས་དང་སྤྱན་རས་གཟིགས་གཉིས་ཀྱི་བཟོ་དང་། ལྷག་པར་དྲུང་ནས་སློབ་དཔོན་པ་ཚོ་ལ་ངོམ་ངོམ་མཛད་དབུས་ཕྱོགས་ཀྱི་གོས་དར་སྤུས་གཙང་གི་འབུལ་བ་ཡོ་ཕྱོགས་གཅིག་ཏུ་སོག་པ་གནང་ནས། ངེད་རང་གིས་ན་ཞིང་མར་ཅིག་ཐོག་མར་ངོ་དྲོ་བའི་ཁ་ཏ་བྱས་ཁོང་རང་གཟིགས་

བཀོད་རྣམ་སྲས་འཁོར་ས་གསུམ་མ་དེའི་བྲིས་སྐུ་དེ་བཞེངས། དྲུང་རྫོ་གདན་པ་རྣམ་པའི་ཕྱག་བཟོ་གནང་འདུ་བྱས་པའི་རྣམ་སྲས་ཀྱི་ཕོ་བྲང་དེ་ཡང་བསྒྲུབས། རྫ་ཆུང་ལྷོ་རི་རི་བརྡུང་བའི་གྲུབ་འབྲས་ཡིན་སྣང་བས། ད་སྔེ་སྔོན་པའི་སྐུ་ལ་འཕགས་པའི་གནས་བརྟན་བཅུ་དྲུག་གིས་བསྐོར་བའི་གོས་སྐུ་ཞིག་བཞེངས་གསུང་ནས། སྤྲུལ་སྐུ་སྨན་ཐང་པ་ཡབ་སྲས་མཆེད་བཅས་ཀྱིས་སྐྱ་རིས་བཏབ་པའི་ཉིན་མེ་ཏོག་གི་ཆར་སིམ་པ་ཞིག་བབས་ཤིང་། འདི་སྐབས་གོས་ཆེན་མི་ཤ་ཁ་ཞིག་ཚོལ་བ་ལ་རིན་སྤུངས་སེང་གེ་རྩེ་སོགས་གཙང་གི་སྡེ་དཔོན་མཐའ་དག་དང་། དབུས་ཀྱི་ཡང་ཐུགས་འབྲེལ་ཡོད་པ་ཀུན་ཏུ་བང་ཆེན་གཏང་ཡང་རྙེད་དཀའ་བ་ཙམ་བྱུང་རྗེས། གོས་ཆེན་མི་ཤ་ཁ་ཏོར་དུས་རང་ལ་ཕོ་བ་རིས་ཡོད་པ་ཞིག་བྱུང་ནས་སྔོན་པའི་མཆོག་ཟུང་སྟེ། ཤཱ་རིའི་བུ་དང་མཽ་གལ། འཕགས་པའི་ཉན་ཐོས་རྣམས་ཀྱི་སྐུ་ཤ་ལ་འབུལ་བ་གནང་ཞིང་། དེར་སློབ་དཔོན་ཉང་རམ་པས་ཉིན་གཅིག་ལྷ་བྲང་དུ་ཕེབས་ཞོར་ཅིག་ལ། གོས་སྐུ་འཚེམས་སར་ཕེབས་པས། ཤཱ་རིའི་བུ་དང་མཽ་གལ་གྱི་བུ་གྲུབ་ནས། ཁོང་རྣམས་ཚོད་ཚོད་གནང་བ་གཟིགས་འཕྲལ་ལ། ང་རང་རེའི་གྲྭ་ས་འདིར་གྲྭ་པ་ཚོག་ངོ་བ་མང་པོ་རང་ཞིག་འཚོག་པའི་རྟེན་འབྲེལ་ཞིག་བྱུང་འདུག་གོ་གསུངས་པས། ཁོང་དེར་ཚོགས་ཡོས་བཤད་ཆ་བྱས་མོད། ཕྱིས་བརྟགས་དུས་འབྲུམ་པའི་སྐབས་ནད་ཡོན་ཆེ་བ་དང་ལྐོ་བ་རང་ཞིག་གིས་གྲྭ་པ་རྣམས་ལ་འཚེ་བ་མངོན་སུམ་དུ་གྲུབ་བོ། །དེར་རྗེ་རྗེ་སྤྱིར་གོས་སྐུའི་བཞུགས་གནས་ཀྱི་གྱེང་ཁང་དུ་མཛད་ནས་གོས་སྐུ་ལེགས་པར་གྲུབ་པའི་ཞལ་དྲོའི་རབ་གནས་ལ་ཤངས་འཁྲིད་སྣང་ནས་སྡེ་པའི་བསྙེན་བཀུར་དང་། ལྷ་བྲང་ནས་སྤྱན་པ་མི་མངས་ལ་གྲོ་འགྱེད་བཟང་བ་རང་ཞིག་སྩལ་ཅིང་། བྱ་རྒོད་ཕུང་པོའི་ཆོས་ཁྲིའི་སྟེངས་ནས་ལྷག་གནས་ཀྱི་མེ་ཏོག་འཐོར་བ་གནང་དུས། ནམ་མཁའ་ལ་འཇའ་སྤྲིན་ལེགས་པ་དང་། མེ་ཏོག་གི་ཆར་ཆེན་པོ་བབས་ཤིང་། དེའི་ཉིན་རྒྱུ་བར་མདའ་དཔོན་པ་མི་དམངས་བྱིན་གྱི་ཁྲིམ་གཙོན་ལ་ཡོད་དུས་ཁོང་གིས་བཟ་སྦྱོར་བྱས་ནས། ཤཱཀྱ་ཐུབ་པ་ཟེར་བའི་གྲགས་ཆོད་ཅན་དེ་འདི་འདྲ་ཞིག་ཡོད་སྣང་བས་གཟིགས་ཤིག ལར་པཎ་ཆེན་རིན་པོ་ཆེ་རྒྱལ་བ་བྱམས་པ་དངོས་འདིས་བཀའ་བཀོད་གནང་། སྤྲུལ་སྐུ་སྨན་ཐང་པ་

ཡབ་སྲས་འཇམ་དབྱངས་དངོས་བྱོན་རྣམ་པས་ཕྱག་བཟོ་གནང་བ་ལ། ད་ལྟ་བརྟགས་དུས་ཤཱཀྱ་ཐུབ་པའི་སྐུ་སྣོད་ཕྱག་ཏུ་ཡོད་པ་དེ་ཚད་འདུག་པས། རང་རེ་སྤྱན་པའི་མི་དམངས་རྣམས་ལ་ཨེ་དགའ་འམ་བྱས་པས། རྣམ་རྟོག་ཟློས་པ་འགག་རེ་བྱུང་བའི་གཏམ་རེམ་གྱིས་པཎ་ཆེན་རིན་པོ་ཆེའི་སྐན་དུ་དགོངས་ནས། ག་རེ་བླུན་པོ་གང་ལབ་ཁྱུངས་ཅི་ཡོང་། ལར་རང་སངས་རྒྱས་ཉིད་ངེ་འཛིན་ལ་བཞུགས་པའི་ཕྱག་ཏུ་བཞེས་སྣོད་ཅི་ཡོད། ལྟ་སའི་ཇོ་བོ་རིན་པོ་ཆེའི་ཕྱག་ཏུ་ལྷུང་བཟེད་ཕུལ་བའི་རྟེན་འབྲེལ་ལས། རང་རེ་ཡོ་ཟས་ཕྱིར་ཐོས་བསམ་བསྒོམ་གསུམ་ཡོ་རང་ཤོར་བ་འདི་བྱུང་བ་ཡིན་ནོ། །གསུང་ཞེས་ནང་པ་སྨན་ཐང་པའི་ངག་ལས་ཐོས་སོ། །

དེ་ནས་དགུན་བཞུགས་ལ་འཇམ་དབྱངས་སྤྱན་རས་གཟིགས་ཏེ་ལྟེམ་གཉིས་ལ་ཡང་རབ་གནས་ཕུལ་ནས། བྱམས་པའི་སྐུའི་གཡས་གཡོན་དུ་བཞུགས་སུ་གསོལ་ཞིང་། དེ་གཉིས་ཀྱི་སྐུ་ཚད་ལ་པཎ་ཆེན་རིན་པོ་ཆེའི་ཕྱག་འཁྲུ་དྲུག་ལྔག་པ་པད་གདན་དང་བཅས་པ་ཡོད་གྲགས་ཤིང་། དེ་སོ་ཡན་ལ་འདུ་ཁང་གསར་པ་ཀ་བ་སུམ་ཅུ་སོ་དྲུག་གིས། ཀ་ཆེན་ཉི་ཤུ་རྩ་བཞིས་བརྟེག་པ་ཡང་ལེགས་པར་གྲུབ་བོ། །རབ་སྦྱངས་མཁྱེན་པའི་ཤིང་རྟའི་ཁ་ལོ་པས། །ཉེར་དྲངས་ཡོངས་རྫོགས་བསྟན་པའི་ཉིན་བྱེད་ནི། །གདུལ་བྱ་གླིང་བཞི་ལྷུན་སེལ་དབང་པོའི་ཚུལ། །རང་རང་སྐལ་བའི་པད་ཚལ་འབྱེད་པར་མཛད། །རབ་བརྩེའི་དཀྱིལ་འཁོར་རྒྱས་པ་དག་པའི་ཐུགས། །ཀུན་ལ་སྙོམས་པའི་ཕན་དགོངས་བསིལ་ཟེར་ཅན། །རིང་ནས་དད་པའི་ཀུ་མུད་རྒྱས་པའི་གཉེན། །མ་འདྲིས་ལུས་ཅན་ཡོངས་ཀྱི་བློ་མིག་གསལ། །རྒྱུ་སྐར་བྱེ་བས་བསྐོར་བའི་ཟླ་བ་བཞིན། །བདག་ཉིད་ཆེན་པོ་སློབ་མའི་ཚོགས་དང་བཅས། །སྐྱོང་ཡངས་དབུས་གཙང་དག་པའི་ཞིང་ཁམས་འདིར། །འགག་མེད་ཡོངས་ཀྱི་གཙུག་ན་ས་ལེར་བཞུགས། །གང་དག་དད་པའི་ཡིད་མཚོ་རྙོག་བྲལ་བར། །ཁྱོད་སྐུ་སྲས་བཅས་ཆུ་མཚོར་རྒྱུ་སྐར་དཔེ། །ཡངས་དོག་སྤྱངས་པའི་སྣང་བའི་གཟུགས་བརྙན་ནི། །ཕྱི་ནང་རྟེན་ཅིང་འབྲེལ་འབྱུང་ངོ་མཚར་རྨད། །རབ་བཀྲ་ཆོས་ཀྱི་སྤྱན་ཡངས་གཟིགས་པའི་ཡུལ། །རབ་འབྱམས་རྒྱལ་བའི་གསུང་མཛོད་མ་ལུས་པའི། །རབ་ཕྲའི་གནས་ལའང་ཐགས་ཐོགས་མ་མཆིས་པས། །རབ་མཆོག་མཁྱེན་པའི་

རྩེར་སོན་ཁྱོད་ཞབས་མཆོད། །ཅེས་པཎྜི་ཏ་ཆེན་པོ་ཤཱཀྱ་མཆོག་ལྡན་དྲི་མེད་ལེགས་པའི་བློ་གྲོས་ཀྱི་རྣམ་པར་ཐར་པ་ཞིབ་མོ་རྣམ་པར་འབྱེད་པ་ལས། བསྡུགས་པར་འོས་པའི་ཆ་ཤས་འགའ་ཞིག་ལས་རྗེས་སུ་བསྒྲགས་པའི་རབ་ཏུ་བྱེད་པ་ཉི་ཤུ་པའོ།། །།

མཁས་པ་དང་གྲུབ་པའི་དཔལ་འཛིན་པའི་སྐབས་ཏེ་རབ་ཏུ་བྱེད་པ་ཉི་ཤུ་རྩ་གཅིག་པ།

དེ་ནས་དགུང་ལོ་དྲུག་ཅུ་རེ་ལྔའི་སྟེངས་སུ་ཕེབས་པ་ཆུ་ཕོ་བྱི་བ་ལ་གཙུག་ལག་ཁང་དང་འདུ་ཁང་སོགས་ཀྱི་ཀྱེང་ (ཀྱང་) རིས་རྣམས་སྨན་ཐང་པ་ཡབ་སྲས་རྣམས་ཀྱིས་བསྒྲུབས་ཏེ། མདོ་བཀོད་དང་ལྟུང་བཤགས་ཀྱི་སངས་རྒྱས་སོ་ལྔ། སྨན་བླའི་བདེ་གཤེགས་འཁོར་བཅས་སོགས་སངས་རྒྱས་བྱང་སེམས་འབའ་ཞིག་ལས། ཕྱིས་ཇི་ལྟར་འབྱུང་ཡང་མི་ངེས་སོ་གསུང་། བླ་མའི་སྐུ་སོགས་ཀྱི་རྣམ་པ་གང་ཡང་འབྲི་བ་བཀག་མ་གནང་ཞིང་། དེ་ལོ་མངའ་རིས་ཀྱི་དབུ་ལེགས་ནས་ཆོས་རྗེ་ཡོན་ཏན་གྲགས་པས་གསེར་ཞོ་གསུམ་གྱི་མཎྜལ་དང་བཅས་གསོལ་བ་བཏབ་ནས། བྱམས་མགོན་དོན་ཡོད་དཔལ་བཟང་པོའི་རྣམ་ཐར་དེའི་ཐུགས་རྩོམ་དང་། ཕྱིས་གླང་ཐང་སྤྱན་སྔ་སྐུ་མཆེད་ཀྱི་རྣམ་ཐར་ཐུགས་རྩོམ་ཡང་གནང་ངོ་། །དེའི་ཕྱི་ལོ་གླང་ལོ་ལ་ཀྱེང་ (ཀྱང་) རིས་རྣམས་ཀྱང་ཆེ་ལོང་གྲུབ་ཅིང་། འདི་སྐབས་རྗེ་དབུས་སྨྱོན་པ་ཤངས་ནས་མཇལ་བ་ལ་ཕེབས། ཞག་བདུན་སྒུགས་སྡོད་གནང་ཡང་སློབ་མའི་སྣོད་བརྟག་ཕྱིར་མཇལ་ཁ་མ་གནང་ཞིང་། བཀའ་ལུང་སོགས་ཀྱང་བསྒྱུར་ལེན་གང་ཡང་མ་གནང་བར་བུ་རམ་བསྒར་མ་ཆེན་པོ་ཞིག་གསོལ་དཔོན་བློ་གྲོས་སེང་གེ་ལ་སྐྱེལ་ཤོག་གི་བཀའ་ལུང་གནང་བས། ཁོང་ཞེད་ནས་འགྲོ་མ་ནུས་པར་དགེ་རྒན་ཤཱཀྱ་ཁམས་གསར་ཐོབ་ཐོབ་ཅིག་ཡོད་པས་དེ་བཏང་བས། དེར་དབུས་སྨྱོན་པ་བྱ་རྐོད་ཕུང་པོ་ན་མ་ཏི་བསྐྱལ་གྱིན་བཞུགས་སྣང་བའི་ཕྲུག་ཏུ་ཕུལ་བས། དེ་འཕྲལ་རང་རྗེ་དབུས་སྨྱོན་པ་རང་གི་ཞལ་དུ་བོང་ཚད་ཅིག་བཟུངས་རྗེས། དེ་ན་ཡོད་པའི་

ཁྲིམ་ཡོ་ལ་གནང་ནས། བསྐར་མ་ཟླ་ལ་ལོག་རྒྱུག་ཨོཾ་ཀྲུང་མ་ཎི་པདྨ་ཧཱུྃ། གསུང་ནས་ཀཱང་དུང་སྐད་ཆེ་བ་གསུམ་བུས་ནས་གཤེགས་སོང་ཞིང་། ཀཱང་དུང་གི་སྐད་པཎ་ཆེན་རིན་པོ་ཆེའི་སྙན་དུ་དགོངས་རེས་བཞིན་རྟོགས་ལྡན་གྲགས་པ་ཅན་ཞིག་ཡོང་རེད་ལན་གསུམ་བསྟུད་མར་གསུང་། འདི་དུས་པཎ་ཆེན་རིན་པོ་ཆེའི་ཞབས་དྲུང་ན་རྗེ་ཁོག་ལུང་པ་བཞུགས་པའི་གསུང་སྒྲོས་ཡིན། དེ་མཚམས་སྟོན་སེར་འདུ་ཁང་གི་རབ་གནས་གནང་ཞིང་། བཀའ་ལས། དགེ་འདུན་འདུ་བའི་འདུ་ཁང་གི་རབ་གནས་ཚུལ་ལྡན་མང་ཐོས་རྣམས་ཚོགས་ནས་མཐུན་པའི་གསོ་སྦྱོང་གི་དཀའ་བ་ཉམས་སུ་མྱོང་བ་ཞིག་ཡིན་པས། རང་རེ་ཡང་བྱམས་པའི་སྐུ་དང་གོས་སྐུ་ལྷ་ཁང་སོགས་ཀྱི་རབ་གནས་ལ་ཆོས་འཁོར་ཨེན་ཙམ་ཞིག་ཨེ་འགྲུབ་ལྟ་དགོས་ཞེས་བཀའ་ལུང་འབུས་ཙམ་རབ་གནས་དེར་བཞུགས་ཀུན་ལ་གསུང་ཞིང་། རབ་གནས་གྲུབ་ཉིན་ཆོས་རྗེ་བློ་གྲོས་རྒྱལ་མཚན་པའི་དྲུང་དཔོན་སློབ་རྣམས་ངོར་ནས་ཕེབས་པ་ལ་རྟེན་འབྲེལ་ལེགས་གསུངས་ནས། འདུ་ཁང་ཉིད་དུ་བཞུགས་གདན་གྱི་བཀོད་ཤོམས་གནང་ནས་མཇལ་འཕྲད་སོགས་མཛད་ཅེས། དེ་དུས་ཕྱག་ཕྱིར་ཡོད་པའི་མངའ་རིས་པ་འགའ་ལས་ཐོས་ཤིང་། ཆོས་རྗེ་བློ་གྲོས་རྒྱལ་མཚན་པའི་དྲུང་གིས་མངའ་རིས་རང་དུ་མདོ་སྔགས་ཀྱི་གསན་སྦྱོང་ཕར་ཕྱིན་འདུལ་བ་སོགས་ལ་གནང་ཚར་བའི་གསེར་མདོག་ཅན་ཆོར་ཚད་མ་རང་གི་གསན་སྦྱོངས་ལ་ཞབས་གཏད་ཡིན་པའི་ཐུགས་འདུན་གནང་ནས། ཐོག་མར་ཚད་མའི་རྟགས་རིགས་བློ་རིགས་ཀྱི་ཞལ་རྒྱུན་བཞེས་ཤིང་དེ་དུས་ཀྱི་གཏོང་ཆོས་གྲོགས་ལྡན་རྣམས་མངའ་རིས་པ་ནང་མཐུན་གྱི་དགོངས་པས་མཁས་པ་དོན་ཡོད་པས་ཕྱག་གཡོག་བསྐྱུབས། དེར་དབྱར་གནས་འདུལ་གྲྭར་ཆོས་རྗེ་བློ་གྲོས་རྒྱལ་མཚན་པས་ཀྱང་ཕེབས་ནས། སྔར་མངའ་རིས་སུ་ཐུགས་གཉེར་གནང་བའི་གྲྭ་ཚང་ཆེན་མོ་བའི་ངག་སྒྲོས་སྟེང་ནས་བཤད་པ་མཛད་དུས། ནང་པ་རྗེ་རོང་ཆོས་མཛད་པ་ཡང་འདུལ་གྲྭ་ལ་ཡོད་པས། ཁོང་གིས་ཤགས་ཀ་ཕུལ་ནས། ལྷ་ཡུལ་དུ་འདྲི་སྐད་དེ་འདྲ་མི་གནང་བ་ཞུ། ཉེ་ཤུ་དགུ་ལ་གསོ་སྦྱོང་བཅུ་བཞི་པ་བྱེད་པ་ནི། གཞན་དག་འབལ་མོ་དང་ལྡན་ཅིག་གསོ་སྦྱོང་དག་མིན་མ་དག་མིན་བྱེད་པའི་གཏམ་སྐད་ལགས་ཞུས་པས། ཆོས་རྗེ་

ཀློ་གྲོས་རྒྱལ་མཚན་པའི་དྲུང་འཕྲུལ་དཔོན་པོ་བླ་མ་གཞི་མཐུན་པའི་ངར་པོ་ཡོད་པས། སྐུ་རྐེད་ནས་བ་སོའི་ཡུ་བ་བྱས་པའི་ཕྱག་ཤན་ཚུང་ཚུང་ཞིག་བཏོན་ཏེ། འདུལ་བ་ཉག་གཅིག་ལ་ཁྱེད་ལས་ངའི་བླ་མ་དཔལ་འབྱོར་བཟང་པོ་མི་མཁས་རེའི་དབུ་བསྟུང་བཞེས་པས། དེར་བཞུགས་ཕོ་ཐུགས་ལྷག་པར་མཛངས་པ་རང་ཞིག་གི་ངང་ལ་གྱེས། དེར་དེའི་སྤྱ་དྲོའི་གསོལ་སྟེངས་སུ་མཁས་པ་དོན་ཡོད་པས་པཎ་ཆེན་རིན་པོ་ཆེའི་དྲུང་དུ་ཕྱིན་ནས་གསོལ་བའི་ཕྱག་ཕྱི་གནང་། གསོལ་བ་གྲུབ་འཕྲུལ་གསོལ་རྟེང་མའི་གསོལ་ཇའི་སྟེང་དུ། ནང་པ་རྗེ་རོང་པ་ཡང་ཕྱིན་བྱུང་བས་མདང་གི་སྐྱོར་ཟློས་བྱས། ཁྱེད་མངའ་རིས་ཀྱི་ཆུ་ཀུ་ཙོ་འདོན་ས་ནས་ཡོངས་པ་ཚོལ་ཞེད་ངོ་ཟེར་བ་ལ། པཎ་ཆེན་རིན་པོ་ཆེའི་དྲུང་གིས་བཀའ་བསྐྱོན་མཛད། རང་ཕལ་པ་ནང་གི་ཁ་འཆལ་ཡུལ་གཉན་པོ་ལ་སློབ་ཧོལ་བྱེད་པ་ཏ་རང་ཆེ། ངས་རྒྱལ་ཁམས་ཆུ་བཞིན་བསྐོར་ཡང་དཔོན་གཡོག་གི་ཤན་ཕྱེད་པ་སློ་པོ་སྨོན་ཐང་རང་གཅིག་པོར་འདུག་གོ །མཁས་བཙུན་དཔལ་འབྱོར་བ་ཟེར་བ་དེ་ཀུན་པའི་ཐུགས་ལ་འདུལ་བ་ལུང་བཞུགས་ཟེར་བས། ཆོས་རྗེ་པ་གསུང་བ་ཡང་མང་སོང་། རང་རེའི་འདི་ན་མདོ་རྩའི་མགོ་ཞབས་གཙང་སེང་ངེ་བ་ཡང་བློ་ལ་ཐོན་པ་ཡང་དཀའ་བར་འདུག་གོ །འོན་ཀྱང་སྟོན་སློབ་དཔོན་མི་ཉག་པའི་བློ་ལ་འདུལ་བ་རྒྱ་ཆེར་འགྲེལ་བྱུང་པོ་ཡོད་པས་ང་རྒྱལ། ངེད་རང་ལ་དྲུང་པ་ཆོས་རྗེར་འབོད་པས། འདུལ་བ་རང་ལ་ང་རང་མཁས་སྙམ་ནས་ཉན་དུས། དྲུང་པ་ཆོས་རྗེའི་བཤད་པ་དེ་ཐོས་ཙ་ན་ངའི་བློའི་རྒྱ་ཆེར་འགྲེལ་དེ་ཡི་གེ་ནག་ཐམ་ཐམ་དེར་རེད་ཟེར། ད་གཟོད་ངེད་རང་ལ་དགག་པ་འཛོངས་པ་ཡིན་ནོ། །དཔེ་དེ་བཞིན་ལུང་སྡེ་བཞི་ཡང་ཡི་གེར་ཀ་བཞུགས་ལས་ཆེ་ནའང་། རྒྱལ་བའི་བཀའ་དྲི་མ་མེད་པ་ཐུགས་ལ་མངའ་བ་ངོ་མཚར་ཏོ། །གསུང་ཞེས་མཁས་པ་ཆེན་པོ་དོན་ཡོད་པ་ལས་དངོས་སུ་ཐོས་སོ། །དེར་ནི་གུའི་ཁྲིད་ཀྱི་གསོལ་བཏབ་དང་། ད་ལྟའི་ནི་གུའི་བརྒྱུད་འདེབས་འདི་ཡང་ཆོས་རྗེ་བློ་གྲོས་རྒྱལ་མཚན་པས་ཀ་དེ་དུས་གསོལ་བ་བཏབ་ནས་གནང་བ་ཡིན་ནོ། །ཁྲིད་ལ་རྗེ་དྲུང་གཏེར་སྐྱེས་ནས་སྐུ་མཆེད་གསུམ་དང་། རྗེ་བྲག་དམར་བ། སློབ་དཔོན་རྣམ་པ་བཞི་སོགས་དྲག་པ་ཀུན་ཡོད་ཅིང་། ཁྲིད་གྲོལ་རྗེས་ནི་གུའི་དབང་རྣམས་གསོལ་

བཏབ་གནང་བས་པཎ་ཆེན་རིན་པོ་ཆེའི་ཞལ་ཀུན་གྱི་ཚུལ་གྱིས། ནཱ་གུ་དབང་ལ་ཚོགས་འཁོར་བཟང་པོ་དང་། གསེར་གྱི་མཎྜལ་དགོས་ཟེར་བ་ནི་འདུག་གསུངས་པས། དེ་ཉིན་ཆོས་རྗེ་བློ་གྲོས་རྒྱལ་མཚན་པ་ལ་ཉ་རི་དགའ་བདེ་བས་བཞེས་སྤྲོ་སྣ་ཚང་དང་། ཤ་སྐམ་གཙང་ཕོག་པ་མང་པོ་ཕུལ་བ་རྣམས་དང་། གསེར་ཐིག་པོ་ཞོ་བཅུ་གསུམ་འགོད་པ་ཞིག་རྣམས་བཀོད་ནས། བསྐུར་ཞུས་ཕུལ་བས་ཞལ་གྱིས་བཞེས། སྐུ་ལུས་དབང་མོ་ཆེ་དང་ཆོས་དྲུག་སོ་སོའི་བཀའ་དྲུག་ཙམ་སྩལ་ཅིང་། ཚོགས་འཁོར་ནི་མ་གནང་། མཚོན་བྱེད་ཕུར་རྡོག་རེ་བཀྱེ་ཞེས་གཏམ་དུ་སྒྲོག་གོ །དབང་ལ་རྗེ་བློ་གྲོས་རྒྱལ་མཚན་པ། རྗེ་ཀུན་དགའ་བཀྲ་ཤིས། འཕན་ཡུལ་གྱི་དགའ་མོ་ཆོས་མཛད་པ། པུ་རངས་པ་དཔལ་ལྡན་བློ་གྲོས། སློ་བོ་བ་ཡིན་པའི་དབུས་ཕྱུག་ཏུ་མིང་གྲགས་པ། དྲིལ་བུ་བསམ་སྡིངས་པའི་བླ་མ་རྟོགས་ལྡན་པ། སྨན་རྒྱ་ནག་པའི་མི་ངོར་བྱེད་པའི་ཀ་བཅུ་པ་ཆོས་དཔལ། དྲུང་ཡིག་ཆོས་རྒྱན་པ་རྣམས་ཡིན་ཟེར་ཞིང་། གཙང་དབུས་གཉིས་སུ་ཐུ་ཕྱིར་ནཱ་གུའི་ཁྲིད་གྲངས་མེད་སྩལ་ཀྱང་། ཁྱི་ལོ་རྒྱ་མར་ལན་གཅིག་དང་། དེ་དུས་ལས་དབང་བཀའ་ནི་གཏན་མ་གནང་ཞིང་། གཙང་དུ་ཤངས་པའི་གསེར་ཆོས་ལྷག་མ་བཞི་ཡང་མ་གནང་ངོ་། །དེས་ན་རྗེ་བྲག་དམར་བས་ནཱ་གུའི་བཀའ་བྱིན་རླབས་རྣམས་ལྷུག་སུ་ཆོས་རྗེ་མོན་རྫོང་པ་ལ་གསན་དུ་ཕེབས་ཤིང་། རྗེ་སེམས་དཔའ་བྲག་དཀར་བས་རྣལ་འབྱོར་གྱི་དབང་ཕྱུག་ཛྙཱ་ན་སཱ་ག་ར་ལས་གསན་དགོས་པ་བྱུང་བས་མཚོན་ནོ། །ནཱ་གུའི་ཆོས་རྣམས་གྲོལ་རྗེས། ཆོས་རྗེ་བློ་གྲོས་རྒྱལ་མཚན་པས་གསོལ་བཏབ་གནང་ནས། དུས་འཁོར་གྱི་དབང་སོགས་གནང་བའི་སྤྱི་བཤད། རྗེ་དུས་ཞབས་པའི་གསུང་སྒྲོས་དཔེ་རིས་རྣམས་ཀུན་མཁྱེན་བུའི་ངེས་དོན་སྙེ་མའི་སྙིངས་སུ་སྦྱར་བའི་རྒྱས་བཤད་གནང་། དཀྱིལ་འཁོར་བྲི་བ་ལ་དགོངས་པས། པཎ་ཆེན་དཔལ་ལྡན་ཚུལ་ཁྲིམས་པ་ངོར་ན་བཞུགས་པ་ལ་རྗེ་བློ་གྲོས་རྒྱལ་མཚན་པས་བཀའ་ཤོག་གནང་ནས་འབོད་མི་དང་ཆིབས་སུ་ཡང་གནང་ནས་ཕེབས། དེ་ཕྱིན་དུས་འཁོར་གྱི་ས་རིས་སྐོར་མགོ་སོགས་པཎ་ཆེན་དཔལ་ལྡན་ཚུལ་ཁྲིམས་པས་མཛད། དེར་ཤིང་ཕོ་སྟག་གི་ལོ་ཤར་བ་པཎ་ཆེན་རིན་པོ་ཆེ་དགུང་ལོ་རེ་བདུན་ཕེབས་སྐབས་དེར། རྗེ་བློ་གྲོས་པའི་དྲུང་ཞ

ལུ་རི་ཕུབ་ཏུ་ཆོས་རྗེ་མཁྱེན་རབ་པ་ལ་ཡོ་གའི་དབང་གསན་པ་ལ་སློ་ཕུར་དུ་ཕེབས་རྗེས། དུས་འཁོར་གྱི་རྒྱལ་ཚོན་འདུ་ཁང་གསར་པར་བདག་གི་ཡོངས་སུ་འཛིན་པའི་བཤེས་གཉེན་མཁས་པའི་མཁས་པ་མཁས་མཆོག་དཔལ་ལྡན་ཚུལ་ཁྲིམས་པའི་ཞལ་སྔ་ནས་ཀྱིས་ཕྱག་གཉིས་ཀའི་འཕྲུལ་གྱིས་ལེགས་པར་འབྲི་བར་གནང་བས། ཕྱལ་སྐུ་པི་ཤྭ་ཀརྨའི་ངོ་བོར་གྱུར་པ་ནང་པ་སྨན་བླ་དོན་གྲུབ་པ་ཡང་ཐུགས་ཧ་ལས་པར་གྱུར་ཀྱང་། མཚན་ཉིད་སྐད་ཀྱི་ཚགས་སྟང་མཁན་རྣམས་ཀྱིས་འཕྲུས་འདོགས་པའི་ངག་ཚིག་སྙོག་པ་བྱུང་ངོ་། །དེ་དུས་དུས་འཁོར་བདག་པོ་ཆེན་པོའི་དབང་གི་མཐར་ཐུག་པ། རྒྱུད་འགྲེལ་ཡོངས་རྫོགས། གཞན་སེམས་འགྲེལ་གཉིས་དང་བཅས་པའི་བཤད་པ་མཐའ་ཚོད་གནང་རྗེས། ཉུང་བསྡུས་ལ་སྦྱོར་བ་ཡན་ལག་དྲུག་པ་གནང་བས། སློབ་དཔོན་ཚུལ་པ་རིན་ཆེན་རྒྱལ་མཚན་པའི་དྲུང་སྔ་བར་བཞེངས་ནས་པཎ་ཆེན་རིན་པོ་ཆེའི་དྲུང་དུ་ཕེབས། ག་རེ་ངེད་ལ་མི་ཤེས་པ་ཨེ་ཡིན། དུ་བས་ནང་ཆུང་གང་བ་བྱུང་བས། ཕྱིན་རླབས་ཞུར་འོངས། ཞུས་པས། པཎ་ཆེན་རིན་པོ་ཆེས་བཞད་མོ་གནང་། ངེད་རང་མཚན་ཉིད་པ་སྐམ་པོ་རང་ཡིན། དེ་ཐུགས་དམ་ལགས་མོད་གསུངས་པས། ཡ་ཅི་སོ་མ་སོང་བའི་ཟང་ཟིང་ཞིག་ནི་འདུག་ཅེས། པཎ་ཆེན་དཔལ་ལྡན་ཚུལ་ཁྲིམས་དངོས་ཀྱི་གསུང་ལས་རྣ་བར་སོན་པའོ། །དེ་ནས་རྗེ་ཁྲག་དམར་བས་ཞུ་བའི་གཙོ་བོ་གནང་བས། གསང་འདུས་འཕགས་སྐོར་གྱི་དབང་རྒྱུད་རིམ་ལྔའི་ཕྱག་ཁྲིད་རྣམས་ཀྱང་སྩལ་ཏོ། །དེ་ལོ་དཔྱིད་ཆོས་ཐྲད་ཁ་སྤྲེར་བརྟེག་ཅིང་། དེར་དཔོན་ས་བདག་ཆེན་མའི་དྲུང་ལ་སྦྱོང་རྒྱུད་ཀྱི་དཀྱིལ་འཁོར་བཅུ་གཉིས་ཀྱི་དབང་བསྐུར་གནང་ནས། སྣར་ཐང་པས་ཟླ་ཕྱེད་པོགས་ཤིག་ཕུལ། ཚུ་མིག་ཏུ་བཞུགས། དེའི་རིང་སློབ་མ་ཉེར་གཅིག རྣམ་དག་གཙུག་གི་ནོར་བུའི་ལུགས་ཀྱི་དབང་རྗེས་གནང་ཚོགས་ལ་སྩོལ་བར་མཛད་ནས། དབྱར་གནས་ལ་གསེར་མདོག་ཅན་དུ་ཕེབས་པས། སླར་རྣལ་འབྱོར་དབང་ཕྱུག་དཔུས་སྐྱོན་རུས་པའི་རྒྱན་ཅན་ཞབས་དྲུང་དུ་ཕྱིན། ལས་ཅན་གྱི་གདུལ་བྱར་གཟིགས། ལམ་འབྲས་ཞག་བདུན་མ་དང་། རྒྱུད་ཀྱི་རྒྱལ་པོ་དཔལ་བརྟག་པ་གཉིས་པ་སོགས་སྩལ། དེ་དུས་རྗེ་དཔུས་སྐྱོན་པས། ཨ་ཡ་ཕྱུང་པོའི་ཁང་པར་གནས་ཚང་

གནང་། དེར་ཆོས་ཀྱི་ཡོན་དུ་ཛ་ཉག་རེ་ལ་ཛ་སིགས་རེའི་གཟུགས་བརྩིས་པའི་སིགས་མ་བཅུ་གསུམ། ལྷ་ས་ཞོའི་གསེར་ཞོ་བཅུ་གསུམ་སོགས། བཅུ་གསུམ་ཚན་པ་བཅུ་གསུམ་གྱི་འབུལ་བ་མཛད་རྗེས། རི་དྭགས་ཀྲྀཥྞ་ས་རའི་པགས་པ་ཞིག་བཏིང་བའི་ཁར་རྗེ་གྲུབ་ཐོབ་དབུས་སྐྱོན་པ་རང་གི་དབུ་རལ་བཀྲམས། དེའི་སྟེང་དུ་པཎ་ཆེན་རིན་པོ་ཆེའི་ཞབས་གཉིས་བཞག་ནས། ཡུན་རིང་དུ་སྨོན་ལམ་འདེབས་པ་གནང་ཞིང་། བརྟག་གཉིས་ཀྱི་བསྡུས་དོན། དབུ་མའི་ལྷ་ཁྲིད། རྣམ་ཐར་བསྟོད་པ་དགེ་ལེགས་ཀུན་འབྱུང་མ་ཡང་བསྐུལ་བར་མཛད། པཎ་ཆེན་རིན་པོ་ཆེས་དབུས་སྐྱོན་རྡོ་རྗེ་བདུད་འདུལ་ཞེས་མཚན་དུ་གསོལ་ཞིང་། ཕྱིར་ལམ་སྨུག་ལའི་མི་གཙོད་གནང་བས་བར་ཆོད་ཀྱི་གཡུལ་ལས་ཡོངས་སུ་རྒྱལ་ཏེ་གྲགས་པས་འཛམ་གླིང་མ་ལུས་པ་ཁྱབ་པར་གྱུར་ལ། ཕྱིས་པཎ་ཆེན་རིན་པོ་ཆེའི་ཞལ་སློབ་ཆེ་ཕྲ་ཡོངས་ཀྱིས་བླ་མར་བཀུར་ཞིང་ཞབས་ཀྱི་པདྨོ་སྤྱི་བོས་མཆོད་པར་བགྱིད་དོ། །སླར་པཎ་ཆེན་རིན་པོ་ཆེ་དགུང་ལོ་བདུན་ཅུ་དོན་ལྔའི་སྐབས་སུ་ཕེབས་དུས་ཀྱང་སྣར་ཐང་ཆོར་མཇལ་བ་ལ་ཕེབས། ལམ་སྐོར་ཕྱི་མ་བརྒྱད་གསན་ཞིང་། བསྡུས་དོན་གྱི་ཡི་གེ་ཡང་ཞུས། དེ་དུས་དྲུང་ཆེན་སངས་རྒྱས་སེང་གེ་བ་དང་དྲུང་ཡིག་ཆོས་རྒྱན་པ་སོགས་ཕྱག་གཡོག་ཀུན་ལ་བྱིན་རླབས་ཞུ་བ་གནང་ཞེས་བརྫུན་མེད་ལས་ཐོས་སོ། །ཚུལ་གནས་ཐོས་པའི་ལང་ཚོ་རྒྱས་པའི་བཞིན། །ཆོས་ཅན་དག་པའི་དབྱིངས་ཀྱི་མཛའ་བོ་བ། །ལེགས་བཤད་གཏམ་གྱི་སྐྱེས་ལ་མངོན་སུམ་དུ། །དགའ་བའི་མཛུམ་མདངས་མི་གཡོ་སྲིད་འདིར་སུ། །ཆེན་པོའི་ཁེངས་པས་སློབ་གནས་སྤངས་པའི་དཔེ། །རྒྱ་ཆེན་ཡི་གེའི་ངལ་བས་ཡིད་གཡེངས་པ། །སྣ་ཚོགས་རང་གཞན་བརྗོད་ཚིག་འཁྲུལ་པའི་གློའི། །སྨན་པའི་གླིང་དེ་མཁས་པའི་སྒྲོན་མེས་བསལ། །ཡིག་འབྲུའི་ཚོགས་པས་སེམས་མགུ་དྲེགས་ལྡན་རྣམས། །ལུང་རིགས་གཞལ་བྱས་དཔྱད་ཆེ་སྦྲ་བ་བྲལ། །ཅི་ལབ་ཁྱེངས་ཀྱིས་ཐོང་བའི་ཐོལ་སྒྱུར་ནི། །བསྒྲུབ་ལ་གཞོལ་བར་འདོད་པའི་ཚིག་གིས་སྒྲིབ། །དཔྱོད་ལྡན་རིགས་པའི་མཚོན་ཆའི་འཁོར་ལོ་པ། །ལུང་ཚིག་བརྩོན་པའི་ཆོས་གྲྭ་ཆེར་བཞུགས་ནས། །རྣམ་འགྱུར་མི་འདྲའི་རང་གཞན་གྲུབ་མཐའི་སྲོལ། །དགག་བསྒྲུབ་ཚུལ་བརྒྱ་ཤེས་དེ་མཁས་པ་ཡིན། །བསྒྲུབ་དང་

སྨན་འཕྲིན་རིགས་པའི་ང་རོ་པ། །གསང་སྔགས་བཟླས་པའི་ནུས་མཐུ་མངོན་གྱུར་པ། །གནས་དོན་ཕྱག་རྒྱ་ཆེ་ལ་དབང་བསྒྱུར་བ། །ཁྱེད་ལ་མཚན་དུ་ཇི་ལྟར་སྦྱོར་མ་ཤེས། །རྒྱ་ཆེན་གཙུག་ལག་རྒྱལ་བའི་སྨྲ་གཟུགས་དག །དཔེ་བྲལ་བསྒྲུབས་པའི་མཛད་པས་སྐྱེ་དགུ་ཚིམ། །གསུང་གི་བདུད་རྩིས་མཁས་རྣམས་ཡིད་མགུ་ཞིང་། །རྟོགས་པའི་གཟི་ཡིས་གྲུབ་བརྙེས་རལ་པའི་རྩེར། །ཁྱོད་ཞབས་བཀོད་པའི་ཟིལ་ཆེན་ཨེམ་ཧོ། །ཞེས་པཎྜི་ཏ་ཆེན་པོ་ཤཱཀྱ་མཆོག་ལྡན་དྲི་མེད་ལེགས་པའི་བློ་གྲོས་ཀྱི་རྣམ་པར་ཐར་པ་ཞིབ་མོ་རྣམ་པར་འབྱེད་པ་ལས། མཁས་པ་དང་གྲུབ་པའི་དཔལ་འཛིན་པའི་སྐབས་ལས་རྗེས་སུ་བསྒྲགས་པའི་རབ་ཏུ་བྱེད་པ་ཉི་ཤུ་རྩ་གཅིག་པའོ།། །།

ཆོས་ཀྱི་འཁོར་ལོ་རྒྱུད་ཟུང་བསྐོར་བའི་སྐབས་ཏེ་རབ་ཏུ་བྱེད་པ་ཉེར་གཉིས་པ།

དེར་དགུང་ལོ་རེ་བརྒྱད་ཀྱི་སྟེང་སུ་སོན་པ་ཤིང་མོ་ཡོས་ཀྱི་ལོ་གསར་ལ་ཆོས་ཀྱི་འཁོར་ལོ་རྒྱ་ཆེན་པོ་བསྐོར་བའི་དགོངས་པའི་དབང་ལས། སྔག་ལོ་ནང་དུ་སོ་སོར་འཛིན་པའི་བཤད་གྲྭ་མ་ལུས་པར་སྟན་གསན་གྱི་ཞུ་འཕྲིན་ཡི་གེར་བཀོད་པའི་བྲ་མ་ཏཱའི་ཚོགས། ཤར་ནུབ་ལྷོ་བྱང་དབུས་དང་ལྷུར་འགྱེད་（འབྱེད）པ་གནང་ཞིང་། སླར་ཡང་ཡོས་ལོ་དེ་ཉིད་ཀྱི་ཏ་ཟླའི་གྲལ་ཚེས་དཀར་བ་ནས་དབུ་འཛུགས་པར་དགོངས་ཀྱང་། རྒྱ་སྐར་གྱི་དབང་དང་གསོ་སྦྱོང་གི་དུས་མཚམས་ལ་བརྟེན་གནམ་གང་གི་ཉིན་ནས་དབུ་ལེགས་པར་བཙུགས་ཏེ། དེ་ཡང་ཐོག་མའི་ཉི་མ་དེ་ཉིད་ལ་གཞི་བཞུགས་ཕྱོགས་ནས་འདུས་པ་དང་བཅས་པའི་དགེ་སློང་གི་དགེ་འདུན་སོ་སོར་འཛིན་པ་ཚུལ་ལྡན་མང་ཐོས་དེ་དག་གི་གྲལ་དབུར་གདན་སེང་གེའི་ཁྲིར་བརྟན་པར་བཞུགས་ཏེ། དུས་བཟང་གི་གསོ་སྦྱོང་གི་རིམ་པ་སྟོན་ཚད་ཡོངས་སུ་གྲགས་པ་སྔོ་ལས་ཁྱད་པར་དུ་གྱུར་པ། གང་འདུལ་བ་ཉིད་ཀྱི་ལག་ལེན་ལས་འོངས་པའི་ལེགས་པར་ཕྱེ་བའི་སྲོལ། གངས་ཅན་གྱི་འདུལ་བ་འཛིན་པ་ཆེན་པོ་དག་གི་རྣ་བའི་སྤྱོད་ཡུལ་

དུ་མ་གྱུར་པའི་བཀྲ་ཤིས་པའི་གསོ་སྦྱོང་གིས་དགེ་མཚན་གྱི་མཛད་པ་ཁྱད་པར་ཅན་གྱི་སྒོ་དབྱེ་བར་སྣང་། དེ་ནས་ཆོ་འཕྲུལ་གྱི་ཡར་ཚེས་ནས་བཟུང་སྟེ། ཞག་ཉེར་གཅིག་གི་རིང་ལ་དཀོན་མཆོག་གི་རྟེན་བྱམས་སྐུས་གཙོ་མཛད་པའི་སྤྱན་སྔར་དར་གྱི་ལྷབ་ལྷུབ་ཕྱི་མའི་ཕུར་མ་དང་། གདུགས་དང་། རྒྱལ་མཚན་དང་། བ་དན་གྱི་ཁྱད་པར་བཅུ་ཕྲག་རེ་དང་། མེ་ཏོག་དང་དྲི་དང་། ཁལ་ལྔ་བཅུ་ཙམ་གྱི་ཞལ་ཟས་ཟུང་གིས་ཐོག་དྲངས་པའི་ལྔ་བརྒྱ་ཙམ་དང་། དཀར་མེའི་ཕྲེང་བ་ཉིན་མཚན་ཁོར་ཡུག་ཏུ་བརྒྱ་རྩ་རེ་དང་། མཚན་ཐོག་ཐག་མར་མེའི་རྒྱལ་མཚན་བརྒྱ་ཕྲག་གཉིས་དང་། གཞན་ཡང་རོལ་མོའི་བྱེ་བྲག་སྣ་ཚོགས་རྣམས་ཀྱིས་བཀུར་སྟི་དང་། བླམ་དང་། རི་མོ་དང་། ཞི་ས་དང་ཕུ་དུད། དུས་སོ་སོ་བ་རྣམས་སུ་མཆོད་འབུལ་དུ་བགྱིས་ཤིང་། འདུས་པའི་དགེ་འདུན་གྱི་ཚོགས་རྣམས་ལ་སྤྱི་ཟོའི་ནས་ཁལ་ཕྲུས་དག་མ་གཉིས་རེའི་ཕོགས་དང་། དབུ་གཞུང་ཐོན་གསུམ་གྱི་བསྙེན་བཀུར་བཟང་པོ་དང་། མང་ཇ་ཞག་ཉི་ཤུ་རྩ་གཅིག་ལ་ཟུར་ཆོས་པ་དང་། གཞུང་ལུགས་རབ་འབྱམས་སྨྲ་བ་བརྒྱ་ཕྲག་ལྷག་ཙམ་ལ་གསོལ་ཇ་གང་བཟང་རེའི་སྦྱོར་སྟེངས་སུ། ནང་རེ་བཞིན་ཆོས་ཀྱི་བགྲོས་པ་སྒོ་དུ་མ་ནས་གླེང་བ་དང་། ཚོགས་སུ་མང་ཇ་ཟུང་དུ་སྦྲེལ་བ་ལ་མང་ཇ་སྟོན་མ་ལ་ཁལ་བཅུ་དང་། ཕྱི་མ་ལ་ཁལ་ལྔ་བཏབ་པ་དང་བཅས་པའི་བསྙེན་བཀུར་སྟོན་དུ་འགྲོ་བས། དེར་འདུས་པའི་ཚོགས་གྲངས་སུ་བགྱིས་པ་སྟོང་བརྒྱད་བརྒྱ་ཙམ་དང་། ཟུར་ཆོས་དང་གཞུང་ལུགས་རབ་འབྱམས་སྨྲ་བ་བརྒྱ་ཕྲག་ཙམ་དང་། རིགས་གྲྭ་དང་ལུང་གྲྭ་ཆེན་མོར་གཏོགས་པ་སུམ་བརྒྱ་ཙམ་དང་། དེ་ལྷག་གཞུང་འཛིན་གྱི་མཐའ་བརྟེན་ནས་བྱོན་པ་རིགས་གྲྭ་ལུང་གྲྭ་སོ་སོར་མ་ཕྱེ་བ་རང་རང་རྣམ་པར་དཕྱོད་པས་ཕྱེ་བའི་བཤད་པ་བགྲོས་གླེང་རྣམས་གང་དགར་མཛད་ཅིང་། ཁྲིམ་ཚོགས་ཚོམ་བུ་རིས་སུ་བཞུགས། ཚོགས་སུ་ལུང་རིགས་བརྡ་སྤྲོད་ལ་བློའི་སྤོབས་པ་ཐོབ་པ་ཤ་སྟག་གིས་ཉིན་ཐོག་ཐག་བཤད་པའི་ཚུལ་རྒྱ་ཆེན་པོས་དུས་འདའ་བ་དང་། མཚན་ཐོག་ཐག་བགྲོ་གླེང་ལ་བཞེངས་ནས་མཐའ་གཅོད་པའི་རིགས་པའི་འཕེན་ལེན་ཁོར་ཡུག་ཏུ་གནང་བའི་དཔང་པོའི་ཚུལ་ཉིད་དུ། གྲལ་དབུ་ལ་པཎ་ཆེན་རིན་པོ་ཆེ་ཉིད་འབྲལ་

མེད་དུ་བཞུགས་ཤིང་། ཡར་ཆོས་ཀྱི་གྲལ་ཆོས་གསུམ་པ་ལ་སྔན་རྒྱ་ཀན་ནང་པས་ཐོག་མའི་འཇུགས་སྟོན་ལེགས་པར་ཞུས་ཤིང་། དེའི་ཕྱི་ཉིན་ནས་བརྩམས་ཏེ། ཆོས་བཅུའི་བར་དུ་སྔེ་སྣོད་འཛིན་པའི་བཤེས་གཉེན་རྣམ་དཔྱོད་ཀྱི་ཟུར་ཐོན་པ་དག་ཆོས་ཀྱི་ཁྲི་བཤམས་པ་གདུགས་དང་རྒྱལ་མཚན་བསྒྲེང་བའི་སྟེངས་སུ་འཁོད་དེ། ཉི་མ་དང་པོ་ལ་སྡེ་བདུན་མདོ་དང་བཅས་པའི་བཤད་པ་དྲི་མ་ཅན་དུ་དགག་ཡུལ་སོ་སོ་ནས་ཚིག་འབྲུ་གཞན་གཞུང་ཇི་ལྟ་བར་བཤད་ནས། དེ་ཉིད་སུན་འབྱིན་པའི་གཏན་ཚིགས་ཀྱི་སྒྲུབ་པ་དོ་གསང་མཐོན་པོའི་འཇོག་ལུགས་གཟིངས་སུ་མཐོ་བའི་བཤད་པ་སྦྱོ་བར་མཛད་ཅིང་། དེའི་ཕྱི་ཉིན་རང་གཞུང་གི་བཤད་བྱ་སྙིང་པོར་ཁས་ལེན་པའི་ངག་ཚིག སྡེ་བདུན་མདོ་དང་བཅས་པའི་དགོངས་པ་ཚད་མ་རིགས་པའི་གཏེར་རྩ་འགྲེལ་དུ་བཀོད་པའི་གཞུང་གི་ཆ་འབབ་ཞིག་པ་བཏུས་པ་རྩ་དམ་དུ་འགོད་པའི་བཤད་ཚོམས་དང་། ཉི་མ་གསུམ་པ་དང་བཞི་པ་ལ་འདུལ་བ་མདོ་རྩ་དང་། གུཎ་ཤ་ཧ་ཾ་ཀྱི་རྒྱས་བཤད་རང་བཞིད་དུ་བསྐྱུར་ནས། ནང་སེལ་ཕྲ་བའི་ཆ་ལ་རང་གཞན་གྱི་དབྱེ་འབྱེད་ཙམ་གྱི་བཤད་འཕྲོས་སྤེལ་ཞིང་། ཉི་མ་ལྔ་པའི་ཉིན་དམ་པའི་ཆོས་མངོན་པ་མཛོད་ལ་ཁ་བ་ཅན་དུ་ཕྱིས་ལོག་པར་སྦྲོ་འདོགས་པ་མ་བྱུང་ཡང་། སྔོན་དུས་བཤད་ཉན་ལྷག་པར་དར་བས་སྒྲོ་སྐུར་དུ་གྱུར་པ་དག་གི་བརྗོད་གླེང་ཙམ་གྱིས་མཚོན་ནས། རང་ལུགས་དཔྱིས་ཕྱིན་པའི་ལུང་རིགས་རྣམ་དཔྱད་འདི་ལྟར་ཡིན་ཞེས་བསྒྲགས། ཉི་མ་དྲུག་པ་ལ་དམ་པའི་ཆོས་མངོན་པ་ཀུན་ལས་བཏུས་པ་ལ་སྔོན་དང་ཕྱིས་གང་དུ་ཡང་ལོག་པར་བཤད་པ་ཤིན་ཏུ་ཉུང་ཡང་། འགྲེལ་པ་འགྲེལ་བཤད་ཕྱིངས་ཆེས་པའི་སྟོབས་ཀྱིས་བཤད་པ་ཟུར་ཐོན་བཤད་ཤེས་པ་བོད་གཞན་གྱི་རྣམ་བཤད་རྣམས་ན་མི་སྣང་བས། གྲུབ་མཐའ་ཟུར་ཕྱིན་པར་འཆད་པའི་རྣམ་བཤད་རྒྱས་པར་འགྲེལ་བར་མཛད་ཅིང་། ཉི་མ་བདུན་པའི་ཉིན་དབུ་མ་ཐལ་རང་གི་གཞུང་འགྲེལ་གྱི་ཚོགས་རྣམས་ཐད་སོར་བཞག་ནས། ངེས་དོན་བག་ཆགས་ཡོད་པ་རྣམས་ལ་འཆད་ཤེས་པ་སླ་བ་ལྟ་བུ་སྣང་ཡང་། ཕྱིས་ཁ་བའི་ལྗོངས་འདིར་ངེས་དོན་འཁྲུག་པོར་འདྲེན་པའི་གླེགས་བམ་གྱི་ཚོགས་ཤིན་ཏུ་ཁྱུར་ལྟེ་བས་ནོན་པའི་ལྟད་

ཅན་གྱི་ཆ་ལ། གཞུང་དངོས་ཉིད་དཔང་པོར་བཞག་པའི་གནམ་ཐིག་དྲང་པོར་བཏབ་ནས། རྟོག་བཙོས་ཀྱི་རབས་མ་འདོར་ཚུལ་ཉིད་ལ་མཐིལ་ཕྱིན་པའི་ལུང་རིགས་རྒྱས་བཤད་འཐེམས་ཆེ་བ་གནང་། ཉི་མ་བརྒྱད་པ་ལ་སེང་གེ་རྩེ་ཚོ་ནས་བར་སྟོན་བསྒྲུབས་སྟེངས། བྱམས་ཆོས་རྣམ་པ་ལྔའི་ཚིག་དང་། ངེས་དོན་གྱི་འགྲེལ་ཚུལ་ཐོགས་མེད་ཀྱིས་བཀྲལ་བ་འདི། ཆོས་བདག་པོ་ཉིད་ཀྱིས་བཀྲལ་བའི་བཤད་པ་ཡིན་ཀྱང་། ཕྱིས་ཀྱི་གངས་ཅན་པས་དབུ་མ་ཐལ་འགྱུར་བ་ཉིད་མཆོག་ཏུ་གྲུབ་པའི་བསམ་སྦྱོར་གྱིས། བྱམས་པའི་ཆོས་འཁྲུལ་བའི་འདམ་དུ་བྱིང་བ་གྱེན་དུ་འདེགས་པའི་ལུང་རིགས་ཚད་ལྡན་གྱི་ཤིང་རྟ་ཆེན་པོའི་གཞུང་ཚུགས་ཀྱི་ཟབ་བཤད་མཐིལ་ཕྱིན་པ་གནང་། ཉི་མ་དགུ་པའི་ཉིན་རྗེ་བཙུན་ས་སྐྱ་པའི་སྔགས་གཞུང་རྣམས་ཀྱི་ངེས་གནས་མ་ལུས་པ་དགྱེས་པ་རྡོ་རྗེའི་རྩ་བའི་རྒྱུད་བརྟག་པ་གཉིས་པར་དྲངས་པའི་སྤྱི་བཤད་ཆེ་ལོང་ཙམ་ཆོས་ཀྱི་ཁྲིར་འཁོད་པ་དག་རིག་གིས་ཉིན་རེར་སྤེལ་ནས། སླར་གཞན་གྱིས་ཆེད་དུ་བཞག་པའི་དྲང་ངེས་རྣམ་པར་འབྱེད་ཚུལ་ལས་བརྟོག་སྟེ། ཤིང་རྟ་ཆེན་པོའི་སྲོལ་གཉིས་འགལ་མེད་དུ་སྒྲུབ་པའི་ལེགས་བཤད། རྒྱལ་བའི་བསྟན་པའི་སྲོག་གི་བདུད་རྩི་གྲུབ་པ་སྟོན་དང་། ད་ལྟའི་ཕྱོགས་རེའི་མིག་ཅན་དག་གི་བློའི་ཡུལ་དུ་ཙུང་ཟད་ཀྱང་མི་འཆར་བའི་གནད་སྒྲིལ་ཕྱེད་པར་བ་དག་དང་། དེ་ལས་གཞན་ཡང་བཀའ་འཁོར་ལོ་གསུམ་གྱི་བཞུགས་ཚུལ། སྟོན་དང་ད་ལྟའི་མདོ་སྔགས་གཞུང་ལུགས་སྨྲ་བ་སོ་སོའི་བཞེད་ཚུལ་རགས་ཙམ་བསྡུས་ནས། ཞིབ་ལེན་ངག་འདོན་ཞུང་དུ་རྣམ་གསལ་དུ་ཕྱེ་བའི་བཤད་པ་སྤུས་གཙང་བ་བཀའི་བསྡུ་བ་སང་སང་པོར་སྒྲིག་པ་དང་། ཡང་བཤེས་གཉེན་བློ་གསལ་བ་སྤོབས་པ་ཆུ་བོའི་གཞུང་ལྟ་བུར་གྱུར་ཅིང་། ངག་ལྷེ་བདེ་བ་དག་གིས་བསྟན་བཅོས་ལུས་གྲུབ་ཡི་གེར་འགོད་ཟིན་པའི་རྫོད་བྱེད་ཀྱི་ཚིག་དབུ་ཞབས་གཙང་སེང་བར་ཚོགས་ཀྱི་དབུས་དེར་བཤེར་བ་སོགས་དམ་པའི་ཆོས་ཀྱི་དཔལ་སྟོན་ཆེན་པོ་ཡང་དག་པའི་རོལ་རྩེད་ཀྱང་བསྒྱུར་བར་མཛད་ལ། དེ་སྐབས་ངལ་གསོའི་ཛ་མཚམས་སོ་སོར་པཎ་ཆེན་རིན་པོ་ཆེ་ཉིད་ཀྱི་ཞལ་ནས་སྟོན་པའི་ཚེ་འཕྲུལ་བསྟན་པའི་མདོ་ཚིག་ཚེས་གང་དང་གང་ལ་བབ་པ་དེ་གསུངས་ཤིང་།

ཆོས་བཅུ་མན་གྱི་ཉི་མ་ལྷག་དེ་དག་ལ་ལུང་རིགས་ཀྱི་འགལ་འབྲེལ་དང་། གཞན་གྲུབ་མཐའི་སྐྱོང་ཚུལ་སོ་སོའི་དབང་ལས་ཁུངས་དང་འབྲེལ་བ་དང་། དེ་ལས་གཞན་གྱིས་ཀྱང་རིགས་པའི་འགལ་སྤོང་རང་རང་གི་བློའི་འཕྲུལ་ལས་འོངས་པ་དག་རྩོད་པའི་ངག་སྒོར་བྱུང་སྟེ། རིགས་པ་ཡང་དག་པར་མཚོན་པའི་ཐལ་བའི་འགྱུར་བ་བརྗོད་པའི་ལུས་གང་དང་ལྡན་ཅིག་ཏུ་སྐད་སང་སང་པོས་སྒྲོག་པའི་ཐ་སྙད་བགྲོ་གླེང་དུ་སྦྱར་བས་དུས་འདའ་བར་གྱུར་ཏོ། །དེར་སེང་གེ་རྩེ་ནས་བར་སྟོན་ཞུ་བ་དང་དུས་མཚུངས་གྲལ་ཆོས་བཅོ་ལྔ་ཉ་གང་བའི་ཆ་ཤས་རྫོགས་པའི་ཉིན། མཐུན་པའི་གསོ་སྦྱོང་ལ་བསླབ་པ་གསུམ་གྱི་དཔལ་འཛིན་པའི་འདུས་པའི་ཚུལ་ལྡན་དགེ་འདུན་གྱི་ཚོགས་དེ་རྣམས་ཀྱིས་ཡོངས་སུ་བསྐོར་བའི་དབུས་སུ། དུས་བཟང་གི་མདོ་ཚུལ་ཁྲིམས་ཡོངས་སུ་དག་པའི་ཆེ་བ་ལེགས་པར་བརྗོད་ནས། སླར་ཡང་དགེ་སློང་གི་ཚོགས་གང་དག་མཆིས་པ་དེ་དག་གི་དབུས་དེར་སོ་སོ་ཐར་པའི་མདོའི་རྩོད་པ་ཞི་བར་བྱེད་པ་ཡན། པཎ་ཆེན་ཆོས་ཀྱི་རྒྱལ་པོ་ཉིད་ཀྱིས། ངང་པའི་སྒྲ་དང་སེང་གེའི་ང་རོར་ཡོངས་སུ་སྒྲོག་པར་མཛད་ཅིང་། ཆོས་བཅུ་དྲུག་ནས་བཟུང་སྟེ་ཕྱོགས་ཀྱི་མཁས་པ་རང་རང་གི་དད་མོས་ཀྱི་སྒོ་ནས་ཞུ་ཕུལ་བའི། ཟབ་པ་དང་རྒྱ་ཆེ་བའི་ཆོས་ཀྱི་འབྲེལ་བ་རང་རང་གི་བློ་ཡུལ་དུ་འཇུག་པའི་ཆོས་སྦྱིན་ཡང་རིམ་གྱིས་སྩོལ་བཞིན་པའི་ངང་ནས། དུས་ཀྱི་མཐར་སོན་པ་ཉེར་གཅིག་གི་ཉིན་འགྲུབ་སྦྱོར་ལྷག་པར་དགེ་བ་ལ། གཞིས་ཀ་རིན་སྤུངས་ནས་ལེགས་སྟོན་གྱི་མཐའ་རྟེན་གྱི་སྟོན་ཆེན་ཞུས་པའི་དགོངས་ཇ་བླ་བྲང་ནང་ནས་སྩལ་བའི་སྟེང་དུ་རྟེད་པའི་ཡོན། ཆོས་རྗེ་རྣམ་པ་བཞི། ཕྱོགས་ཕྱོན་གྱི་ཟུར་འཆད་རྣམ་པ། ཚོགས་ཀྱི་དབུ་མཛད་ཆེན་མོ་སྟེ་སུམ་ཅུར་ཉེ་བ་ལ་གསེར་ནས་ཇ་རྣམས་ཀྱི་ཞོ་རེ། ཆོས་རྗེ་རྣམ་པ་བཞི་ལ་མཇལ་གྱི་རྒྱན་བཟང་པོ་རེ། གློ་བོ་ཆོས་རྗེ་དང་། ཆོས་རྗེ་ཀུན་དགའ་རྒྱལ་མཚན་པ་ལ་རྒྱའི་རྡོ་རྗེ་དྲིལ་བུ་ཁྱད་འཕགས་རེ་རེ། རྟེན་ཁེབས་རེ། ཆོས་རྗེ་བྲག་དཀར་པ་ལ་རྟེན་ཁེབས། གདུང་རྟེན་རྒྱ་གར་མ། ཁ་ཆེའི་སྤྱོས་ཕོར། ཆོས་རྗེ་ཀུན་དགའ་བཀྲ་ཤིས་པ་ལ་རྟེན་ཁེབས། ཏིང་ཤགས་ཛ་ལནྡྷ་ར་མ། དངུལ་གྱི་རིལ་བ་སྤྱི་བླུགས། ཕྱོགས་ནས་སྤྱན་དྲངས་པའི་སློབ་དཔོན་རྣམ་པ་

བརྒྱད་ལ་གདན་ཡུག་རེ། ན་བཟའ་སྣ་རེ། རྟེན་ཁེབས་རེ་དང་བཅས་པ་ལྷག་པར་ཕུལ། ཕྱོགས་ནས་ཕྱོན་པའི་དགེ་འདུན་གྱི་སྡེ་ཚན་སོ་སོ་ལ་ཚོགས་བཟངས་ཆེ་བ་རེ། བཟངས་མའི་གཙུ་རེ། ཛ་ཧོ་རེ། གསང་ཕུ་བ་ལ་དེ་སྐབས་སུ་སློབ་དཔོན་པ་ལ་ན་བཟའ་ཆ་ཚང་། གཉིས། སིལ་སྙན། ཆོས་འཁོར་རྩེ་བ་ལ་གཉིས་ཕྱིན་རླབས་ཅན། སེང་གེའི་ཁྲི་ལ་འཁོད་ནས་བཤད་པ་མཛད་པ་རྣམས་ལ་ནས་ཞོ་རེ། ལུང་རིགས་ཀྱི་གྲྭ་ཆེན་མོ་ནས་ཉིས་སྐབས་སུ་བཞེངས་པ་རྣམས་ལ་ནས་ཞོ་ཕྱེད་རེ། གཞིར་བཞུགས་ཀྱི་དགེ་འདུན་རྣམས་ལ་སེང་གེ་རྩེ་ནས་ཟླ་ཕོགས་རེ་ཆུ་མིག་ཏུ་འབུལ་རྒྱུ་ལ་འདུམ་པར་མཛད་དོ། །ཐོག་མཐའ་བར་གྱི་སྟོན་ཆེན་གསུམ་པོ་ལ་མཚན་བརྗོད་འབུམ་གཏེར་རེའི་རྒྱུ་ཚོགས་གར་འགྲོ་ལ་ཆ་བཞག་ནས་བསྐྱབས་སོ། །དེའི་ཚེ་གཏན་ཚིགས་སུ་གཞལ་བ་ཡང་བཞེད་ལུགས་རྣམ་གྲངས་མང་བར་སྣང་ཡང་། དཔལ་ལྡན་ས་སྐྱ་པའི་རྗེས་སུ་འབྲངས་ནས། ཤིང་མོ་ཡོས་ཀྱི་ལོ་འདི་ཡན་ལ་སྟོན་པ་སྐུ་བལྟམས་ནས་ལོ་སུམ་སྟོང་དང་བདུན་བརྒྱ་ཐམ་པ་ཡོན། མྱ་ངན་ལས་འདས་ནས་བསྟན་པ་ལོ་ལྔ་སྟོང་དུ་གནས་པར་འབུམ་ཊཱི་ཀ་ལས་གསུངས་པ་དེའི་དབང་དུ་བྱས་པའི་ལུང་གིས་དུས་ཀྱི་མངོན་པའི་དུས་ལྔ་བརྒྱ་པ་ཕྲག་གཅིག་ཐལ་ནས། མདོ་སྡེའི་དུས་ཀྱི་མགོ་ཚུགས་ནས་ལོ་བརྒྱ་དང་ཉི་ཤུ་ཙམ་གྱི་དུས་སུ། མདོ་སྡེའི་ལྷག་འབྱུང་འགྱུར་སུམ་བརྒྱ་བརྒྱད་ཅུ་ཙམ་དང་། འདུལ་བའི་དུས་ལྔ་བརྒྱ་པ་ཕྲག་གཅིག་དང་། རྟགས་ཙམ་འཛིན་པའི་ལྔ་བརྒྱ་པ་ཕྲག་གཅིག་ལྷག་མར་འབྱུང་ལ། དུས་ཀྱི་འཁོར་ལོའི་ལུགས་ཀྱི་དངོས་བསྟན་དེ་ཉིད་ལ་འབྲི་བསྣན་མེད་པར་བྱས་པའི་ཚེ། ལོ་རྩ་བ་ནམ་མཁའ་བཟང་པོས་བྱས་པའི་ཡི་གེ་ན། གདེངས་ཅན་རི་བོ་ལག་མིག་ལ། །ཁྲི་མོ་ལ་སོགས་འདས་ལོ་བསྒྲིམ། །དེ་ནི་དོན་གྲུབ་བལྟམས་པ་ནས། །ད་ལྟའི་བར་གྱི་འདས་པའི་ལོ། །ཞེས་འབྱུང་ལ། དེ་གཞིར་བྱས་ནས་སྔར་ལུགས་གསུམ་གསལ་བའི་མེ་ལོང་དུ། ས་མོ་གླང་གི་ལོ་ཡན་དུ། །འབྱུང་བ་དུས་དང་མེ་མིག་ལ། །ཀུན་དགའ་ལ་སོགས་འདས་ལོ་བསྒྲིམ། །དེ་ནི་དོན་གྲུབ་བལྟམས་པ་ནས། །ད་ལྟའི་བར་གྱི་འདས་པའི་ལོ། །ཞེས་གསུངས་པ་དེ་སྐབས་སུ་ལོ་ཉི་ཤུ་རྩ་དྲུག་བསྒྲེས་པས། འབྲས་བུའི་དུས་ཀྱི་ལྔ་བརྒྱ་པ་ཕྲག་

གསུམ་དང་། བསྐལ་པའི་དུས་ཀྱི་ལྷ་བརྒྱ་པ་དང་པོ་ཐལ་ནས། ལྷ་བརྒྱ་པ་ཕྲག་གཉིས་པའི་ནང་ན་ཡོད་པས་འབྱུང་འགྱུར་ལ་སྐྱབ་པའི་དུས་ཀྱི་ལྷ་བརྒྱ་པ་ཕྲག་གཅིག་དང་བརྒྱ་ལྷག་ཙམ་དང་། ལུང་གི་དུས་ཀྱི་ལྷ་བརྒྱ་པ་ཕྲག་ཐམས་ཅད་ལྷག་མར་གནས་ཞེས། ཆོས་འཁོར་དེབ་ཐེར་མཛངས་པ་དགའ་བྱེད་ཉིད་དུ་ཇི་ལྟར་འགོད་པར་མཛད་པ་ལྟར་འདིར་བཀོད་པ་ཡིན་ནོ། །གང་བློས་བརྟགས་པའི་ཚིག་དོན་ཡང་མོ་གང་། །གང་ཡང་ཁྱུངས་བྲལ་རྟོག་གེའི་རིགས་པ་གང་། །གང་དག་བློ་ཆུང་ཡུས་པའི་ཐལ་འགྱུར་གང་། །གང་གི་མདུན་སར་སྲང་མདའི་རྩ་སྐྱ་གང་། །ཡང་ཡང་ལེགས་སྦྱངས་ཞི་དུལ་སྨྲ་བ་ཡང་། །ཡང་དག་མཁས་པའི་གྲངས་སུ་སྒྲིག་པ་ཡང་། །ཡང་ནས་ཡང་དུ་ཆོས་ཀྱི་བགྲོ་བ་ཡང་། །ཡངས་ཤིང་དྭངས་པའི་གཙུག་ལག་ཁང་དེ་ཡང་། །རྣམ་མང་འདུས་པའི་ཚོགས་ཀྱི་གཟི་འོད་རྣམས། །རྣམ་དཀར་མཛད་པའི་ལེགས་བྱས་བརྒྱ་ཕྲག་རྣམས། །རྣམ་འགྱུར་མཁས་པའི་བློ་གསལ་སྨྲ་མཁས་རྣམས། །རྣམ་གསལ་བྱེ་བའི་དཔེ་བྲལ་བརྗོད་འདས་རྣམས། །ཕྱོགས་བྲལ་སངས་རྒྱས་བསྟན་པའི་རིམ་གྲོ་བ། །ཕྱོགས་མེད་ཡངས་པའི་འདུ་གནས་ཉམས་དགའ་བ། །ཕྱོགས་བཅུའི་དགེ་བའི་བཤེས་ཀྱི་སྲིད་ཞུ་བ། །ཕྱོགས་འཛིན་དུག་ཆུས་སྦྱོས་པའི་ཡིད་སྣང་བ། །སྔ་ཚོགས་མཚོད་པའི་སྤྲིན་ཕུང་ངོ་མཚར་གནས། །གནས་མཆོག་བཀོད་པའི་ཁྱད་པར་སྟོན་སྣ་ཚོགས། །སྣ་ཚོགས་བསྐྱེད་བཀུར་མང་པོའི་མཆོད་པའི་གནས། །གནས་དེར་སྤྱན་དྲངས་མང་ཐོས་གྱུར་སྣ་ཚོགས། །བློ་འདས་གཞལ་བའི་ཡུལ་མིན་འདི་འདྲའི་བློ། །བློ་ཆེན་བྱེ་བས་བསྐལ་བརྒྱར་མི་དཔོགས་བློ། །བློ་ཡི་ཁྱོན་དུ་ཆུད་མིན་གང་གི་བློ། །བློ་གྲོས་མཆོག་གིས་དུས་འདིར་བསྐྱུན་པའི་བློ། །རྒྱ་ཆེན་ཚོགས་གཉིས་ཟུང་འབྲེལ་མཐྱེན་པའི་རྒྱ། །རྒྱ་ཆེར་གྱུར་པའི་མཁའ་ཀློང་ཇི་ལྟའི་རྒྱ། །རྒྱ་ཁྱོན་ས་ཆེན་ཡུལ་ལས་འདས་པའི་རྒྱ། །རྒྱ་བོད་གང་དུ་མི་སྲིད་མཛད་པའི་རྒྱ། །ཞེས་པཎྜི་ཏ་ཆེན་པོ་ཤཱཀྱ་མཆོག་ལྡན་དྲི་མེད་ལེགས་པའི་བློ་གྲོས་ཀྱི་རྣམ་པར་ཐར་པ་ཞིབ་མོ་རྣམ་པར་འབྱེད་པ་ལས། ཆོས་ཀྱི་འཁོར་ལོ་རྨད་བྱུང་བསྐོར་བའི་སྐབས་ལས་བརྩམས་པའི་རབ་ཏུ་བྱེད་པ་ཉེར་གཉིས་པའོ།། །།

ཐུན་མོང་མ་ཡིན་པའི་ཡོན་ཏན་ལས་བསྒྲགས་པའི་ སྐབས་ཏེ་རབ་ཏུ་བྱེད་པ་ཉེར་གསུམ་པ།

དེར་ཆོས་འཁོར་ལེགས་པར་གྲུབ་རྗེས། དཔྱིད་ཆོས་སྐྱེངས་སུ་སེང་གེ་རྩེ་ནས་ཀྱི་ཕྱོགས་འབུལ་དང་སྨོ་འབྲེལ། ཆོས་འཁོར་གྱི་དགའ་སྟོན་ལ་དམིགས་པ་ཡིན་གསུང་། གཞིར་བཞུགས་ཀྱི་དགེ་འདུན་ཡོངས་ལ་མང་ཇ་ཚར། པཎ་ཆེན་རིན་པོ་ཆེའི་དྲུང་དུ་ན་བཟའ་ཆ་ཚང་། ཇ་སིགས། གོས་ཕྱི་ནང་སོགས་དྲུང་ནས་རྣམ་པ་བཞི་ལ་ཡང་སྐུ་བླམ་རེ་དང་དཔུ་ཞྭ། བཞུགས་གདིང་རེ་རེ། དྲུང་ཡིག་ཆོས་རྒྱན་དང་། དྲུང་ཆེན་སངས་རྒྱས་སེང་གེ་ལ་རིང་ཤག་གོས་སྟོད་མ་རེ་དང་། གཟན་རེ་སོགས་ཡང་དག་པའི་འབུལ་འདེགས་གནང་ཞིང་། དཔྱིད་མཚམས་རིང་མོའི་དུས། རྣམ་སྲས་ཀྱིས་ཇ་པ་ཁམས་པའི་གཟུགས་སུ་སྤྲུལ་ནས་ཇ་སྟུམ་དཔེ་བྲལ་གྱི་འབུལ་བ་ཡོངས་ཀྱི་གཟིགས་མཐོང་དུ་ཕུལ་ཞིང་། བཀའ་ལས། ད་རང་རེའི་བསམ་སྨོ་ཐལ་པའི་ཕྲིན་ལས་ལེགས་ཚོགས་འགྲུབ་པའི་གཏང་རག་ཏུ། ད་ལོའི་དབྱར་འདི་མགོན་ཁང་ཞིག་ཀྱང་ཞེངས་ (བཞེངས) གསུངས་ནས། གུར་ཞལ་འཁོར་བཅས་ཀྱི་རྟེན་བཟོའི་དཔུ་འཛུགས་པ་གནང་ཉིན། བལ་པོ་ཕམ་མཐིང་ཚོན་འཁོར་བའི་རྣལ་འབྱོར་པ་གཅིག་གིས་ཉུས་པའི་རྒྱན་དྲུག་ཁྲིད་འཕགས་ཤིག་ཕུལ་ཞིང་། རྟེན་འབྲེལ་ལྷག་པར་འགྲིག་ཅེས་དགྱེས་པ་གནང་རྗེས་བལ་པོ་ལྷ་བཟོ་བ་གཅིག་ཀྱང་ཞབས་དྲུང་དུ་བྱུང་བས་ཆོས་སྐྱོང་གི་ནང་བཞུགས་ཀྱི་བཅའ་ཚུལ་ནས་བཤད་པའི་བསྒྲུབ་དགོས་ཀུན་ལྷུན་གྲུབ་ཏུ་བྱུང་ནས། བར་ཆད་ཀྱི་མཚན་མ་ཅི་ཡང་མེད་པར་ལེགས་པར་གྲུབ་སྐེ་རབ་གནས་གནང་དུས། ཕྱག་གཡོག་རྣམས་ལ་རོལ་མོའི་སྒྲ་དབྱངས་ཟབ་པ་རང་ཞིག་གྱིས། ཞེས་བཀས་བསྐུལ་ནས། ཡེ་ཤེས་པ་སྤྱན་འདྲེན་གནང་བས་མགོན་ཁང་གི་ནང་དེར་རླུང་སོགས་ཡོང་

བའི་བུག་པ་གང་ཡང་མེད་ཀྱང་། ལྷ་རེའི་དར་ཞམ་བསྐྱོད་པས་མར་མེ་ཡང་གཡོ་བར་ནུས་པའི་རླུང་རེག་བྱ་ལྷག་པར་ཚ་བ། དབྱར་གྱི་ཉི་ཁྱིམ་གྱི་དུས་ཀྱི་ཚ་རེག་ལྟ་བུ་ཞིག་བྱུང་ནས། དེར་འཁོད་པ་ཡོ་ལུས་རྟུལ་ཞིང་ཡིད་ལྷག་པར་ཐིལ་ཆེ་བའི་ཏིང་ངེ་འཛིན་དང་ལྡན་ཅིག་རབ་ཏུ་གནས་པའི་གཟི་བྱིན་ཕེབས་ཤིང་། དེ་ཕྱིན་ཁྲམ་ཐེའི་གཟུགས་ཅན་དེའི་སྐུ་ལ། སྤྲར་མེད་པའི་སློ་བ་ནག་པོའི་ཕྲེང་བ་སྟར་ལ་བརྒྱུས་པ་དང་། སྐུའི་ཞལ་གདོང་རྟུལ་རིས་དང་ལྡན་པ་ལྟར་མི་བཟོད་པའི་ཐིལ་ཆེན་རྒྱས་པ་འདི་སྟོན་པ་ཡིན་ལ། དེ་ནས་དེའི་དབྱར་བཞུག་དེ་རང་ལ་ཤངས་ནས་རྣལ་འབྱོར་དབུ་ལེགས་གྲུབ་ཆེན་བསོད་ནམས་རྒྱལ་མཚན་པ་སྟོན་ཏེ། པཎ་ཆེན་རིན་པོ་ཆེའི་དྲུང་དུ་བདག་གི་ཉམས་སྣང་ལ་ཁ་སང་རབ་གནས་གནང་བའི་ཉིན་མོ་དཔལ་ལྡན་ས་སྐྱའི་བཀའ་སྲུང་སྡེ་ཚོགས་གསེར་མདོག་ཅན་དུ་འགྲོ་ཐེར་སོང་བ་ལ། སླར་དཀར་བདུད་ལྷམ་དྲལ་དང་། དུར་ཁྲོད་བདག་པོ་གཉིས་ངེད་ལ་སྡོད་རྟེན་ཞིག་མ་བཞེངས་འདུག་པས་ལོག་ཡོངས་ཐེར་བྱུང་བས། རང་རེའི་མགོན་ཁང་དུ་དཀར་བདུད་དང་། དུར་ཁྲོད་བདག་པོ་ཞིག་ཀྱང་འབྲི་དགོས་པ་འདུག་ཞུས་པས། དེ་ག་བགྱི་གསུང་ནས། སྨན་ཐང་པ་ནང་པ་ལྷུན་གྲུབ་པས་ཕྱག་བྲིས་སུ་མཛད་ནས། དཀར་མོ་ཉི་ཟླ་བདུད་རྒྱལ་ཐོད་ཕྲེང་ཅན། དཔའ་བོ་དུར་ཁྲོད་བདག་པོ་ཡབ་ཡུམ་རྣམས་ཀྱང་རིས་སུ་གནང་ངོ་། །དེའི་ཕྱི་ལོ་མེ་ཕོ་འབྲུག་ལོ་ལ་ཡང་ཚོགས་པ་ཕལ་ཆེ་བ་ལ་གསུང་ངག་རིན་པོ་ཆེ་གནང་ཞིང་། དེ་གྲོལ་རྗེས་ཚོས་རྗེ་འཕྲང་པོ་བ་སྟོན་ནས། ཐེག་ཆེན་ཆོས་ཀྱི་རྒྱལ་པོ་ནས་སྐྱུང་ལུང་རིན་པོ་ཆེ་ལ་བརྒྱུད་པའི་ལམ་འབྲས་ཞུ་བ་རང་ལ་དབུས་ནས་ཞབས་གཏད་ཕེབས་ཚུལ་ཞུལ་བས། བཀའ་ལུང་ལ་ཐེག་ཆེན་ལུགས་ཀྱི་ལམ་འབྲས་ཡོངས་རྫོགས་ཆ་ལག་ཚང་རང་ཆོས་སྡེངས་སུ་སྐྱུང་ལུང་རིན་པོ་ཆེ་ལ་ཐོབ། དེ་ཕྱིན་ལམ་དུས་ཐུན་བཞི་འཆག་མེད་བྱས་ཤིང་། དེ་དུས་ཆོག་འདོན་དེ་དཔལ་ལྡན་བླ་མ་དམ་པས་མཛད་པའི་ཀྱཻ་རྡོར་མངོན་རྟོགས་དེ་རང་ཡིན་པས། ངོར་ཆོར་ལམ་འབྲས་རྗེས་ནས་ཞུས་དུས། རྗེ་རྡོ་རྗེ་འཆང་ལ་ངེད་ཀྱི་ད་ལྟ་ཁ་བཏོན་གྱི་ཀྱཻ་རྡོར་མངོན་རྟོགས་འདི་བླ་མ་དམ་པའི་ལུགས་ཡིན་པས། ངོར་ཆོར་ཡོངས་གྲགས་བགྱིད་པའི་མངོན་

རྫོགས་བྱ་བྲལ་མ་འདི་གསར་འཛིན་དགོས་ལགས་སམ་ཞུས་པས། དྲུང་ཆེན་པོ་བ་རང་སྟར་ཁྲུད་དེས་རང་ཚོག ངེད་རང་གི་རྒྱུན་གྱི་ཉམས་ལེན་ཡང་ཆོས་རྗེ་བླ་མ་དམ་པས་མཛད་པ་འདི་སྙིང་རང་ནས་ལགས་གསུང་དངོས་ཀྱི་བཀའ་སྩལ་གནང་བ་ཡིན། སྐྱེས་བུ་མཆོག་དེ་ཀུན་གྱི་ཐུགས་ལ་མཚན་འཛིན་མི་མངའ་ཡང་། ངེད་ད་ལྟ་གཙང་ཕྱོགས་སུ་གྲྭ་ས་གསར་འཛུགས་བཏབ་པ་འདི་ལ། མདོ་ཀུན་མཁྱེན་རོང་སྟོན་དང་། སྔགས་ངོར་པ་རྡོ་རྗེ་འཆང་རང་གི་གསུང་རྒྱུན་ཕྱག་བཞེས་མ་ཉམས་པ་རང་ཞིག་བྱེད་དགོས་པའི་ལུགས་གཉིས་ཀའི་དམ་ཚིག་ཁྲིལ་གཞུང་ཆེ་བར་ཡོད་པས། གསེར་མདོག་ཅན་ཚོའི་བཅའ་ཡིག་ཏུའང་འཁོད། རང་རེ་རང་གི་ཐེལ་ཚེ་ཡང་འགྱུར་ཟིན་པས་ས་འདིར་ངོར་ལུགས་ལས་གཏན་འཆད་མི་སློབས་ཤིང་། སྔར་རྒྱ་མར་ཆོས་སྡིངས་དཔོན་པོ་ལ་ནི་སྒྲུང་ལུང་རིན་པོ་ཆེ་བའི་ཕྲིན་ལས་རྒྱུན་ཆད་དོགས་རང་རེས་གྲོས་བཏབ་བྱས་ནས་རྫོགས་པར་བཤད་པ། དེ་དུས་ཀྱང་གཞི་བྱེས་ཀྱི་གསོལ་བ་འདེབས་མི་མང་བ་བྱུང་ཀྱང་གཅིག་ལའང་བཤད་པ་མེད་གསུང་ནས་བླ་ཕྱེད་ཙམ་བཀའ་མ་གནང་། དེ་རྗེས་ཆོས་རྗེ་རབ་མདོ་པ་རང་གིས་ཡང་ཡང་ནན་ཞུས་མཛད་པས་ཁོང་རང་དཔོན་སློབ་རྣམ་པ་རང་ལ་གཞུང་རྐྱང་གི་དམིགས་པ་ཡོད་ཙམ་ཞིག་གསང་ཐབས་སུ་མྱུར་བར་གནང་རྗེས། ས་སྐྱ་བཀའ་འབུམ་གྱི་ལུང་ཞིག་ཆེད་གཏད་ཞུས་པས། དྲུང་ཡིག་ཆོས་རྒྱན་པས་སྤྱན་ཚབ་མཛད་ནས་བཀྲ་ཤིས་བརྩེགས་པར་སྩལ་དུས། དེའི་ལོའི་ཆོས་ཁྲིམས་ལ་ད་ལྟའི་ས་སྐྱ་ལས་ཆེན་ཡེ་ཤེས་ལྷུན་གྲུབ་པ་འདི་ཡོད་དུས། བཀའ་ལུང་ལ། ཆོས་རྗེ་འཕྲང་པོ་བས་ས་སྐྱ་བཀའ་འབུམ་གྱི་ལུང་དགོས་ཟེར་བྱུང་བས། ཡང་ཡང་མི་ཡོང་ཁྲིད་རང་ཡང་ཉོན་གསུང་བ་ལ། བདག་ཆོས་ཁྲིམས་ཀྱི་གཡེང་བས་མི་འགྲུབ་ཅིང་། ཁ་སང་གྲངས་ཆེན་བཅོ་བརྒྱད་ཀྱི་ལུང་དེ་ལ་བཀའ་ལུང་ཐུགས་ལ་བཏགས། ས་སྐྱ་བཀའ་འབུམ་རང་གི་མགོ་ཞིག་མི་འདུག་ལགས་ཞུས་པས། ག་རེས་ས་སྐྱར་སྡོད་དགོས་པ་ཡོད། དེ་དུས་ཕྱོགས་ཤིག་ནས་ས་སྐྱ་བཀའ་འབུམ་གྱི་ལུང་ཞུ་བའི་མི་ཡོད་པས་ཉོན་གསུངས་ནས་གསན་ཞིང་། ཕྱིས་བདག་གིས་པཎ་ཆེན་རིན་པོ་ཆེ་ནས་བརྒྱུད་པའི་ས་སྐྱ་བཀའ་འབུམ་གྱི་ལུང་ཁོང་

ལ་བཞུགས་པའི་ཁྱུངས་ཚོད་ནས་སློན་བཅག་འབུལ་མི་བཟླངས་པས། ཐར་གྱི་ལོ་རྒྱུས་གསུངས་སྙན་ཆབ་གསེལ་ཞིང་། པཎ་ཆེན་ཤཱཀྱ་མཆོག་ལྡན་ཁྱེད་ཀྱིས་དུས་གསུམ་ས་ལེ་རང་གཟིགས་ཨ་གསུང་དགྱེས་བཞིན་དུ་ལུང་རྫོགས་པར་ཐོབ་ཅིང་། དངོས་སུ་མཇལ་དུས་ངེད་ཀྱིས་གདན་ས་ཆེན་པོ་ས་སྐྱར་མི་ལོ་བཞི་བཅུ་ཞེ་བགྲངས་ཤིག་བསྡད་ཀྱང་། ས་སྐྱ་བཀའ་འབུམ་གྱི་ཤོག་ལྷེབས་གཅིག་ཀྱང་དགོས་ཟེར་མི་མ་བྱུང་། འདི་པཎ་ཆེན་རིན་པོ་ཆེ་རང་གིས་ལེགས་པར་དགོངས་པའི་མ་འོངས་ལུང་བསྟན་ཡིན་པས་གསུང་། སྙན་རབ་རིབ་དང་ཆབ་སློག་ཀྱང་ལྷག་པར་ངན་པར་འདུག་ནའང་། ས་སྐྱ་པ་གོང་མ་ལྔའི་བཀའ་འབུམ་དང་། གྲངས་ཆེན་བཅོ་བརྒྱད་ཀྱི་ལུང་རྫོགས་པར་མཛོས་སོ། །དེ་ནས་མེ་མོ་སྦྲུལ་ལོ་ཤར་བའི་དགུང་ལོ་བདུན་བཅུའི་སྟེང་དུ་ཕེབས་སྐབས། དཔྱིད་མཚམས་ལ་དབུས་ཕྱོགས་ལ་ཕེབས་ཤིང་། གཞིར་བྲུང་ཆེན་སངས་རྒྱས་སེང་གེ་བཅར་བཞུགས་གནང་ནས་དབྱར་རིང་ལ་ལྷ་ཁང་གསར་པའི་རི་མོ་རྣམས་ཀྱི་ཞབས་མ་ལུས་པ་ཡོངས་སུ་རྫོགས་པར་བསྒྲུབས་ཤིང་། བྲུང་ནས་རྣམ་པ་བཞིས་ཀྱང་པཎ་ཆེན་རིན་པོ་ཆེ་དབུས་ནས་ནམ་ཕེབས་བར་དུས་ཚོས་མ་ཆག་པར་རང་རང་གིས་ཆེད་གཉེར་གནང་། གསོ་སྦྱོང་གི་མདོ་འདོན་པ་སོགས་བྲུང་ནས་ལྷ་བཙུན་པའི་བྲུང་གིས་མཛད། དེར་པཎ་ཆེན་རིན་པོ་ཆེས་དབྱར་རིང་སྣང་ཐང་གི་གཞིར་བཞུགས་དང་། གནས་སྐོའི་བྱེས་པའི་བགྲེས་པ་འགའ་རེས། ཕྱོགས་ཀྱི་ཚོས་ཉན་རྣམས་ཀྱིས་གསོལ་བ་བཏབ་ནས་གསུང་ངག་དང་རྗེས་འབྲེལ་དབྱར་ཞལ་གྱིས་བཞེས་པ་གནང་ཞིང་། དགག་དབྱེའི་རྗེས་ལ་རྒྱ་མར་སྙན་དྲངས། རབ་བྱུང་བསྙེན་རྫོགས་མང་དུ་གནང་ཞིང་། འདི་ལོ་ཡང་དྲིན་ཅན་སྒྱུང་ལུང་པས་ལམ་འབྲས་ཚོགས་སུ་གསུངས་པ་དང་། སོགས་སུ་ཚོས་སྐྱོང་གུར་ཞལ་གྱི་བཀའ་རྗེས་གནང་སྒྲུབ་སྐོར་དང་། དགའ་མོ་ཆོས་མཛད་པས་ཞུས་པའི་ཟླ་ལ་ཕྱག་ཆེན་ལྷན་ཅིག་སྐྱེས་སྦྱོར། ལྔ་ལྡན། ཡི་གེ་བཞི་པ་སོགས་ཀྱི་ཁྲིད་གསན་གསུང་ཞིང་། སྟོན་དེ་སྒྱུར་བར་ལམ་གཙོད་གནང་ནས་གསེར་མདོག་ཅན་དུ་ཕེབས་ཞེས་གྲག་གོ །དེ་ནས་ཕྱི་ལོ་ས་ཐོ་ཧ་ལོའི་མགོ་ལ་ཕར་ཕྱིན་ཊཱི་ཀ་འཛུག་སྒོ་གསུམ་པའི་ཐུགས་རྩོམ་

གནང་ཞིང་། དེ་གྲུབ་ནས་དབྱར་དབང་བསྐུར་རྡོ་རྗེ་ཕྲེང་བ་ཟླ་གཅིག་དང་ཞག་ལྔའི་རིང་ལ་རྫོགས་པར་མཛད་ཅིང་། འདི་སྐབས་རྗེ་ཀུན་དགའ་རྒྱལ་མཚན་པ་སྐུ་མཆེད་རྣམས་དང་། རྗེ་བྲག་དམར་བ། སློབ་དཔོན་རྣམ་པ་བཞི་སོགས་བུ་ཆེན་དྲུག་རིགས་རྣམས་དང་། ཚོགས་པ་ཕྱིན་གྲངས་ལྔ་བརྒྱ་ཙམ་ལ་འདུ་ཁང་གསར་པར་གནང་ཞིང་། མི་ནག་པ་འདར་པ་མི་བསྐྱོད་པ་ཡབ་སྲས། སྤྲུལ་སྐུ་སྨན་ཐང་པ་དང་། རྟོགས་ལྡན་སངས་རྒྱས་རྣལ་འབྱོར་པ་ཙམ་ལས། གཞན་དགེ་འདུན་འབའ་ཞིག་ཡིན་ཞིང་དེར་དབང་ཐོག་མའི་ཉིན་ཡེ་ཤེས་དབབ་དུས། མངའ་རིས་དབུ་ལེགས་པ་ཨ་བ་གྲགས་ཟེར་བ་ཞིག་ལུས་གར་སྟབས་སུ་འཕར་རྗེས་འདུ་ཁང་གི་ཕྱིར་ཐོན། དེར་དབང་གི་སྐང་ཡིན་པས་རྗེས་ལ་འགྲོ་མི་ཡང་མ་བྱུང་ཞིང་། ཕོང་བྱུང་གི་ཆུ་ལ་ཡང་ཐགས་ཐོགས་མེད་པར་ཐང་ལྟར་ཕྱིན་ནས་དེ་ནུབ་ཆུ་དབར་དུ་སླེབ། གྲུ་ཀོ་སོགས་གང་ཡང་མ་དམིགས་པའི་མཚར་བའི་གཏམ་དང་། ཡང་དེ་དུས་རྡོ་རྗེ་ཕྲེང་བ་སང་འཛུགས་རྒྱུའི་བཀའ་བགྲོས་ལ་བྱུང་ནས་སློབ་དཔོན་རྣམ་པས་པཎ་ཆེན་ཞབས་དྲུང་དུ་ཕེབས་ནས་བཀའ་བགྲོས་ཐག་བཅད། རང་སར་ཕེབས། དེར་བྱུང་ནས་ལྷ་བཙུན་པས་ད་ལྟའི་རབ་གསལ་ཟླ་མགོན་པ་ལ། ཁྱེད་རང་པཎ་ཆེན་ལ་ཞབས་དབང་ཞིག་ཞུས་ལ། ཟླ་བ་གཅིག་ཙམ་ཁྲིམས་རོགས་ཤིག་ཁྲིད་དཔེ་མཚམས་ལ་སོང་གསུང་བ་བཞིན། པཎ་ཆེན་གྱི་སྤྱན་སྔར་ཕེབས་པས། ཅི་ལ་ཡོང་ས་གསུང་། ཞབས་དབང་ཞིག་ཞུ་བ་ལ་ཡོང་ས་ཞུས་པས། ན་བ་བཞིན་ནི་མིན་ནམ་གསུང་། ན་བ་མིན་ལགས་དྲུང་ནས་ཀྱི་བཀའ་ལུང་འདི་བཞིན་བྱུང་བས་ཡིན་ཞུས་པས། དབང་རྡོ་རྗེ་ཕྲེང་བ་ཙམ་གྱི་དགག་དགོས་བཤོལ་བའི་དཔེ་ཆའི་སྔོ་འཛིན་དེར་གར་སླེབ། ཁྱེད་རང་ཞེད་མི་དགོས་ངས་སློབ་དཔོན་པ་ལ་དཀྱིལ་བས་ཚོག་སང་དེ་ད་ཙམ་སོང་དུས་རྡོ་རྗེ་འཕྲེང་བ་བསྐུར་དགོས་པ་ཡིན་ནོ་གསུང་ཞིང་། ཕྱིས་དེ་ཊཱི་ལྷ་བར་རབ་གསལ་ཟླ་མགོན་པ་དགུང་ལོ་བདུན་ཅུ་དོན་གཅིག་བཞེས་པ། པཎ་ཆེན་རིན་པོ་ཆེས་རྡོ་རྗེ་ཕྲེང་བ་གནང་བའི་དགུང་ལོའི་ཚོད་དེ་རང་ལ་བདག་གིས་སྤྱན་དྲངས་ནས་དཀྱིལ་འཁོར་བཞི་བཅུ་ཞེ་ལྔ་མའི་དབང་བསྐུར་ཞུས། ཕོང་གིས་སྐུ་ཚེ་ལ་དབང་གཅིག་པོ་དེ་ཀ་ཡིན་

ཞིང་། དབང་མི་ལྷ་བརྒྱ་པོའི་ནང་ནས་དབུས་སུ་པཎ་ཆེན་རྡོར་རྒྱལ་བས་དབང་ཚར་འགའ་གནང་བ་མ་གཏོགས་གཞན་གནང་མི་གཅིག་ཀྱང་མ་བྱུང་སྐད་དོ། །མཁས་གྲུབ་ལྷུང་ར་བ་འདི་སྐབས་ཆོས་འཁོར་རྩེ་ན་འཆད་ཉན་ལ་བཞུགས་པས། ཕྱིས་གཏིང་སྐྱེས་སུ་རྗེ་ཀུན་དགའ་བཀྲ་ཤིས་པའི་དྲུང་དུ་གསོལ་བཏབ་གནང་། འབུལ་བར་ཞལ་གྱིས་བཞེས་ཀྱང་ཕྱག་ཐོག་ཏུ་མ་ཁེལ་འདུག་གོ །དེ་ནས་པཎ་ཆེན་རིན་པོ་ཆེ། དགུང་ལོ་དོན་གཉིས་སུ་ཕེབས་པ་ས་མོ་ལུག་གི་ལོའི་དཔྱིད་སོས་ཏེ། རྒྱ་གར་ཧ་རི་པུཎྜ་ཞེས་པ་ཉན་ཐོས་ཀྱི་དགེ་འདུན་ཁྲི་ཁྲག་ཚོགས་པའི་གནས་ནས་པཎྜི་ཏ་ཆོས་ཀྱི་ཉིན་བྱེད་དང་། འཕགས་པའི་རིགས་སུ་མཚན་བཏགས་པ་གཉིས་རྒྱ་ནག་ནས་བརྒྱུད་དེ་ཞབས་དྲུང་དུ་ཕེབས། ལེགས་སྦྱར་གྱི་སྐད་དུ་མཆོག་གི་དང་པོའི་སངས་རྒྱས་དཔལ་དུས་ཀྱི་འཁོར་ལོའི་དབང་བསྐུར་བ་ཞུས་ཏེ། མངའ་རིས་གློ་བོར་ཕྱིན། དེ་དུས་གློ་བོ་ན་རྒྱ་གར་གྱི་པཎྜི་ཏ་སི་རི་མ་ཧི་ཕྱིན་འདུག་ཅིང་། ཁོང་གི་ཕྱག་ན་རྒྱལ་སྲས་ཞི་བ་ལྷའི་སྤྱོད་འཇུག་རང་འགྲེལ་གྱི་རྒྱ་དཔེ་འདུག་པ་གློ་བོ་སྡེ་པ་བཀྲ་ཤིས་མགོན་གྱིས་སྦྱིན་བདག་གནང་ནས་བསྒྱུར་དགོངས་ནས། རྒྱལ་རྩེར་གུར་པའི་སློབ་དཔོན་སྟེང་ན་གློ་བོ་རང་གི་སྟེངས་ཆེན་མཁན་པོ་བྱམས་པའི་ཆོས་རྗེ་དཀོན་མཆོག་ཆོས་སྐྱབས་པར་གྲགས་པ། མི་ཉག་གྲགས་རྡོར་བའི་སྒྲའི་བུ་ཆེན་དེས་ཁས་བླངས་ནས་ཕྱིན་པས་ཕྱོགས་ཀྱང་མ་མཚོན་པར་འདུག་པའི་སྐབས་དེར་འདུག་པས། པཎྜི་ཏ་རྣམ་པ་གཉིས་ཀྱིས་སྡེ་པ་བཀྲ་ཤིས་མགོན་ལ། ཁྱེད་རང་གློ་བོ་ཡིན་པའི་ལོ་ཙཱ་བ་ཛམ་ཛྷ་ཛ་བསྒྱུར་དུ་བཅུག་ན་ཁོང་གིས་ལེགས་པར་ཤེས་པ་འདུག་ཞུས་པས་འཕོད་མི་དང་། པཎ་ཆེན་རིན་པོ་ཆེའི་ཞབས་དྲུང་དུ་ཡང་རྫོང་དགོས་པའི་ཚུལ་ཕུལ་ཡང་། ཞི་བ་ལྷའི་རང་འགྲེལ་སྔོན་གྱི་པཎྜི་ཏ་ལོ་ཀོཏྟ་རའི་ཕྱག་ན་ཡང་འདུག་པ་རྒྱ་དཔེའི་སྟེང་ནས་ངེད་ཀྱིས་ཀྱང་མཐོང་། ད་ལྟའི་དེ་ཡང་དེ་ག་ཡིན་ཚོད་དུ་འདུག་ནའང་། སྔོན་གྱི་སྒྲ་བསྒྱུར་ཆེན་པོས་འབད་ནས་བསྒྱུར་བ་ལ་ཉན་བཤད་མེད་པའི་གསར་འགྱུར་དེས་གང་བྱེད་གསུང་། དྲུང་ཡིག་ཆོས་རྒྱན་པ་ཡང་བཀས་མ་གྲོལ་ཞེས་གཏམ་དུ་སྨྲེང་ངོ་། །པཎྜི་ཏ་དེ་ཉིད་གློ་བོ་ནས་བརྒྱུད་དེ་རྒྱ་གར་དུ་གཤེགས་ཤིང་། ལམ་དུ་

པཎྜི་ཏ་འཕགས་པའི་རིགས་ཤེས་མཚན་ཡོད་པ་དེ་གཤེགས་ནས། པཎྜི་ཏ་ཆོས་ཀྱི་ཉིན་བྱེད་
ཀྱིས་ཞུ་ཡིག་རྒྱ་གར་གྱི་ཡི་གེ་བྲིས་ནས། ཛོ་ཀི་ཨ་སྲི་ཏ་ནཱ་ཐ་ཟེར་བ་ལོ་ལྔ་བརྒྱ་ལོན་ཞིང་། ལྷ་
གནས་སུམ་ཅུ་རྩ་གསུམ་དུ་ཕྱིན་པ་དེ་ལ་བསྐུར་ནས་གསེར་མདོག་ཅན་དུ་ཕུལ་བ་ཡིན་ནོ། །
དེའི་ཕྱི་ལོ་དགུང་ལོ་དོན་གསུམ་བཞེས་པ་ས་མོ་ལུག་གི་ལོར་ཡང་གསང་འདུས་བདེ་མཆོག་
དུས་འཁོར་སོགས་ཀྱི་བསྐྱེད་རྫོགས་ཀྱི་བཤད་པ་མཐིལ་ཕྱིན་གནང་ཞིང་། ལྷག་པར་གསང་
འདུས་འཇམ་པའི་རྡོ་རྗེའི་དཀྱིལ་འཁོར་རྫུལ་ཚོན་དུ་བཞེངས་ནས་དབང་ཆར་བཅད་པའི་
དབང་ལན་གྲངས་དཔག་མེད་རང་སྩལ། གཉིས་སྐྱེས་སུ་རྗེ་ཀུན་དགའ་བཀྲ་ཤིས་པ་ལ་ཡང་
དབང་བསྐུར་ནོན་ངེས་སྦྱིན་གསུངས་པས། ཐུགས་བྲེལ་འགགས་གཡེངས་ནས་འགོར་ཤིན་ཏུ་
ཆེ་བ་བྱུང་བས་འདིའི་དབང་རྫོགས་ནས་སང་དཀྱིལ་འཁོར་ལ་གཤེགས་གསོལ་འབུལ་རྒྱུའི་དོ་
ནུབ་རྗེ་ཀུན་བཀྲས་པས་མནལ་ལམ་བཟུང་ནས་ཕེབས་པས་དཀྱིལ་འཁོར་གཙོ་བོ་དང་བླ་མ་
དབྱེར་མེད་ལ་དབང་གསན། སང་སློབ་པ་གྱིས་ཞེས་པའི་བཀའ་ལུང་གནང་ཞིང་། དེའི་
ཉིན་དྲུང་ཡིག་ཆོས་རྒྱན་པས། ད་རང་དབང་མི་རྫོགས་འདུག་ཅིང་ཞག་འགའ་དེ་ནི་སྒྲུག
སྡོད་ལ་བདག་འཇུག་རེ་སྐྱ་དྲིན་སྐྱོང་བ་གནང་། ད་དེ་ཡར་ཕྱོགས་ཀྱང་ཕྲིན་ལས་སྣ་མང་
བས་མ་སྦྱིན་དོགས་དང་། ད་ལན་གྱི་བཀའ་ཆོས་གསོལ་བ་འདེབས་པའི་གཙོ་བོ་ཆོས་རྗེ་བྲག
དམར་བ་ཡང་ཆོས་སྡེའི་དུས་ཆོས་སོགས་ལ་ཕེབས་དུས་ཐུག་སྣང་བས། དཀྱིལ་འཁོར་
གཤེགས་གསོལ་གནང་ནས་འཇམ་དཔལ་ཞལ་ལུང་གྲོལ་ཐིག་སོགས་ཞལ་བཞེས་ཀྱི་བཀའ་
ཆོས་རྣམས་ཐུགས་ལ་འདོགས་པ་ལེགས་པ་འདྲ་ཞུས་པས། ཁོང་ལ་མདང་ཡང་དཀྱིལ་
འཁོར་འདིར་དབང་བསྐུར་ཡོད་ཅིང་། དེ་རིང་དགོངས་ཕྱོགས་སྦྱིན་ཡོང་གསུང་བའི་བཀའ་
ལུང་སྤྱ་རྡོ་གནང་བའི་དགོངས་ཀྱི་ཆ་ལ་ཕེབས་ཞེས་ཐོས་སོ། །དེ་ལོ་ནཱ་རོ། ནཻ་གུ། སྙིང་པོ་
དོན་གསུམ། སྨར་ཁྲིད་རྣམས་ཞུ་མི་སོ་སོ་ལ་རིམ་ཅན་དུ་གནང་ཞིང་། ཡང་དེ་སྐབས་སུ་རྗེ་
རྫོགས་ལྡན་ཀུན་དགའ་ལེགས་བཟང་པ་ཡང་དཔོན་སློབ་འགའ་ཞིག་མཇལ་བ་ལ་ཕེབས་པས
ཞེན་པ་བཞི་བྲལ་གྱི་ཁྲིད་དང་། ཁོང་གིས་གསོལ་བ་བཏབ་ནས་དྲི་བ་ལྷག་བསམ་རབ་དཀར་

གྱི་དྲིས་ལན་ཡང་ཐུགས་རྗེས་བཀའ་དྲིན་དུ་མཛད་དོ། །དེ་དུས་འགྲོ་མགོན་གཞོན་ནུ་ཆོས་བཟང་པས་ཀྱང་བཀའ་འགྲེལ་གསན་པས་ཐུགས་ལྷག་པར་མོས་པས་དད་པའི་ས་ལ་བཞུགས་པ་ཡིན་ནོ། །དེ་དུས་ནི་གུའི་ཁྲིད་སྐབས་ཤིག་གི་དུས། ཏ་དཔོན་ཤཱཀྱ་བཟང་ལ་འོད་གསལ་གྱི་ཉམས་ཤར་ནས། གསེར་མདོག་ཅན་གྱི་གླིང་མ་ལུས་པའི་དངོས་གནས་ཤེས་པ་བྱུང་ཞིང་། འདི་དུས་པཎ་ཆེན་རིན་པོ་ཆེ་ཉིད་ཀྱི་དངོས་ཀྱི་བཀའ་ལུང་ལ། དེ་རིང་ནི་གློ་བོ་ན་རང་རེ་ལ་ཙན་དན་གྱི་སྐུ་འབུལ་མི་ཡོང་བ་ཡོད་གསུང་བའི་ཉིན། ཙན་དན་དཀར་དམར་ལས་བིདྲ་པ་དང་། ས་སྐྱ་པ་ཆེན་པོ། ས་སྐྱ་པཎ་ཆེན་གསུམ་བཟབས་བཀོས་བྱས་ནས་འབུལ་མི་སླེབས་བྱུང་ཟེར་རོ། །དེ་ནས་སྔེ་བདག་སྐར་པ་མི་དབང་དོན་ཡོད་རྡོ་རྗེས་བསམ་གྲུབ་རྩེར་སྤྱན་འདྲེན་ཞུས་གཤེད་དམར་སྨྲོས་མེད་ཀྱི་ཁྲིད་གསན་པའི་སྐྱོར་དཔོན་དུ་རྗེ་བྲག་དམར་བ་ཀུན་དགའ་ཆོས་འཕེལ་བ་ལ་བཀའ་ལུང་གནང་བས། ད་དབྱར་ཆོས་འདི་ཁྱིས་པ་རྣམས་ལ་བསྒྱུས་སྐྱོར་གཏོང་དགོས་པས་མི་ཁོམ་ཞུས་ནས་མ་ཕེབས་ཤིང་། པཎ་ཆེན་གྱི་ཐུགས་རྗེ་སྔེ་པའི་བླ་མ་ལ་སྐྱོར་གཏོད་གནང་བའི་ལེགས་སྐྱོར་དུ་དགོངས་པ་ཡིན་ཞེས་དེ་དུས་ཀྱི་ཞབས་འབྲིང་བ་དག་སྒྲོག་གོ །དེ་ནས་གསེར་མདོག་ཅན་དུ་ཕེབས་ནས་ཀྱི་རྡོ་རྗེའི་རྒྱུད་གསུམ་གྱི་བཤད་པ་བཀའ་དང་རྗེས་འབྲེལ་རྗེ་རྡོ་རྗེ་འཆང་གིས་མཛད་པའི་ཀྱི་རྡོ་རྗེའི་རྣམ་བཤད་ཟླ་ཟེར་ལ་ཞིབ་བཤད་རང་ཞིག་ཀ་དྲུག་མར་གསུངས་ཤིང་། རྗེ་རིངས་ཀུན་སྤངས་རིན་པོ་ཆེས་གསོལ་བ་བཏབ་ནས་གྲང་མོ་ཆེ་བའི་བརྒྱལ་ལན་ཡང་གནང་། རྗེ་རིངས་ཀུན་སྤངས་རིན་པོ་ཆེ་ལ་དཔལ་མགོན་གདོང་བཞི་པའི་རྗེས་གནང་མཛད་དུས། པཎ་ཆེན་རིན་པོ་ཆེའི་སྐུ་རྒྱབ་ན་བྲམ་གཟུགས་ནམ་མཁའི་མདོག་ཅན་ཞིག་བཞུགས་པ་ཡང་ཞལ་གཟིགས་ཞེས་དངོས་ལས་ཐོས་སོ། །ཡང་ཀུན་སྤངས་རིན་པོ་ཆེའི་གསུང་སྒྲོས་ནང་བསྟན་དུ་གནང་བ་ལ། པཎ་ཆེན་རིན་པོ་ཆེ་སྲིད་ཞི་མཉམ་པ་ཉིད་ཀྱི་ཐུགས་ཅན་དེ་ཉིད་ཀྱང་རང་རེའི་གཞན་སྣང་དུ་སྤྲུལ་སྐུ་ཞྭ་དམར་ནག་གི་ཕྱོགས་འཛིན་ཆེ་བ་རང་གི་ཚུལ་སྟོན་པ་གནང་འདུག་པས་དེའི་རྟེན་འབྲེལ་ཡིན་པ་འདྲ། ལྷུགས་པོ་སྤྲེའུའི་ལོ་སྤྲུལ་སྐུ་ཞྭ་དམར་བས་གསེར་མདོག་ཅན་གྱི་གོས་སྐུ་ལ་རབ་

གནས་ཀྱི་མི་ཏོག་སྡེ་པ་སྣར་པས་ནན་གྱི་ཞུ་བ་གནང་ནས་མཛད་ཕྱིན། སྡེར་གྱི་གོས་སྐུའི་གཟི་བྱིན་དེ་གཏན་ནས་མེད་པའི་རླུང་ཚུབ་(འཚུབ)སོགས་ཀྱིས་བསྐྱོད་ཐུབ་པ་མི་ཏོག་གི་ཆར་ཆེན་པོ་འབབ་པའི་རྒྱུན་ཡང་མེད་དེས་ཀུན་སློང་བཟོད་མིན་པར་བྱུང་བ་ཡང་རྗེ་ཞྭ་དམར་ཅོད་པན་འཛིན་པ། སྤྲུལ་སྐུ་ཞྭ་ནག་པ་དང་ཐུགས་འདྲེས་ཨེན་ཙམ་གྱི་ཕྱི་ནང་གི་རྟེན་འབྲེལ་ཡིན་ངེས་གསུང་། བདག་གསེར་མདོག་ཅན་དུ་ཡོད་དུས་དྲུང་ནས་རྣམ་པ་བཞི་ག་འཛོམ་པ་ལ་གསུང་བ་ཐོས་ཤིང་། ཞྭ་དམར་བ་སྡེ་པའི་དྲུང་གིས་ནན་བསྐྱེད་གནང་གསེར་མདོག་ཅན་ཚོར་སྤྱན་འདྲེན་ཞུ་དགོས་བྱུང་སྐབས། ཆོས་རྗེ་ཞ་ལུ་ལོ་ཆེན་པ་ཡང་ཞྭ་དམར་ཅོད་པན་འཛིན་པའི་ཕྱག་ཕྱིར་ཡོད་པས་སྡེར་ཞ་ལུ་གནས་བརྟན་ས་ཧུ་ཧྭ་ཛ་བས་སྣན་པ་བརྗོད་པའི་དབང་ལས་སེམས་ལྷག་པར་དད་པ་ཡོད་པས། དེ་དུས་བཀའ་འབྲེལ་ཞིག་ཞུས་པས། ངེད་རང་མཚན་ཉིད་པ་སྐམ་པོས་འདི་ལས་མི་ཤེས་གསུང་། གང་བློ་མའི་ལུང་ཞིག་ཐུགས་ནས་གནང་གསུང་བ་ས་སྐྱ་བདག་ཆེན་རབ་མཛེས་པའི་དྲུང་དང་ཞལ་འཛོམས་མཛད་སྐབས། བདག་ཆེན་དྲུང་གིས་འོ་ན་ཆོས་འབྲེལ་གཡས་ཆུང་བར་འདུག་ཞུས་པས། ཆོས་རྗེ་ཞ་ལུ་ལོ་ཆེན་པའི་གསུང་ནས། ག་རེ་འཇམ་དབྱངས་དངོས་སྤྱན་ལ་འཇམ་དབྱངས་དངོས་ཀྱི་བསྟོད་པའི་ལུང་ཐོབ་པ་ལས་ལྷག་པའི་ཆོས་འབྲེལ་གང་ཡོད་གསུང་ཞེས་ཞ་ལུ་ལོ་ཆེན་པའི་དཔོན་པོ་བའི་ངག་ལས་ཐོས་སོ། །དགུང་ལོ་དོན་གསུམ་བཞེས་པའི་ལོ་ལ་ཡང་ལམ་འབྲས་ཀྱི་ཚོགས་ཆོས་རྒྱ་ཆེར་གནང་ཞིང་། གཞན་ཡང་སྔགས་ཆོས་ཐུན་ཡང་བདེ་མཆོག་ལཱུ་ཧི་པའི་དབང་དང་བསྐྱེད་རྫོགས། བདེ་མཆོག་དྲིལ་བུ་པའི་ལུས་དཀྱིལ་དང་འབྲེལ་བར་དྲིལ་བུ་རིམ་ལྔའི་ཁྲིད། བདེ་མཆོག་དཀར་པོའི་བྱིན་རླབས་ཁྲིད་དང་བཅས་པ་རྗེ་བྲག་དཀར་དམར་གྱིས་ཞུ་བ་པོ་གནང་ནས་རིམ་པར་སྩལ་ཅིང་། རྗེ་སེམས་དཔའ་བྲག་དཀར་བའི་དྲུང་གཏིང་སྐྱེས་ཚོར་དགོངས་དབྱིངས་བག་ཙམ་འཛེར་བག་བྱུང་བའི་དབང་ལས་ཕེབས་སྐབས་ཤིག་བཞུགས་ས་བླ་བྲང་གི་ཀ་དྲུག་མ་རང་དུ་གནང་ནས། བདེ་མཆོག་ནག་པོ་པའི་དབང་སོགས་བཀའ་ཆོས་ཟབ་མོ་རྣམས་དང་། ད་ལྟའི་ཆོས་ཐུན་བརྒྱ་རྩའི་ནང་གི་བརྗོད་བྱང་ཞུས་

པའི་བཀའ་ཆོས་ཕལ་ཆེར་ཀྱང་ཆིག་བརྒྱུད་དུ་གསན་ཞིང་། བདེ་མཆོག་ནག་པོ་པའི་དཀྱིལ་ཐང་ཆེད་དུ་གཏད་ནས་ངས་བྲིས། དེའི་སྟེང་ནས་དབང་བསྐུར་ཡང་མཛད་ཅེས་དཔོན་དར་དངོས་ལས་ཐོས་ཤིང་། རྗེ་སེམས་དཔའ་ཆེན་པོ་བྲག་དཀར་བས་ཕྱིས་གསེར་མདོག་ཅན་དུ་ཕེབས། ལམ་འབྲས་ཐོག་མ་རང་དེ་ཚོགས་ལ་གནང་དུས་གཉིང་སྐྱེས་པ་རང་གི་སྤྱི་ཁང་ན་བཞུགས་སྐབས་ཕྱག་གཡོན་པའི་སྲིན་མཛུབ་ལས་མཚལ་ཁྲག་རང་རྡོལ་དུ་བྱུང་བས། རྒྱ་གར་པའི་ཆོས་མཛད་པས་དངོས་སུ་མཐོང་བས་ནན་བསྐྱེད་གསོལ་བ་བཏབ་ནས། བླ་བྲང་དུ་སླར་རང་རེ་རང་ལ་དབང་བསྐུར་གནང་དུས། དཔོན་དར་གྱིས་ཆེད་གཏད་རང་བྲིས་པའི་བདེ་མཆོག་ནག་པོ་པའི་དཀྱིལ་ཐང་གཡར་པོ་དགོས་ཞུར་གནང་བ། རྗེ་དཔོན་ཤཱཀྱ་རྒྱལ་མཚན་པས་ཀྱང་དགོངས་ནས་ནན་ཞུས་གནང་སྟེ། དེར་ད་གསུམ་དགོས་པས་གསུང་། ཞུག་པ་དབུ་མཛད་དཀོན་མཆོག་རྒྱལ་མཚན་པ་དང་དབང་མི་གསུམ་རང་ལ་ཐོག་མར་སྩལ་ཅིང་། ཕྱིས་སློབ་ཁང་པའི་མཁན་ཐོག་རང་དུ་གདན་ཆགས་སྐབས་མཁན་རིན་པོ་ཆེའི་ཞལ་སྔ་ནས་སེམས་དཔའ་ཆེན་པོའི་དྲུང་དུ་གསེར་མདོག་ཅན་དུ་གསུང་ངག་གསན་ནས་ཚུར་ཕེབས་སྐབས། བཀྲ་ཤིས་བརྩེགས་པར་སྐུ་རྒྱུད་ལ་བདེ་མཆོག་ནག་པོ་པའི་དབང་གནང་བ་བདག་གིས་ངེས་ཏེ་འབད་དེ་ཞུས་སོ། །པཎ་ཆེན་རིན་པོ་ཆེས་ཀྱང་རྗེ་སེམས་དཔའ་ཆེན་པོ་ལ་དཀྱིལ་ཐང་ཚུན་གསར་དུ་བཞེངས་པ་མཛད་སྒྲུལ་བ་དེ་ལས་གཞན་གཅིག་ཀྱང་མ་གནང་ཞིང་། རྗེ་རིན་པོ་ཆེ་བྲག་དམར་བའི་དྲུང་གིས་ཀྱང་པཎ་ཆེན་རིན་པོ་ཆེ་ཉིད་ལ་གསན་དེས་དགོངས་པ་ཐུགས་ལ་བཞག་ནས། སྡོམ་གསུམ་རིན་ཆེན་སྤུངས་པར་མ་བརྒྱུད་བདེ་མཆོག་གི་སྐབས་སུ་བརྒྱུད་པ་ཡང་རྡོ་རྗེ་འཆང་། སྟག་ལུང་བཀའ་བཞི་པ་རིན་ཆེན་བཀྲ་ཤིས། པཎ་ཆེན་རིན་པོ་ཆེ་ལས་ཞེས་བཀོད་ཀྱང་། རྗེས་ནས་གཏན་གསན་མ་ཐུབ་པར་ཕྱིས་ཞ་ལུ་མཁན་ཆེན་དཀོན་མཆོག་ཚུལ་ཁྲིམས་པ་ལས་གསན་པ་ཡིན་ནོ། །དམ་པའི་ཆོས་བཞིན་སྤྱོད་པའི་བཀའ་སྲུངས་ཆེ། །དམ་ཚིག་ཅན་གྱི་ཆོས་སྐྱོང་འཁོར་བཅས་རྣམས། །དམ་ཅན་མ་ལུས་འདུས་པའི་ཕོ་བྲང་ན། །དམ་བཅས་ཚུལ་བཞིན་དགོངས་པའི་

དབྱིངས་ན་བཞུགས། །རྣམ་མང་སྐྱེ་དགུའི་ཚོགས་རྣམས་ཚིམ་མཛད་པའི། །རྣམ་དཀར་ཕྲིན་ལས་ཡོངས་ལ་མངོན་གྱུར་ཅིང་། །རྣམ་གྲངས་དུ་མའི་མཛད་པའི་ལེགས་བྱས་ནི། །རྣམ་དག་རྒྱལ་བའི་བསྟན་པ་རྒྱས་ཕྱིར་ལགས། །གྲགས་པ་བསམ་ཡས་འཛམ་གླིང་ས་ཡི་ཁྱོན། །གྲགས་པའི་རྔ་ཆེན་སྒྲ་ཡིས་ཁྱབ་བྱས་ནས། །གྲགས་པ་དོན་མཐུན་ཆོས་ཅན་དག་པ་ཡི། །གྲགས་པའི་བ་དན་དཀར་པོ་སྒྲེལ་བར་མཛད། །རྒྱ་གར་གནས་ལྔ་རིག་པའི་པཎྜི་ཏས། །རྒྱ་ཡིག་ལེགས་སྦྱར་སྐད་དུ་བཀོད་པའི་ཕྲེང་། །རྒྱ་གར་ཡུལ་ནས་འོངས་པའི་རྣལ་འབྱོར་པས། །རྒྱ་གར་འཁོར་ཚེ་གང་གི་དྲུང་དུ་ཕུལ། །ཆོས་ལས་བརྩམས་པའི་ཉིན་མཚན་མཛད་པའི་ཚོགས། །ཆོས་བཞིན་སྤྱོད་པའི་འཁོར་འབངས་སྨོན་མར་བཅས། །ཆོས་ཀྱི་རྗེས་འབྲངས་དད་པའི་ས་ཐོབ་དག །ཆོས་ཀྱི་རྒྱལ་པོ་གང་གི་ཞབས་པད་མཆོད། །ངག་གི་དབང་པོས་རྗེས་བཟུང་མཁས་པའི་ཕུལ། །ངག་དབང་གསུང་གིས་འགྲོ་བློའི་མུན་སེལ་བ། །ངག་ཚིག་སྙེབ་ལེགས་ཡོངས་ཀྱི་ཡིད་འདྲེན་པའི། །ངག་གི་དབང་ཕྱུག་འཇམ་དབྱངས་བླ་མ་རྒྱལ། །མཁྱེན་རབ་མཐར་ཕྱིན་ཤེས་བྱའི་གནས་རྣམས་ལ། །མཁྱེན་པའི་དཔལ་གྱིས་མི་ཤེས་མུན་སེལ་གང་། །མཁྱེན་ལྡན་ལོ་ཆེན་མཆོག་གིས་ཉེར་དགོངས་ནས། །མཁྱེན་ཡངས་ས་ལོ་དེ་ལ་ལེགས་པར་བསྟོད། །ཅེས་པཎྜི་ཏ་ཆེན་པོ་ཤཱཀྱ་མཆོག་ལྡན་དྲི་མེད་ལེགས་པའི་བློ་གྲོས་ཀྱི་རྣམ་པར་ཐར་པ་ཞིབ་མོ་རྣམ་པར་འབྱེད་པ་ལས། ཐུན་མོང་མ་ཡིན་པའི་ཡོན་ཏན་ལས་བརྩམས་པའི་རབ་ཏུ་བྱེད་པ་ཉེར་གསུམ་པའོ།། །།

གཟུར་གནས་ཀྱི་མཁས་པ་དགྱེས་པའི་སྐབས་ཏེ་ རབ་ཏུ་བྱེད་པ་ཉེར་བཞི་པ།

དེ་ནས་དགུང་ལོ་དོན་བཞིར་ཕེབས་པ་ལྕགས་མོ་བྱ་ལོའི་དབྱིད་ཆོས་ཡན་ལ། མདོ་སྔགས་ཀྱི་དབུ་ཚད་ཆོས་འབྱུང་ཙམ་མ་གཏོགས་པའི་གསུང་རྩོམ་ཕལ་ཆེར་གྲུབ་ཅིང་། ཡི་གེ

རང་གི་སྙིང་ནས་ལུང་བཤད་རྫོགས་པར་སྩལ། རྟོག་གེའི་སྙིང་པོ་གློ་བོ་ཆོས་རྗེ་བློ་གྲོས་རྒྱལ་མཚན་པས་པར་གྱི་སྦྱིན་བདག་མཛད། ཀུན་བཟང་རོལ་མཚོ་གུ་གེ་ཆོས་རྗེ་རྣམ་རྒྱལ་བས་སྦྱིན་བདག་གནང་བས་མཚོན་པའི་ལུང་སྙིང་། ཀུན་ལས་བཏུས་ཀྱི་བཀའ་འགྲེལ། འདུལ་བའི་བསླབ་བྱ་ཆེན་མོ། དབུ་མའི་སྟོང་ཐུན། ལུགས་གཉིས་རྣམ་འབྱེད་རྩ་འགྲེལ་གྱིས་མཚོན་པའི་པར་རྣམས་ཀྱང་རང་རང་གི་དད་བརྩོན་གྱིས་ལེགས་པར་བསྒྲུབས་ཏེ། དཔེར་ན་དབུ་མའི་སྟོང་ཐུན་ཆེན་མོ་བྱ་ཡུལ་དུ་གཏིང་སྐྱེས་རབ་འབྱམས་པ། དྲུང་ནས་སྡེ་བདུན་པ་དབང་ཕྱུག་རྒྱལ་མཚན་པས་བསྒྲུབས་པའི་པར་བྱང་འབྱུང་བ་ལྟར་དང་། པར་ཐལ་ཆེར་གྱི་པར་བྱང་ཡང་པཎ་ཆེན་རིན་པོ་ཆེ་ཉིད་ཀྱིས་གསུང་རྩོམ་དུ་གནང་བ་ཡིན་ཏེ། རྟོག་གེའི་སྙིང་པོའི་འཇུག་ན་སྒྲུབ་པ་དང་ནི་སུན་འབྱིན་གྱི། །གནས་རྣམས་ལེགས་པར་ཐུགས་ཆུད་ནས། །ཚུལ་བཞིན་འདོམས་མཛད་ཚད་མ་ཡི། །མཁན་པོ་ཡང་དག་རྫོགས་སངས་རྒྱས། །དེ་ནས་ཕྱོགས་ཀྱི་གླང་པོ་ཡིས། །དོན་དེ་འཇམ་དཔལ་དབྱངས་ལ་གསན། །ཕྱོགས་གླང་གཞུང་བརྙིང་རྟོགས་དཀའ་བ། །གསལ་བར་འཆད་མཁས་གྲགས་པའི་མཚན། །གཞུང་རྩོམ་གཞན་ལ་མ་གྲགས་པ། །རྫོག་ཤོས་གསལ་བར་བཤད་ཅེས་གསུང་། །བོད་ཀྱི་རྒན་པོའི་ལུགས་དོར་བ། །ས་སྐྱའི་འཇིགས་མེད་དཔའ་བོས་བཤད། །སྔོན་མས་གསལ་བར་མ་ཕྲིས་ཤིང་། །ཕྱིས་འབྱུང་གཏམ་གྱི་མ་སྦྱགས་པར། །རྟོག་གེའི་མཚོ་ནས་བཟ་ཆད་ཀྱི། །སྙིང་པོ་བསྡུས་པའི་དཔག་བསམ་འདི། །གང་གི་རྣམ་དཔྱོད་སྐྱེད་ཚལ་དུ། །དགེ་བར་གཤེན་ཞིང་ཤེས་གྱུར་པ། །རྗེ་བཙུན་བློ་གྲོས་རྒྱལ་མཚན་དཔལ། །བཟང་པོའི་བཀའ་དང་དེ་ཉིད་ཀྱི། །འགྲོར་པའི་བང་མཛོད་ནས་ཕྱུང་པའི། །ཞེས་སྔོན་དང་ད་ལྟའི་གནས་མ་ལུས་པའི་གནས་དོན་བདེ་བླག་ཏུ་རྟོགས་པར་བྱེད་པ་ཤ་སྟག་འབྱུང་ངོ་། །གཞན་ཕྱོགས་གླང་ཆོས་གྲགས་ཀྱི་རྟོགས་བརྗོད། གཞི་གསུམ་ཆོ་ག བྱ་པས་གསེར་ཐུར་ལ་དྲིས་པའི་ལན་འདེབས་སོགས་གསུང་རྩོམ་ཕྲ་མོའི་པར་ཀྱང་མང་དུ་སྤེལ་ལོ། །དངོས་བསྟན་བསྟན་བཅོས་སུ་མ་འཁོད་པར་གཞུང་ཚིག་རང་གི་སྟེངས་སུ་བཀའ་སྩལ་གྱི་བཤད་པས་གཏན་ལ་ཕབ་པའི་ཚུལ་

རྣམ་ཐར་གཉིས་སུ་བྲུར་ཙམ་ཡང་མ་སྨོས་འདུག་ལ། རྣམ་ཐར་མ་ཏི་མར་གྲངས་སུ་བཏབ་པ་ནི་འདི་ལྟར། འཕགས་པ་བརྒྱད་སྟོང་པ་སློབ་དཔོན་སེང་གེ་བཟང་པོའི་བརྒྱད་སྟོང་འགྲེལ་ཆེན་དང་བཅས་པ། སྡུད་པ། འདུལ་བ་མེ་ཏོག་ཕྲེང་རྒྱུད་རྗེ་རོང་སྟོན་ཆེན་པོའི་ཊཱི་ཀའི་སྟེངས་དང་། ཡང་དེ་ཉིད་ཀྱིས་མཛད་པའི་དབུ་མའི་སྟོང་ཐུན། བསླབ་སྦྱོད་གཉིས། དཔའ་བོའི་སྐྱེས་རབས། ཐེག་བསྡུས། མདོ་སྡེ་རྒྱན། རྒྱུད་བླ་མ། དབུས་མཐའ་རྣམ་འབྱེད་རྣམས་ཀྱི་འགྲེལ་པ། དབུ་མ་ཚིག་གསལ། ཡེ་ཤེས་སྙིང་པོའི་བདེན་གཉིས། ཇོ་བོའི་ལམ་སྒྲོན། གཏམ་བྱ་རིན་ཆེན་ཕྲེང་བ། བཤེས་སྤྲིང་། ཕྱ་བསྡུས། རིགས་གཏེར་རང་འགྲེལ། རྨ་བྱ་བྱང་བརྩོན་གྱི་དབུ་མའི་སྟོང་ཐུན། ཐུབ་པ་དགོངས་གསལ། འདུལ་བའི་གླེང་འབུམ་དང་། བུ་སྟོན་ཆོས་འབྱུང་རྣམས་ལ་ཡང་ཞུ་བ་པོ་སོ་སོའི་ངོར་བཤད་ལུང་ཡང་དག་སྩལ་ལོ་ཞེས་འབྱུང་ངོ་། །བྱ་ལོ་འདི་ལ་བླ་མའི་སྐུའི་དཀྱིལ་འཁོར་མེ་ལོང་ལ་གཟུགས་བརྙན་ཤར་བ་ཇི་ལྟ་བའི་སྐུ་འདྲ་ཡིད་བཞིན་ནོར་བུ་ཡང་བསྒྲུབ་པར་མཛད་ཅིང་། འདིའི་ནང་བཞུགས་སོགས་ཀྱི་ངེས་གནས་བྱུང་ཡིག་ཆོས་རྒྱན་པས་ཡི་གེར་འགོད་པ་གནང་བ་ལས་ཤེས་པར་བྱའོ། །དེ་ནས་ཆུ་ཕོ་ཁྱི་ལོ་དགུང་ལོ་དོན་ལྔར་ཕེབས་སྐབས། སྒྲ་པ་གྲགས་པ་བློ་གྲོས་པ་དཔལ་སྡིངས་ནས་འབྲས་ཡུལ་དུ། བྱང་པ་བདག་མོ་ཚེ་རིངས་མས་སྤྱན་དྲངས་པའི་ཡར་ལམ་མཛལ་དུ་ཕེབས་པ་ལ་དྲི་མལ་གནང་བས། སྒྲའི་ཕྱོགས་ལ་ཐུལ་དུ་ཕྱིན་པའི་མཁྱེན་པ་མངའ་བར་ལེགས་པར་དགོངས་ནས། པཎ་ཆེན་རིན་པོ་ཆེ་ཉིད་ཀྱིས་ཀུང་ལུང་དང་མཐུན་པ་ཙནྡྲ་པའི་ས་རིས་ཡོང་ལ་གསན་པར་བཞེད་དེ་བཀའ་སྩལ་གནང་བས་སྒྲའི་གླེགས་བམ་གཉིས་ཕྱག་ཏུ་བཞག་ནས། འབྲས་ཡུལ་ནས་བྱུང་བའི་འབུལ་ནོར་རྣམས་སྐྱེལ་བ་དང་། སླར་ཡང་སྒྲའི་དཔེ་ཉེར་མཁོ་འདྲ་ལེན་པ་ལ་འཁྱོན་ཞུས་པས། མི་གནང་བ་ལས་བྱུང་ནས་རང་སྐུ་ན་ཚོད་བགྲེས་པ་ཚུན་ལམ་ལ་འོ་བརྒྱལ་ཞིང་། རིན་ཆེན་ཆོས་ཀུང་དཀོན་ལ་རྟག་ཏུ་འཚོ་བའང་མང་། ཡིན་པས་བར་ཆད་དུ་ཡང་འགྱུར་སྲིད་པས་གཏན་མི་ལེགས་གསུང་ཀྱང་། དངོས་པོ་རྣམས་ཐུགས་ཀྱིས་མ་དཔོགས་པས་སྐྱེལ་མ་ལ་བྱིན། དེར་ཚེབས་དཔོན་ཤཱཀྱ་

བཟང་ཚིབས་སྐྱིལ་དང་། སྣར་ཚིབས་བསུ་ལ་གནང་ཞིང་། སྒྲ་པ་གྲགས་སྙན་བས་ཕོང་རང་གི་ཕྱག་རྫས་རྣམས་ཐེམ་འབྱར་ཡང་དག་གི་ཉེར་ཅག་མཛད་རྗེས། སང་ཤར་ལ་འགྲོན་རྒྱུའི་ཇོ་ནུབ་སྐབས་ལ་འགྲོལ་བས་རྐྱེན་བྱས་སློ་བུར་དུ་གཤེགས་ནས། ཚིབས་སྣར་ལོག ཚུལ་ཕུལ་བས་ཐུགས་ཁྲལ་ཆེར་གནང་ཞིང་། ཚོགས་སུ་མང་སྐོལ་དང་བསྔོ་བ་རྒྱས་པར་གནང་ཞེས་ཐོས་སོ། །དེ་མཚམས་དབྱར་ཆོས་རྒྱལ་ལྷུན་པོ་ནས་རྒྱལ་བའི་དབང་པོ་ཀརྨ་པས་བཀའ་ཤོག་གནང་། དེར་ཉི་མ་དབུས་གཙང་གི་ཕྱོགས་ལ་ཏ་ཁ་བསྒྱུར་ཡོང་བ་ཡིན་པས། བསྟན་པ་ལ་ཕན་པའི་གྲོས་འདྲི་འདྲ་སྣང་བ་ལ་དབུས་ཕྱོགས་སུ་མྱུར་བར་འབྱོན་པ་དང་། དབུ་ཚད་ཀྱི་ཆོས་འབྱུང་དེ་རྩོམ་ལ་བསྐུར་མཛོད་གསུང་བའི་བཀའ་ལུང་ཕེབས་དོན་ལ། དབུས་ལ་ལན་རྗེས་མ་དཔོན་སློབ་ཞུང་བསྡུས་རང་ཕེབས་པའི་སྐབས། ཆོས་འཁོར་ལྷ་སར་རྒྱལ་དབང་ཀརྨ་པ་དང་མཇལ་ནས། ལུགས་གཉིས་ཀའི་ངེས་གསང་དཔག་མེད་གནང་རྗེས། སྣང་ཐང་དང་རྒྱ་མ་རྣམས་སུ་ཡུལ་ཙམ་ཞབས་ཀྱིས་བཅགས། སྐལ་ལྡན་རྣམས་ལ་དབང་དང་བྱིན་རླབས་སྒོ་དུ་མས་རྒྱུད་སྨིན་ཅིང་གྲོལ་བར་མཛད། ལྷག་པར་དགའ་མོ་ཆོས་མཛད་པ་སྟ་རེས་ཕེབས་སྐབས་ལམ་ཟབ་གསག་སྦྱངས་ཞུས་ནས་ནམ་མཇལ་མཇལ་འབུལ་བ་མ་ཆག་པའི་གདུང་ཤུགས་འབུལ་བ་གནང་བ་ལ། དེ་རེས་ལམ་ཟབ་མོ་བླ་མའི་རྣལ་འབྱོར་གྱི་བྱིན་རླབས་སྣང་རི་ཐང་གི་གཟིམས་ཁང་གསར་པ་དགེ་འཕེལ་དུ་སྩལ་བས་གྲོ་ཡུན་ཅིག་ཡང་དག་པའི་ཏིང་ངེ་འཛིན་བཟང་པོ་ལ་འབྱམས་ཤིང་། པཎ་ཆེན་རིན་པོ་ཆེའི་བཀའ་ལས་ཀྱང་། འོ་ཟབ་མོའི་ལམ་གྱིས་བྱིན་གྱིས་བརླབས་པའི་ཚེ། །རྗེ་བཙུན་བླ་མ་འཇམ་པའི་དབྱངས་སུ་གཟིགས། །སྐད་ཅིག་གཅིག་ལ་ཆོས་རྣམས་ཐུགས་སུ་ཆུད། །ཐུགས་གྲོལ་ཁྱོད་ལ་སྤྱི་བོས་ཕྱག་འཚལ་ལོ། །ཟེར་བའི་དཔེ་དེ་དེ་རིང་གི་འདི་རེད་དོ་ཞེས། དྲིན་ཅན་སྤྱང་ལུང་པ་དངོས་ཀྱིས་གསན་ནས་བདག་ལ་བཀའ་ལུང་དུ་གནང་ངོ་། །དེ་རྗེས་ཆོས་རྗེ་སྟོང་ར་བ་ཤཱཀྱ་བཟང་པོ་བས་གསོལ་འདེབས་སུ་གནང་ནས། དྲིན་ཅན་སྤྱང་ལུང་པའི་དྲུང་སོགས་དབང་ཆ་གཅིག་ལ་ཀྱཻ་རྡོ་རྗེ་རྒྱུ་ལམ། ལམ་ཟབ་པིར་སྤུངས། ནཱ་རོ་མཁའ་སྤྱོད་མའི་བྱིན་རླབས

སྨྲལ་རྗེས། རྒྱ་མ་དགེ་སློང་མའི་དྲུང་གིས་ཞུས་ནས་སྙིང་པོ་དོན་གསུམ་གྱི་ཁྲིད་གནང་ཞིང་། འཕོ་བའི་སྐབས་སྟོང་ར་བ་ལ་དངོས་སུ་འཕོ་བ་ཐེབས་ཙམ་གྱིས་བརྒྱལ་ཐབས་སུ་གནས་པ་ལ། དྲུང་ཡིག་ཆོས་རྒྱན་པས་དབུ་གཙུག་ནས་བརྡུང་བ་གནང་ཞིང་། སྙན་ལ་ཞལ་གཏད་དེ་འབོད་པ་གནང་བས་ཇི་ཞིག་ནས་ཐུགས་དྲན་རྙེད་བྱུང་ཞེས་དངོས་སུ་གཟིགས་པའི་གསུང་སྒྲོས་དྲིན་ཅན་སྐྱིད་ལུང་པའི་ཞལ་ལས་ཐོས་སོ། །འདི་དབུས་ཕྱོགས་སུ་བཀའ་ཆོས་གནང་བའི་རྗེས་མར་སྣང་ངོ་། །དེར་ཪྗོ་སའི་ལ་རྩེ་བར་སྐྱེལ་ཐུང་ལ་ཞལ་སློབ་དྲག་པ་ཡོས་ཕེབས་ཤིང་། དེར་དགའ་མོ་ཆོས་མཛད་པས་བདག་ཉིན་རེ་བཞིན་ཇ་འཐུང་བ་ལ་ཇ་མཆོད་བདག་རང་གི་བླ་མ་རྣམ་གསུམ་གྱི་མཚན་ཐོན་པ་ཞིག་ཞུ་ཞེས་གསོལ་བ་བཏབ་པས། ད་ལྟའི་ཇ་མཆོད་རྣམ་ཤེས་མ་འདི་དེ་འཕྲུལ་ཇ་གྲལ་དེར་དྲུང་ཡིག་ཆོས་རྒྱན་པ་ལ་ཞལ་སྨྲོར་གནང་ཞིང་། ཐོག་མ་ལ་ངག་དབང་གྲགས་པའི་ཞལ་དུ། དེ་ནས་པཎ་ཆེན་མཁས་པའི་ཞལ་དུ། དེ་ནས་ཐར་པའི་རྒྱལ་མཚན་ཞལ་དུ་གསུང་བ་ཡོད། དྲིན་ཅན་སྐྱིད་ལུང་པས་གསན་པའི་བཀའི་བདུད་རྩིའི་མཐའ་ཡང་འདི་ཉིད་ཡིན་ནོ། །ཞེས་ཇ་མཆོད་མཛད་རེས་ཀྱིས་གསུངས་སོ། །ཡར་ལམ་དབྱར་གྱི་ཆུ་མགོ་རྒྱས་པའི་དུས་ཀྱི་ཆུ་ལུད་པ་ཞིག་དང་ཐུག་སྟེ། ཁལ་གྱིས་ལམ་མ་བགྲོད་པར་མཚམས་སྐབས། པཎ་ཆེན་རིན་པོ་ཆེའི་ཞབས་དྲུང་ཕེབས། དེར་རམ་པ་སོགས་ཀྱི་ལ་བསྐོར་བ་མིན་པ་མི་ཐར་ངེས་པའི་ཚུལ་ཞུལ་བས། ཨའུ་རྩེ་འདེང་གསུང་ནས་ཕེབས་མ་ཁད་རང་ཆུ་ཐོག་སོ་གསུམ་ར་བློ་བུར་དུ་བྲི་ནས་སྨལ་ཆས་ཀྱི་སྣེ་ཙམ་ཡང་མ་བངས་པར་འཕྲང་ལ་ཕེབས་སྐབས་འཕྲུལ། སྟར་ལྟར་ཆུ་སྟར་ཤུལ་དུ་འཕེལ་བའི་གྲུབ་རྟགས་གནང་། དེར་གསེར་མདོག་ཅན་དུ་དབྱར་གནས་མཛད་ཅིང་། མཚན་བརྗོད་ཀྱི་ཊཱི་ཀའི་བཤད་པ་སོགས་བཀའ་ཆོས་ཕྲན་བུ་འགའ་དང་། མི་ཁྲུང་བསྡུས་ལ་སྦྱོར་དྲུག་གི་ཁྲིད་ཅིག་སྩལ་ཟེར་རོ། །དེ་ནས་དགུང་ལོ་དོན་དྲུག་བཞེས་པའི་དུས། ཆོས་བཅོ་ལྔ་ཞིག་གི་ཉིན་རྣམ་སྲས་སེར་ཆེན་གྱི་རྗེས་གནང་གནང་གྲབས་ལ། རྗེ་དཔོན་ཤཱཀྱ་རྒྱལ་མཚན་པའི་དྲུང་དང་། ད་ལྟའི་ཨ་ཞང་བསོད་ལྷུན་པ་སོགས་དབུས་ནས་ཕེབས་པས། དེ་འཕྲུལ་མཇལ་ཀ་གནང་

ཞིང་། དེའི་ཉིན་རྣམ་སྲས་རྗེས་གནང་ཡང་གནང་བས། དྲུང་ཆེན་དཔལ་དར་བས་པཎ་ཆེན་རིན་པོ་ཆེའི་དྲུང་དུ་རྗེ་དཔོན་པས་ཐོག་མར་རྣམ་སྲས་གསན་པའི་རྟེན་འབྲེལ་གྱིས་རྣམ་སྲས་བྲན་དུ་འཁོལ་བ་ཞིག་ཡོད་ལགས་སམ་ཞུས་པས། ཅི་ཆ་དཔོན་ཆུང་རྣམ་སྲས་ཕྱི་ལ་ཁྲིད་པ་ཞིག་ནི་ཡོད་རེད་གསུངས་པས། དེ་དུས་ཁོང་དག་གི་ཀླུ་ཡུལ་དུ་རྣམ་སྲས་ཕྱི་བཞིན་དུ་བྱོན་པའི་གོ་བ་བྱུས་ཀྱང་། ད་ལྟ་བསམ་དུས་ནོར་ལྷ་ཕྱིར་ཁྲིད་གསུང་བར་སྣང་བས། གསེར་མདོག་ཅན་བླ་བྲང་གི་ཁྱད་ནོར་རྣམས་དབུས་ཀྱི་སླང་ཐང་གི་ཕྱོགས་སུ་ཕྱིར་སྐྱེལ་གནང་བའི་མ་འོངས་ལུང་བསྟན་དུ་སེམས་སོ། །དེར་གནས་ཀྱི་སློབ་དཔོན་དྲུང་ནས་ལྷ་བཙུན་པའི་དྲུང་དུ་བཅོལ་དམ་གནང་བས་ཐར་དབུས་སུ་ཡང་ཆེན་པོར་ཆུང་བའི་དྲུང་བསྐུས་ར་སོགས་བཟ་སྒྲུར་ཙམ་གནང་བའི་སྣེ་མཐུད་པའི་ཐུགས་གཉེར་མུ་མཐུད་གནང་ཞིང་། ལོ་དེའི་དབྱིད་ཆོས་ལ་དཔོན་ས་བདག་མོ་ཆེན་པོས་ཆོས་དབར་གནས་གསར་དུ་བཏེག་པས་རྗེ་དཔོན་ཤཱཀྱ་རྒྱལ་མཚན་པས་གཙོ་མཛད་མངའ་རིས་པ་ཧོར་རབ་འབྱམས་པ་སོགས་ལ་ཆོས་དབར་སར་དུ་འབྲུམ་པ་བྱུང་ནའང་། ཉེས་སྐྱོན་གཅིག་ཀྱང་མ་བྱུང་བར་ལེགས་པར་ཐར་བ་འབབ་ཞིག་བྱུང་ངོ་། །དེར་གྲྭ་བ་བྱིངས་གསེར་མདོག་ཅན་དུ་ལོག པཎ་ཆེན་རིན་པོ་ཆེའི་ཞབས་ཕྱིར་དྲུང་ནས་ཉང་རམ་པ་དང་། པཎ་ཆེན་རྗེར་རྒྱལ་བ་གྲྭ་ཤར་དུ་ཡོད་པ་ཞིག་ཀྱང་ཕྱག་ཕྱིར་ཁྲིད་ནས་རྩེ་ཆེན་དུ་ཕེབས། ཚེ་དབང་སོགས་བཀའ་ཆོས་མང་བ་གནང་ཞིང་། རྩེ་ཆེན་དུ་གནམ་ལྕགས་ཀྱི་ཐོག་བྱུང་བ་ཡང་ཐུགས་རྗེའི་མཐུས་ཉེས་སྐྱོན་གང་ཡང་མ་བྱུང་ཚུལ་གཟིགས་གསལ་གྱི་ཐུགས་རྒྱུས་སྙིང་ནས་འདི་ཐད་རྣམ་ཐར་རྗེར་རྒྱལ་མར་ཞིབ་ཏུ་བཀོད་འདུག་གོ །དེ་ནས་དབྱར་བཞུགས་དགག་དབྱེ་གྲོལ་རྗེས། རིན་སྤུངས་སུ་རྗེ་ཐམས་ཅད་མཁྱེན་པ་ཞྭ་ནག་ཅོད་པན་འཛིན་པ་རྒྱལ་དབང་ཆོས་གྲགས་རྒྱ་མཚོ་བའི་སྤྱན་སྔར་ཕེབས། ཟླ་གཅིག་ཙམ་གདན་ཆགས་ཤིང་། ཕྱོགས་རིས་ཀྱི་འདུས་པའི་དགེ་འདུན་ལུང་རིགས་སྨྲ་བ་མ་ལུས་པའི་རྩོད་པའི་དཔང་པོར་བཞུགས་ཤིང་། རྒྱལ་བའི་དབང་པོ་ཉིད་ཀྱིས་མཛད་པའི་ཚད་མའི་རིགས་གཞུང་རྒྱ་མཚོའི་དཔེ་སྐྱལ་ནས་དག་བྱེད་མཛོད་ཅེས་བཀའ་བསྒོ་བ་གནང་

བས། ཉིན་མཚན་དུ་ཐུགས་གཡེངས་ཆེས་པས་གཟིགས་སྐབས་མ་བྱུང་བར་དེ་དུས་ཕྱག་ཕྱིར་མཁས་པ་དོན་ཡོད་པ་ཡང་བཞུགས་པས། ཕྱག་དཔེ་སྤུལ་ནས་གང་གཞན་ལུགས་འདྲེས་པའམ་ཁྱད་ཐོན་གྱི་ཟུར་ཆ་གང་འདུག་ལ་ཤོག་གཟེར་ཐོབ་ཤོག ཅེས་བཀའ་གནང་བ་ལྟར་མཛད་ནས་ཕུལ་བས། ཞོགས་པའི་ཡུད་ཙམ་གཟིགས་པས་ཞག་འགའི་བར་དུ་རིགས་གཞུང་རྒྱ་མཚོ་ལས་བཙམས་པའི་བཤད་པ་པོ་ནས་དུས་འདའ་བར་མཛད་རྗེས། སྔར་རྒྱལ་དབང་ཀརྨ་པ་ཉིད་ཀྱིས་བཀས་བསྐུལ་བའི་དབུ་ཚད་ཀྱི་ཆོས་འབྱུང་རྣམས་ཕྱག་ཏུ་བཞེས་ནས་འདུས་པའི་དབུས་དེར་རེ་རེ་ནས་དྲི་མལ་གནང་བ་ལ། འཕྲོས་པའི་ཟབ་བཤད་འབབ་ཞིག་པས་ཟླ་བ་ཙམ་གྱི་ཡུན་འདའ་བར་མཛད། འདི་སྐབས་གོང་སྟོན་བྱང་ཆུབ་སེམས་པ་དབང་ཕྱུག་གྲུབ་པ་དཔལ་བཟང་པོ་ཡང་ཀརྨ་པ་མཇལ་བ་ལ་བྱོན་ཡོད་པས་དེར་པཎ་ཆེན་རིན་པོ་ཆེས་བཤད་པ་གནང་རེས་བཞིན་སློབ་མ་གསུམ་ལྡན་སློབ་དཔོན་གྱི་བཤད་འདོམས་ཉན་པའི་ཚུལ་བཞིན་དུ་གསན་ཞིང་རང་གཞན་གྱི་ཆས་བསྡུས་པའི་གྲལ་ལ་འཁོད་པ་ཀུན་གྱིས་སྨྲོག་ཅིང་། དེ་ནས་སླར་གསེར་མདོག་ཅན་གྱི་ཆོས་གྲྭ་ཉིད་དུ་ཕེབས་ནས་དགུན་ཆོས་ཀྱི་དུས་ཆོས་སྐྱོང་བར་མཛད་སྐད་དོ།།

།།སྟོན་རབ་མཁས་པ་ཡོངས་ཀྱིས་མ་གཟིགས་པའི། །ལེགས་བཤད་གཞུང་ཚིག་ལ་གནས་མངོན་སུམ་པ། །ཆོས་སྤྱན་ཡངས་པས་ཕྲ་རྒྱས་སྤུ་རིས་ཀྱང་། །མ་འདྲེས་གསལ་བའི་ཡུལ་དུ་ལེགས་པར་དགོངས། །རང་བཞེད་ལུང་དང་རིགས་པའི་དམག་དཔུང་གིས། །གཞན་ཟེར་ལུང་རིགས་ལྟར་སྣང་སུན་ཕྱུང་བ། །ཁྱོད་ཀྱིས་ལེགས་སྦྱར་མཁས་པའི་ཁ་རྒྱན་གྱིས། །བསྟན་བཅོས་གང་དེ་བསྟན་པའི་དོན་རྫས་ཉིད། །རྒྱ་བའི་བཀའ་དང་དགོངས་འགྲེལ་བསྟན་བཅོས་དག །གཞུང་ཚིག་ཡི་གེ་ཉིད་ལ་རབ་དཔྱད་ནས། །འདི་དེའི་དགོངས་པ་འདི་ལྟ་ཉིད་ཡིན་ཞེས། །བདེན་གསུངས་ལྡུགས་ལས་དག་གསལ་འདོམས་པར་གསུངས། །ཀརྨ་པར་གྲགས་བདུན་པའི་བཀའ་ཡི་འཕྲིན། །རབ་ཆགས་ཐུགས་རྗེའི་ལྕགས་ཀྱུས་ཡོངས་བསྐུལ་བས། །ཡོངས་རྫོགས་བསྟན་པའི་ཁུར་ཁྱེར་གླང་པོ་ཁྱོད། །སྲིད་དང་ཞི་བའི་སྲུན་ཚོགས་དབུས་དེར་བྱོན། །བཤད་མཁས་གང་གིས་

ཆོས་དོན་སྨྲར་བསྙད་ཆོ། །ཉན་མཁས་སྙིང་ལ་ཟིམ་ཆར་བཞིན་དུ་འབབ། །སྨྲ་མཁས་ཡོངས་ཀྱི་ཆེད་དུ་སྒྲོག་པའི་གཞི། །བརྗོད་མཁས་དོན་བཟང་རྒྱལ་བའི་བཀའ་དང་མཚུངས། །ཁྱོད་གསུང་ལེགས་བཤད་ལྷ་ཡི་རྔ་བོ་ཆེ། །ཐོས་པས་མ་རིག་གཉིད་ལས་རབ་བསླང་ཞིང་། །རབ་སྙན་ལྷ་རྫས་པི་ཝཾ་གླིང་བུའི་སྒྲ། །ཡུན་རིངས་རྣ་བའི་ལམ་ནས་སྙིང་དབུས་ཞུགས། །ཚིག་དང་དོན་དུ་བཅས་པའི་ངེས་གསང་ནི། །རྒྱལ་བའི་ཆོས་རྣམས་ཡོངས་ཀྱི་བཅུད་བསྡུས་པ། །གཅིག་ཤེས་ཀུན་གྲོལ་འཆད་མཁས་འཕྲུལ་གྱི་སྒོ། །དུས་དེར་ལེགས་ལམ་སྒོ་བརྒྱ་དབྱེ་བར་མཛད། །ཅེས་པ་པཎྜི་ཏ་ཆེན་པོ་ཤཱཀྱ་མཆོག་ལྡན་དྲི་མེད་ལེགས་པའི་བློ་གྲོས་ཀྱི་རྣམ་པར་ཐར་པ་ཞིབ་མོ་རྣམ་པར་འབྱེད་པ་ལས། གཟུར་གནས་ཀྱི་མཁས་པ་དགྱེས་པའི་སྐབས་ལས་རྗེས་སུ་བསྔགས་པའི་རབ་ཏུ་བྱེད་པ་སྟེ་ཉི་ཤུ་རྩ་བཞི་པའོ།། ||

ཡོངས་སུ་སྨྱུ་ངན་ལས་འདས་པའི་སྐབས་ཏེ་ རབ་ཏུ་བྱེད་པ་ཉེར་ལྔ་པ།

དེ་ནས་དགུང་ལོ་དོན་བདུན་དུ་ཕེབས་པ་ཤིང་ཕོ་བྱི་བའི་ལོ། གཞན་སྣང་དུ་ཆབ་གཞི་ལ་བརྟེན་པའི་བསྙེལ་བའི་ཚུལ་སྟོན་པ་གནང་སྐབས་སྟེ་བདག་སོ་སོའི་ཕྱག་རྩ་འཛིན་པའི་འཚོ་བྱེད་སྨན་གྲོང་པ་དང་། པོ་དོང་འཚོ་བྱེད་པ་སོགས་མཁས་པ་རྣམས་ཞབས་དྲུང་དུ་མངགས་ནས་གསོལ་སྨན་ཞུ་བ་སོགས་ཀྱི་འཕྲོད་བསྟེན་གནང་ཡང་ཆེར་སྐུ་ཁམས་ལ་དངས་བསྐྱེད་མ་བྱུང་བར་དབུས་ཕྱོགས་སུ་གྲོངས་སྤྲ་ཆེན་པོ་བྱུང་ཞིང་འཚོ་བྱེད་རྣམ་པ་ཡང་སྐུ་ནས་དང་བསྟུན་པའི། ད་སྟེ་གསོལ་བ་ཐེབས་པ་དཀའ་ཞེས་ཡིད་ཕོང་དུ་ཆུད་པ་ལས། སླར་སྐུ་ཚེའི་འདུ་བྱེད་བྱིན་གྱིས་རློབས་པར་མཛད་དེ། གཞན་ངོར་རླུང་སྦྱོར་ལ་བརྟེན་པའི་ཐུགས་ཀའི་ཐད་ནས་ཆབ་ཆུ་རྣམས་མངོན་སུམ་དུ་ཕྱིར་བསལ་ནས། མོད་ལ་སྐུ་ཐྲེ་མདོག་བདེ་བའི་དཔལ་འཛིན་པ་གནང་བས་ཡོངས་ཀྱི་ཡིད་སོས་ཤིང་། ཞལ་དཀར་བའི་བསྟུངས་དངས་འབྲུལ་མི་སྟོད་མངའ་རིས་ནས་བཟུང་སྟེ། དབུས་གཙང་གི་བར་གྱི་དགོན་ནོར་དཔག་མེད་ཀྱི་མེ་ཏོག་དབུལ་བར་བྱས་སོ། །དེར་པཎ་ཆེན་རིན་པོ་ཆེ་ཉིད་ཀྱི་སྤྱན་སྔ་བར་གྱུར་བའི་དྲུང་ནས་ལོ་ཙཱ་བ་རཏྣ་བྷ་དྲ་ཡང་དེ་ལྟ་བུས་ཐུགས་བསྐུལ་ནས་རྒྱ་གར་རྡོ་རྗེ་གདན་བསྐོར་བ་ལ་གཤེགས་ཏེ། དེ་ཕྱིན་མངའ་རིས་བཞི་སྡེ་པ་གཟིམས་དཔོན་རྣམ་རྒྱལ་བས་སྤྱན་ཚབ་ཀྱི་ཕྱག་ཕྱི་གནང་ཞིང་། དྲུང་ཡིག་ཆོས་རྒྱན་པ་རྒྱ་གར་ལ་གཤེགས་ཕྱིན། དུས་འཁོར་གྱི་ཕྱི་ནང་གཞན་གསུམ་དང་། བདེ་མཆོག་གི་རྣམ་བཤད་དང་པོའི་སངས་རྒྱས་རབ་ཏུ་གྲུབ་པའི་ཞལ་སློབས་ཀྱི་ཡི་གེ་པ་ཡང་ད་ལྟའི་ཨ་ཞང་པར་གྲགས་པ་འདིས་གནང་བས། བསྟན་བཅོས་འདི་དག་གི་མཇུག་ན་ཡི་གེ་པ་ནི་བསོད་ནམས་ཡེ་ཤེས་ལྷུན་གྲུབ་པོ་ཞེས་འབྱུང་བས་མཚོན་ལ།

དེ་དག་གི་སྐབས་སུ་རྗེ་བྲག་དཀར་དམར་གཉིས་ཀྱིས་སྔགས་ཆོས་ཞུ་བ་པོ་གཙོ་བོར་གནང་ནས། རྗེ་བྲག་དམར་བས་འདི་སྐབས་སྡོམ་གསུམ་རིན་ཆེན་སྤུངས་པའི་ཐུགས་རྩོམ་རི་བོ་གསེར་སྡིངས་ཀྱི་ངོགས་ཡང་དབེན་གནས་ཡང་དགོན་རྩེར་མཛད་ཅིང་། རྗེ་སེམས་དཔའ་བྲག་དཀར་བས་ཆོས་མཚན་རྒྱ་རྩ་བརྒྱད་ཀྱི་ཞུ་བ་པོ་གནང་ནས་དཔལ་གྱི་མགུར་ལས་ཉེར་འདོམས་སུ་ཡི་གེར་བཀོད་པའི་བཀའི་བསྡུ་བ་ཡང་འདི་ཡན་གྱིས་ཡོངས་སུ་གྲུབ་བོ། །ཤིང་མོ་གླང་ལོ་དགུང་ལོ་དོན་བརྒྱད་བཞེས་སྐབས། སྔ་པ་སྨར་པའི་དྲུང་སོགས་ས་ཆེན་སྐྱོང་བའི་སྟོབས་ཀྱི་རྒྱལ་པོ་ཆེན་པོ་དག་ལ་དབང་ཁྲིད་དུ་མའི་ཆོས་ཀྱི་བདུད་རྩི་སྩོལ་ཞིང་། གདུལ་བྱའི་ཡུལ་དག་ལ་ཡང་མདོ་དང་སྔགས་ཀྱི་ཆོས་ཀྱི་ཆར་ཆེན་པོ་དུས་རྒྱུན་ཆད་མེད་པར་བཀའ་དྲིན་དུ་མཛད་བཞིན་པའི་སྐབས་ནས། འཁྲིང་སྨང་། བསམ་འགྲུབ་རྩེ། སེང་གེ་རྩེ་རྣམས་སུ་ཟླ་ཕྱེད་ཙམ་དེའི་རིང་ཕེབས་བཞུད་གནང་བ་ལ་ཡང་ཐུགས་མི་ཡོངས་པའི་རྣམ་པ་གནང་ཞིང་། སྨར་འཕྲུལ་ལ་རང་ལོག་ནས་གསེར་མདོག་ཅན་དུ་ཕེབས་མ་ཐག་བློ་བདེའོ་ཞེས། དུས་རྒྱུན་ལྷན་དུ་བཀའ་ལུང་སྩོན་ཞིང་། མདོ་སྔགས་ཀྱི་འཆད་ཉན་རྒྱ་ཆེན་གྱི་ངང་ཉིད་ནས་ཐུགས་དམ་གྱི་རིམ་པ་ཆུ་བོའི་རྒྱུན་གྱི་རྣལ་འབྱོར་ལ་སྐད་ཅིག་ཀྱང་གཡེལ་བ་མེད་པར་སྔ་དགོངས་ཀྱི་ཐུན་གཏོར་གྱི་བར་ཉིན་གཅིག་ཙམ་ཡང་འཆག་པའི་སྐབས་མི་སྲིད་པར་དུས་ཁོར་མོར་གནང་ཞིང་། སྒྲོད་ཆེན་ལ་ཀྲྀཥྞ་ས་རིའི་ར་དུང་ཅིག་བུས། གུ་གུལ་གྱི་དུད་པ་ཆེན་པོ་ཞིག་བཏང་རྗེས། སང་ནམ་མ་ལངས་པར་གཟིམས་ཚུང་དུ་སུ་ཡང་མི་འགྲོ་བ་སྔ་མོ་མན་གྱི་ཕྱག་སྲོལ་ཡིན་ཞིང་། སྔར་གོས་སྐུ་བཞེངས་མན་ལ་ནུབ་མོ་ཕྱག་ཇ་ཡང་བཏུང་བ་སྣང་ཞེས་སྒྲོག་ལ། ཕྱག་ཇ་ལ་མི་འབར་བའི་ཚོ་འཕྲུལ་དྲུང་ཆེན་སངས་རྒྱས་སེང་གེས་གཟིགས་ཞེས་རྣམ་ཐར་ནོར་རྒྱལ་མར་བྲིས་གནང་(སྣང་)ཞིང་། རྒྱུན་དུ་ཊཱ་ཀི་ཡུན་རིངས་གནང་། བཀའ་ལས་ཀྱང་། ཌཱ་མ་རུ་འཁྲོལ་དུས་ན། མཁའ་འགྲོ་མ་གཙོ། མཁའ་འགྲོ་མ་ཚོ། དུར་ཁྲོད་གནས་སུ་ཨེ་འགྲོ་མི་འགྲོ། འགྲོ་ན་ད་འགྲོ་འགྲོ་ན་ད་འགྲོ་ཟེར་བ་ཞིག་དགོས་པས་ཡོང་གི་ཨེ་སྣང་གསུང་ཞིང་། བརྟགས་ན་དེ་ཉིད་ཀྱི་སྒྲ་ཁོ་ནར་འབྱུང་ཟེར་རོ། །དེར་མྱུར་དུ

དགའ་ལྡན་ལ་བསྐྱོད་པར་དགོངས་པའི། བྱ་རྒོད་ཕུང་པོར་ཚོགས་པ་ཀུན་ལ་ཡང་། ངེད་རང་གིས་དཀོར་དེ་སྟ་མོ་ནས་ཟོས་པས་ཁ་པོ་དེ་འདོན་ལོང་མི་ཡོང་བསམ་པ་བྱུང་། དོན་གསུམ་ལོན་ནས་ཁ་པོ་དེ་འདོན་བྱས་ནས་ཀྱང་ལོ་ཁ་ཡར་སོང་། ལོ་བརྒྱ་ཡར་མར་གྱི་མཁས་པ་སོ་སོའི་བཞེད་མ་འདྲེས་པའི་ཤན་འབྱེད་དེ་ཐུབ་རང་དགོས་པ་ཡིན། ཕྱིས་གང་ལབ་འཚོར་ཆས་སུ་བྱས་ཙ་སོར་སྒྲོག དེ་ལས་གཞན་པ་ས་སྐྱ་པ་མ་ཡིན་པ་སྐད་བྱེད་པའི་ཆོས་སྐད་ཟུར་བཞག་ཅིག་ཡོད་སྐད་ཀྱི་སྣང་སྨྲས་བྱེད། ཆོས་སྐྱོད་ཤ་ལོ་ཀ་གཅིག་འདོན་མི་འདོན་གྱིས་ས་དགེའི་དབྱེ་བྱེད་བྱས་རང་ཚུགས་ཐུབ་པ་ཞིག་དགོན་སྣང་ངོ་། །རང་རེས་དུམ་རེ་སྨྲས་ཀྱང་གྲོགས་པོ་འདིའི་འབུམ་ཆུང་ཡན་ཆད་དུ་ཀ་ཡིན། ཡིན་ཀྱང་སྟ་མོ་ངེད་རང་གི་འདོད་པ་སུ་གང་གིས་ཀྱང་མ་འཁྱེར་བ་ལ། ད་འཁྱེར་བ་དེ་དགའ་རབ་འཁྱེར་གྱི་འདུག་ངེད་རང་གི་ལྷ་གྲུབ་འཕྲུགས་ཟེར་མི་འདུག་ཀྱང་། དེ་ཙམ་གི་འཕྲུགས་མ་འཕྲུགས་ཀྱི་རྣམ་དཔྱོད་སྒྲོ་རྒྱུ་ཡོད། དོན་དུ་གཏུགས་ན་མནའ་སྐྱེལ་ཕེར་བ་ཡོད་དོ་གསུང་ཞིང་། རང་རེས་ལོ་འདི་དང་འདི་ལ་གནས་འདི་དང་འདིར་ཕྱིན། ཟླ་མ་འདི་དང་འདི་ལ་ཆོས་འདི་དང་འདི་ཞུས་ཞེས་སྟར་ཡི་གེར་བཀོད་པའི་དོན་བསྡུ་ལྡེབ་པར་གསུང་། དེ་དུས་ཀྱི་མངའ་རིས་པ་བློ་གསལ་བ་མང་པོ་ལས་ཐོས་ཆོད་གོང་དུ་ཐད་སོར་བྲིས་པའོ། །དེ་ལྟར་ཞིབ་པར་གསུངས་ནས་འདི་འདྲ་ཡང་སེམས་ལ་ངེས་དགོས་ཕྱོགས་གར་ཤེད་དུ་ཕྱིན་དུས། མིས་དྲུང་པ་ཁྱེད་རྣམ་པའི་པཎ་ཆེན་པས་ཆོས་འདི་ཟླ་མ་སུ་ལ་གསན་ཞིང་། གང་ནས་གང་དུ་བརྒྱུད་འདྲེར་བྱུང་དུས་བཤད་རྒྱུ་ཡོད་པ་རེ་ཡང་དགོས་ཞེས་ཀྱང་གསུང་ཞིང་། དེ་ནས་མེ་ཕོ་སྟག་གི་ལོའི་དཔྱིད་སོས་བྱམས་སྐུའི་རྒྱབ་ཡོལ་རྒྱན་དྲུག་གི་བཟོ་མཐར་ཕྱིན་རྗེས། སྤྱི་ཆོས་དུས་བྱ་རྒོད་ཕུང་པོར་བཀའ་ཞལ་ལ། རང་རེའི་འདིར་ཡང་ལམ་འབྲས་བརྒྱུད་པ་རྣམས་བཞེངས་དགོས། གཞན་རྣམ་པས་ས་སྐྱ་པ་མིན་ཞེས་ལབ་ཀྱི་ཡོད་འདུག་གོ །ལར་ལབ་པ་རང་ལ་སྙིང་པོ་ཅི་ཡོད། གློ་བོ་པ་མང་ཧ་སྐོལ་མི་འདྲ་ལ་གླིང་བསྐྱང་བྱས་པས་ཁོང་ལ་ལ་དག་ཆོས་རྗེ་བོ་དོང་པ་ཐམས་ཅད་མཁྱེན་པ་ཕྱོགས་ལས་རྣམ་རྒྱལ་བ་ཀླུ་དཀར་རྒྱལ་གྱི་སྐྱེ་བ་ཡིན་ནོ། །རྒྱུ་མཚན

དྲིས་པས་ཆོས་འཆད་དུས་མེ་ཏོག་གི་ཆར་བབ་པས་ཟེར། གློ་བོ་སྨེང་ཆེན་ན་བོ་དོང་པའི་རྣམ་ཐར་ཞིང་བཀོད་དུ་བྲིས་པ་ཐམས་ཅད་ཆུ་དྲོན་མོས་བཀྲུས་སོ། །ཨ་ཙ་མ་ཆོས་སྐྱོང་གི་ལས་ཞེ་རང་འཇིགས་སོ། །ཡར་རང་སུས་སུའི་བརྒྱུད་པ་འཛིན་དང་། བླ་མ་སུའི་བྱིན་རླབས་སུ་ལ་ཞུགས་དང་། བརྒྱུད་པ་སུ་རྣམ་པར་དག་རང་ཆ་ག་ལ་ཡོད་དེ། ཆོས་སྲུང་ཁའི་རལ་ཏུལ་ཡོ་བསྐྱུས་པའི་ཁ་ཟེག་བོན་གྱེར་ལ་བརྒྱུད་པ་དེད་པས་ཅི་ཕན། བློ་བཟུང་མའི་ཆོས་ལུགས་ལ་རྡོ་རྗེ་འཆང་ལ་བརྒྱུད་པ་སྙེག་པ་ཡིན་ནོ། །ངེད་ལ་ཆོས་དང་ཆོས་བརྒྱུད་གཉིས་ག་མི་བར་དུ་ཁྱི་མ་ཚུད་པ་ཡོད་པས། རྡོ་རྗེ་འཆང་ཡན་གྱི་བརྒྱུད་པ་རེ་བཞེངས་པ་ཡིན་གསུང་ནས། སྟོན་ཆོས་རྒྱལ་མེས་དབོན་གྱི་སྐབས་ཀྱི་ལྷེར་བཟོ་ལྷར་སྐུ་རྒྱུ་སྨན་དར་ལས་བསྒྲུབས་ཤིང་། གྲང་གསེར་གྱིས་བྱིལ་མོར་བྱུགས་པའི་བརྒྱུད་པ་དངོས་སྦྱོན་རྣམས་རིམས་ཀྱིས་བཞེངས། མཐར་བྲུང་ཆེན་སངས་རྒྱས་སེང་གེ་བས་ད་ལོ་རྗེ་བྲུང་ཐུགས་ཀྱང་ན་ཞིང་ཆོ་དང་མི་འདྲ་བའི་ཐུགས་དང་ཐུང་ཙམ་དང་། ཚོགས་སུ་ཡང་ཅལ་ཅོལ་མང་པོ་གསུང་བའི་བློ་མ་བདེ་བས། སྐུའི་རིམ་གྲོ་ལ་དམིགས་ནས་སྔར་ཡང་སྐུ་ཚེ་སྤེལ། ཞལ་གཟིགས་པའི་རྒྱུན་ཡིན་པས་རྗེ་བཙུན་མ་སྒྲོལ་མ་རྣམ་པར་རྒྱལ་མའི་སྐུ་ཅིག་ཀྱང་ཅི་ནས་བཞེངས་དགོས་པར་སྣང་ཟེར་ནས་བཞེངས་པའི་ཉིན་གཅིག་ལས་ར་དེར་པཎ་ཆེན་རིན་པོ་ཆེ་ཕེབས་ནས་སྒྲོལ་མའི་སྐུའི་ཐུས་ཤིང་ལ་ཕྱག་མཛུབ་གཏད་ནས་འདི་གང་རེད་གསུང་བ་ལ། གཟིམས་དཔོན་རྣམ་རྒྱལ་བས་རྒྱུ་མཚན་ཞུས་པས། སངས་རྒྱས་སེང་གེ་ལ་རྒྱག་གཏད་གང་ཡོད། མི་བོ་ལོ་བརྒྱད་ཅུ་ལོན་པ་ལ་ཚེ་བསྒྲུབ་དང་ཏ་མ་གོ་བ་ཡིན། ད་སྔར་རྗེ་དོན་ཡོད་དཔལ་བ་ཀྱི་ངན་ལས་འདས་ལོ་དེ་གཟིགས་མལ་སྐུ་འདྲ་ཞིག་བཞེངས་བསམ་པ་ལ། བཀའ་ལས་རང་རེའི་གཟུགས་བརྙན་སྔར་བཅོས་འདུ་ཁང་རྙིང་པ་ན་ཡོད་པ་དེས་ཆོག ངེད་ལ་དམིགས་པའི་སྐུ་བཞེངས་ན་རྗེ་རྒྱལ་རོང་པ་ཆེན་པོའི་སྐུ་གཅིག་བཞེངས་མཛོད་གསུང་བ་གྲུབ་ཐོབ་ཀྱི་བཀའ་ཡིན་བསམ་ད་ལྟ་བཀྲ་ཤིས་བརྩེགས་པ་ན་ཡོད་པའི་རྗེ་རྡོ་རྗེ་འཆང་གི་གཡས་ཕྱོགས་ན་བཞུགས་པའི་རྗེ་རོང་སྟོན་གྱི་གསེར་སྐུ་འདི་ཡིན། ད་ལོ་རྗེ་དོན་ཡོད་དཔལ་བ་ཡང་ཡང་

དྲན། རྨི་ལམ་དུ་ཡང་ཡང་མཇལ། དགའ་ལྡན་ན་མེ་ཏོག་ཡིད་འོང་ཕུབ་ཙམ་འདུག་ཅེས་གསུང་བ་ཡང་བྱུང་བས། ད་སྟེ་རྗེ་དོན་ཡོད་དཔལ་བའི་སྐྱུར་སྒྱུར་ཅིག་གསུང་ནས་བླ་བྲང་དུ་ཐེབས། དེར་བཟོ་བོས་དྲུང་ཆེན་སངས་རྒྱས་སེང་གེ་ལ་བཀའ་ལུང་བསྒྱུར་ནས་ཇི་ལྟར་ལེགས་དྲིས་པས། ད་ལོ་བན་རྒན་ལབ་ལབ་རང་མང་། ད་སྟེ་གཉིས་ཀ་བཞེངས་ཟེར་ནས་རྗེ་དོན་ཡོད་དཔལ་བའི་སྐུའི་རུས་ཤིང་ལོགས་སུ་བཙུགས། དེར་གཟིམས་དཔོན་རྣམ་རྒྱལ་བ་ལ་རང་རེས་ཁ་ཙང་སྒྲུབས་པའི་རུས་ཤིང་དེ་ངེས་པར་དོན་ཡོད་དཔལ་བའི་སྐྱུ་རང་དུ་བསྒྱུར་སྒྲོས་ཡང་ཡང་གསུང་བས། ཞེད་ནས་སྒྲོལ་མའི་སྐུ་རབ་གནས་བར་དུ་པཎ་ཆེན་རིན་པོ་ཆེའི་སྤྱན་ལམ་དུ་མི་གཟིགས་པ་བྱུས་སོ། །དེར་ནང་རྫོང་སྐབས་ངོར་དུ་ཆོས་རྗེ་གདན་ས་པ་དཀོན་མཆོག་འཕེལ་བའི་དྲུང་དུ་ཞུ་ཡིག་ཕུལ། འདིར་ལམ་འབྲས་བརྒྱུད་པ་ཞིག་བཞེངས་ཡོད་པས་ནང་བཞུགས་ལ་བླ་མ་གོང་མའི་བྱིན་རླབས་རྣམས་གནང་དགོས་ཞུས་པའི་ལན་དུ། རྗེ་རྡོ་རྗེ་འཆང་། མུས་ཆེན་འཇམ་དབྱངས་པ། རྒྱལ་ཚབ་ཀུན་དཔང་པ་རྣམས་ཀྱི་གདུང་ཚ་གསེར་ཆུམ་རྗེན་གྲངས་རེ་ཕུལ་བ་ཡང་རེ་རེ་ལ་རེ་རེ་བཞུགས་ཞེས་དེ་དུས་ནང་བཞུགས་ཀྱི་ཕྱག་གཡོག་པ་དབུ་ལགས་དགེ་སློང་ཀུན་དགའ་ཆོས་དཔལ་བ་ལས་ཐོས་སོ། །དེར་རྗེན་མཐར་ཕྱིན་ནས་བླ་བྲེ་ཁྱད་འཕགས་དང་། རྡོ་རྗེ་འཆང་གི་སྐུ་མདུན་རྒྱ་དྲིལ་དང་། ཟུར་པོ་ཆེའི་ལི་ཐོད་སྟེགས་བཅས། གཞན་བརྒྱུད་པ་ཀུན་ལ་རྒྱའི་རྡོ་རྗེ་དྲིལ་བུ། མུས་རྗེའི་ཀ་པཱ་ལ་ཁ་གཙོད་དང་བཅས་པ་སོགས་མཆོད་རྫས་བསམ་གྱིས་མི་ཁྱབ་པའི་བཀོད་ཤོམས་གནང་དུས། དྲུང་ཆེན་གྱིས་ད་འདི་ལྟར་ལྷ་ཡ་མཚན་ཆེ་བ་ལ། ལོགས་བྲིས་སྨན་ཐང་པས་བྲིས་པ་ཞིག་དགོས་ངེས་ཞུས་དུས། ད་སྟེ་ལོགས་རིས་དང་མི་གྲུབ་པས། རང་རེ་ལ་རྒྱ་མ་བས་ཕུལ་བའི་ལམ་འབྲས་བསེ་ཐང་དེ་ཀུན་བླ་མ་སོ་སོའི་རྒྱབ་ཏུ་ཁྲིམ། དེ་བརྒྱུད་པ་ཐེག་ཆེན་ལུགས་ཡིན་པས་བརྒྱུད་པ་གཉིས་ལྡན་ཡགས་པོ་རང་ཅིག་ཡོད་གསུང་ནས་ལོགས་ལ་བཀྲམས་ཤིང་། དེར་ཀྱི་རྡོ་རྗེའི་རས་བྲིས་ལ་བརྟེན་པའི་རབ་གནས་མཛད་སྐབས། སྒྲོལ་མའི་སྐུའི་ཕྱག་ཏུ་ལི་བུམ་ཆུང་ཆུང་ཞིག་བཟོ་ཁྱད་དུ་ཕུལ་ནས་ཡོད་པ་ལ་ཕྱག་མཇུབ་བཙུགས། ད་རེས་སྒྲོལ་མའི་

ཕྱག་གི་ཁྱམ་པ་བདུད་རྩི་སྟོངས་པ་དེ་རེ་བདེན། ཞེས་ཚིག་སྒྲ་དམན་པའི་སྐབས་དེར། གོང་པོ་ནས་རྒྱལ་དབང་ཆོས་གྲགས་རྒྱ་མཚོ་སྟག་ལོ་དེ་ཉིད་ཀྱི་ཟླ་བ་དང་པོའི་ཚེས་བཅུ་བཞི་ལ་ཞིང་བཅེས། དེ་བར་ཉེ་རིང་ཡོངས་ལ་གསང་བའི་གསང་བརྟོལ་གྱི་མང་ཛ་ཞུ་མི་ཡང་སླེབ་པས་ཐུགས་ལྷག་པར་འབྱུང་ཞིང་། ཡས་གཏམ་དཔེ་བྲལ་ཤུགས་རིངས་དང་བཅས་པས་བསྒོ་བ་གནང་། དེ་ལོ་དྲུང་ནས་ལྷ་བཙུན་པའི་དྲུང་ཡང་ཞིང་བཅེས། དབུ་ཐོད་སོགས་ལ་ཀྱི་རྡོ་རྗེ་ཞལ་བརྒྱད་ཕྱག་བཅུ་དྲུག་པའི་སྐུ་གསལ་བར་ཕྱིན་པའི་གཟིགས་འབྱུལ་བྱུས་པས། ཐུགས་ལྷག་པར་ཆེས་པའི་བཀའ་སྐྱལ་གནང་ཞིང་། སྟོན་བཞུགས་ལ་བལ་པོར་རྟེན་ལི་མ་རྣམས་བཞུགས་པའི་བཀྲ་ཤིས་སྒོ་མངས་བཞེངས་མིའི་བལ་པོ་བཟོ་བོ་རྣམས་འབོད་པ་ལ་ཆིབས་དཔོན་ཤཱཀྱ་བཟང་བ་ལ་བཀའ་ལུང་གནང་བས་ཕྱག་དམ་འཐེམས་པའི་ཆེད་གཉེར་ཆེ་བ་གནང་ཞིང་། དེ་ལོ་ཕྱོགས་ཕྱིན་གྱི་སྐུ་དྲག་འགའ་ལ་ཀྱི་རྡོ་རྗེའི་རྒྱུ་དབང་། ལམ་ཟབ། ཕིར་སྦྱང་། ནཱ་རོ་མཁའ་སྤྱོད་སོགས་ཀྱི་བྱིན་རླབས་དང་། ཞུ་མི་སོ་སོའི་ངོར་སླིང་པོ་དོན་གསུམ་གྱི་ཁྲིད་ལན་འགའ་བཟླས་ནས་གསུངས་ཤིང་། དེར་མེ་མོ་ཡོས་ཀྱི་ལོ་ཤར་བ་པཎ་ཆེན་རིན་པོ་ཆེ་ཉིད་དགུང་ལོ་བརྒྱད་ཅུའི་མཐར་སོན་པའི་དཔྱིད་སོས་འབོད་མི་གནང་བའི་བལ་པོ་བཟོ་བོ་འདོད་པའི་ལྟས་ལས་མ་ལུས་པའི་དངོས་གྲུབ་ཡོངས་སུ་སྨིན་པའི་ལས་གྲྭ་ཚང་བ་ཞིག་ཀྱང་ཞབས་དྲུང་དུ་ལྷགས་ཤིང་། ཡོས་ལོ་ཟླ་བ་བཞི་པའི་ཚེས་བཅུ་བདུན་གྱི་ཉིན་གཟའ་སྐར་དགེ་བ་ལ་མཆོད་རྟེན་སྒོ་མངས་ཀྱི་ཏུས་ཤིང་འཛུགས་པ་གནང་། གཟིགས་རྟོག་ལ་ཕེབས་པའི་ཚེ། ཁྲིད་ཚོའི་མཆོད་རྟེན་གྱི་ཁྱམ་པ་ཆུངས་པ་འདྲ་གསུངས་ནས་ཆེར་བསྐྱེད་པ་གནང་ཞིང་། དེ་ཡང་འདྲ་འབབ་ཐོག་མ་འདུ་ཁང་རྙིང་བར་ས་ལ་བཅོས། དེའི་ཕྱིར་དཔོན་དོན་གྱིས་ཤིང་ལས་དེ་ཇི་ལྟ་བར་བསྒྲུབས། དེ་རྗེས་བལ་པོས་ལག་འཕྲུལ་གྱིས་ཟངས་དངུལ་ལ་འཕྱུལ་བརྡུངས་བྱས་ནས་རིམ་སྤྱོད་དུ་བཞེངས་པ་གནང་ལ། ཟླ་བ་ལྔ་པའི་ཉེ་ཤུ་གཅིག་གི་ཉིན་ཚེས་ཁྲི་ཁར་ཕེབས་མ་ཐག་གྲྭ་པ་ཚོ་སློག་སྒྲོགས་ལ་ཚོགས་ཡོད་པས། ཆོས་སྒྲོགས་འབད་ལ་གྱིས། རང་རང་སོ་སོ་ལ་མི་དགོས་ནའང་བསྟན་པ་ལ་ཡང་སྐུ་ཆགས་ཡོང་གིན་སྣང་ངོ་

གསུང་ཞིང་། ངེད་ལ་མཚན་མ་ལོད་པོ་རང་ཞིག་བྱུང་། ཐེབས་གཉོན་མི་ཡོང་བར་བྱ་གཏོང་བ་དེ་ཨེ་དྲག་ཡིན་ཞེས་ཀྱང་གསུང་ངོ་། །འདི་སྐབས་རྣམ་ཐར་རྗེ་དཔོན་མར་བྱམས་ཆོས་ལམ་རིམ་གྱི་ལུང་སྨྲུལ་ཅེས་རྗེ་ཀུན་དགའ་རྒྱལ་མཚན་པས་སྤར་མ་གསན་པ་ནས་ཀུན་བཟང་རོལ་མཚོའི་ལུང་ཞིག་གསོལ་བ་བཏབ་ནས་ཚོགས་སུ་གནང་། དེ་མཚམས། དེ་ཕྱིར་མིག་དང་གཟུགས་དག་ལ། །བརྟེན་ནས་མིག་བློ་སྐྱེ་བར་འགྱུར། །ཞེས་པའི་སྐབས་སུ་ཆོས་མཚམས་གནང་ནས། རྗེ་ཆེན་དུ་གྲུབ་ཆེན་ཀུན་བློ་བའི་བཀའ་འབུམ་གསན་པ་ལ་ཐེགས་ཤུལ། ཆོས་རྗེ་ནམ་ཐོན། དེ་རང་དེ་ལྟར་དབྱར་གནས་སྐབས་ཡིན་པས། འདུལ་བ་ནས་ཟས་བཅུ་གཅིག་བཤད་ཀྱང་ཡོད། དགེ་འདུན་ཉི་ཤུ་གཅིག་བཤད་ཀྱང་ཡོད། དེ་གཉིས་ཀ་ལ་གདུལ་བྱ་རེ་རེ་འོང་བར་བྱེད་པ་ཡིན། ངེད་རང་ཚོ་ལ་ཡང་གདུལ་བྱ་ཞིག་ཨེ་ཡོང་བྱེད་པ་ཡིན་སོད། ད་མན་དགེ་འདུན་ཉི་ཤུ་ནས་འཚད་པ་ཡིན་གསུང་ནས། བྱང་སེམས་འཕགས་པ་འདོད་པར་སྐྱེ་བ་ལེན་པ་འདོད་ཉོན་མཚན་ཉིད་པ་དགོས་མི་དགོས་དང་། ལྷག་མེད་དུ་ཉན་རང་མྱ་ངན་ལས་འདའ་བ་དེ་དགོངས་པ་ཅན་ཡིན་ནམ། ཉན་རང་ལྷག་མེད་དུ་མྱ་ངན་ལས་འདའ་བ་དེ་རང་མིན་པ་འདྲ། དབང་པོའི་ལུས་སུ་བྱིན་གྱིས་བརླབས་འཚང་རྒྱ་བ་དེ་ཡིན་པ་འདྲ། གཞན། ཅིག་ཤོས་ཕྱིར་མི་འོང་བ་དང་། །ལྡན་ཕྱིར་སྤྲུལ་པ་རབ་ཏུ་བསྒྲུབ། །ཅེས་པའི་གཞུང་འགྲོས་དོན་དང་བཅས་པ་ལ་ཡང་བཤད་པ་འགྲོས་དོན་དང་བཅས་པ་རང་གིས་ཟླ་འགྲོ་དེ་འདའ་བ་གནང་ཞིང་། སྒོམ་སྡེ་རབ་འབྱམས་པ་རྒྱལ་འོད་ཟེར་བ་དེའི་བློ་ལ་དགེ་འདུན་ཉི་ཤུ་མི་གཅིག་པའི་དཔེ་བཅུ་གཅིག་ཙམ་ཡོད། ཤོང་གི་བསམ་པ་ལ་དགེ་འདུན་ཉི་ཤུ་རང་གི་ཐད་ལ་པཎ་ཆེན་རིན་པོ་ཆེ་ལས་ཀྱང་ང་རང་བློ་ཚོགས་ཆེ་ཞིང་ཞིབ་སྙམ་པའི་ཡིད་ཉེས་པས་སྐྱོ་ནས། དེའི་རིང་མཆིམ་རང་དབང་མེད་པར་འཛག་པ་ཞིག་བྱུང་ཡང་ཟེར་རོ། །ཟླ་བ་དེའི་ཉི་ཤུ་དགུའི་ཕྱི་ཆོས་ལ་མདང་གི་གསུང་ཆོས་དེའི་འཕྲོ་ཨེན་ཙམ་གསུང་ནས། རྗེ་རོང་ཆེན་གང་བློ་མའི་རྗེས་ལ་ཕར་ཕྱིན་གསུང་ཙ་ན། ཉན་ཐོས་ཞི་བ་ཚོལ་མ་གསུང་། རྣམ་འགྲེལ་གསུང་ན། ཕ་རོལ་ཀུན་ཏུ་རྒྱུ་བ་བྲམ་ཟེའི་བུ། །ཚུ་རོལ་བསྟན་

པའི་པད་ཚལ་ལེགས་འོངས་ནས། །ཡང་དག་རིགས་པའི་ལྷ་ལམ་གསལ་པོར་གཟིགས། །སྔེ་བདུན་མཛད་པ་དེ་ལ་ཕྱག་བགྱིའོ། །གསུང་། དབུ་མ་གསུང་ན། གང་གིས་གཉིས་མེད་ཡེ་ཤེས་གསུང་བའི་ཚོགས། །ཞེས་སོགས་གསུང་། མངོན་པ་གསུང་བ་ཡིན་ན། འཇིག་རྟེན་ཀུན་ལ་ཕན་ཕྱིར་ཐོགས་མེད་ཅེས་བྱ་བ། །ཞེས་སོགས་གསུང་། སླར་སྟོན་རྒྱུམ་རིམ་པ་འདུལ་བ་གསུང་ཙ་ན་གང་བློ་མའི་རྗེས་ལ། འདུལ་བ་རྒྱ་མཚོའི་གཏིང་མཐའ་ཕ་རོལ་བརྙེས་གྱུར་ཅིང་། གསུང་རྗེ་དོན་ཡོད་དཔལ་བ་རྗེ་རོང་ཆེན་གང་མཛད་ཀྱི་ལད་མོ་རང་མཛད་ཀྱི་སྣང་། རང་རེའི་འདི་གསང་ཕུ་ཆོས་ཁྲིའི་ཁར་ཐོན་པའི་ཉིན་མོ་ཁ་ནས་གང་ཐོན་བྱས་པས་འདི་བྱུང་བ་ཡིན། ཆོས་རྗེ་གོང་མ་སུའི་ཡང་སྒྲིགས་བཅགས་མིན་གསུང་ངོ་། །གནམ་གང་གི་ཉིན་ཡང་། འདོད་པའི་ཕྱོགས་གཅིག་ལ་ཆགས་བྲལ་བྱས་པའི་བྱང་སེམས་འཕགས་པ་དེ་སྤྲུལ་པ་སྐྲུབ་མི་དགོས་པར་སྙིང་རྗེ་དང་། སྨོན་ལམ་གྱི་དབང་གིས་སྐྱེ་བ་བླངས་པས་ཆོག་པ་ཡིན་སོགས་རྒྱས་བཤད་གནང་རྗེས། བསམ་ཆུང་རང་འདུག་གོ །བསམ་པ་ཆེ་དགོས། ཏིང་ཤགས་དང་དྲིལ་བུ་སིལ་སིལ་གྱི་ཆོས་དགོས་ཟེར་བ་མང་པོ་འདུག་སྟེ། ཆོས་ཞུས་ནས་དམ་ཚིག་སྲུང་མཁན་མི་འདུག་གོ་གཟབས་ཤིག ད་རང་རེ་རྣམས་གསོ་སྦྱོང་ལ་འགྲོ་བ་ཡིན་གསུང་སློབ་དཔོན་ཚོ་རང་གྲོགས་ལྡན་ཞིག་གིས(གྱིས)ལ་གཏེར་བྱུང་བ་དང་། གསོ་སྦྱོང་ལ་འདུས་ཤོག་ཅེས་བཀའ་སྩལ་ནས་ཞལ་རས་ལྷ་ཁང་དུ་ཕེབས། སྐུ་འདྲའི་གཙོགས་གཡས་ཕྱོགས་དེ་སངས་རྒྱས་སེང་གེ་རང་མཐོ་གཞལ་གྱིས་དང་ཞེས་གསུང་ནས། མཐོ་འདི་ཙམ་སྣང་ཞུས་དུས། འོ་ན་བཀྲ་ཤིས་སྒོ་མངས་བཞུགས་ས་ཡོང་བར་འདུག ཏོག་དེ་ཐོག་ལ་རེག་པ་ཞིག་དགོས། ངེད་རང་ཤི་ན་ཡང་རྟེན་བཞེངས་འདི་ག་ཡིན་པས། བུམ་པ་དེ་རྣམས་ཀྱང་ཆུངས་ན་མི་ཉན། དབང་འདུས་ན་སྲིག་ཚོག་བྱས་ཚ་ཚ་བཏབ་པ་ལུགས་དང་མཐུན་ཞིང་། ཡང་དབང་མ་བྱུང་ན་ངེད་ཀྱི་སྐུ་གདུང་བཞུགས་དགོས་པ་ཞེས་གསུང་འཕྲོ་ལ། དྲུང་ཆེན་སངས་རྒྱས་སེང་གེས་ཞལ་ཏ་གང་མིན་རང་མི་གསུང་བ་ཞུ། ཏོག་ཐོག་ལ་རེག་པའི་དངུལ་མེད་ཞུས་པས། དངུལ་འདི་ཀུན་ཀྱང་བཏང་བས་ཆོག ཁྱེད་རང་དག་བློ་བདེ་མོ་འདུག་སྟེ།

དེ་ལས་ཆུངས་ན་ནཱ་ལེནྡྲ་ར་དངུལ་གདུང་བཞེངས་མཁན་རྣམས་ལ་ངོ་མི་ཚའམ་གསུང་ནས། གཉིས་སྒྲ་དབྱངས་དང་རྗེས་འབྲེལ་ཚོགས་སུ་ཆོས་ཀྱི་ཁྲིའི་སྟེངས་སུ་བཞུགས་ཞེས་རྣམ་ཐར་མ་ཏི་མར་འབྱུང་བ་བཞིན། མཁས་པ་སངས་རྒྱས་འོད་ཟེར་བ་དང་། མངའ་རིས་པ་ཧོར་སྒོམ་རབ་འབྱམས་པ་སྨྲ་མཁན་མང་པོ་གུང་འགྲིག་པ་བཞིན་ཞིབ་པར་བྲིས་ལ། རྣམ་ཐར་རྗོར་རྒྱལ་མར་ངེད་ཆོས་ཁྲི་འདི་ལ་དྲིན་ལན་མཇལ་དགོས་པས་ཐུགས་དམ་བྱེད་ཅིང་འདི་ག (གར) སྟོད། སློབ་དཔོན་ཆོས་གྲགས་ལྡན་རེ་ཤོད་གཉིས་དང་བསྟུན་ནས་གསོ་སྦྱོང་ལ་འཚོགས་ཤོག་གསུངས་ནས། དེ་བར་ཁྲི་ཁར་བཞུགས་གཉིས་མ་བྱུང་ཙམ་ལ་པཎ་ཆེན་རྗོར་རྒྱལ་བས་སྐུ་དྲུང་དུ་ཕྱིན་པ་དང་། དེ་སུ་རེད་གསུང་། གཟིམས་དཔོན་རྣམ་རྒྱལ་བས་སློབ་དཔོན་རྗོར་རྒྱལ་བ་རེད་ཞུས་པས། གཉིས་སྐན་པོ་ཨེ་སྣང་གསུང་། སྣང་ལགས་ཞུས་པས། ཆོས་ཀྱི་གཉིས་སྒྲ་པོ་ཆེ། །ཟེར་བ་ཡིན། འདི་དཔལ་འཁོར་བདེ་ཆེན་ནས་ཇ་གནས་ཤིག་གིས་ཕུལ་བའི་གསར་པ་དེ་ཡིན། སྙིང་པ་བྱིན་རླབས་ཅན་དེ་ཆོས་འཁོར་ཆེན་མོའི་དུས་ཆོས་འཁོར་རྩེ་བ་ལ་ཕུལ་ནས་ཡོད་གསུང་པས། ཆོས་འཁོར་རྩེར་གཉིས་བརྟུངས་ལ་ཤོད་ཅེས་གསུང་བར་གོ་ཞེས་འབྱུང་ངོ་། །དེར་དགེ་འདུན་གྱི་ཚོགས་ཀྱིས་འདུ་ཁང་ཁྲིག་ཁེངས་པས་ལྷག་པར་མཉེས་ནས། རང་རེས་སྟོན་ཐོག་མ་འདུ་ཁང་སྙིང་པར་དབྱར་གནས་སྤྱ་མ་བྱས་དུས་དཀར་པོ་བྲག་པའི་རྐན་ཞུགས་གཅིག་དང་། བྱས་པ་ལ་ཡང་ཚོགས་ཀྱི་ཁ་སྐོང་རེ་དགོས་པ་བྱུང་། ད་ལྟ་ཡོས་བཤགས་པ་སོགས་ཙུར་དེངས་པ་རྣ་བ་འོན་ཡོང་བ་འདྲ་བ་འདི་མཚར་རང་ཆེ། སྟོན་གྱི་དུས་དེར་ནི་དྲུང་ནས་ཆོས་ཀྱི་བཟང་པོ་བ་ལ་ཡང་རྗེས་ཟློས་ལས་བཤགས་ཚིག་ཐུགས་ལ་མི་འདུག་གོ །ངེད་རང་གིས་གློ་བོ་ནས་ཡོངས་ལོ་མར་ལམ་དེ་དབྱར་སྣང་ཡིན་པས་དབྱར་མེད་ལ་སོང་། གཞན་གཅིག་ཀྱང་ཆག་པ་མེད་དོ། །གཞི་གསུམ་གྱི་ལག་ལེན་འདི་མི་ལ་ཡོད་ན་སྟོན་རྒྱུ་དང་། རང་ལ་ཡོད་ན་འོམ་རྒྱུ་ཡིན། སངས་རྒྱས་བསྟན་པའི་རྩ་བ་རང་ཡིན་པས་མདོ་སུས་འདོན་ཀྱང་ཡོང་། གསོ་སྦྱོང་ལ་ཡོང་བ་མ་ཆག་པའི་ཁུར་ལེན་གལ་ཆེའོ། །དེ་རིང་གནམ་གང་ཡིན་པས་སློབ་དཔོན་རྣམ་པ་བླ་བྲང་དུ་ཤཱ་ས་ན་ལ་འབྱོན་དགོས

པས། གྲོགས་ལྡན་རེ་མཛོད་ལས་བྱོན་ཞིག་གསུངས་ནས་བཞུགས་ཁྲི་ཁ་དེ་ནས། ཀུན་གྱི་ཐོས་པའི་གསུང་གཟེངས་མཐོ་བ་ཐུགས་ལྷག་པར་དགྱེས་པའི་ངང་ནས་གསོ་སྦྱོང་ལེགས་པར་གྲུབ་རྗེས། པཎ་ཆེན་རིན་པོ་ཆེས་བླ་བྲང་དུ་ཕེབས། སློབ་དཔོན་པ་སོ་སོས་རང་རང་གི་ཆོས་ཁྲིར་བྱོན་ནས་གཏོང་ཆོས་དེ་སྐུལ་ནས་ཤཱ་ས་ནའི་བཟླས་པ་ལ་ཞབས་དྲུང་དུ་ཕེབས་པས། སྔགས་ཐུན་གྲོལ་རྗེས་ཐུགས་དམ་འདོགས་འབུལ་མི་ཞིག་བྱུང་བ་ལ། བཟང་སྤྱོད་བྱམས་སྨོན་བཟླས་པ་ལན་དུ་མ་དང་། བསྔོ་བ་རྒྱས་པར་གནང་། ངེད་རང་ལ་ད་ནང་ཡར་རྒྱབ་དཔོན་ཆེན་པས་ཞྭ་གོས་ཆ་ཚང་ཞིག་ཕུལ་བྱུང་བ་དེ་སང་ཆོས་གཅིག་ནས་གྱོན་ཡོང་ངོ་གསུང་ཞིང་། སློབ་དཔོན་ཆོས་གྲལ་ལས་བཞེངས་ཕྱག་འབུལ་གནང་ནས་ཕྱིར་བྱོན། དེའི་སང་དེ་ཟླ་བ་དྲུག་པའི་ཚེས་གཅིག་ལ་ཡར་རྒྱབ་པས་ཕུལ་བའི་ན་བཟའ་ཡོ་སྐུ་ལ་བཞེས་ནས། བྱ་རྒོད་ཕུང་པོའི་ཆོས་ཁྲི་ཁར་ཕེབས་འཁྲུལ་གྲྭ་པ་ཡོངས་ལ་གཟིགས་ནས། ངེད་ལ་ལྷོད་མོ་ལྟོས་ཤིག །སྦྱིན་བདག་དད་པ་ཅན་གྱི་དགེ་བ་ལ་རྗེས་སུ་ཡི་རང་གྱིས་གསུང་། དེར་ཚོགས་པས་གསུང་སྒྲོགས་གནང་། པཎ་ཆེན་རིན་པོ་ཆེའི་སྐུ་བསྲུངས་ནས་སེམ་མེ་བཞུགས་པ་གནང་འདུག་པ་ལ་དྲུང་ནས་རྗེར་རྒྱལ་བས་གཟིགས་ཏེ། དེར་འཁྲིས་ན་ཡོད་པ་ཀུན་ལ། ཡའི་པཎ་ཆེན་རིན་པོ་ཆེའི་སྐུའི་གཟི་འོད་ལ་ལྟོས་དང་། ཞལ་གྱི་སྒོ་ཐམས་ཅད་ནས་འོད་ཟེར་འཕྲོ་བ་རང་སྣང་ངོ་ཟེར། ཁོང་ཚོས་ཀྱང་གཞིག་མལ་བཙུག་པས་དེ་བཞིན་དུ་འདུག་ཅིང་། ཡང་དྲུང་ནས་རྗེར་རྒྱལ་བའི་གསུང་གིས་ངེད་ལ་གསོལ་དཔོན་བློ་གྲོས་སེང་གེ་བ་ཟེར་ཙ་ན། ད་ལོ་བན་ཆན་སྐུ་གཟུགས་ལྷག་པར་བཟང་། བག་ཚ་ཡང་མཆོད་ཐུབ་ཟེར་བས་བློ་བདེ་གསུང་བའི་གསུང་སྒྲོས་མཛད་ཅེས་མངའ་རིས་པ་གཡུ་རྫི་རབ་འབྱམས་པའི་ངག་ལས་ཐོས་སོ། །

དེར་ཀློག་སྒྲོགས་གྲོལ་རྗེས་གང་བློ་མ་གནང་ནས། ཁ་ཅང་གནང་བའི་འགྲོ་སྐྱུལ་པ་བསྒྲུབ་པའི་ཚུལ་དང་། དེས་གཞན་དོན་སྙིང་རྗེ་དང་སྨོན་ལམ་གྱི་སྒོ་ནས་འབད་མེད་བསྒྲུབ་ཚུལ་འབུས་ཙམ་ཁ་སང་གི་འཁོར་གསུངས་ནས། དེང་སང་གི་མཚན་ཉིད་པ་འདི་ཀུན་ཐོས་རྒྱ་རང་ཆུང་། སློབ་དཔོན་ངན་ངན་རེའི་ཙར་(རྩར)གྲྭ་པ་ངན་ངན་རེ་བསྟེན་པའི་གང་གི་

ཡང་ཏ་མ་གོ་བ་སྣང་བས། རང་རེས་ནི་ས་འདིར་བསྟན་པ་མཁའ་ཁྱབ་རིག་གནས་ཀྱིས་བརྒྱན་པ་བཤད་ཡོད་དོ། །སྔོན་ངེད་རང་གི་པོ་ཏི་རེ་རེ་སློབ་ཕྱིར་ཡང་གྲྭ་ས་རེ་བཤགས་དགོས་པ་བྱུང་། དེང་སང་ཀུན་ས་གཅིག་ཏུ་བསླབས་ཆོག་པ་ལ་དགའ་བ་སྙོམས་ཤིག ཁོང་ལ་ལ་དག་ནི་དེ་རིང་གི་ཆོས་ར་རིགས་ལུང་མི་ཡོང་ལྷ་མཆོད་ཡིན་པས་ཟེར། བླ་མའི་མཆོད་པ་ལ་ཛ་ཐོར་རེ་བཏུངས། དེས་ཟེ་བེར་སོང་དུས་ཞི་གདོང་མ་ལ་ས་གསུམ་མའི་དབྱངས་རྟ་རེ་བཙུག་པ་ལ་ཟལ་ངོམས་བྱེད་པར་འདུག་ཀྱང་། དེ་ཀུན་མཚན་མའི་རྣམ་པར་གཡེང་བ་ཡིན། བླ་མའི་དུས་མཆོད་དེ་བཤད་ཉན་རང་གིས་འཛིན་དགོས། རྣམ་པ་ཐམས་ཅད་དུ་ཆོས་ཡོངས་སུ་བརྟགས་པས་སངས་རྒྱས་མཉེས་པ་དང་། ཟེར་བ་འདི་མ་བརྗེད་པར་གྱིས། རིན་པོ་ཆེ་གཡག་པ་དང་། རྗེ་རོང་སྟོན་སོགས་སྐུ་ཚེ་འཆད་ཉན་གྱིས་འདས་པ་དེ་ཀུན་ལ་ཐུགས་དམ་མེད་པ་མིན་མོད། འཚལ་པ་ཤེས་རིན་ལ་ཉེ་གནས་ཀྱིས་ད་རང་སྦྱོར་བ་བརྩེ་བརྩེ་ལས་ཐུགས་དམ་མཛད་ན་ལེགས་ཞུས་པས། ཁོང་ནས་དེ་ག་རང་འདུག་ཡིན་ནའང་རང་རེའི་རིགས་པ་འདི་གཞན་ལ་མི་འདུག་པས་ཟེར་ཐལ་མོ་བརྡབས་བྱུང་ངོ་། །སློབ་དཔོན་རིན་རྒྱལ་བས་འཆི་ཁར་ཆོས་ཤེས་པ་བརྗེད་པས་ཕངས་ཟེར་བ་ལ་རང་རེ་ཡང་རྗེས་དཔག་སྐྱེས་ཏེ། ད་ལོ་རང་རེས་གཞུང་ཆེན་ཀུན་གྱི་བརྗེད་བསབས། སྒྲ་ཊཱི་ཀ་ཆེན་མོ་སོགས་ཀྱང་སྒྲིག་ཏུ་བཙུག་ནས་བག་ཆགས་བཞག་ཡོད། ཕྱིས་ཀྱི་སྡེ་དགོན་མང་པོ་ན་དགེ་འདུན་གྱི་ཚོགས་གྲལ་ལ་བདེ་མལ་ལ། སངས་རྒྱས་ཀྱི་བཀའ་ཚིག་རེ་ཡང་མི་བྱེད་པར་རང་གི་གཏད་འཆལ་འབབ་ཞིག་བོན་གྱེར་བྱེད། དོན་དུ་གཏུགས་ཙ་ན་དེ་ཙམ་བཞག་ནས། ད་སྒྲོལ་མ། བདུད་བཟློག་རེ་ཐུགས་ལ་ཐོགས་ཟེར་བ་རང་འདུག་གོ །རང་རེ་ལ་བདེ་སྡུག་གང་བྱུང་ཟུང་། སངས་རྒྱས་ཀྱི་རྫོགས་སྨིན་སྦྱངས་གསུམ་མཐར་ཕྱིན་པའི་དབང་ལས། བཀའ་དྲི་མ་མེད་པ་དེ་རང་དགོས་སོ། །སྔོན་དམ་པ་ཏོག་དཀར་དགའ་ལྡན་ནས་འཛམ་གླིང་དུ་བྱོན་དུས་རྒྱལ་བ་བྱམས་པའི་དབུ་ལ་ཅོད་པན་དེ་བཅིངས་ཟེར། གཞན་གདན་ས་དང་བཀོད་པའི་སྒྲིམ་སྒྲིམ་མ་མཛད་འདུག་གོ །ངེད་ཀྱི་ཆོས་ཁྲི་སྟོང་པར་བཞག་ན་བར་ཆད་བྱུང་དོགས།

ཟླ་བ་སྔ་མའི་ཆོས་གཅིག་ནས་ཆོས་ཁྲི་ཁ་འདིར་འོངས། དེ་རིང་གིས་ཟླ་བ་གཅིག་སོང་བས་ངེད་ཆོས་མཚམས་དེ་རིང་ནས་བྱེད་སློབ་དཔོན་རྣམ་པའི་ཆོས་མཚམས་དེ་བྱེད་མི་བྱེད་གྲོས་ཞིག་དགོས་པ་སྣང་བས་གྲོགས་ལྷན་ཐུངས་ཙམ་རེ་ཤོག་ལ། བཛ་བྱུང་འཕྲུལ་ཟླ་བྲང་དུ་ཕྱིན་གསུངས་ཞེས་ཡོངས་ལ་གསལ་ཞིང་། རྣམ་ཐར་གཉིས་ན་ཡོད་པ་ལྟར་གྱི་ངག་རྒྱུན་ཡིན་ལ། འདི་ཐད་རྣམ་ཐར་ཇོར་རྒྱལ་མ་ན་སྐྱི་བབས་བྲིས་མ་ཐག་ལྟར་ལས། རང་རེས་བསྟན་པའི་རྒྱུན་ལ་བསམས། འཆད་ཉན་ལ་འབད་རྩོལ་བྱས་ནས་དམིགས་སུ་གཞལ་བའི་རེ་བ་ཅན་ཡོད་པ་ཀུན་ཀྱང་སྟོན་ལ་འདས། ད་ནི་སྤྲུལ་པ་མང་པོ་བྱེ་བ་ཕྲག་བརྒྱ་ཡིས་རང་ཞིག་གལ་ཆེ་བར་སྣང་ཞེས་ཅོང་དབྱངས་དང་བཅས་གསུངས་པའི་མཐར། སྤྱན་བར་སྣང་ལ་ཁྲོལ་གཟིགས་དང་བསྟུན་རྟའི་ཡ་ཆ་འདུག་གོ་གསུང་། ཕྱག་སེ་གོལ་ཏོག་ཏོག་གནང་ནས་ད་ནི་ཆོས་ཐུན་དེ་རིངས་པ་ཡིན་ནམ། ཆོས་ལ་དུས་ཚོད་མེད་ན་བན་རྐན་འཚལ་པ་ཨེ་ཡིན། ངེད་རང་བསེར་མའི་རྣམ་པ་ཞིག་ཀྱང་འདུག་ཨ། ཞེས་སོགས་གོང་ལྟར་འབྱུང་ངོ་། །དེར་སློབ་དཔོན་རྣམ་པ་ཚོས་བཀྲ་ཤིས་བརྩེགས་པར་ཞབས་དྲུང་དུ་ཕེབས་སྐབས་སྒོར་གཟིམས་དཔོན་རྣམ་རྒྱལ་བ་དང་མཇལ་བས། ད་ལྟ་བྱ་རྒོད་ཕུང་པོ་ནས་ཕེབས། བཀྲ་ཤིས་བརྩེགས་པའི་བཞུགས་གདན་ཁར་ཕེབས་འཕྲུལ་བཞུགས་གདན་ལ་བཞུགས་མ་ཐག་པ་ཊ་ཆེན་ཉིད་ཀྱི་ཕྱག་གཡོན་པ་དེ་བརྐྱང་ནས། ཐུབ་པའི་ཕྱག་ནི་ཤིང་བལ་ལྟར་འཇམ་དང་། ག་ན་ཕྱག་ཐོང་དང་གསུང་ནས་ཕྱག་འཐེན་གཏོང་མི་ཡོད་པའི་ཉམས་ཤིག་མཛད་ཀྱི་འདུག་པ་དེ་ཀའི་མོད་ལ་བསྙུང་བའི་ཚུལ་ཅུང་ཟད་ཙམ་བསྟན་བྱུང་ཟེར། ནང་དུ་སློབ་དཔོན་རྣམ་པས་ཕེབས་པས། ཕྱག་གཡོན་པས་སྤྱོས་ཤེལ་གྱི་ཕྱག་ཕྲེང་སྐོར་གཅིག་ལ་འདྲེན་ཚུལ་དང་། ཕྱག་གཡས་པས་སྤྱན་གཉིས་ཀྱི་སྨིན་མཚམས་བར་ལ་རེག་ནས་དེ་ཕ་པི་ཙུའི་བརླས་པ་ཞིག་གནང་གིར་འདུག་ཅིང་། དེ་འཕྲུལ་གསོལ་ཇ་ཐོན་བྱུང་བས་ཅི་ཡང་མི་གསུང་བར་ཕྱག་གིས་སློབ་དཔོན་ཚོ་ལ་དྲོངས་ཀྱི་བཛ་ཆོས་གནང་། ཇ་གྲོལ་རྗེས་རང་སློབ་དཔོན་ཚོས་བཞེངས་ནས་ཕྱིན། ཁམས་པ་འཚོ་བྱེད་གསར་པ་ཞིག་གསེར་མདོག་ཅན་ན་ཡོད་པས། གསོལ་སྨན་ཐུབ་

གཅིག་ཡོད་པ་ཕུལ་བ་བཞེས་པས། སྐུ་འཁྲིས་སེལ་ཁྱེར་གྱི་རྣམ་པས་དཔུའི་བསྟུང་བའི་ཚུལ་དེ་འཕྲུལ་ལ་ཆག གཞན་བསྟུང་བ་སོགས་གང་ཡང་མེད། ཐུགས་དམ་རིམ་པ་རྣམས་ཀྱང་སྔར་ལྟར་གནང་། གསོལ་བ་ཡང་བདག་གིར་མི་གནང་། གསོལ་ཇ་ཨེན་རེ་བཞེས་པ་གནང་ཞིང་། ཆོས་བཞིའི་དགོངས་མོ་ས་སྐུ་བདག་ཆེན་ཤཱཀྱ་རྒྱལ་མཚན་པའི་དྲུང་། མཇལ་བ་ལ་ཞབས་གཏད་ཕེབས། རྒྱ་མཚན་ཕུལ་བས། ད་སྐྱེ་ད་རེས་མ་མཇལ་ན་རྗེས་ནས་ཏིག་ཏིག་མི་ཡོང་གསུང་ཆོས་ལྡེའི་ཉི་རྩེ་ལ་མཇལ། རྗེ་རོང་སྟོན་ནས་བརྒྱུད་པའི་གྲུབ་རྒྱལ་མའི་ཚེ་སྒྲུབ་ཁྱད་པར་ཅན་དེ་སྩོལ་བ་གནང་སྐབས་ཀྱང་། གསུང་ལྷབ་ལྷིབ་བྱེད་ཚིག་འདྲེས་པ་སོགས་གཏན་ནས་མེད་པར་སྔར་ཕོན་བཞིན་བྱུང་། དེ་རྗེས་བདག་ཆེན་ལ་དེ་རིང་བསམ་གྲུབ་རྩེའི་ཅི་ནས་ཀྱང་ཕེབས་པ་ཞུ་གསུང་ནན་བསྐྱེད་ཀྱི་བཀའ་ལུང་གནང་ནས། གནས་ཚང་དུ་ཕེབས་འཕྲུལ་གསོལ་ཇ་ཡང་མ་གནང་བར་ལམ་བསྒྲང་ནས་བཞུད་ཅིང་། བདག་ཆེན་དྲུང་ཡང་སྐུ་ཚེ་མཐར་ཕྱིན་ཞིང་། སྟོན་པའི་ཆོས་ཀྱི་མཐའ་ཀུན་ཏུ་རྒྱུ་རབ་བཟང་ལ་སྩོལ་བ་དང་མཚུངས་པར་གྱུར། ཕྱིས་ལེགས་པར་བརྟགས་དུས་ཚེ་སྒྲུབ་འདི་ཆོས་ཀྱི་རྗེ་མཐའ་ཕྱོགས་ལ་གནང་བའི་རྟེན་འབྲེལ་ལས། ཕྱོགས་ཀྱི་ཞབས་ཟིན་བུ་སློབ་མ་ལུས་པ་ཀུན་སྐུ་ཚེ་ལྷག་པར་རིང་ཞིང་། གསེར་མདོག་ཅན་རང་གི་བླ་མ་སློབ་དཔོན་ཕྱིར་སྐུ་ཚེ་དམན་ཙམ་གྱི་ཆ་ཤས་སུ་མཆོན་ཏོ། །དེ་ནས་བདག་ཆེན་ཕེབས་འཕྲུལ་བཀྲ་ཤིས་བརྩེགས་པའི་ཉི་མཐོང་ས་ལ་བཞུགས་དུས་མེ་ཏོག་ཁ་བ་ལྟར་དཀར་ཟིང་ཟིང་བེར་གྱི་ཁར་བབས་པས་རྗེ་དཔོན་པའི་ཕྱག་གིས་བསལ་བས། གངས་ཨེ་རེད་གསུང་ནའང་མེ་ཏོག་ཏུ་འདུག་ཞུ་ན་མ་ནུས་པར་སེམ་མེ་ལུས། དེར་སྤྱན་དྲངས་པ་རང་ལ་མནལ་འདྲ་བའི་རྣམ་པ་ཞིག་གནང་བས། གཟིམས་དཔོན་རྣམ་རྒྱལ་བས་ཁྲུས་ཆབ་འབུལ་རྒྱུའི་རྣམ་འཛོམས་གནང་བའི་བུམ་ཆུ་གཏོར་བས་མ་བྱེད་གསུང་། མནལ་མཛད་པས་མི་ཡོང་ཞུས་པས། མིན་གསུང་། འོ་ན་ཅི་ལགས་ཞུས་པས། འོད་གསལ་ཟེར་བ་དེ་ཡིན་པར་སྣང་ངོ་། །ངོ་ཤེས་དགོས་པ་ཡིན་གསུང་ཞིང་། དེར་གཏོར་ཤོམ་ད་ལྟ་རང་གྱིས་ཤིག་གསུང་བའི་ལུགས་ལྟར་བཤམས་ནས་རྒྱས་པར་འབུལ་བ་

གནང་། ཐུགས་ཕྱག་རྒྱ་ཏིང་ངེ་འཛིན་ནན་སྒྱུར་དུ་མཛད་རྗེས། སེང་གེའི་ཉལ་སྟབས་ཀྱིས་
ཨེན་ཙམ་གཟིམས་པའི་ཚུལ་བསྟན། དེ་ལས་བཞེངས་ནས་པོ་ཏིང་འཚོ་བྱེད་པས་ཕྱག་རྩ་
ཞིག་ཞུས་པས། རྩ་དེ་མ་བསྟུས་སྟང་ངམ་གསུང་བ་ལ། ཚེར་མི་རྟོགས་པ་འདུག་ལགས་
ཟེར། ཕྱག་འབུལ་ཞིག་བྱས་ནས་གསོལ་ཇ་སང་ཙམ་ཞིག་བཞེས་ཨེ་སྤྲོ་ཞུ་བ་ལ། དེ་ག་བགྱི་
གསུང་ནས། གསོལ་ཇ་ཐོན་བྱུང་དུས། གཟིམས་དཔོན་རྣམ་རྒྱལ་བས་གསོལ་དཀར་བཏེག་
ནས་ཞལ་ཏུབ་གང་གསོལ་ནས་དེ་བསྟུས་གསུང་སྟེ། སྐུ་བསྒྲང་ཕྱག་གཉིས་ས་གནོན་མཉམ་
གཞག་གནང་། དགོངས་པ་མངོན་དུ་མཛད་དེ་ཆོས་ཀྱི་དབྱིངས་སུ་སྙོམས་པར་ཞུགས་པའི་
དེ་མ་ཐག རྗེ་ཀུན་དགའ་རྒྱལ་མཚན་པས་ཉང་སྟོད་ནས་ལམ་བསྒྲངས་ཕེབས་པས། དྲུང་
ཆེན་སངས་རྒྱས་སེང་གེས་ནང་དུ་ཁྲིད་དྲངས། ཕྱག་མཛད་སྐུ་མདུན་དུ་བཞུགས་པས་སྤྱན་
ཅེར་གཟིགས་བྱུང་། བཀའ་ལུང་གཞན་ནི་ཅི་ཡང་མི་གསུང་། དེར་རྗེ་ཀུན་དགའ་རྒྱལ་
མཚན་པས་ཀྱང་། སྐུ་དྲུང་དུ་བཞུགས་ནས་ཐུགས་དམ་ལམ་དུས་ཤིག་ལེན་པ་གནང་བ་ཡིན་
ཞེས་ཐོས་སོ། །ཀྱེ་མ་འཛམ་གླིང་ས་ཡི་སྙིང་ས་འདིར་ནི། །ཐུབ་པའི་སྐྱེས་མཆོག་ལན་གཉིས་
འདའ་ཚུལ་བསྟན། །རྒྱ་བོད་གདུལ་བྱའི་ཡིད་བདེའི་དཔལ་འཁྲིག་པའི། །བརྩེ་ལྡན་ཁྱོད་
ལས་ཁྲིམས་པ་སྲིད་འདིར་སུ། །ཐུབ་བསྟན་མཁའ་དབྱིངས་གསལ་བའི་གླིང་ཡངས་འདིར། །
བསྟན་འཛིན་རྒྱུ་སྐར་འཆར་ནུབ་མང་ན་ཡང་། །ཡོངས་རྫོགས་བསྟན་པའི་ཉི་ཟླ་ཁྱོད་
གཤེགས་ནས། །འཛམ་གླིང་གནམ་ས་མ་ལུས་མུན་པས་ཁྱབ། །མགོན་ཁྱོད་མགོན་མེད་
འགྲོ་འདི་ཡོངས་དོར་ན། །དགའ་གནས་དགའ་ལྡན་ཞིང་དེར་དགོངས་པའི་ཚེ། །སྒྲ་
བསྒྱུར་སྒྲ་ཚད་ཚུལ་རིག་ལོ་ཙྪ་བ། །ཡིད་འབྱུང་ཡིད་སྐྱོའི་ངང་ནས་རྒྱ་གར་བཞུད། །ལྷ་མིའི་
གཙུག་རྒྱན་འཇམ་དབྱངས་ཞིང་འཕོ་ལ། །ལྷ་དབང་འཆི་ལྟས་མཐོང་ལྟར་རབ་སྐྲག་སྟེ། །
ལྷ་ཡི་བཙུན་པ་ཤཱ་ར་དྭ་ཏིའི་བུ། །ལྷ་མཆོག་ཤཱཀྱའི་རྒྱལ་པོའི་རྟོན་ལ་ཐེགས། །གངས་ཅན་
སྐལ་མེད་རྨོངས་པ་སྤྱི་བརྗོལ་ཅན། །སྒྲ་མཁས་མཆོག་གི་ཉི་མ་འདས་ཟིན་གྱི། །ལྟ་ངན་འུག་
སྐད་མི་སྙན་སྒྲིན་བྱའི་ཚོགས། །འབད་དེ་རང་སྐད་སྒྲོག་ལ་གད་མོ་བྱས། །སྟོན་པའི་བསྟན་

པ་འདུས་ནད་གཟེར་བུ་ཅན། །འཚོ་བྱེད་སྨན་པའི་རྒྱལ་པོས་རིང་སྤངས་པ། །བཤད་སྒྲུབ་ཟུངས་ཟད་སྤྲོག་གི་ལྷག་མ་ཙམ་བྱོད། །འགྲོ་འདིའི་བདེ་སྐྱིད་དག་དང་ལྡན་ཅིག་གསུམ། །ཉི་ཚེའི་ཐོས་སྦྱངས་ཡུས་དག་མཁས་པའི་ཚོགས། །བསྟན་པའི་ཆོག་དོན་དཔྱོད་པའི་ཁུར་མེད་ཀྱིས། །སངས་རྒྱས་ལས་ལྷག་བློ་གྲོས་ཆེར་རློམ་དེས། །སྨྲ་བརྗོད་འཆད་རྩོད་རང་དབྲན་ལྟུར་ཞོང་ཤིག །ཅེས་པཎྜི་ཏ་ཆེན་པོ་ཤཱཀྱ་མཆོག་ལྡན་དྲི་མེད་ལེགས་པའི་བློ་གྲོས་ཀྱི་རྣམ་པར་ཐར་པ་ཞིབ་མོ་རྣམ་པར་འབྱེད་པ་ལས། ཡོངས་སུ་མྱ་ངན་ལས་འདས་པའི་སྐབས་ལས་བརྩམས་པའི་རབ་ཏུ་བྱེད་པ་ཉི་ཤུ་རྩ་ལྔ་པའོ།། །།

ཕྱིན་ལས་ཀྱི་འཁོར་ལོ་རྒྱུན་མི་ཆད་པའི་སྐབས་ཏེ་རབ་ཏུ་བྱེད་པ་ཉེར་དྲུག་པ།

དེར་ཐོག་མར་གསང་ཐབས་ཀྱིས་སྐུ་རིམ་དུ་མིང་བཏགས་པའི་མང་སྐོལ་བསྟུད་མར་གནང་རྗེས། གསང་བརྟོལ་དང་རྗེས་འབྲེལ་མི་དབང་ཆེན་པོ་སྐར་པའི་དྲུང་ཡང་ཕེབས་ནས་གདུང་མཇལ་སོགས་གནང་ཞིང་། སྐུ་གདུང་གི་ཆས་འབུལ་མི་ཀུན་གྱི་སྤྱན་ལམ་དུ་གསང་བའི་གནས་ལྟར་མི་མངོན་པ་དང་། དབུའི་གཙུག་གཏོར་མཆོག་ཏུ་འཕགས་པ་སོགས་གསལ་བར་རྟོགས་ཤིང་། གདུང་ལས་འཕྲོ་བའི་འོད་ཟེར་གྱིས་མཆོད་པ་བཤམས་པའི་མར་མེའི་འོད་ཟིལ་གྱིས་གནོན་པ། མཁས་པ་སངས་འོད་པ་དེ་དུས་སྐུ་གདུང་དྲུང་ན་བྱམས་ཆོས་གླིག་སྒྲིགས་ལ་བཞུགས་པས་དངོས་སུ་གཟིགས་ཤིང་། དེར་སྟེ་བདག་དྲུང་གིས་བཀས་བཅད། སྐུ་གདུང་ཡིད་བཞིན་དབང་གི་རྒྱལ་པོ་ཉིད་རིལ་པོ་གཅིག་ཏུ་བཞུགས་པའི་བཞུགས་གནས་དངུལ་གདུང་བཀྲ་ཤིས་སྒོ་མངས་མ་གྲུབ་བར་ཤིང་སྐམ་དུ་དར་ཟབ་དྲི་བཟང་གིས་བཀུར་སྟི་གནང་། གདུང་འབུལ་ཕྱོགས་བཅུ་ནས་བྱུང་བ་དང་། གཞིར་བཞུགས་ཀྱི་ཞལ་བཞུགས་མ་ལུས་པས་དགུང་ཞག་སོ་སོ་དང་། གསང་ཕུ། ན་ལེནྡྲ། སླང་

ཐང་། རྒྱ་མ་ཆོས་སྡིངས་སོགས་བསྒྲུབ་འོས་ཀུན་ཏུ་དགོངས་པའི་དབྱིངས་ཡོངས་སུ་རྫོགས་པར་བྱ་བའི་འཕྲུལ་རྒྱ་ཆེན་གནང་ཞིང་། གདུང་ཞག་ཁོངས་སུ་བཀྲ་ཤིས་བརྩེགས་པའི་ཆོས་རྗེ་རྡོ་རྗེ་འཆང་དང་། ཀུན་མཁྱེན་རོང་པོའི་སྐུ་འདྲ་དང་གྲངས་མཉམ་གྱི་གསེར་སྐུ་འདི་བཞེངས་པའི་ལུགས་གཏོང་དུས། དྲུང་ཆེན་སངས་རྒྱས་སེང་གེས་པཎ་ཆེན་ཉིད་ཀྱི་དབུ་སྐྲ་བུབས་ཤིག་ལུགས་ཁར་བཏབ་པས། ལྷ་བཟོ་བའི་བལ་པོ་ཏ་ལས་བཞིན་དངང་སྐྲག་དང་བཅས་བལྟག་པས། འདྲང་ཕྱིས་ཀྱང་འབུལ་མི་དགོས་པ་འདྲ་བའི་འཇའ་འོད་འཁྱིལ་བ་ཞིག་བྱུང་ཞིང་། སྤྲུལ་སྐུ་སྨན་ཐང་པས་སྟར་པཎ་ཆེན་རིན་པོ་ཆེ་རང་གིས་ཕྱག་བཞེངས་གནང་བའི་རྫོག་ཡོའི་རྣམ་ཐར་ཞིང་བཀོད། རྗེ་རོང་སྟོན་ལ་བཤེས་གཉེན་དམ་པ་བཅུ་ཕྲག་བཞིས་བསྐོར་བ། ཀུན་མཁྱེན་དོན་ཡོད་དཔལ་བའི་སྐུ་འདྲ་བཀའ་འབྲེལ་ཞུས་པའི་བླ་མ་མ་ལུས་པས་བསྐོར་བ་རྣམས་དང་དྲུས་མཉམ་དེ་བྲིས་སོ། །དེར་དགུང་ཞག་ཀུན་དང་ལྷག་པར་ཆོས་བཅོ་ལྔ་ཡིན་ནོ་ཅོག་ལ་མེ་ཏོག་གི་ཆར་གསལ་བར་བབས་སོ། །དེར་རྒྱལ་བ་གཉིས་པའི་སྐུའི་སྣང་བ་ནུབ་ནས། སྣར་དད་མོས་ཀྱི་མིག་རྐྱེན་ནི་སྟར་དགུང་ལོའི་ཐད་སོ་སོའི་རྫོམ་པའི་ཕྲེང་བ་སྤེལ་བ་ལྟར་བཀའི་གླེགས་བམ་འདི་དག་ཉིད་ཡིན་པའི་ཕྱིར། བདག་ཉིད་ཆེན་པོ་སངས་རྒྱས་དངོས་སྤྱན་གང་གི་རྗེས་སུ་འབྲང་བའི་ཡི་དམ་མཆིས་ན་ཐམས་ཅད་མཁྱེན་པ་གང་གི་གསུང་གི་བདུད་རྩི་འདི་རྣམས་ལ་ནན་ཏན་གྱིས་ལྟ་ཞིང་ཀུན་ཆུབ་པར་བྱ་བ་ཉིད་ལས་འབད་པའི་གནས་མེད་དོ། །ཞེས་ངེས་པར་བྱ་བའི་ཕྱིར་ཉུང་ངུའི་ཚིག་ཏུ་བསྡེབས་ནས་བརྗོད་པ་འདི་ལྟར། བློ་གསལ་སྨྲ་བའི་ངག་གི་དཔལ་སྟེར་རིག་གནས་ཕྲ་མོའི་ལེགས་བཤད་ཚོགས། །སྟོན་རབས་ཤེས་བྱེད་བླ་མའི་ཡོན་ཏན་རྒྱན་ཕྲེང་སྤེལ་བའི་རྣམ་ཐར་དང་། །དེ་དེ་ཇི་བཞིན་བཤེས་གཉེན་དམ་པའི་ཡོན་ཏན་བརྗོད་པའི་བསྟོད་པའི་ཚིག །རང་གི་མཛད་པའི་ངོ་མཚར་སྟོན་པའི་དེབ་གཏེར་བསྟོད་པའི་རབ་བྱེད་བཞི། །རྒྱལ་དང་དེ་སྲས་མཆོག་ལ་བསྟགས་པའི་སྙན་ངག་མཁས་པའི་ཡིད་འཕྲོག་དང་། །གཞན་གྱིས་བརྩད་ཅིང་དྲིས་པའི་བརྒལ་ལན་སྒྲིངས་ཡིག་སྣ་ཚོགས་སྤེལ་བའི་སྡེ། །སྔགས་གཞུང་ཟབ་དགུའི་བཅུད་བསྡུས

སྙེབས་ལེགས་རང་གཞན་འབྱེད་པའི་བརྡ་གསང་གང་། །ལྷག་པའི་ལྷ་མཆོག་བརྙེས་པའི་སྒྲུབ་ཐབས་སྤྱགས་འབྲུ་ཤེས་བྱེད་སྒོ་དུ་མ། །ཚད་མའི་ཆོས་འབྱུང་དཔྱོད་ལྡན་དགའ་བྱེད་དགའ་འགྲེལ་རིགས་པའི་སྣང་བ་འགྲོ། །རྟོག་གེའི་འཁྲུལ་པ་ཡོངས་སུ་འཇོམས་བྱེད་རྟོག་གེའི་སྙིང་པོ་བསྡུས་པའི་བཅུད། །སྙེ་བདུན་རིགས་པའི་གཏེར་གྱི་རོལ་མཚོ་སྙེ་བདུན་བང་མཛོད་ལྡེ་མིག་ཅན། །སེམས་ཙམ་གསལ་བའི་མེ་ལོང་གང་དེར་ཤེས་བྱའི་གཟུགས་བརྙན་མ་ལུས་ཤར། །བཞེད་ཚུལ་རྒྱ་མཚོའི་རླབས་ཀྱི་འཕྲེང་བར་རྒྱ་བོད་མཁས་པའི་འགྲེལ་ཚུལ་བསྟན། །ལུས་དང་ཡན་ལག་རྒྱས་པར་འཆད་བྱེད་ལུང་དོན་རྒྱ་མཚོའི་གཏིང་མཐའ་ཡས། །གཞུང་ཚིག་རེ་རེར་སྦྱོར་བའི་ཊཱི་ཀ་གནད་ཀྱི་སྒྲོན་མེས་གསལ་བར་བྱས། །རང་གཞུང་སྒྲུབ་པའི་ལུང་རིགས་རྒྱ་མཚོ་ལེགས་བཤད་ཟ་ཕྱོང་གཡོ་བ་ཅན། །ཟུར་འདེབས་ཆུ་ཆེན་རྣམ་པ་བཞི་དེ་ལུང་གི་རྒྱ་མཚོ་ཆེན་པོར་འབབ། །འཇུག་སྒོ་གསུམ་གྱི་མཐར་རྒྱས་འཆད་བྱེད་ལུང་གི་ཆོས་ཀུན་སྙིང་པོའི་མཛོད། །ལོག་རྟོག་ཚིག་འབྲུ་ཕྱེ་མར་འཐག་བྱེད་ཐལ་ངག་དབང་པོའི་རྡོ་རྗེ་འབར། །བྱམས་པའི་ཆོས་ལྔའི་ངེས་དོན་རབ་གསལ་བྱམས་ཆོས་ལམ་གྱི་བང་རིམ་ལས། །ཉེ་བར་འཇོགས་ནས་བརྒྱུད་པའི་བསྡུ་གནས་དགའ་ལྡན་བགྲོད་པའི་ལམ་སྒོ་ཕྱེ། །དབུ་མའི་བྱུང་ཚུལ་ཡིད་བཞིན་ལྷུན་པོ་རྩ་འཇུག་ཊཱི་ཀ་ལྷ་ཁྲིད་གཉིས། །ལུགས་གཉིས་རྣམ་འབྱེད་དབུ་མའི་ངེས་གསང་གསལ་བར་འཆར་བྱེད་སྟོང་མཐུན་གཉིས། །གཞན་གཞུང་ནོར་བ་གྲངས་སུ་བགྲངས་བྱས་དངོས་གནས་གསལ་བ་སྒོ་བརྒྱ་པ། །ངེས་དོན་བདུད་རྩིའི་ཐིགས་པ་མཆོག་དེ་ཚངས་དབྱངས་འཁོར་ལོ་ཕྱོགས་བཅུར་སྒྲོག །ཉི་ཟླའི་ཤིང་རྟས་ལེགས་པར་དྲངས་པའི་བསླབ་གནས་འཆད་བྱེད་རྒྱས་བསྡུས་དག །གཞི་གསུམ་ཕྱག་བཞེས་བདུད་རྩིའི་གསོས་ཀྱིས་འདུལ་བའི་བསྟན་པའི་སྲོག་ནས་བཟུང་། །རྣལ་འབྱོར་སྤྱོད་གཞུང་རྒྱ་མཚོའི་རླབས་འཕྲེང་བྱེ་བྲག་བཤད་པའི་རྒྱ་མཚོར་འཁྱིལ། །སྡོམ་གསུམ་ངེས་གནས་གསལ་བྱེད་སྒྲོན་མེས་དཔྱོད་ལྡན་མིག་གི་དགའ་སྟོན་སྤེལ། །ཞེས་ཟུར་གྱིས་མཚན་སྨོས་པའི་ཕར་ཕྱིན་ཐེག་པ་དང་རྗེས་འབྲེལ་ཤོག་བུ་མདའ་ཚད་བཞུགས་ལྔ་བརྒྱ་མའི་གླེགས་

པམ་བཅུ་གཉིས། མདོ་སྔགས་སྤྱིལ་མའི་དབུས་པ་གདོང་འདོན་པོད་གྲངས་བཞི། བསྟོད་ཚོགས་ཚབ་ཤོག་ལ་ས་སྐྱ་གྲུས་ཀྱི་པོ་ཏི་གཉིས་ཏེ་པོད་གྲངས་བཅོ་བརྒྱད་པོ་གཏིང་སྐྱེས་ཆོས་རྗེ་སྐུ་མཆེད་རྣམ་པ་གསུམ་གྱིས་རེ་རེ་ཕྱག་བཞེངས་གནང་ཞིང་བདག་གིར་གནང་བ་ནི་བཀའ་དྲིན་ བླ་མེད་པའི་བསྟན་པའི་ཁུར་བསྣམས་པར་སྣང་ཞིང་། བདག་གིས་ཀྱང་འབད་ནས་དེ་དག་གི་ལུང་ལེགས་པར་ཐོབ་བོ། །དེར་དངུལ་གདུང་གི་ལས་ཀ་ཡང་མཐར་ཕྱིན་ནས་སྐུ་གདུང་ཡིད་བཞིན་ནོར་བུ་དབང་གི་རྒྱལ་པོ་ཉིད་ཀྱང་སྤྱན་དྲངས་ཏེ་སྔོན་བཀས་བཅད་པའི་དགོངས་དབྱིངས་བཞིན་དུ་བཞུགས་སུ་གསོལ་ཞིང་། ཚབ་སེར་ལས་བསྒྲུབས་པའི་སྟོན་པ་འཇམ་དབྱངས། བྱམས་པ་རྣམས་ཀྱི་བར་སྐུ་སྟོད་ར་རེ་བཏབ་པ་ཡང་སྐུ་གདུང་གི་མཐར་གསེར་དངུལ་གྱི་ན་བཟའ་དང་བཅས་པ་བཞུགས་ཤིང་། གཞན་གཟུངས་དང་། སངས་རྒྱས་ཀྱི་རིང་སྲེལ་སོགས་ནང་བཞུགས་དཔག་ཏུ་མེད་པ་དང་། སྔར་བཀའི་རྗེས་གནང་མཛད་པའི་ལུགས་ལྟར་རྟེན་ལི་མ་ཁྱད་པར་འཕགས་པ་དག་ཀྱང་བཀྲ་ཤིས་སྒོ་མངས་ཀྱི་སྒོ་སོ་སོ་བ་དག་ཏུ་བཀོད་ཅིང་། ལྷག་པར་བལ་པོ་མ་ཧེ་པུ་ལས་བལ་པོ་ཉིད་ནས་བསྒྲུབས་ཏེ། སྤྱན་རས་གཟིགས་བཅུ་གཅིག་ཞལ་ཕྱག་སྟོང་དང་ལྡན་ཅིག་ཕུལ་བའི་བདེ་མཆོག་ཞལ་བཞི་ཕྱག་བཅུ་གཉིས་པ་བལ་འབུམ་སྡེ་ན་ལེགས་གྲགས་ཆེད་པ་དེ་དངུལ་གདུང་གི་བུམ་སྒོའི་ཐད་ཆེ་ཆུང་གི་སྒོར་བཞུགས་སུ་གསོལ། དེར་ཐུགས་སྲས་ཞལ་སློབ་རྣམས་ཀྱིས་རབ་གནས་བརྟན་བཞུགས་ཀྱང་ཕུལ། ས་སྐྱོང་ཆེན་པོ་མིའི་དབང་པོ་ཁུ་དཔོན་བློན་འབངས་དང་བཅས་པས་ཀྱང་བཀྲ་ཤིས་དགའ་སྟོན་རྒྱ་ཆེར་སྤེལ་ཞེས་ཡོངས་སུ་གྲགས་སོ། །གང་གི་ཕྲིན་ལས་སྲིད་པ་ཇི་སྲིད་པ། །མི་ཉམས་ལྷག་པར་སྤེལ་བའི་ཕན་དགོངས་ཅན། །པཎ་ཆེན་ཞལ་ལས་གདམས་པའི་ཚབ་རྒྱུན་གྱིས། །ཡོངས་སླེབ་ཁྱོད་ཐུགས་རྗེས་སྤྱལ་འཕགས་པའི་ཚོགས། །ཀུན་དགའ་(གཏིང་སྐྱེས་པ་)རྒྱལ་མཚན་ཆོས་ཀྱི་ཁྲི་ལ་བཞུགས། །ཀུན་དགའ་(བྲག་དམར་བ་)ཚེ་འཕེལ་ཟབ་ཆོས་འཁོར་ལོ་བསྐྱུར། །བློ་གྲོས་(སློ་བོ་པ་)རྒྱལ་མཚན་ཆོས་ཀྱི་རྗེ་བོའི་ཚུལ། །རྣམ་རྒྱལ་(གུ་གེ་བ་)དཔལ་བཟང་ཚེ་རིགས་བརྩུན་པའི་ངང་། །

ཆོས་གྲགས་(མི་ཉག་) དཔལ་བཟང་ཆེ་དགུའི་གཙུག་ན་མཐོ། །རིན་ཆེན་(མཚལ་པ་) རྒྱལ་མཚན་མཁས་བཙུན་བཟང་པོར་གྲགས། །སངས་རྒྱས་(ཕྲ་ཕུ་བ་) བཟང་པོ་རིགས་པ་སྨྲ་བའི་མཆོག །མཁས་པ་(ཁང་གསར་གྲྭ་ཚང་གི་) མགར་ཚ་ཕྱོགས་ཀྱི་བློ་གསལ་སྐྱོང་། །ལྷ་ཡི་(སློབ་དཔོན་ལ་) བཙུན་པ་ཉིད་ཀྱི་ཐུགས་མཆོར་ཐིམ། །ལྷུན་གྲུབ་(སློབ་དཔོན་ཏང་རམ་པ་) དཔལ་བཟང་གྲུབ་སྐྱིད་ལྷུག་པར་སྟོན། །སངས་རྒྱས་(སློབ་དཔོན་ཤངས་པ་) བློ་གྲོས་རིགས་པའི་རལ་གྲི་འཕྱར། །གྲགས་པ་(སྣར་ཐང་སློབ་དཔོན་) བཟང་པོ་མདོན་པའི་སྡེ་སྣོད་འཛིན། །བསོད་ནམས་རྒྱལ་མཚན་(བྲག་དཀར་བ་) ཡོངས་ཀྱིས་སྲིད་ཞུའི་དད། །ཀུན་དགའ་(གསེར་གླིང་པ་) བཀྲ་ཤིས་སྐྱུ་ལུས་སྨི་ལམ་འབྱོངས། །ངག་དབང་(གླང་ཐང་གྲུབ་རྒྱལ་བ་) ཆོས་རྒྱལ་སྤྱན་སྔའི་མཚན་དཀར་ཞེས། །རྗེ་དཔོན་ཤཱཀྱ་རྒྱན་ངེས་མེད་ཆོས་ལ་དགྱེས། །དཀའ་ཆར་(པུ་རངས་པ་) མཁན་པོ་ཞི་དུལ་མཐོང་བས་མཛེས། །བྱམས་གླིང་(གློ་བོ་པ་) མཁན་པོ་སྨྲ་བ་མཁས་པའི་མཆོག །བྲག་དཀར་(གློ་བོ་པ་) མཁན་པོ་ཉིད་ལ་དད་པའི་ཕུལ། །དབུ་ལེགས་(མངའ་རིས་ཀྱི་) མཁན་པོ་ལུགས་གཉིས་ཕ་མཐར་སོན། །ཀུན་དགའ་(རྗེ་བཙུན་) མཆོག་གྲུབ་སྟོང་ཉིད་སྙིང་རྗེའི་སྐུ། །གཞོན་ནུ་(སྤྱང་ལུང་པ་) ཆོས་གྲུབ་དམན་འགྲོ་ཡོངས་ལ་བརྩེ། །བློ་གྲོས་(པུ་རངས་ཆོས་ཕུག་པ་) རྣམ་རྒྱལ་ཐུགས་རྗེ་ཆེ་ལྡན་པ། །ཤེས་རབ་(གློ་བོ་ཀ་རག་པ་) དཔལ་འབྱོར་སྙིང་རྗེའི་ཉམས་ཀྱིས་མྱོས། །རྣལ་འབྱོར་དབུས་སྨྱོན་(ཀུན་དགའ་བཟང་པོ་) གྲུབ་པའི་ས་ལ་བཞུགས། །དབུ་ལེགས་(བསོད་ནམས་རྒྱལ་) གྲུབ་ཆེན་ཉམས་རྟོགས་མངོན་དུ་གྱུར། །དགའ་མོ་(འཕན་ཡུལ་པ་) ཆོས་མཛད་རྟོགས་པའི་དོན་རྒྱུད་འཛིན། །ནམ་མཁའ་(ཁོག་ལུང་པ་) རབ་གསལ་བསྒྲུབ་པའི་རྒྱལ་མཚན་འཛུགས། །བློ་གྲོས་(མཁར་རྩེ་ལྷུང་ར་བ་) བཟང་པོ་རིག་པའི་ངར་སྒྲ་སྒྲོག །རྡོ་རྗེ་(ཉང་སྟོད་རྩེ་ཆེན་པ་) རྒྱལ་པོ་སྐད་གཉིས་ཟུང་སྦྱོར་ངོམས། །དོན་ཡོད་(མངའ་རིས་གློ་བོ་བ་) གྲུབ་པ་གཞུང་ཚིག་བློ་ནས་གསོར། །ཡེ་ཤེས་ལྷུན་གྲུབ་(ཕུ་འབྱུང་བ་) གདན་སའི་ལས་གཏེར་འཛིན། །རབ་གསལ་(མང་དཀར་བ་)

བླ་མགོན་དཔང་བརྒྱའི་ཕྲིན་བསྒྱུར་མཁན། །ཐུགས་རྗེ་（མུས་པ་）དཔལ་བ་བཟླས་བརྗོད་དག་ལ་བརྩོན། །དཀོན་མཆོག་（མུས་རམ་པ་）གྲགས་པ་ཆོས་སློ་སྨྲ་ཚོགས་འཚད། །རིན་ཆེན་བཀྲ་ཤིས་（བསམ་གྲུབ་རྩེ་པ་）རིགས་ལྡན་ཆོས་བརྒྱུད་སྤེལ། །དཀོན་མཆོག་（ཕུ་ཆུང་ཀ་བཙུ་པ་）རྒྱལ་མཚན་འཕྲིན་ལས་མཁའ་དང་མཉམ། །ཤེས་རབ་（སྟར་ཐང་མཁན་པོ་）དཔལ་ལྡན་གནས་བརྟན་སྤྲུལ་པར་གྲགས། །ཡོན་ཏན་ཆོས་འཕེལ་（ར་མོ་ཆེ་པ་）དབུ་ཚད་སྤྱངས་པའི་དཔེ། །དབང་ཕྱུག་རྒྱལ་མཚན་（སྟེ་བདུན་པ་）ཕྲིན་ལས་དར་རྒྱས་ཆེ། །སངས་རྒྱས་འོད་ཟེར་（ཆུ་འདུས་པ་）འཆད་ཉན་དང་ལ་གཤེགས། །ཕྱོགས་ལས་རྣམ་རྒྱལ་（བུར་སྨ་པ་）བསྟན་ཕྱིར་འོད་ཞུར་ཡལ། །རྡོ་རིངས་ཀུན་སྤངས་ཆོས་སྐྱོང་བྲན་དུ་འཁོལ། །དབང་ཕྱུག་དཔལ་བས་（དོ་པོ་བ）རྣམ་སྲས་འཁོར་བཅས་གཟིགས། །ར་བ་མདོ་པས་（འཕྲང་མོ་སེང་གེ་སྒང་པ་）ཚོགས་བདག་ལས་ལ་འཁོལ། །དོན་ཡོད་རྡོ་རྗེས་（སྟེ་པ་སྐར་པ་）ཀུ་རུ་ཀུལླེ་འགྲུབ། །འཁོན་（ཤཱཀྱ་རྒྱལ་མཚན་）གྱི་གདུང་བརྒྱུད་མཁའ་དབྱིངས་ཉི་ལྟར་གསལ། །ཚོགས་པའི་མཁན་བརྒྱུད་གསེར་རིའི་ཕྲེང་ལྟར་（མཁན་ཆེན་བློ་བརྟན་པ། མཁན་ཆེན་ལྷུན་གྲུབ་བཀྲ་ཤིས། མཁན་ཆེན་ལེགས་པ་རིན་ཆེན། མཁན་ཆེན་ཀུན་དགའ་དཔལ་འབྱོར། མཁན་ཆེན་གྲགས་པ་རྒྱལ་མཚན། མཁན་ཆེན་རིན་པོ་ཆེ་བཀྲ་ཤིས་རྣམ་རྒྱལ་ཏེ་མཁན་རབས་དྲུག ཆོས་ལུང་མཁན་ཆེན་སངས་རྒྱས་དཔལ་བཟང་པོ། མཁན་ཆེན་ནམ་མཁའ་ལྷུན་གྲུབ། སྟོད་ར་བ་སོགས་）བསྒྲིགས། །གཟུར་གནས་（གླིང་སྨད་མཁན་པོ་ཀུན་དགའ་དཔལ་འབྱོར་སོགས་）མཁས་སློབ་ཕྱོགས་བཅུའི་རྒྱུ་སྐར་འདྲ། །ཆེ་དགུའི་བུ་སློབ་བསྟོད་ཚིག་ཟ་ཆེན་སྒྲིག །མཚན་སྨོས་པ་འདི་དག་ནི་མཚོན་བྱེད་ཙམ་སྟེ། གང་གི་ཞལ་སློབ། ཡང་སློབ་རྗེས་འཇུག བརྒྱུད་འཛིན་དང་བཅས་པ་ཇི་སྲིད་སངས་རྒྱས་ཀྱི་བསྟན་པའི་རྒྱུན་དང་ལྡན་ཅིག་ཕྲིན་ལས་མཆོག་གི་བྱ་བ་ཆད་པ་མེད་པར་ཆུའི་རྒྱུན་ལྟ་བུར་གྱུར་པ་ཉིད་དོ། །ཞེས་པཎྜི་ཏ་ཆེན་པོ་ཤཱཀྱ་མཆོག་ལྡན་དྲི་མེད་ལེགས་པའི་བློ་གྲོས་ཀྱི་རྣམ་པར་ཐར་པ་ཞིབ་མོ་རྣམ་པར་འབྱེད་པ་ལས། ཕྲིན་ལས་ཀྱི་འཁོར་ལོ་རྒྱུན་མི་ཆད་པའི་སྐབས་

༄༅། །པཎ་ཆེན་ཤཱཀྱ་མཆོག་ལྡན་གྱི་རྣམ་ཐར་ཞིབ་མོ་རྣམ་འབྱེད། །

ལས་རྗེས་སུ་བསྒྲགས་པའི་རབ་ཏུ་བྱེད་པ་ཉི་ཤུ་རྩ་དྲུག་པའོ།། །།

ཡོངས་སུ་རྫོགས་པའི་སྐབས་ཏེ་རབ་ཏུ་བྱེད་པ་ཉེར་བདུན་པ།

དེ་ལྟར་རྣམ་ཐར་སྟོ་མ་གསུམ་གདན་བཀོད་དུ་བྱས་མ་ཐོས་ཤིང༌། གང་མ་ཚང་བའི་ཐད་སོལ་དུ་ཁ་སྐོང་བགྱིས། རང་རེས་འབད་རྩོལ་དྲག་པོས་པཎ་ཆེན་ཉིད་ཀྱི་ཞབས་ལ་གཏུགས་ཤིང༌། གསུང་གི་བདུད་རྩི་དངོས་སུ་བཞེས་པའི་སློབ་མའི་མཆོག་བཅུ་གཉིས། ཡང་སློབ་བརྒྱུད་པ་འཛིན་པ་བཞི་སྟེ། དགེ་བའི་བཤེས་གཉེན་བཅུ་དྲུག་གི་དྲུང་དུ་གང་ལས་བརྒྱུད་པའི་དབང་ལུང་གདམས་པའི་སྒོ། ཆོས་ཀྱི་རྒྱལ་པོའི་དཔལ་གྱི་མགུར་ལས་བཀའ་སྩལ་པ་ཐལ་ཆེར་ཐོབ་ཅིང༌། དེ་སྐབས་རེ་རེ་ནས་ཀྱང་རྣམ་ཐར་གྱི་ཟུར་མི་འདྲ་བའི་ཆ་ཕྲ་བ་ཐོས་པ་ཀུན་ཀྱང་མ་བརྗེད་པར་བློ་ལ་གཟུངས་སུ་བསྟེན་པ་དག་སོ་སོར་བཀོད། དགུང་ལོ་བརྒྱད་ཅུའི་བར་ལ་ཧོར་གོང་མེད་ཅིང་དབུ་ཞབས་གཏན་མ་ལོག་པ། རྒྱ་སྐར་འཆར་བའི་གོ་རིམ་ལྟར་བྲིས་པ་འདི་ཡོངས་སུ་རྫོགས་པར་གྲུབ་པའོ།། །།

པཎ་ཆེན་ཉིན་བྱེད་དགའ་ལྡན་ཤུབ་རིའི་རྩེར། །དགོངས་པ་བསྐྱོད་ལོ་སྲིན་བུ་མེ་ཕྱིར་བདག །མ་ལས་བཙས་པས་སྐལ་མེད་བདག་གི་མིག །ཕྱིད་སྐུ་མཐོང་བའི་ཡུལ་དུ་མ་གྱུར་ཀྱང༌། །དད་པའི་སློངས་མོས་ཐོས་ལྡན་ཕྱུག་པོའི་སྒོར། །ལོ་རྒྱུས་ཟས་ཀྱི་སྙེད་པ་བསླངས་པའི་ཆ། །ཟ་བའི་སྣོད་དུ་ཅུང་ཟད་ཆགས་པ་དག །གདུང་ཤུགས་བཀྲིས་པའི་ཉམས་ཀྱིས་གཅེས་པར་བཟུང༌། །གྲོག་མཁར་སྦྲང་རྩི་དཔེ་བཞིན་ཕྲ་བའི་དངོས། །རྡུལ་ཕྲན་མ་འདྲེས་བསགས་པའི་ཚིག་སྦྱོར་འདི། །ཆ་ཤས་ཡོངས་སུ་གང་བའི་ཟླ་བ་སྟེ། །རྣམ་ཐར་ཡོངས་ཀྱི་ཚིག་དོན་ཀུ་མུད་བྱེ། །ཤིན་ཏུ་བློ་དམན་ཉམས་ཆུང་བུང་བའི་རྩལ། །རྣམ་དཔྱོད་གཤོག་སྒྲོ་བསྐྱེད་པའི་སྟོབས་ཞན་ཡང༌། །རྣམ་ཐར་པད་ཚལ་རྒྱ་བའི་རྐང་དྲུག་བདག །

ལོ་རྒྱུས་སྒྲུང་རྩེའི་བཅུད་ཀྱིས་ལྷག་པར་ཚིམ། །གང་ཡང་རང་གི་བློ་མའི་རྣམ་ཐར་རང་རང་
མོས་དང་འདྲེན་བྱེད་གང་། །གང་ཡང་མཛད་པའི་ལེགས་བྱས་རྒྱ་ཆེན་རྒྱ་མཚོའི་ནོར་བུ་
ནོར་མཆོག་གང་། །གང་ཡང་བརྗོད་པས་ཟད་པར་མི་ནུས་མི་ཟད་གཏེར་གྱི་བུམ་བཟང་
གང་། །གང་ཡང་བསྔགས་འོས་ཡོན་ཏན་རྒྱན་ཕྲེང་སྙན་ཚིག་ཕྲེང་དུ་དངར་བ་གང་། །འདི་
ལྟར་དམ་པའི་མཛད་པའི་ཆ། །ལེགས་བརྗོད་བསོད་ནམས་གཟུགས་མཆིས་ན། །ལྷུན་པོའི་
སྤྱི་ལས་ཡོངས་རྒྱལ་ཏེ། །གླིང་བཞིའི་ཁྱོན་དུ་ཚུད་པ་མིན། །ཕལ་ཚིག་དཀྲུས་སུ་བྲིས་པ་དག
།བློ་དམན་སྐྱེ་བོས་གོ་ཆོད་དེ། །མ་བསྙམས་བླུན་ངོར་བརྗོད་པ་ན། །སྨྲ་པོ་རང་ཉིད་ཕྱུགས་
དང་མཚུངས། །སྙན་ངག་སྤེབས་ལེགས་མངོན་བརྗོད་ཡང་ཙཾ་(ཚོ)མ། །རིག་གནས་
མཁྱེན་པའི་ཡིད་ཀྱི་འདོད་འཇོ་བ། །ཟུར་སྙན་བརྗོད་ཚིག་རབ་གཙང་དག་པའི་ངག །
མཁས་མང་ཡིད་ཀྱི་ཤིང་རྟ་འདྲེན་བྱེད་ཡིན། །ཚིག་གྲོགས་མ་ཉམས་དོན་བཟང་ལྡེན་པ་
ཅན། །སྨྲ་བ་པོ་གང་བླུན་པོ་ལས་འདས་མོད། །ཡི་གེའི་སྣང་བ་སྤྲོ་བྱེད་རྫོངས་པ་བདག །
ནམ་ཡང་རང་ཉམས་མཁས་པའི་ཁེངས་པ་བྲལ། །ཙུང་ཟད་ལས་དཀར་དག་པས་ཡིད་
བསྐུལ་ནས། །ཆོས་ཕྱིར་དཀའ་བའི་ཁུར་བསྐྱེད་ཕྱོགས་མཐའ་ཉུལ། །རྙེད་གྲགས་ཁྱད་
གསད་ཁྱོད་ཞབས་བསྟེན་པའི་བཤེས། །གང་དག་ཞལ་སློར་དབང་ལུང་གདམས་པ་ནོད། །
ཕྱོགས་མེད་ཕྱོགས་བྲལ་ཕྱོགས་འཛིན་བཏང་པའི་བློ། །ཕྱོགས་མཐོང་ཕྱོགས་གཅིག་སྨྲ་བའི་
ཕྱོགས་ཕྱོལ་ནས། །ཕྱོགས་བཅུ་ཕྱོགས་ཀྱི་བཤེས་གཉེན་ཕྱོགས་གཏོགས་ལ། །ཕྱོགས་ཙམ་
ཕྱོགས་མཚུངས་ཕྱོགས་ལས་རྣམ་པར་རྒྱལ། །ཁྱོད་ཀྱི་གསུང་གི་ཟེགས་མ་ཕྲ་མོ་ཡང་། །ཁྱོད་
ལ་རྗེས་བསམས་འབད་པས་ལེགས་བཙལ་ཏེ། །ཁྱོད་ཀྱི་རྗེས་སློབ་ཡོངས་ལ་ཕན་བསྐྱེད་
ཕྱིར། །ཁྱོད་ཀྱི་བསྟན་པའི་ཁུར་ཆེན་སྙིང་ནས་བླངས། །ཀྱེ་མ་སྙིགས་མའི་དབང་གྱུར་
པས། །རང་བློས་གཞལ་ནས་ཀླན་ཀ་སྒྲོག །ཕྱོགས་འཛིན་རབ་རིབ་མིག་ལྡོངས་པས། །རྗེ་
བཞིན་མཐོང་བའི་ཡུལ་མ་གྱུར། །འདི་ན་གྲུ་ཚོམ་སྤྱོད་པའི་འགྲོས་ཅན་འཇིག་རྟེན་ལས་སྣང་
མཆེར་ཆས་མཁན། །ཆོས་ལྟར་བཅོས་པའི་ཚུལ་གྱིས་རབ་དྲེགས་ཚིག་སྒྲས་བསྟན་པ་འཛིན་

བསྟོན་ཞིང་། །བསླབ་གསུམ་རྒྱན་གྱིས་ཆོག་པར་མི་འཛིན་སྣལ་གོས་འབབ་པའི་ལས་རོ་བ། །བསྟན་པའི་མིག་རྐྱེན་དམན་པར་གྱུར་གང་སྙིང་ནས་སྙིང་རྗེའི་ཡུལ་ཉིད་ལགས། །ཤཱཀྱའི་བསྟན་འཛིན་མཆོག་འདིའི་དགོངས་པའི་དབྱིངས། །ཚུལ་ལྡན་མང་ཐོས་སྒོང་བ་ལྟར་ལེན་པ། །རབ་དུལ་ཞི་ཞིང་གསོང་པོར་སྨྲ་བ་ཅན། །ཆོས་བརྒྱུད་བྲལ་གང་ཁྱོད་ཀྱི་རྗེས་སློབ་ཡིན། །ཡོངས་རྫོགས་བསྟན་པའི་གཞུང་ལུགས་མ་ལུས་པ། །གཟིགས་པ་རྒྱ་ཆེན་རང་གཞན་མ་འདྲེས་ཕྱེད། །ལུང་རིགས་དག་པའི་སྒྲོན་མེ་འཛིན་པ་ཅན། །ཀློག་པ་པོ་དེ་ཁྱོད་ཀྱིས་བསྒྲགས་པའི་ཡུལ། །ངེས་འབྱུང་ཡིད་ཅན་དུར་སྨྲིག་གོས་ཅན་དག །རི་དྭགས་དམན་པ་ཇི་བཞིན་བས་མཐར་གནས། །འཚོ་བ་དག་ཅིང་ཅི་ཡང་མེད་འཆང་བའི། །སྤོང་བ་པ་དེས་ཁྱོད་ཀྱི་ཞབས་པད་བསྟེན། །མདོ་དང་ཚིག་དོན་ཟུང་འབྲེལ་འཆད་པའི་ངག །ཁུངས་ལྡན་བརྒྱུད་པའི་སྤྲོ་བརྒྱ་འབྱེད་མཁས་པའི། །ཆོས་འཁོར་སོ་སོའི་གྲངས་ངེས་མ་འདྲེས་པར། །ལེགས་རྟོགས་གང་དེ་ཁྱོད་ཀྱི་བསྟན་འཛིན་ཡིན། །དེ་ལྟར་ཡང་ཡང་རྗེས་ལས་གང་བརྩམས་ནས། །མང་དུ་བརྗོད་ལ་དགེ་ཚོགས་ཅི་མཆིས་པས། །མཐའ་ཡས་འགྲོ་བའི་ལས་སྒྲིབ་ཀུན་སྦྱངས་ནས། །ཆོས་ཀྱི་རྒྱལ་པོ་ཁྱོད་དང་མཚུངས་གྱུར་ཅིག །ཅེས་པཎྜི་ཏ་ཆེན་པོ་ཤཱཀྱ་མཆོག་ལྡན་དྲི་མེད་ལེགས་པའི་བློ་གྲོས་ཀྱི་རྣམ་པར་ཐར་པ་ཞིབ་མོ་རྣམ་པར་འབྱེད་པ་ལས། ཡོངས་སུ་རྫོགས་པའི་སྐབས་ལས་བསྒྲགས་པའི་རབ་ཏུ་བྱེད་པ་ཉེར་བདུན་པའོ།། །།

དེ་ལྟར་པཎ་ཆེན་རིན་པོ་ཆེའི་སྐུ་ཆེ་བའི་ཡོན་ཏན་ཞིབ་མོར་བྲིས་པའི་རབ་བྱེད་ཉེར་བདུན་པ་འདི་ཡང་མ་རྫོན་པའི་སངས་རྒྱས་གསུམ་པ་ཁ་ཆེ་པཎ་ཆེན་ཤཱཀྱ་ཤྲཱིའི་གདན་སར་གྱི་ཁྲི་ལ་མངོན་པར་རབ་ཏུ་མཐོ་བ། སྐྱེ་མེད་རང་གསལ་ཆོས་དབྱིངས་གདོད་མའི་མགོན་པོ་མངོན་སུམ་དུ་གཟིགས་པའི་མཁན་ཆེན་རིན་པོ་ཆེའི་ཞལ་སྔ་ནས་ཀྱིས་བཀས་བསྐུལ་བའི་དབང་ལས། སྔོམས་ལས་ཀྱི་བགྱི་བ་ཙུང་ཞིག་བསལ་ཏེ། གང་གི་བཀའ་མི་འགོག་པའི་སྐད་དུ། གྲོལ་མཆོག་གིས་ཡི་གེར་བཀོད་པ་འདིས། བདག་སོགས་སེམས་ཅན་ཐམས་ཅད་རྒྱལ་བའི་བསྟན་པའི་གཞུང་ལམ་ལ་རྗེས་སུ་འཇུག་པའི་སྐལ་བ་མཆོག་དང་ལྡན་པར་གྱུར་

ཅིག༎ ༎མངྒ་ལཾ་བྷ་ཝནྟུ། ཤུ་བྷཾ།

༄༅། །གངས་ཅན་གཙུག་ལག་རིན་ཆེན་ཕྲེང་བ། །དེབ་ཉེར་གཉིས་པ།

༄༅། །པཎ་ཆེན་ཤཱཀྱ་མཆོག་ལྡན་གྱི་རྣམ་ཐར་ཞིབ་མོ་རྣམ་འབྱེད།

ཇུས་འགོད་མཁན།	རྡོ་སྤྲིས་ཚེ་རིང་རྡོ་རྗེ།
མཛད་མཁན།	པཎ་ཆེན་ཤཱཀྱ་མཆོག་ལྡན་སོགས།
གཙོ་འགན་རྩོམ་སྒྲིག་པ།	རྡོ་སྤྲིས་ཚེ་རིང་རྡོ་རྗེ། ཕྲིན་སྒྲོལ།
རྩོམ་སྒྲིག་འགན་འཁུར་བ།	རྡོ་སྤྲིས་ཚེ་རིང་རྡོ་རྗེ། ཚེ་གཡང་།
མདུན་ཤོག་མཛེས་འཆོས།	སྐལ་བཟང་དོན་གྲུབ།
དཔེ་སྐྲུན་འགྲེམས་སྤེལ།	བོད་ལྗོངས་མི་དམངས་དཔེ་སྐྲུན་ཁང་། (ལྷ་ས་གླིང་སྐོར་བྱང་ལམ་སྒོ་ཨང་20པ་)
པར་འདེབས།	བོད་ལྗོངས་ཤིན་ཧྭ་པར་འདེབས་བཟོ་གྲྭ།
དེབ་ཚད།	༧༨༧×༩༦༠ ༡/༡༦
དཔར་ཤོག	༡༣.༥
ཡིག་གྲངས།	ཁྲི་༡༦.༨
པར་གཞི།	༢༠༡༨ལོའི་ཟླ་༩པར་པར་གཞི་༡བསྒྲིགས།
དཔར་ཐེངས།	༢༠༡༨ལོའི་ཟླ་༩པར་པར་ཐེངས་༡བཏབ།
དཔར་གྲངས།	༠༡–༢,༠༠༠
དཔེ་རྟགས།	ISBN978 – 7 – 223 – 05876 – 6
རིན་གོང་།	སྒོར། 36.00